Julie de Lespinasse

Liebesbriefe

Lespinasse, Julie de

Liebesbriefe

ISBN: 978-3-86267-260-8

Übersetzung von Arthur Schurig. Der Text wurde der neuen deutschen Rechtschreibung angepasst.

Auflage: 1
Erscheinungsjahr: 2011
Erscheinungsort: Bremen, Deutschland

Europäischer Literaturverlag GmbH, Fahrenheitstr. 1, 28359 Bremen (www.elv-verlag.de).

Liebesbriefe

www.elv-verlag.de

Julie de Lespinasse

Wenn Du niemals unglücklich warst ob jener Schwäche der starken Seelen, so wird Dich das vorliegende Buch verstimmen, denn es muss Dich ahnen lassen, dass es ein großes Glück gibt, das Du nicht kennst: das Glück der Julie de Lespinasse!

Friedrich von Stendhal, Von der Liebe

Auf der Heimfahrt von einem Ausfluge nach dem Lac de Bourget, im Sommer 1811, unternommen von Madame de Staël mit einigen ihrer Freunde, war schließlich die Unterhaltung eingeschlafen. Da brachte die geistreiche Herrin von Coppet das Gespräch auf ein im Jahre zuvor bekannt gewordenes Buch, und alsbald gerieten die sämtlichen Insassen der Reisekutsche in den allerlebhaftesten Gedankenaustausch. Ein jeder brannte darauf, zum Worte zu kommen, und auch das überschwänglichste Lob fand keine Abweisung. Inzwischen hatte sich ein schwerer Sturm erhoben. Unter Donner und Blitz schlug der Hagel gegen die Scheiben. Niemand beachtete das Unwetter; man war an ganz andere Dinge verloren.

Dieser von Sainte-Beuve geschilderte Vorfall gibt ein anschauliches Beispiel, welchen unerhörten Eindruck, über Frankreichs Grenzen hinaus, die gegen Ende des Jahres 1809 erstmalig gedruckten Briefe einer seltsamen Frau erregten, deren Andenken zwei Jahrzehnte vordem mit der erbarmungslosen Vernichtung der Kultur des *Ancien Régime* ausgelöscht zu sein schien. Wer hatte vor Kurzem noch eine Ahnung gehabt von der Mademoiselle de Lespinasse, vom Salon der Madame du Deffand, vom General Hippolyte Guibert? Zweihundert vergilbte Briefe hatten urplötzlich die Kraft, den Ruhm und Reiz einer jäh verschütteten Zeit aus den Gräbern zurückzurufen; und ein ebenso reiches wie armes Frauenherz begann durch nichts als durch das Echo ihres Liebesbekenntnisses die Nachwelt auf immerdar zu rühren.

Man muss die den Selbstgenuss vergötternde Lebensanschauung der herrschenden Gesellschaft des achtzehnten Jahrhunderts kennen, am besten durch die heute uns so reichlich zu Gebote stehenden Denkwürdigkeiten und Briefwechsel jener Tage, um die dunklen Umstände voll zu begreifen, die um Wiege und Kindheit der Frauengestalt ihr Wesen treiben, die unter dem Namen *Julie de Lespinasse* in der Reihe der Unsterblichen wandelt.

Am 9. November 1732, unter der berüchtigten Regierung Ludwigs XV. (1715-1774), kam in Lyon, im Hause des städtischen Wundarztes Louis Basilac, heimlich ein Kind zur Welt, dessen Eltern der Marquis Gaspard de Vichy und seine Geliebte, die Gräfin Julie d'Albon, waren. Dieser Tatsache entgegenstehen Geburt und Taufe im Kirchenbuche wie folgt verzeichnet:

*Am 10. November [1732] ward getauft **Julie Jeanne Eleonore de l'Espinasse**, gestern geboren, eheliche Tochter von Claude l'Espinasse, Bürger von Lyon, und seiner Ehegattin, Frau Julie geb. Navarra. Pate ist Herr Louis Basilac, Amtswundarzt zu Lyon; Patin Frau Julie Lechot, vertreten durch Frau Madeleine geb. Ganivet, Ehegattin des genannten Herrn Basilac. Besagtes Kind ist im Hause des Herrn Basilac geboren. Der Vater hat wegen Abwesenheit nicht unterzeichnet; zwei Zeugen haben ihn vertreten, zugleich Pate und Patin. Dies beglaubigt*

(gez.) Ambroise, Vikar,
(gegengezeichnet) Basilac

Das in dieser gefälschten Urkunde auftretende Ehepaar Claude und Julie de l'Espinasse ebenso wie die Patin Julie Lechot sind Fabelwesen. Nur der Name l'Espinasse hat einen gewissen Rückhalt. So hieß eines der Landgüter der Gräfin d'Albon.

Diese große Dame, der unter anderem der Titel Fürstin von Yvetot zukam, war damals siebenunddreißig Jahre alt. Als Sechzehnjährige hatte sie einen Vetter, den Grafen Claude d'Albon (1687–1771) geheiratet; aber seit einem halben Jahrzehnt lebte die schöne, fabelhaft reiche und lebenslustige, gern schwärmerische Frau getrennt von ihrem Manne, über dessen geistige und seelische Eigenschaften nichts überliefert ist. An seine Stelle war ein anderer Vetter getreten, der ihr gleichaltrige Graf Gaspard von Vichy, ein Edelmann, der zu leben verstand. Die Ranglisten der Armee des Königs von Frankreich verzeichnen ihn in den Jahren von 1716–1743 als Reiteroffizier und Teilnehmer an sieben Feldzügen. Seine Familienangehörigen werden von einem Zeitgenossen mit folgenden Worten charakterisiert: »Allesamt kluge Leute, rassig, wohlerzogen, verführerisch, aber Egoisten, harte herrische Köpfe, zynisch in ihren Worten, bedenkenlos in ihren Taten.« Kein Wunder, dass es Gaspard de Vichy bis zum Feldmarschall gebracht hat.

Seine Liebschaft mit Julie d'Albon war für ihn ein romantisches Zwischenspiel; 1733 hatte es sein Ende, als der polnische Erbfolgekrieg begann. Sechs Jahre später heiratete er, der nunmehr Vierundvierzigjährige, Maria Camilla Diana d'Albon, die legitime Tochter seiner ehemaligen Herzensfreundin, von der er übrigens außer Julie noch einen Sohn hatte: Henri Laurent Hilaire (geboren 1731), dem die geistliche Laufbahn beschieden ward.

Julie d'Albon ist 1748 gestorben. Bis zu ihrem Tode lebte ihr Sündenkind bei ihr im Schlosse d'Avanges (bei Lyon), in Gesellschaft mit ihren anderen Kindern, der ebenerwähnten Diana (geb. 1716) und einem Söhnchen Camille (geb. 1724). Sodann übernahm Gaspard de Vichy Julies Erziehung, indem er sie auf sein Gut Champrond nahm. Hier wuchs sie weiter auf, zusammen mit den legitimen Kindern ihres Vaters, Abel (geb. 1740) und Alexander (geb. 1743). Abel, zumeist genannt der Marquis de Vichy, hat lebenslang in treuer Freundschaft zu seiner Halbschwester gehalten; erst 1769 erfuhr er schaudernd, wie vielfach er mit ihr verwandt war.

Julies Erziehung wich insofern – und dies ist von Bedeutung – von der allgemein üblichen Erziehung der vornehmen jungen Damen ihrer Zeit ab, als sie im Familienkreise und nicht in einem Kloster erfolgte. Dadurch bewahrte sie sich die innere Freiheit und blieb unberührt von dem frommen Firlefanz und dem Seelen verderbenden Drill beschränkter Nonnen.

Eine Schwester des Grafen Gaspard de Vichy war die in der Literaturgeschichte Frankreichs berühmte Marquise Marie du Deffand (1697–1780). Gaspard besuchte sie jedes Mal, wenn ihn Geschäfte oder Vergnügungen nach Paris riefen; ebenso sie ihn, wenn sie gerade einmal Bedürfnis nach Landluft empfand. Seit dem Tode ihres Mannes (1747) lebte sie im Kloster Saint-Joseph (in der Rue Saint-Dominique), das als Asyl der Madame de Montespan (gestorben 1707), der Geliebten des Sonnenkönigs, eine gewisse Berühmtheit hatte.

Die Bedeutung der aristokratischen Klöster im alten Frankreich ist bekannt. Sie waren zugleich die üblichen Erziehungsanstalten und Versorgungshäuser für die jüngeren Töchter der alten Geschlechter und allezeit offene Orte, an denen weltliche Herzen zeitweilig in sich zu gehen versuchten; ferner Zufluchtsstätten junger Witwen, die auf eine Wendung ihres Geschickes warteten; schließlich älteren Damen ein sicherer Hafen, aus dem sie die Gesellschaft, von der sie noch immer nicht ganz lassen wollten und konnten, wenigstens von Weitem beobachteten. Die Frömmigkeit war auch hier wie in ganz Frankreich, als einem Lande höherer Zivilisation, nur eine Äußerlichkeit, mit der man sich zwanglos-graziös abfinden durfte.

Die fünfzigjährige, fast erblindete Frau, die ihr Leben voll genossen, hatte mit dem Einzug in dieses Haus auf vieles verzichtet, nur auf eines nicht: geistreich unterhalten zu werden. Eine letzte Illusion, in der Welt etwas zu bedeuten, veranlasste sie, sich und ihren Salon zu einem Mittelpunkte der erlesensten Zerstreuung – der schöngeistigen Plauderei – zu machen. Sie hatte täglich drei oder vier Personen und häufig zwölf bis dreizehn Gäste an ihrer Abendtafel. An den Sonntagen, später an den Sonnabenden, gab sie große Soupers, zu denen sich die berühmtesten Männer und die vornehmsten Damen einfanden, oft einander Todfeinde, hier vereint, »ohne sich zu befehden oder zu meiden«. Zum Jahresende hielt sie einen noch größeren Empfangsabend ab, das »Mitternachtsmahl«, das auf einer Galerie stattfand, die mit der Klosterkirche verbunden war, sodass die Gäste das Vergnügen genossen, die Mitternachtsmesse zu hören und meisterlicher Kirchenmusik zu lauschen.

War kein Gast da, so hockte die Marquise missgelaunt in ihrem Wohnzimmer, das ein zeitgenössischer Stich von Cochin »Die Angorakatzen der Madame du Deffand« verewigt. Wir sehen da eine Kaminecke, neben der sich ein riesiger Lehnstuhl mit Holzfüßen, bäurischen Armlehnen, breiten weichen Kissen spreizt: die berühmte »Tonne«. Unter dem Stuhle lugt ein Garnkörbchen in Form eines Reifrockgestells hervor. Dem Kamin gegenüber steht eine Servante unter einer kleinen Bücherei mit drei Fächern; in der Ecke des Zimmers ein Eckschrank mit etwas Porzellan. An der hinteren Wand mit einfarbigem prunklosem Getäfel öffnet sich eine Glastür, die nach einem dunklen Kabinett führt. Im Alkoven zeigt sich das Kopfende eines Bettes, überzogen mit geblümtem Kattun. Derselbe Stoff schmückt auch die Wand, an der man eine kleine Uhr bemerkt. Als einzige Bewohner des Raumes verraten sich zwei Katzen, die um den Hals breite Seidenbänder tragen.

Zur Wohnung gehörten noch ein Esszimmer, ein Vorzimmer, ein Stübchen der Kammerfrau und ein ebensolches des Dieners, eines alten treuen Faktotums. Hier lebte die alternde Marquise in eigenwilligster Art, den Tag zur Nacht und die Nacht zum Tage machend, wie dies damals alle Damen der Mode taten; vor sechs Uhr abends verließ sie ihr Schlafgemach nicht.

In dieses Hauswesen kam Julie de Lespinasse in der zweiten Hälfte des Aprils 1754. Am liebsten hätte die Familie d'Albon es gesehen, wenn das lebhafte kluge Mädchen für dauernd in ein Kloster gegangen wäre. Aber dazu war sie nicht zu bewegen. Julie erklärte, sie werde sich von ihren »barbarischen Verfolgern« freimachen und sich ein selbständiges Dasein gründen; zugleich forderte sie von den Albons eine genügende Erhöhung ihres Jahresgeldes, das gemäß dem Testament ihrer Mutter aus Rücksicht auf die Konvenienz die geringe Höhe von dreihundert Franken hatte. Es kam zu heftigen Auftritten, die ihr kein Ergebnis brachten. Um diese Zeit weilte die Marquise du Deffand vorübergehend in Champrond und bot ihr eine Zuflucht in ihrem Pariser Heim an. Julie schlug das Angebot aus und begab sich versuchsweise in ein Lyoner Kloster. Erst als sie die Unerträglichkeit des Lebens daselbst für eine leidenschaftliche und Literatur liebende Natur ihrer Art erkannt und in ihren Erbansprüchen nochmals eine schroffe Abweisung erfahren hatte, fügte sie sich dem Winke des Schicksals und folgte dem Rufe der Frau du Deffand, deren Diplomatie alle Gegenbestrebungen der Verwandtschaft zu vereiteln verstand. Damit betrat die Zweiundzwanzigjährige eine neue Welt.

Zu den hervorragenden Persönlichkeiten, mit denen die alte Marquise zu dieser Zeit ihres Lebens Verkehr pflog, gehörten: die Herzogin von Lavallière, die schöne Marschallin von Luxemburg, der Präsident Hénault, d'Alembert, Loménie de Brienne (Erzbischof von Toulouse, später Minister Ludwigs XVI.), der Chevalier d'Aydie, Turgot (der berühmte Ökonomist).

In diesem Kreise geistvoller vornehmer Menschen, die alle Weltkenner und Lebensgenießer waren, wurde Julie aus einer gelehrigen Schülerin sehr bald das, was man an ihr später zu bewundern nicht müde ward. Ein Gedicht, entstanden um 1760, schildert sie:

Stets ist dein Urteil höchst exakt,
Bist Meisterin in Form und Takt,
Hast frohen Sinn und Geist und Witz:
Weltkind und Fee! Man möchte staunen.
Zuweilen freilich zuckt ein Blitz,
Ein kalter Schlag aus deinen Launen.
Bist eine Welle, so bewegt,
Von jedem Windhauch rasch erregt.
Ein Nichts verletzt dich bis zur Pein,
Ein Nichts begeistert dich zu Flammen;
Melancholie und Schelmerein,
Die hast du immerdar beisammen.
Damit dies Bildnis ganz dein Du,
Muss noch ein kleiner Zug hinzu:
Auf Sprachgeschichte viel du hältst,
Gelehrter Düftelei gewogen ...
Begnüge dich, dass du gefällst,
Und lass den Kram den Philologen!

Julies Eindruckskraft lag in ihrem Wesen, durchaus nicht in ihrer körperlichen Erscheinung. »Sie war nichts weniger als schön,« sagt Graf Guibert in seinem Nachrufe, geschrieben in noch frischer Erinnerung an sie, »aber ihre Hässlichkeit stieß selbst im ersten Augenblick nicht ab; im zweiten hatte man sich daran gewöhnt, und sobald sie sprach, hatte man sie ganz vergessen.« Allerdings hat er sie erst in ihrem neununddreißigsten Lebensjahre kennengelernt, und nachdem die Blattern ihr Antlitz entstellt hatten. Er fügt hinzu: »Ich habe Gesichter gesehen, belebt durch Leidenschaft, Geist, Lebenslust, Schmerz; aber tausend Nuancen waren mir unbekannt, ehe ich das ihre kannte!« Ein anderer Zeitgenosse (Marmontel) sagt von ihr: »Der lebhafteste Kopf, die glühendste Seele, die ledernste Phantasie: eine zweite Sappho!« Ihre Empfänglichkeit und Leidenschaftlichkeit hatten keine Grenzen und verführten sie zuweilen zu Überschwang, Schwermut und Ungerechtigkeit. Alles in allem war sie eine feurige, aber keine sonnige Natur. »Ich habe das Leid allzu früh kennengelernt,« klagt sie einmal; »es hatte sein Gutes, insofern es mich von mancher Torheit ferngehalten hat. Mich hat der große Lehrmeister der Menschheit erzogen: das Unglück!«

Als Gesellschafterin der Madame du Deffand bewohnte Julie ein paar bescheidene Zimmer im Stocke über deren Wohnung. Sehr bald gewöhnten sich die geistreichsten Besucher der alten Dame daran, zuvor ein Stündchen bei Julie zu plaudern, oben in ihrem kleinen Reiche. Es huldigten ihr eine Anzahl feinsinniger Männer. Ohne amoureuse Freundschaften vermochte Julie nicht zu leben. So kam es, dass auch Jean d'Alembert (1717-1783), der berühmte Enzyklopädist und Freund Friedrichs des Großen, eine starke Neigung zu ihr fasste. Auch er war ein Kind der Liebe; seine Mutter war die Marquise de Tencin, die Schwester des berüchtigten Kardinals; sein Vater ein Chevalier Destouches, der ihm ein Jahresgeld von 1200 Franken hinterlassen hatte. Mit diesen geringen Mitteln studierte d'Alembert Mathematik und die Naturwissenschaften, und es gelang dem jungen Gelehrten, Eingang in die Pariser Salons zu finden. Im Jahre 1743 nahm sich Madame du Deffand seiner freundschaftlich an. So wurde er allmählich der allbekannte Philosoph, einer der schärfsten Denker seiner Zeit. Klein von Gestalt, in Tracht und Wesen ein weltfremder Büchermensch, nur zuweilen lebhaft und begeistert, verstand er es doch, in kleinem Kreise als geistreicher Plauderer geschätzt zu werden. Obgleich das wohl nicht unbegründete Gerücht ging, er sei halber Eunuch, sind seine Beziehungen zu seiner Gönnerin doch über die der bloßen Freundschaft hinausgegangen. Ebenso führte der Herzensbund, den er alsbald mit Julie einging, schließlich zu einer Art freien Ehe. Frau du Deffand war empört; in ihrer Eifersucht stellte sie den Ungetreuen vor die Wahl zwischen ihr oder seiner neuen Freundin, und d'Alembert zögerte nicht, sich auf die Seite der »Verräterin« zu schlagen. Sein Nachfolger ward einige Jahre später der englische Weltmann Horace Graf Walpole (1717-1797), einer der hervorragenden Briefschreiber seiner Zeit, dessen geistvolle Schriften A. W. Schlegel verdeutscht hat.

Julie mietete sich daraufhin 1764 in der Rue Saint-Dominique, unweit vom Josephskloster, eine eigene kleine Wohnung. Ihre Gönner erwirkten ihr zu ihrer kleinen Familienrente (300 Franken) eine zweite vom Herzog von Orleans (692 Franken) und eine dritte (2600 Franken) aus der Königlichen Schatulle. Die durch ihre Freundschaft mit dem Könige Stanislaus Poniatowski von Polen berühmte Madame Geoffrin händigte ihr 30000 Franken ein, den Erlös von drei an die Zarin Katharina verkauften Bildern des Malers van Loo; davon wurde die neue Wohnung, zu der die Marschallin von Luxemburg die Möbel gestiftet hatte, eingerichtet; für den Rest setzte der Bankier J. J. de Laborde Julie eine Leibrente von 2000 Franken aus, die Frau Geoffrin auf 5000 Franken erhöhte, sodass Julie fortan 8592 Franken im Jahre zur Verfügung standen.

Kurze Zeit nach ihrem Einzug bekam sie die Schwarzen Blattern, die nach ihrer Genesung auch ihren Freund d'Alembert, der sie mit rührender Sorgfalt gepflegt hatte, befielen. Jetzt war es Julie, die nicht von seinem Lager wich; und als er wiederhergestellt war, schlug sie ihm vor, weiterhin mit ihr unter dem gleichen Dache zu leben. D'Alembert nahm das Angebot voll inniger Freude an. Es war Julies glücklichste Lebenszeit, die nunmehr begann.

Sie gehörte zu den Frauen, die nicht wahrhaft leben können, wenn sie nicht den festen Glauben in sich tragen, dass wenigstens ein Mensch auf Erden sie ganz verstehe. Erst dann haben sie ihr sicheres Gleichgewicht, ihre innere Ruhe, ihre reizvolle Unbefangenheit, die wunderbare Kraft, der Umwelt von ihrem Reichtum zu schenken. D'Alembert war ihr der fürsorglichste und zärtlichste Freund. Er teilte jeden Gedanken, jede Freude, seine Pläne, seine Erfolge mit ihr; und Julie vergalt ihm diese sie beglückende Offenherzigkeit mit jener ehrlichen Freundschaft, die so oft einen höheren Wert hat als die trügerische Leidenschaft. »Die Frauen sind unvergleichliche Freundinnen,« sagt einer der besten Kenner der gallischen Literatur.[1] »Man mag über die Liebe im alten Frankreich denken, wie man will, und die Prägung, die dieses Urgefühl von Zeit und Umständen erfuhr, als ein Schauspiel für Psychologen betrachten; aber die Freundschaft, die einzelne Frauen in dieser Abendröte einer absterbenden Gesellschaft geistvollen Männern entgegenbrachten, ist des höchsten Preises würdig, den wir seltenen Naturen zollen.«

Auch Julies Zeitgenossen priesen diese Frauenfreundschaft, die nicht den Stürmen der Sinnlichkeit oder der Leidenschaft ausgesetzt war. So meint Mercier in seinem Tableau de Paris:

»In Paris soll ein vernünftiger Mann in der Frau (vor allem) die Freundin suchen. Hier gibt es zahllose Frauen, die, freier und aufgeklärter als sonst wo, von früh an gedacht haben und sich über alle Vorurteile mit starker männlicher Seele hinwegsetzen, ohne die Feinfühligkeit ihres Geschlechtes zu verlieren. Hier haben die Frauen, die ihre Hand in allen Geschäften haben, tausend Kleinlichkeiten abgeschworen. Sie

---

[1] Wilhelm Weigand in seinem Lespinasse-Essay (München, bei Georg Müller 1908); ich verwende diese prächtige Studie meines verehrten Freundes mit seiner gütigen Erlaubnis mehrfach. Weiterhin habe ich als Quellen benutzt die französische Monographie »Julie de Lespinasse« vom Marquis de Ségur (Paris, bei Calmann-Lévy 1906), sowie das bekannte Buch der Gebrüder Goncourt »La femme du XVIIIe siècle«, von dem es auch eine deutsche Ausgabe gibt, besorgt von Paul Prina in Leipzig.

kommen empor, weil sie dazu geboren sind. Sie sind aufmerksame Beobachterinnen der Männer. Nicht die geringste Kleinigkeit entgeht ihnen. Sie sind Kennerinnen, und da sie feinen unfehlbaren Takt haben, vermögen sie die besten Ratschläge zu erteilen. Eine Frau von dreißig Jahren wird die beste Freundin. Sie hält treu zu dem Manne, den sie schätzt; sie leistet ihm tausend Dienste; sie schenkt und erhält ganzes Vertrauen; sie liebt und verteidigt den Ruhm ihres Freundes; sie schont seine Schwächen; sie beobachtet alles und teilt ihm alles mit; sie ist in großen Augenblicken seine erfolgreiche Helferin; sie spart weder Zeit noch Mühe; und der Unglückliche, den Missgeschick und Mächtige verfolgen, findet alles Verlorene in der Freundschaft einer Frau wieder. Die Freundschaft mit Frauen hat einen größeren Reiz als Männerfreundschaft. Sie ist tätig und wachsam; sie ist zärtlich, sittsam und, vor allem dauerhafter. Die Frauen lieben ihre alten Freunde inniger und treuer als ihre jungen Liebhaber. Sie betrügen zuweilen den Geliebten, aber niemals den Freund ...«

Anfangs mokierte sich die Gesellschaft über den merkwürdigen gemeinsamen Haushalt, der im Herbst 1765 begann. »Ich habe Mademoiselle de Lespinasse kennengelernt,« schreibt z. B. David Hume, »die Liebste d'Alemberts, eines der intelligentesten Frauenzimmer von Paris ...« Selbst Voltaire spöttelt, sodass ihm d'Alembert ärgerlich antwortet: »Sie sagen: Wenn Sie verliebt sind, bleiben Sie in Paris! Wie kommen Sie zu der Annahme, mir sei die Liebe zu Kopf gegangen? Dieses Glück oder Unglück ist mir nicht widerfahren, und überdies ist mein Leib allzu schwach, um sich mit andern Dingen als mit den Mahlzeiten abgeben zu können.« Und noch bitterer schreibt er ihm am 3. März 1766, als in der Zeitung eine Anspielung gestanden hatte, d'Alembert gedenke sich zu verheiraten: »Du mein Gott! Was soll ich mit einer Frau und mit Kindern? Die Betreffende, mit der man mich zusammenbringt, ist charakterlich eine achtenswerte Person, das ist wahr, und durch ihr gütiges feines Wesen wie geschaffen, einen Ehemann glücklich zu machen; aber sie verdient eine bessere Versorgung als durch mich. Zwischen ihr und mir besteht weder Ehe noch Liebe, sondern gegenseitige Hochschätzung und die wonniglichste Freundschaft. Ich wohne jetzt im gleichen Hause, wo übrigens noch zwei andere Parteien ihre Unterkunft haben. Das ist der Kern all des Klatsches! Zweifellos geht er von Madame du Deffand aus. Sie weiß sehr wohl, dass das Gerücht von meiner Verheiratung Unsinn ist; sie will ja nur, die Leute sollen etwas ganz anderes glauben. Für eine niederträchtige alte Vettel wie sie gibt es keine anständigen Frauen! Glücklicherweise kennt man sie zur Genüge ...«

Schließlich gewöhnte sich die Welt an das Bündnis der beiden Ausnahmemenschen. Sie machten zusammen ihre Besuche, und man lud sie zusammen ein. Zu ihren gemeinsamen Freunden gehörten: die bereits genannte kluge und schöne Madame Geoffrin (1699-1777), in deren gastfreiem, reichem Hause sich alles einte, was Macht, Namen, Geist, Künstlerruhm besaß; die Herzogin d'Anville (Gattin des Marschalls d'Anville), die Marschallin von Luxemburg, die beiden Gräfinnen Boufflers, die Herzogin von Châtillon usw.; sodann von den männlichen Größen der Zeit: Melchior von Grimm (1723 – 1807), Denis Diderot (1713 – 1784), Condillac (1715 – 1780), Condorcet (1743 – 1794), Malesherbes (1721 – 1794), Robert Jacques Turgot (1727 – 1781), Nicolas Chamfort (1741 – 1794) u. a. m. Auch Ausländer, wie der Lord Shelburne (1757 – 1805), der Abbé Ferdinand Galiani (1728 - 1787, in Paris von 1759 bis 1769), der deutsche Opernreformator Chr. W. Gluck (der sich vom Herbst 1774 an in Paris aufhielt), verfehlten nicht, Mademoiselle de Lespinasse aufzusuchen. Mit einem Worte, im Salon Julies traf man alle regen Geister.

Sie selbst lebte einfach-vornehm. Sie hatte vier Bedienstete: eine Kammerfrau (Luise Agnes Saint-Martin), eine Aufwärterin (Marie Joinville), eine Köchin (Marie G. Beaujon) und einen Diener (Eloy Raimbault). Die Einrichtung ihrer Wohnung war nicht luxuriös, aber ordentlich, bequem und gefällig. Sie wohnte im ersten Stock des Hauses, bestehend aus einem ziemlich engen Vorsaale, dessen offene Tür in einen kleinen Salon mit weißem Getäfel und karmesinroten seidenen Vorhängen führte. Darinnen drängten sich Lehnsessel, Ottomanen, Stühle, Hocker usw. Es standen ferner darin Kommoden und Schreibtische aus Rosenholz, ein Nähtischchen aus Kirschholz, ein »Zylinderbureau«, ein Rad zum Garnwickeln, eine Büste Voltaires und eine d'Alemberts, sowie auf dem Kaminsims eine Standuhr, eine Arbeit Massons. An den Salon anstoßend, nach der Straße hinaus, lag das Schlafzimmer, tapeziert mit rotem Damast, mit einem geräumigen Alkoven; darin das vier Fuß breite Bett mit einem Himmel und Zugvorhängen. Im selben Stock befanden sich das Örtchen und die Dienerstube; im Stocke darüber das Zimmer der Kammerfrau sowie etliche leere Kammern, die keinem besondern Zwecke dienten. Dass die gesellschaftlichen Fähigkeiten des Fräuleins von Lespinasse hervorragend waren, darüber sind alle Zeitgenossen einig. Grimm, der mit kühler Ruhe das glänzende Treiben seiner Zeit beobachtet, spricht in seiner Correspondance littéraire, die vom kosmopolitischen Kulturadel und den nordischen Fürsten gelesen wurde, zu wiederholten Malen von Julie, und in dem Nachruf, den er ihr widmet, hebt er hervor, dass man täglich von 5 bis 9 Uhr die auserlesenste Gesellschaft bei ihr getroffen habe; es sei ihr Verdienst gewesen, diese verwöhnte Gesellschaft zusammenzuhalten. Ergänzend erzählt Marmontel in seinen Denkwürdigkeiten: »Sie hatte ihre Leute da und dort in der Gesellschaft aufgelesen, aber derart gut ausgewählt, dass sie bei ihrem Zusammensein so harmonisch zusammenstimmten wie die Saiten eines Instrumentes, das eine erfahrene

Hand bezogen. Ich könnte, um bei diesem Vergleich zu bleiben, sagen, dass sie aus diesem Instrumente mit einer Kunst spielte, die an Genie grenzte ... Nirgends war das Gespräch lebhafter, glänzender und besser im Zuge als bei ihr. Die gleichmäßige Wärme, die sie, bald mildernd, bald anfeuernd, zu unterhalten verstand, war wunderbar. Ihr Talent, einen Gedanken aufzugreifen und zur Erörterung zu stellen, ihn selbst mit Schärfe und zuweilen voller Beredsamkeit selbst zu beleuchten; ihre Gabe, neue Ideen aufzuwerfen und die Unterhaltung mannigfaltig zu gestalten, und dies stets mit der leichten Anmut einer Fee, die mit einer Berührung ihres Stabes nach Belieben Ort und Gegenstand ihrer Zauberei wechselt: Diese Fähigkeit kennzeichnete sie als außergewöhnliche Frau.«

Im Gegensatz zu anderen berühmten Salons jener Zeit, in denen man neben amüsanter und geistreicher Plauderei die Diners und Soupers schätzte, begnügte sich Julie, da sie über Reichtümer nicht verfügte, in ihrem »schöngeistigen Laden«. (bureau d'esprit) im bunten Durcheinander Vertreter des Hofes, der Kirche, der Armee, der Wissenschaft, der kunstliebenden Finanz ohne lukullische Genüsse zu empfangen. Während, zum Beispiel, im Hause der Madame Geoffrin, dem leidenschaftslosen, vorsichtigen Charakter der Hausfrau gemäß, gewisse Gegenstände in der Plauderei nur zaghaft berührt wurden, gab es im Salon der Lespinasse keine derartigen Schranken. Hier durfte jedermann seinem Temperament nach Herzenslust nachgeben und seine Eigenart ohne Scheu leuchten und laut werden lassen. Man machte seine Glossen über alles im Gebiete der Künste und Wissenschaften, Religion und Philosophie, Politik und Geschichte, Moral und Medisance. Selbst dem Papagei war es erlaubt, wie uns der Abbé Galiani verrät, im Tone Crébillons mit den Gästen zu schwatzen. Nur die nackte Unanständigkeit war verpönt.

Im Winter des Jahres 1766 wurde von seinem Vater, dem spanischen Gesandten in Paris, Don Joaquin Atanasio, Grafen von Fuentés, aus dem Hause Pignatelli-Aragon, ein damals zweiundzwanzigjähriger spanischer Edelmann in die Pariser Gesellschaft eingeführt: José y Gonzaga Marquis von Mora. Der erste Eindruck, den dieser junge Mann auf Julie macht, hallt aus ihrem wohl an den Baron Holbach gerichteten Briefe vom 19. Dezember 1766 wieder, wo sie schwärmerisch schreibt: »Eine Gestalt voller Güte und Anmut, die einem Vertrauen und Freundschaft einflößt, eine sanfte gesellige Natur, aber durchaus nicht fad, eine angenehme Wärme ohne Hitze, ein fester gerechter Geist voller Funken und Kaprizen, und ein Herz, ach ein Herz!« Seine Frau, eine Tochter des als Vertreiber der Jesuiten aus Spanien berühmt gebliebenen Grafen von Aranda, eines geistvollen aufgeklärten Mannes, war ihm kurz zuvor gestorben. Es währte nicht lange, so lag sein

Herz, das eben noch der schönsten Schauspielerin Madrids, der Mariquita Ladvenant, gehört hatte, in den Fesseln der »Muse der Enzyklopädie«, ungeachtet dass sie ein Dutzend Jahre älter als er war. Julie erkannte in ihm ihr männliches Ideal. Wie alle reifen Frauen, die jahrelang in Herzenseinsamkeit gelebt haben, weihte sie ihm nach dieser raschen Erkenntnis den ganzen aufgespeicherten Schatz ihrer unverschenkten Zärtlichkeit. Zu ihrem tiefsten Bedauern musste er aber bereits zu Beginn des kommenden Jahres nach Madrid zurück.

Man setzte in Paris wie in Madrid große Hoffnung auf den viel begabten jungen Staatsmann. Man sah in ihm den künftigen Reformator Spaniens. Es muss in der Tat ein bedeutender Geist gewesen sein; schreibt doch ein kluger Menschenkenner, der Abbé Galiani, später, bei der Nachricht von seinem Tode, der Madame d'Epinay: »Ich wage Ihnen nicht von Mora zu sprechen. Alles ist Schicksal hienieden, und Spanien war nicht wert, einen Mora zu besitzen. Vielleicht hätte er das monarchische System zu Falle gebracht ...« und weiterhin: »Es gibt Leben, von denen das Schicksal der Reiche abhängt. Als Hannibal die Niederlage und den Tod seines Bruders Hasdrubal erfuhr, weinte er nicht, sondern sagte nur: Nun weiß ich Karthagos Schicksal! – Ich sage das Gleiche bei Moras Tod. Ich weiß nun, dass Spanien ein Barbarenland bleiben soll. So lautet der Beschluss des Schicksals. Spanien wird kein Frankreich! Wäre dies vorbestimmt, so wäre Mora nicht gestorben. Er müsste von den Toten wieder auferstehen, wenn Spaniens Schicksal es erforderte!«

Es ist nicht verwunderlich, dass sich Mora sehr bald nach dem geistigen Leben der Hauptstadt Europas zurücksehnte. Tiefe Schwermut hatte sich seiner bemächtigt, der ihn nichts zu entrücken vermochte; nicht einmal die Huld der schönsten Frauen. Zudem starb ihm im Juli 1767 sein Sohn, sein einziges Kind, kaum drei Jahre alt, an den Blattern. Mora war gebrochen. Um ihn aufzurichten, verschaffte man ihm einen auswärtigen militärisch-diplomatischen Auftrag.

So finden wir ihn Ende Oktober abermals in Paris; aber seine Gesundheit war rettungslos untergraben. Er hatte die Anlage zur Lungenschwindsucht von seiner Mutter geerbt; jetzt brach sie hervor. Das nämliche Unheil sollte alsbald seine geliebte Freundin treffen. Im heranschleichenden Schatten ihres Schicksals erlebten sie gleichwohl glückselige Tage. Die Fünfunddreißigjährige fühlt sich voll innigster Dankbarkeit geliebt, und er, der um so viel Jüngere, betet Julie in merkwürdiger Schwärmerei an. Beide leben nur noch füreinander. »*Vom dem Augenblick an, wo ich liebte, hatte mich jeder Erfolg angewidert*«, schreibt sie 1774 in der Erinnerung an jene Zeit. Wie im Rausche verging ihnen der Winter und das Frühjahr 1768. Dann musste Mora in seine

Heimat zurück, die er auf dem damals üblichen Umweg über Fernay erreichte. Voltaire nahm ihn als Schüler d'Alemberts huldvoll auf.

In Madrid hat Mora kaum andere Gedanken als an einen Urlaub nach Frankreich; aber erst im folgenden Jahre gelingt es ihm, wiederum nach Paris zu kommen, diesmal um seine Schwester, Maria Manuela Pignatelli, die im Juni 1769 den Herzog von Villa Hermosa geheiratet hatte, zu begleiten. Voller Ekstase sehen sich die Liebenden wieder. Aber man gönnt ihnen das neue Glück nicht lange. Moras Familie betreibt sehr bald die Zurückberufung. Wieder in Madrid, im April 1770, wird der junge Edelmann zum Generalmajor befördert und an eine Hofstellung gefesselt. Acht Wochen hält er aus; dann erbittet er, aufgrund seiner bedrohten Gesundheit, seinen Abschied, um in sein Paradies an der Seine zurückkehren zu können. Ein plötzlicher Blutsturz, am 25. Januar 1771, verhindert seine Abreise. Die Ärzte verordnen ihm einen längeren Aufenthalt in Valencia. In sehr schwachem Zustande kommt er daselbst an. Julie ist voller Angst und Sorge. Zweimal in der Woche wechselt sie mit dem kranken Geliebten Briefe. Auch d'Alembert leidet unter der dauernden Erregung seiner Freundin, ohne dass er die Ursache ganz erkennt. Seine eigene Gesundheit beginnt zu schwanken. Man rät ihm zu einer großen Reise, deren Kosten Friedrich der Große auf sich nimmt, nicht ohne die spöttische Bemerkung, in seinem Briefe vom 18. August 1771, dass also selbst Könige zuweilen zu etwas nütze seien.

Zu Anfang Oktober 1771 traten d'Alembert und Condorcet die Reise nach Italien an. In Fernay blieben sie bei Voltaire – und aus der Weiterfahrt nach Rom ward nichts! Im November sehen wir d'Alembert wieder in der *Rue Saint-Dominique*.

Auch Mora stellte sich gegen den Willen seiner Ärzte abermals in Paris ein. Das Glück der Liebenden erreichte jetzt seinen Höhepunkt, aber – und hierin dürfen wir dem übereinstimmenden Zeugnis der Zeitgenossen glauben – es blieb nach wie vor in platonischer Bahn. Der Grund dieser merkwürdigen Zurückhaltung Julies wird durch eine boshafte Bemerkung Marmontels in seinen Denkwürdigkeiten beleuchtet; es heißt da, Julie habe eine Liebeskomödie gespielt, um den spanischen Granden in das Netz der Ehe zu bekommen. Komödie hat Julie sicherlich nicht gespielt, aber in der Tat hoffte sie, Mora werde sie zu seiner legitimen Frau machen. Moras jüngerer Bruder, Luis Pignatelli, hat der Gemahlin Guiberts später versichert, die Lespinasse sei die Braut seines Bruders gewesen und er hätte sie geheiratet, wenn sie ihm treu und er am Leben geblieben wäre.

Da überfiel ihn im Juni 1772 ein neuer Blutsturz, der ihn veranlasste, nach Bagnères in den Pyrenäen zu gehen. Am 7. August nahm er tieftraurig Abschied von der Geliebten. *»Sechs Jahre voll Freude und überirdischen Glückes* *müssen einen selbst im tiefsten Unglück dankbar gegen die Götter stimmen!*«, schrieb sie damals, in ihr (uns verlorenes) Tagebuch.

Einige Wochen vordem, als Mora eben der Todesgefahr entronnen war, am 21. Juni 1772, nahm Julie, die sich ein wenig wieder des Lebens zu erfreuen begann, an einem Feste teil, das der damals allbekannte Finanzmann und Kunstfreund Henri Watelet (1718 – 1780) auf seinem entzückenden Landsitze *Moulin-Joli* (bei Bezons) veranstaltete. Er war ein Freund d'Alemberts, ein echter Vertreter des guten alten Galliens, Weltmann, Philosoph, Schriftsteller, Radierer, Sammler und Mitglied der Akademie. Sein ländliches Epikureerdasein teilte die anmutige Marguerite Lecomte, die ihren offiziellen Gatten im Stiche gelassen hatte, um als Göttin eines Wattebauschen Idylls von den zahlreichen Gästen dieses Schlemmerhauses gefeiert zu werden.

Dort war es, wo in Julies Leben der Vollender ihres Schicksals trat, der damals achtundzwanzigjährige Oberst Jacques Antoine Hippolyte Graf Guibert (1743 – 1790). Er hatte die Schlachten des Siebenjährigen Krieges und den Feldzug auf Korsika ruhmvoll hinter sich, galt als genialer Dichter und war der Abgott der Pariser Gesellschaft. Der Weise von Fernay hatte von ihm gesagt: »Ich weiß nicht, ob er ein Corneille oder ein Türenne wird, doch bin ich überzeugt, was auch das Gebiet seiner Tätigkeit sein mag, er wird Hohes vollbringen.« Ähnlich klingen Friedrichs des Großen Worte: »Auf allen seinen Wegen leuchtet ihm der Ruhm!« Die schönen Damen aber stritten sich, ob es herrlicher sei, Mutter, Schwester oder Geliebte dieses Begnadeten sein zu dürfen.

Seine Berühmtheit gründete sich insbesondere auf seinen 1772 erschienenen »*Essai général de Tacique*«, oder vielmehr auf dessen viel gepriesene Einleitung »Über den gegenwärtigen Zustand der Politik und der Kriegswissenschaft in Europa«. Das umfangreiche Werk ist in mehreren Ausgaben gedruckt; unter anderen liegt es in einem prächtigen deutschen Nachdrucke (Dresden 1774, 2 Bände) vor. Man findet es noch heute in allen größeren Militärbibliotheken Europas. Der Sieger von Leuthen hat es hochgeschätzt; Napoleon Bonaparte hatte es auf seinem Zug über den Sankt-Bernhard im Mai 1800 im Handgepäck bei sich, und der größte aller Kriegsgelehrten, der General Karl von Clausewitz, kommt mehrfach auf Gedanken Guiberts zurück. Es sei nur an die berühmte Stelle erinnert, wo Guibert von den Volksheeren der Zukunft spricht. Wenn es rein-militärisch der Nachwelt nichts mehr zu sagen hat, so ist doch die Einleitung geistesgeschichtlich insofern von bleibender Bedeutung, als darin die Revolution zwischen den Zeilen vorverkündet wird.

Hippolyte Guibert war kein so genannter schöner Mann. Zweierlei aber rühmte man an ihm: das wunderbare Feuer seiner dunklen Augen, wenn ihn irgendetwas zur Aussprache begeisterte, und seine lebhafte, verführerische, unvergleichliche Art zu plaudern. Julie sagt von ihm: »Seine Seele spiegelt sich in jedem seiner Worte.« Und ähnlich berichtet Madame de Staël: »Seine Unterhaltung war abwechselungsreich, voller Leben und Anregung; mir ist nirgends ein Plauderer seiner Art je wieder begegnet. Ihn interessierte alles; über jedweden Gegenstand wusste er etwas Eigenartiges zu äußern. In Gesellschaft wie unter vier Augen ruhte sein Geist nicht einen Augenblick, und es machte ihm Freude, sich andern mitzuteilen.«

Wenn wir mit unserm gewandelten literarischen Geschmack die schriftstellerischen Dokumente Guiberts vornehmen, den »*Connétable de Bourbon*« (1785), den »*Éloge du Roi de Prusse*« (1787) oder das »*Journal d'un Voyage en Allemagne en 1773*« (1803), so suchen wir vergebens nach Stellen oder Gestalten, die jedem Jahrhundert etwas zu sagen hätten. Zweifellos war Guibert ein genialer Mensch, aber kein Schöpfer, vielmehr ein Anreger: ein Virtuose auf der Klaviatur der Gefühle der anderen.

Dass Julie de Lespinasse an Guibert von Stund an Gefallen fand, dass sie ihn sofort in ihren Kreis zog, ist nicht verwunderlich. Gewiss hatten beide schon viel Rühmliches voneinander gehört. Erstaunlich aber ist die Doppelleidenschaft, die in ihr entbrannte. Offenbar war Julies Gefühl für den Marquis Mora keine reine *amour-passion* (um Stendhals berühmte Einteilung hier anzuwenden), sondern eine Mischung von mehr mütterlicher als leidenschaftlicher Liebe und Freundschaft; erst die neue Leidenschaft zu Guibert war in Wahrheit ihre späte, um so unheilvollere *grande Passion*. Nach dem Tode des Bräutigams redete sich die zwischen Extremen Irrende, der Liebe wie dem Tode Verfallene, mit harten Selbstanklagen Quälende mehr und mehr ein, Guibert hassen und Mora in alle Ewigkeit lieben zu müssen.

Die Geschichte der sich entspinnenden Verbindung zwischen den beiden im Grunde beklagenswert wenig füreinander geschaffenen Menschen ist der Nachwelt in den zweihundertunddrei Briefen Julies an den Geliebten überliefert, denen sich einige wenige von Guibert an Julie gesellen. Sie füllen die Zeit vom 13. Mai 1773 bis zum 22. Mai 1776, dem Todestage der Schreiberin dieser berühmtesten aller Liebesbriefe der Weltliteratur.

Die auf- und niedergehende Linie dieser merkwürdigen Blätter hat mehrere Wendepunkte. Am 10. Februar 1774, im Vorzimmerchen ihrer Loge, wird Julie ganz die seine. Nachts, nach ihrer Heimkehr, schreibt sie jenen wunderbaren Brief der Briefe: »Liebster, ich leide, ich liebe Dich, und ich harre Deiner!« mit dem Datum: »*In allen Augenblicken meines Lebens*« Dann, am 27. Mai 1774 stirbt Mora in Bordeaux. Ein Jahr später, am 1. Mai 1775, unterzeichnet Guibert seinen Ehevertrag mit einer anderen: Julies Todesurteil, wie sie fortan nicht müde wird, zu klagen.

Guibert hat den Tod seiner Freundin um vierzehn Jahre überlebt. Seine weitere Laufbahn als Soldat wie als Dichter entsprach weder den Erwartungen seiner Zeitgenossen noch seiner eigenen Hoffnung. Er wurde im Oktober 1776 in das Ministerium des Grafen Saint-Germain berufen. Der rasche Sturz seines Gönners vernichtete ihm den weiteren Flug über die Massen hinweg. Sich im Kriege als Feldherr oder Generalstabschef zu betätigen, blieb ihm versagt. Seine Aufnahme in die Akademie am 13. Februar 1785 war ein letzter Erfolg, der sein Soldatenherz kaum länger denn einen Augenblick befriedigt hat. Als die große Revolution ausbrach, gelangte er zu keiner Rolle. Vergessen und verbittert starb er als verabschiedeter Generalmajor am 6. Mai 1790.

Seine Gattin Alexandrine Luise geb. de Courcelles (1758 bis 1826) überlebte ihn um sechsunddreißig Jahre. Liebevoll hat sie seine kriegswissenschaftlichen Schriften (*Oeuvres militaires de Guibert, publiées par sa veuve sur les manuscrits et d'après les correctures de l'auteur*, Paris 1803, 5 Bände) sowie seine Dramen (*Oeuvres dramatiques*, 1 Band, Paris 1822) gesammelt und herausgeben. Hoch anzurechnen ist es ihr als Frau, dass sie auch die Briefe seiner Geliebten vor dem Untergange bewahrt und der Nachwelt nicht vorenthalten hat. Und welch seltsames Schicksal! Graf Guibert, der gefeierte Kriegsgelehrte, Gesellschaftsheld und Modedichter, ein allbekannter Mann seiner Zeit, wäre längst gänzlich vergessen, wenn ihn nicht die schriftliche Hinterlassenschaft seiner alles in allem von ihm schlecht behandelten Freundin unsterblich gemacht hätte.

Julies letzter Brief an d'Alembert vom 16. Mai 1776 (man findet ihn deutsch im Anhange dieses Buches) enthält das Bekenntnis, dass sie ihm alles schulde, dass ihm ihr Herz aber seit Langem nicht mehr gehört habe.

»*Adieu, mon ami*«,

schreibt sie ihm,

»*ne me regrettez pas! Conservez le souvenir de M. de Mora comme l'homme le plus vertueux, le plus sensible et le plus malheureux qui exista jamais. Adieu! Le désespoir a seché mon coeur et mon âme; je ne sais plus exprimer aucun sentiment. Ma morte n'est qu'une preuve de la manière dont j'ai aimé M. de Mora ... Adieu, mon ami! Adieu!*«

Sie konnte und wollte nicht von der Welt scheiden, ohne hiermit ihr Gewissen erleichtert zu haben. Die größere Untreue aber verschweigt sie ihm. D'Alembert war über das Geständnis der Liebe zu Mora erschüttert. Er vertraute seinen Schmerz seinem Freunde Guibert an. Niemals hat er erfahren, welche Rolle gerade dieser in Julies Leben gespielt hatte. Wir besitzen zwei empfindsame Nachrufe von d'Alemberts Hand: *Aux Mânes des Mademoiselle de Lespinasse*, geschrieben am 22. Juli und am 2. September 1776.

Auch Guibert widmete der verlorenen Freundin eine Gedächtnisschrift, den *Éloge d'Éliza*, verfasst in der Nacht nach ihrem Begräbnisse, am 23. Mai 1776. Der Name »Eliza« ist eine Reminiszenz an Eliza Draper, die Freundin Sternes, des Lieblingsdichters Julies. Guibert beschließt sein *In Memoriam Juliae* mit den schwärmerischen Worten:

O Elisa, Elisa, wie schwach und fragmentarisch ist mein Versuch, Dein Bild zu entwerfen! Welche erlesene Empfindung, welche seltene Tugend könnte es zur Ehre der Menschheit geben, die in Deinem Herzen nicht gewohnt hätte! Wenn ich je in meinem Leben irgendetwas Gutes, Ehrenhaftes vollbringe, wenn ich ein hohes Ziel erreiche, so wird dies geschehen, weil die Erinnerung an Dich meine Seele veredeln und immer wieder entflammen wird. Ihr alle, die ihr Elisas Freunde waret und die ich daher auch meine Freunde nennen darf, ruft mit mir vereint die Dahingegangene an: Im Namen Elisas, wir wollen Freunde sein, der eine lieb und wert dem andern! Wir wollen zu ihrem Gedächtnis immerdar handeln, als geschähe es vor ihren Augen! Aus den Gefilden der Seligen, wo ihre Seele wandelt, wird sie es sehen und loben. Und die Welt wird zu unserer Ehre von uns sagen: Er war Elisas Freund! Es soll jedem von uns dermaleinst auf den Grabstein geschrieben werden!

Und ihr Grabmal? Ach, ihre sterblichen Reste sollen in der Gruft eines Tempels zerfallen; aber dort soll sie ihr Denkmal nicht bekommen! Ihr Schatten soll nicht einsam hin und herirren. Gestade und Gefilde, wo die Seelen der Laura und der Beatrice atmen, warum seid ihr so fern?

So wollen wir wenigstens einen stillen Hain suchen, durch den ein Bach flutet, sanft über Kieseln immerfort murmelnd in leiser Klage. Kommt! Dort wollen wir ihr ein Denkmal errichten, schlicht wie sie selber war, eine Marmorsäule, deren Schaft in Brusthöhe gebrochen ist. Zypressen sollen ihre wehmutsvollen Zweige darüber breiten .... Doch nein! Sünder haben ihre Gräber fern dem Gesichtskreise der Menschen. Wählen wir lieber einen Ort, nahe einer Heeresstraße, auf einem Hügel, dem ein frischer Quell entsprudelt. Pflanzen wir dort ein paar Bäume! Ein immergrüner Weg soll dahinführen. So findet der müde Wanderer Schatten und Wasser. Voll Entzücken wird er rasten und die Seele segnen, die noch im Jenseits Gutes tut. Und im Verlaufe unseres Lebens wird jeder von uns hin und wieder dorthin pilgern und den Marmelstein von frischen Tränen benetzt finden, und derjenige von uns, der alle anderen überlebt, der Erbe all des Schmerzes seiner Freunde, wird ihn der Nachwelt übergeben, indem er folgende Inschrift auf ihr Grab setzen lässt:

**Zum ewigen Gedächtnisse
von *Julie de Lespinasse*,
begraben am 23. Mai 1776.**

Ihren Freunden war sie das Glück,
Einem erlesenen Kreise das Band,
Den schönen Künsten sich bescheidende Hüterin,
Unglücklichen immerdar Trösterin.

Zweiundvierzig Jahre alt ist sie dahingegangen, aber ihr kurzes Leben war so reich an Gedanken, Liebe und Leid, dass es noch Jahrhunderte erfüllt.

Die Briefe der Julie de Lespinasse
an den Oberst Hippolyte Grafen Guibert

1773 – 1776

Paris, samstagabends, den 13. Mai 1773

Sie reisen am Dienstag ab, und da ich nicht weiß, wie mir bei Ihrer Abreise zumute sein wird und ob ich Ihnen schreiben will und darf, so möchte ich wenigstens noch einmal mit Ihnen plaudern und mir Nachrichten von Ihnen aus Straßburg sichern.

Sie sollen mir melden, ob Sie gesund und wohl angekommen sind, ob die Abwechslung der Reise Ihre Seele nicht schon beruhigt hat. Denn eigentlich ist sie nicht krank, Sie leiden nur an den Übeln, die sie sich selber zufügt, und Zerstreuungen und Ortswechsel werden mächtig genug sein, um sie den Gefühlswallungen zu entheben, die Sie vielleicht bedrücken, weil Sie gut und ritterlich sind. Ja, Sie sind ein liebenswürdiger, vortrefflicher Mensch. Eben habe ich Ihren Brief von heute Morgen wieder gelesen; er hat die Milde Geßners[2] und die Kraft Rousseaus. Mein Gott, warum vereint sich alles, was zu gefallen und zu rühren vermag, und warum tun Sie mir ein Glück auf, dessen ich nicht würdig bin und das ich gar nicht verdient habe?

Nein, nein, ich will Ihre Freundschaft nicht! Sie würde mich trösten und zugleich noch mehr aufregen, und ich muss Ruhe haben und Sie eine Zeitlang vergessen. Ich will Ihnen und mir selber nichts vormachen, aber wahrhaftig, in meinem wirren Zustand fürchte ich mich vor einer Selbsttäuschung. Vielleicht sind meine Bedenken mächtiger als mein Unrecht. Vielleicht würde meine Herzensnot einen geliebten Menschen[3] tief betrüben.

Eben in diesem Augenblick erhalte ich von ihm einen Brief voll des höchsten Vertrauens in meine Liebe. Er gedenkt meiner, meiner Gedanken, meines

---

[2] Salomon Geßner (1730–1788), dessen Idyllen, 1766 erschienen, damals auch in Frankreich Mode waren. Turgot hatte sie im Verein mit seinem deutschen Lehrer Huber ins Französische übersetzt (Idylles, Lyon 1762); zuvor Geßners »Tod Abels« (La Mort d'Abel, Paris 1761). In der deutschen Volksliteratur sind vom Gesamtwerk des Dichters nur die »Idyllen« am Leben geblieben. Es sei aufmerksam gemacht auf den Neudruck: Salomon Geßner, Idyllen. Mit Wiedergabe der 8 Vollkupfer und 16 Kupfervignetten Geßners. Weimar, bei G. Kiepenheuer, 1916.

[3] den Marquis von Mora; dieser weilte damals in Madrid, später wollte er sich nach Paris begeben, musste aber seines Zustandes wegen unterwegs in Bordeaux bleiben, wo er am 27. Mai 1774 seiner Krankheit erlag. Graf Guibert war eben nach Deutschland abgereist, wo er insbesondere die Schlachtfelder des Siebenjährigen Krieges besuchte. Man kann sich ein Bild seiner damaligen Stimmung machen, wenn man sein Reisetagebuch liest. Es heißt da (Journal d'un voyage en Allemagne, fait en 1773, Paris, 2 Bände, 1803): »*20. Mai 1773. Abreise von Paris, im Drange meiner Neugier, des herrischen Bedürfnisses, zu sehen, zu erkunden, aber zugleich tief bewegt; voll von Sorgen, untröstlich über die Trennung von allem, woran mein Herz hängt, traurig, eine weite Reise ganz allein antreten zu müssen, der Erwartung zuwider nicht zusammen mit einem Freunde. Warum bin ich eigentlich nicht da geblieben? Weil der Charakter im Menschen den Oberbefehl führt und selbst über das Gefühl kommandiert ...*«

Innenlebens mit jener hohen Einsicht und Sicherheit, die man nur besitzt, wenn man lebhaften und starken Gefühlen Worte verleiht. Ach, mein Gott, welcher Zauber oder welches Verhängnis musste Sie in meine Nähe führen und mich ihm abspenstig machen? Warum bin ich nicht im vergangenen September gestorben? Damals wäre ich ohne Bedauern aus der Welt geschieden und ohne mir Selbstvorwürfe machen zu müssen. Ach, ich fühle es, noch heute könnte ich für ihn mein Leben lassen. Es gibt nichts, das ich nicht für ihn opfern möchte, aber vor drei Monaten brauchte ich ihm noch nichts zu opfern. Meine Liebe war nicht stärker, aber edler! Doch er wird mir verzeihen. Ich hatte damals so viel durchgemacht! Leib und Seele waren durch das unaufhörliche Leid erschöpft. Die unregelmäßige Post zuletzt brachte mich zuweilen dem Wahnsinne nahe. Da habe ich Sie kennengelernt; da haben Sie in meine Seele neues Leben, neue Freude gegossen. Ich weiß nicht, was ich inniger empfunden, die Verpflichtung gegen Sie oder dieses neue Leben.

Aber sagen Sie mir: Ist das die Sprache der Freundschaft? Oder des Vertrauens? Was reißt mich hin? Bewerkstelligen Sie, dass ich mir selber klar werde! Helfen Sie mir, mein Gleichgewicht wieder zu finden! Meine Seele ist aufgewühlt. Sind es meine Selbstvorwürfe? Ist es meine Schuld? Sind Sie's? Ist's Ihre Abreise? Was quält mich? Ich bin am Ende meiner Kraft. In diesem Augenblick geht mein Vertrauen zu Ihnen ins Endlose, und doch spreche ich vielleicht in meinem Leben nie wieder mit Ihnen.

Leben Sie wohl! Morgen werde ich Sie sehen und vielleicht wegen meines heutigen Schreibens in Verlegenheit sein. Vergessen Sie nicht, dass Sie mir versprochen haben, meine Briefe sofort zu verbrennen!

Gebe der Himmel, dass Sie mein Freund sind, oder ich wünschte, Sie nie kennengelernt zu haben! Glauben Sie, dass Sie mein Freund sein können? Denken Sie nur ein einziges Mal darüber nach! Ist das zuviel?

Sonntag, den 23. Mai 1773

Wäre ich jung, schön und wirklich liebenswürdig, so müsste ich Sie für einen Meister der Galanterie halten. Aber da ich das alles nicht im Geringsten bin, sondern so recht das Gegenteil, so schließe ich aus Ihrem Benehmen gegen mich auf eine Herzensgüte und Ritterlichkeit, die Ihnen auf immerdar ein Recht auf meine Seele einräumen. Sie haben sie bis auf den Grund angefüllt mit Dankbarkeit, Verehrung, Teilnahme und allen den Gefühlen, die Innigkeit und Vertrauen in eine Bekanntschaft bringen.

Ich vermag nicht so schön wie Montaigne über die Freundschaft zu sprechen, aber seien Sie versichert, wir werden sie inniger fühlen. Wenn das, was er darüber sagt, aus seinem Herzen gekommen wäre, glauben Sie wohl, dass er dann nach dem Verluste eines solchen Freundes noch hätte weiter leben können? Aber darum handelt es sich nicht. Von Ihnen soll die Rede sein, von Ihrem anmutigen, feinsinnigen Zitat.

Sie kommen mir zu Hilfe. Sie wollen nicht, dass ich gegen mich selber im Unrecht sei. Sie wollen nicht, dass Ihr Andenken einen schmerzlichen Schatten in mein Herz werfe oder gar meine Eigenliebe kränke. Mit einem Wort, Sie wollen, dass ich in Frieden die Freundschaft genieße, die Sie mir anbieten und von der Sie mir ebenso liebe wie artige Beweise geben. Gut, ich nehme sie an, ich mache meinen ganzen Reichtum daraus; sie soll mein Trost sein, und wenn ich mich je Ihres Umganges erfreue, so soll mir diese Freundschaft ein hoher, ersehnter Genuss sein.

Ich hoffe sehr, dass Sie mir das Unrecht verzeihen, das ich nicht begangen habe. Sie wissen wohl, es wäre mir unmöglich, ein Gefühl in Ihnen zu argwöhnen, das wider Herzensgüte und Ritterlichkeit wäre. Dennoch habe ich Sie angeklagt. Das beweist nichts weiter, als dass ich schwach und schuldig war, – mehr noch: dass ich aufgeregt war bis zum Verluste meiner Geistesgegenwart und Unbefangenheit. Sie selbst haben einen zu guten und zu raschen Blick, als dass ich zu fürchten brauche, Sie irregeleitet zu haben. Ich bin fest überzeugt, dass Ihre Seele nicht daran denkt, sich ob der Wallungen in der meinen zu beklagen.

Ich weiß, dass Sie erst donnerstags um halb sechs Uhr abgereist sind. Zwei Minuten nach Ihrer Abfahrt stand ich vor Ihrer Türe. Ich hatte vormittags nachfragen lassen, um welche Zeit Sie tags vorher abgereist wären, und zu meinem großen Erstaunen erfuhr ich, dass Sie noch in Paris waren, und dass es noch gar nicht sicher sei, ob Sie am Donnerstag reisen würden. Ich wollte nun persönlich in Erfahrung bringen, ob Sie etwa krank wären, und – was Ihnen abscheulich vorkommen wird – ich wünschte das geradezu. Gleichwohl, aus einer Bizarrerie, die ich Ihnen nicht erklären kann, fühlte ich mich ruhiger, als ich vernahm, dass Sie weg seien. Ja, Ihr Weggang hat mir das Gleichgewicht wiedergegeben, aber doch bin ich trüb gestimmt. Sie müssen mir das verzeihen und sich damit zufriedengeben. Ich weiß nicht, ob ich mich nach Ihnen sehne, aber mit Ihnen fehlt mir meine Freude. Ich glaube, die regen und empfindsamen Seelen hängen allzu sehr an ihren Gefühlen. Nicht die lange Dauer Ihrer Abwesenheit betrübt mich, denn mein Denken fragt nicht nach dem Ende: Es ist schlechterdings die augenblickliche Stimmung, die mir das Herz schwer, verzagt und traurig macht und mir kaum genug Kraft lässt, eine bessere zu wünschen.

Doch sehen Sie nur diesen grässlichen Egoismus! Drei Seiten voll von mir! Und dabei glaube ich, dass ich mich mit Ihnen beschäftige; wenigstens tut es mir not, zu hören, wie es Ihnen geht, wie es um Sie steht.

Wenn Sie dies lesen, mein Gott, wie fern werden Sie dann schon sein! Körperlich zwar keine hundert Meilen, allein, welchen weiten Weg haben dann Ihre Gedanken nicht bereits zurückgelegt! Wie viel neue Dinge! Wie viele neue Ideen! Wie viel neue Betrachtungen! Mich deucht, es ist nur noch Ihr Schatten, mit dem ich rede. Alles, was ich von Ihnen gekannt habe, ist verschwunden. Kaum werden Sie noch in Ihrem Gedächtnisse die Spuren der Erlebnisse finden, die Sie in den letzten Tagen Ihres Hierseins beseelten und bewegten.

Nun, umso besser! Sie wissen wohl noch, dass wir beide dahin einig geworden sind, Sentimentalität sei Sache der Durchschnittsmenschen. Ihr Charakter gebietet Ihnen Größe; Ihre Fähigkeiten verdammen Sie zum Ruhme. Unterwerfen Sie sich also Ihrem Schicksal, und bekennen Sie offen, dass Sie für alles andere denn für ein sanftes Innenleben geschaffen sind, dessen Elemente Zärtlichkeit und Schwärmerei sind. Für ein Einziges zu leben, gewährt Wonne, aber keinen Ruhm! Wenn man nur in einem Herzen zu herrschen begehrt, so verliert man die Herrschaft in der Welt. Es gibt Charaktere, Namen, die für die Nachwelt geschaffen sind. Der Ihre wird eines Tages Bewunderung erwecken. Wenn ich mich in solche Gedanken vertiefe, so vermindert das ein klein wenig die Teilnahme, die ich für Sie hege. Leben Sie wohl!

Montag, den 24. Mai 1773

Was denken Sie über mich Törin? Kaum darf ich nur schmeicheln, dass Sie mich anhören, und schon überlaufe ich Sie.

Sie haben neulich einmal gesagt, lange Briefe pflege man zu schreiben: an seine Freunde, an Leute, die einem zusagen, an solche, mit denen man gern plaudere. Wenn Sie die Wahrheit gesprochen haben, so sind Sie nun gezwungen, wo nicht mit Anteilnahme, doch wenigstens mit Nachsicht zu lesen, was ich schreibe. Ich übergehe soeben den langen Brief noch einmal. Mein Gott, wie nichtssagend kommt er mir vor! Doch was nützte es, wenn ich noch einmal anfinge: Er würde doch nicht besser. Ich bin wirklich nur dazu da, auf jede Weise Langeweile zu bereiten; ich bin trübsinnig und abgestorben. Sagen Sie selbst, lässt sich damit etwas anfangen?

Ich möchte Ihnen nun mancherlei Fragen vorlegen. Antworten Sie darauf! Das wäre sehr liebenswürdig von Ihnen.

Haben Sie Diderots Brief erhalten? Er gedenkt am 6. Juni abzureisen; so werden Sie ihn also in Russland[4] treffen. Warum sind Sie eigentlich nicht am Mittwoch weggefahren? Waren Sie es selber oder jemand anders, dem Sie diese vierundzwanzig Stunden geschenkt haben? Haben Sie das Buch von Thomas[5] mitgenommen? Ich wünschte es. Es ist wie auf den Ton Ihrer Seele gestimmt. Es ist vornehm, kraftvoll und edel geschrieben, zweifellos nicht ohne etliche Mängel, aber stilistisch freier von Schwulst und Überspanntheit als seine früheren Werke. Begriffserklärungen und Aufzählungen kommen zu viele drinnen vor; das ermüdet ein bisschen. Insbesondere fällt es ihm sehr schwer, sich von Dingen wieder loszumachen, die sein Augenmerk gefesselt haben.

Ich war gezwungen, diese Lektüre ein paar Tage beiseitezulegen. Es ist der Briefträger, der zweimal in der Woche über meine ganze Lebensbetätigung entscheidet. Gestern war mir das Lesen unmöglich. Ich suchte immer nach dem mir fehlenden Briefe, und wenn ich noch so im Thomas geblättert hätte, dort hätte ich ihn doch nicht gefunden.

Sie haben mir Nachrichten aus Straßburg versprochen. Sind Sie jetzt nicht selber über die Verbindlichkeit erschrocken, die Sie eingegangen sind: mir häufig zu schreiben? Empfinden Sie keine Reue über den Leichtsinn, mit dem Sie einer Ihnen gewidmeten eifrigen Teilnahme nachgegeben haben? Es ist ärgerlich, sich hundert Meilen weit um andere kümmern zu sollen. Nur darin liegt Genuss, wozu einen gerade die Lust und die Laune drängt. Sehen Sie, ich bin großmütig. Ich will Ihnen Ihr Wort zurückgeben, wenn Sie sich etwas übereilt zu haben glauben. Gestehen Sie es mir ein, und ich gelobe Ihnen, nicht beleidigt zu sein. Glauben Sie mir, es käme nur die Eitelkeit in Gefahr, und ich habe keine. Ich bin nichts als ein treuherziges, recht dummes, sehr natürliches Geschöpf. Glück und Vergnügen dessen, den ich liebe, liegen mir weit mehr am Herzen als alles, was mich selber betrifft. Nach

---

[4] Diderot folgte einer Einladung der Zarin Katharina II. Er reiste über Holland; seine Rückkehr erfolgte im Oktober 1774.

[5] »Buch von Thomas«: Essai sur le caractère, les moeurs et l'esprit des femmes dans les différents siècles, Paris 1772. Als Graf Guibert 1785 Mitglied der Academie Francaise wurde, erhielt er den Sitz dieses Thomas. Der Abbé Galiani schreibt am 24. Dezember 1772 an Thomas, der ihn um ein Exemplar seines Dialogs über (oder vielmehr gegen) die Frauen gebeten hatte: »*Wollen Sie von meinem frauenfeindlichen Dialog gütigst weder Fräulein von Lespinasse noch Frau Geoffrin etwas sagen. Ich glaube, die beiden machen eigens eine Reise nach Neapel, um mir das Schicksal des Orpheus oder des Abälard angedeihen zu lassen: Notum quid femina furens. Wir sollten uns einander lieben, aber Gott und die Frauen fürchten!*« Eine Kritik der Julie de Lespinasse über das Buch findet man in: Lettres inédites de Mlle. de Lespinasse, publiées par Charles Henry, Paris, E. Dentu, 1887, p. 199–201. Sie schließt mit den Worten: »*Thomas ist der tugendhafteste, empfindsamste, geistreichste und beredteste Mensch. Sein größter Fehler ist: niemals dumm zu sein. Der meine ist: dies immer zu sein. Gott sei Dank, ich brauche dies nicht zu sagen!*«

dieser genaueren Bekanntschaft mit meiner Natur machen Sie es sich so bequem, wie es Ihnen beliebt, und schreiben Sie mir selten, viel oder gar nicht. Doch bilden Sie sich nicht ein, dass eins mich ebenso wie das andere zufriedenstelle. Nein. Ich besitze zwar noch weit weniger Gleichgültigkeit als Eitelkeit, doch dafür eine Kraft, eine Fähigkeit, die alles aufwiegt: zu leiden und viel zu leiden, ohne zu klagen.

Leben Sie wohl! Sind Sie imstande gewesen, so weit zu folgen? War das nicht unerträglich langweilig?

Sonntag, den 30. Mai 1773

Ich habe Ihren Brief aus Straßburg gestern erhalten. Es kam mir vor, als läge Mittwoch der 19. recht weit zurück. Das ist nämlich der Tag, an dem ich das letzte Zeichen Ihres Gedenkens bekommen hatte. Ihr gestriger Brief hat mich getröstet, hat meiner Seele wohlgetan. Sie hatte es nötig, durch die Berührung eines süßen Gefühles zerstreut zu werden und sich dem in Frieden und ohne Vorwürfe überlassen zu dürfen. Nun kann ich es mir gestehen und kann es auch Ihnen sagen: Ich liebe Sie innig. Ihr Fernsein senkt mich in tiefe Sehnsucht. Ich bringe es nicht mehr fertig, gegen das Gefühl anzukämpfen, das Sie in mir erweckt haben. Ich habe klar in meine Seele geblickt.

Ach, das Übermaß meines Unglücks entschuldigt mich mehr als nötig. Ich glaubte zu sterben, als ich am Freitag durch einen besonderen Eilboten einen Brief [vom Marquis von Mora] empfing. Durfte ich einen Augenblick zweifeln, dass er mir die schrecklichste Botschaft brächte? Meine Verwirrung nahm mir die Kraft, den Brief aufzubrechen. Länger als eine Viertelstunde war ich regungslos; meine Seele, meine Sinne waren erstarrt. Endlich las ich und fand meine Besorgnis nur zur Hälfte begründet. Ich brauche nicht für sein geliebtes Leben zu zittern. Doch – o mein Gott! – wenn er auch der allergrößten Gefahr entronnen ist, wie ungeheuer viel bleibt mir zu fürchten übrig! Wie fühle ich mich erdrückt von der Bürde des Daseins. Ach, Schmerzen, die kein Ende haben, gehen über die Kraft des Menschen. Es lebt nur noch eine Zuversicht in mir, und sehr oft habe ich nur ein Verlangen.

Urteilen Sie, ob ich Sie nicht lieben, ob ich Ihre Gegenwart nicht herbeisehnen muss? Sie haben die Macht gehabt, ein so tiefes, heftiges Weh abzulenken. Ich harre, ich schmachte nach Briefen von Ihnen. Ach, glauben Sie mir, nur Unglückliche sind es wert, Freunde zu haben. Hätte Ihre Seele nicht das Leid gekannt, so hätten Sie sich niemals die meine erobert. Ich hätte Ihre Fähigkeiten bewundert und gepriesen, aber ich hätte mich zurückgezogen, weil ich eine gewisse Abneigung gegen das rein Verstandesmäßige habe. Zum Denken muss man ruhig sein; in leidenschaftlicher Aufregung vermag man nur zu fühlen und zu leiden. Sie schreiben mir, dass Sie von herben Gedanken, sogar von Gewissensbissen heimgesucht werden, dass Ihr feinstes Gefühl nur Schmerz sei. Ich glaube Ihnen, und es betrübt mich. Doch verstehe ich nicht, warum der Eindruck, den mir Ihr Brief gemacht hat, Ihrem Zustand so entgegengesetzt ist. Es kommt mir vor, als atmeten Ihre Worte allenthalben Gelassenheit, Frieden und Kraft. Es ist mir, als plauderten Sie von dem, was Sie gedacht haben, nicht von dem, was Sie noch fühlen. Kurz, wenn ich ein Recht dazu hätte, wenn ich es genau nähme, wenn ich nicht als Freundin nachsichtig sein müsste, so möchte ich Ihnen sagen: Straßburg liegt weit, unendlich weit weg von der Rue Taranne[6].

Montesquieu behauptet, das Klima habe einen großen Einfluss auf das Seelische[7]. Liegt denn Straßburg nördlicher als Paris? Bedenken Sie, was dann erst von Petersburg zu befürchten wäre! Aber ich habe keine Angst. Ich glaube an Sie, ich vertraue Ihrer Freundschaft. Geben Sie mir aber eine Erklärung meines Vertrauens; nur hüten Sie sich, meine Eigenliebe mit in Rechnung zu ziehen. Meine Neigung zu Ihnen ist rein von dieser hässlichen Zutat, die jede Leidenschaft schwächt oder verdirbt. Es wäre sehr liebenswürdig von Ihnen gewesen, wenn Sie mir geschrieben hätten, ob mein Brief der einzige in Straßburg war[8]. Und bin ich nicht großmütig? Ich hätte gewünscht, dass sich mein Brief in den hätte verwandeln können, nach dem Sie Sehnsucht hatten. Kommen wir ins Klare! Einen Platz in Ihrem Herzen räumen Sie mir wohl ein, und, bitte, einen recht guten! Ich wechsle nicht gern. Ich möchte nicht etwa den Gnadenplatz einer gewissen Unglücklichen; sie ist unzufrieden mit Ihnen. Ebenso wenig möchte ich den Platz einer anderen Unseligen, den Sie erzwungen gewähren, und worüber Sie missgestimmt sind. Ich weiß nicht, welchen Platz Sie mir einräumen werden, aber machen Sie es so, wenn es Ihnen möglich ist, dass wir alle beide zufriedengestellt sind! Klügeln Sie nicht! Bewilligen Sie viel! Ich betrüge nicht. Sie werden sehen, dass ich mich auf die Liebe verstehe. Ich tue nichts als lieben; ich kann nur lieben. Mit geringen Mitteln, wissen Sie wohl, vermag man viel, wenn man sie alle auf einen Punkt zusammendrängt. Nun gut, ich habe nur einen Gedanken, und dieser Gedanke erfüllt meine ganze Seele, mein ganzes Leben!

---

[6] Damals wohnte Guibert in dieser Straße.

[7] Montesquieu: De l'esprit des lois, Kapitel 14.

[8] »der einzige Brief«: Anspielung auf Madame Jeanne de Montsauge, mit der Guibert damals noch immer in galanten Beziehungen stand. Julies starke Eifersucht spiegelt sich in ihren Briefen immer wieder. In der Urhandschrift steht stets nur: M. Alsbald bricht Guibert mit ihr: Aber später nähern sie einander wieder. Auch sonst ist Julies Eifersucht nicht unbegründet.

Sie fürchten, sagen Sie, dass Ihre Zerstreuungen, Ihre Studien Sie Ihren Freunden abspenstig machen. Lernen Sie sich besser kennen und lassen Sie ehrlich und aus freien Stücken Ihrem Charakter die Gewalt über den Willen, über Ihre Liebe, über alle Ihre Handlungen, die er doch einmal hat. Menschen, die vom Liebesdrang beherrscht werden[9], gehen nie nach Petersburg; sie gehen wohl bisweilen weit weg, aber dann sind sie dazu gezwungen, und es fällt ihnen nicht ein, zu sagen, sie wollten »in ihr Inneres zurückkehren«, um dort die Geliebte zu finden. Tausend Meilen entfernt, leugnen sie die Trennung. Aber es gibt mehr denn bloß eine Art, gut und trefflich zu sein; die Ihrige wird Sie sehr weit bringen, in jeder Bedeutung des Wortes. Ich würde eine empfindsame Frau, der Sie das Höchste wären, bedauern; ihr Leben müsste sich in Jammer und Leid verzehren. Eine eitle und hochmütige Frau dagegen würde ich beglückwünschen; sie hätte ihr Leben lang damit zu tun, sich ihres guten Geschmacks zu freuen und damit zu prunken. Solche Frauen lieben den Ruhm, die öffentliche Meinung, das Aufsehen. Das alles ist sehr schön, sehr vornehm, aber es ist eiskalt und himmelweit entfernt von der Leidenschaft, die ausrufen lässt:

Die Hölle tut sich auf mir und das Grab:
Geliebter, gern geh ich für Dich hinab![10]

Doch ich bin eine Törin, und noch schlimmer als das, ein seltsames Geschöpf: ich habe nur einen Ton, nur eine Farbe, nur eine Wesensart, und wenn die nicht in Schwingung gebracht wird, ist sie starr und langweilig.

Unter allen Umständen schreiben Sie mir gütigst, wie es Ihnen geht. Dafür will ich Ihnen die einzige Neuheit mitteilen, die mich interessiert:

Die Kommandeurstelle an der Kriegsschule[11] ist noch nicht vergeben.

Den 6. Juni 1773

Du mein Gott, wie selten macht einem etwas Freude und wie langsam kommt derlei. Es ist mir, als sei seit dem 24. eine Ewigkeit vergangen, und ich weiß nicht, wie lange ich noch auf einen Brief aus Dresden[12] warten soll. Versichern Sie mir wenigstens: haben Sie den festen Willen, mir so oft zu

---

[9] Anspielung auf Mora, der Paris nur dem Rat seiner Ärzte zufolge verlassen hatte.
[10] Verse aus Voltaires Tragödie Zulime, 2. Akt, 5. Auftritt.
[11] Guiberts Vater, der Generalleutnant Graf Charles Benoit de Guibert, hatte sich u. a. beworben; ernannt ward ein anderer, aber 1782 ist Guibert (der Ältere) Generalinspekteur des Invalidenwesens und damit zugleich Inspekteur der Kriegsschule.
[12] Guiberts Tagebuchblätter während seines Aufenthalts in Sachsen (im Juni 1773) befinden sich in den Anmerkungen (S. 312)

schreiben als Sie nur können? Waren meiner Freude wirklich nur Umstände feindlich, die nicht von Ihnen abhängen, das heißt die weite Ferne und die Langsamkeit der Boten?

Ich habe eine wahre Abscheu vor Russland. Seit Sie die Lust bekommen, dahin zu reisen, hasse ich die Russen. Mein Gott, was wollen Sie denn da sehen? Lauter Dinge, vor denen man sein Leben lang ausreißen und die man nie kennenlernen sollte. Sie werden da sehen, was Ihr Herz verabscheut: Sklaverei und Tyrannentum, Gemeinheit und Frechheit. Wohl weiß ich, dass Sie in vieler Hinsicht sagen können: ganz wie bei uns! Indessen sind unsere Laster abgeschwächt durch unsere allgemeine Degeneration, wohingegen es in jenem Lande nur schrankenloses Unglück gibt, geschaffen durch schrankenlose Verderbnis und Unterdrückung. Zweifellos ist alles das der Beobachtung eines Philosophen wert. Die Naturforscher betrachten die Unken und Spinnen mit ebensoviel Eifer wie die Tiger und Elefanten. Aber ich betrübe mich darob, dass Ihre Wissbegierde, Ihre Tätigkeit, kurz alle Ihre Vortrefflichkeiten und Tugenden mir allesamt feindlich sind. Ihre Ruhmliebe beispielsweise wird es fertigbringen, dass Ihre – oder meine Neigung vielmehr – nur ein Unglück mehr für mich sein wird. Gleichwohl können Sie schon zu mir sagen wie der Einsiedler zu Zodig:

›Ich habe zuweilen Trost den Seelen Leidender gespendet.‹

Ja, ich danke Ihnen die süße Wonne, den Zauber der Freundschaft. Ich fühle, dass dieses Band schon zu stark geworden ist, dass es zu sehr auf meine Seele drückt. Wenn sie Schmerzen hat, so ist sie versucht, sich Ihnen zuzuwenden und bei Ihnen Trost zu suchen. In Ruhe würde sie sich von einem noch stärkeren Reiz hinübergezogen fühlen, dem der Freude. Sagen Sie, ob ich alles das für Sie bedeute, oder ob ich nicht im Lieben und Leiden etwas vor Ihnen voraushabe. Soviel ist richtig, meine Freundschaft ist Ihnen lieb geworden, und Sie mir notwendig, noch ehe ich wusste, was ich Ihnen bin. Doch, was denken Sie von einem Wesen, das sich wegschenkt, noch ehe es weiß, ob es angenommen wird, ehe es erkennen kann, ob es mit Freuden oder auch nur mit Anerkennung aufgenommen wird? Mein Gott, was für Leid bereiteten Sie mir, wenn Sie nicht feinfühlig wären! Es genügt mir ja nicht, dass Sie ritterlich sind. Ich habe edle Freunde, ich habe mehr noch, und doch merke ich nur auf das, was *Sie* mir sind. Meiner Treu, steckt darin nicht Torheit, vielleicht gar Lächerlichkeit, dass ich in Ihnen meinen Freund sehe? Antworten Sie mir, nicht kühl, aber wahrhaftig! Mag Ihre Seele auch bewegt sein, sie ist nicht so krank wie die meine, die unaufhörlich von krampfhafter Anspannung in ohnmächtige Erschlaffung fällt. Ich darf über nichts ein Urteil abgeben, ich würde mich immer versehen; ich bin imstande, Gift statt eines Beruhigungsmittels zu nehmen. Schallen Sie, wie ich mich benehme! Erleuchten Sie mich, helfen Sie mir! Ich will Ihnen trauen, Sie sollen mir Stecken und Stab, meine Zuflucht, mein Verstand sein! Der meine steht mir nicht zu Gebote; ich bin nicht imstande vorauszusehen. Ich bin ganz entsetzt. Ich habe kein Unterscheidungsvermögen mehr. Begreifen Sie mein Unglück? Ich verlasse mich nur noch auf den Tod. An manchen Tagen ist er meine einzige Hoffnung. Doch wirr, wie meine Stimmungen sind, ist es mir zuweilen, als sei ich ans Leben geschmiedet. Die Furcht, den Geliebten zu betrüben, nimmt mir sogar den Wunsch, getröstet zu werden, wenn es auf Kosten seiner Ruhe wäre. Was soll ich Ihnen noch sagen? Dieser ewige Widerstreit verwirrt meinen Geist, und die Last des Lebens erdrückt meine Seele. Was soll ich tun, was soll aus mir werden? Soll mich das Irrenhaus, soll mich das Kloster vor mir selber retten? Ich will Sie nicht mit unglücklich machen; es betrübt mich schon, wenn Sie genug Anteil an mir hätten, um mein Leid mitzufühlen. Wiederum stürbe ich vor Scham, wenn ich nur Langeweile in Ihnen erregte. Glauben Sie nicht, dass Sie mir das verbergen könnten! So fein Sie es auch anfingen, mein Gefühl würden Sie doch nicht zu täuschen vermögen. Aber befriedigen Sie es wenigstens, und sagen Sie mir, wie es Ihnen geht. Haben Sie weniger oder mehr Vergnügen, als Sie sich versprachen? Ist Ihre Gesundheit besser als in der letzten Zeit Ihres Hierseins? Sind Sie mit Ihrem Diener zufrieden? Zweifellos hat das weder mit dem Glück noch mit dem Unglück etwas zu tun, aber doch schafft es Ruhe oder Ungemach und kommt also mit infrage. Sie sind recht bescheiden. Sie haben mir nicht geschrieben, wie sehr Sie in Straßburg gefeiert worden sind. Man hat zu Ihrer Verherrlichung Verse gemacht; sie taugen nicht viel, allein die Absicht war gut.

Seien Sie nicht böse darüber, sondern geben Sie Antwort: Haben Sie unterwegs den »Konnetabel« vorgelesen, nicht den Posthaltern, sondern Leuten aus der Gesellschaft? Der »Konnetabel« bringt mich auf den Gedanken: Wenn Sie ein gewisses Feingefühl besäßen, wenn Sie nur wie Montaigne wären und mich für Laboetie ansehen wollten, wie würde ich Sie bedauern, sich um das Vergnügen gebracht zu haben, mir einen Beweis Ihres Vertrauens, Ihrer Freundschaft und Ihrer Achtung gegeben zu haben. Ich rühme mich nicht, allein ich versichere Ihnen, das Herz würde mir von Reue zerrissen, wenn ich mir ein solches Betragen gegen Sie vorzuwerfen hätte.

Was beweist das? Sagen Sie mir das! Die ganze *Verschiedenheit* unserer Herzen kenne ich. Zeigen Sie mir die *Ähnlichkeit*! Niemals wird dieses Wechselspiel mit solcher Teilnahme gespielt werden. Leben Sie wohl!

Sonntag, den 20. Juni 1773

Mein Gott, sind Sie gestorben? Oder sollten Sie schon vergessen haben, dass das Andenken an Sie in den Seelen der von Ihnen Verlassenen schmerzvoll weiterlebt?

Nicht ein Wort von Ihnen seit dem 24. Mai. Ach, wie schwer ist's, sich einzureden, es sei nicht Ihre Schuld! Und wäre sie's, so verdienten Sie weder die Trauer, die mein Herz empfindet, noch die Vorwürfe, die ich Ihnen mache.

Auch d'Aguesseau hat keine Nachricht von Ihnen. Ich fühle für Sie eine so wahrhaftige und innige Teilnahme, dass ich glücklich gewesen wäre, wenn er mir auch nur hätte sagen können, dass Sie ihm den Vorzug vor mir gegeben hätten. Gewiss verdient er ihn in jeder Hinsicht, doch die Gerechtigkeit ist kein Maßstab für das Gefühl. Wenn sie die Vorherrschaft in mir hätte, glauben Sie wohl, dass ich mir dann Ihr Schweigen sonderlich zu Herzen nehmen und mich nach einem Zeichen Ihrer Gesinnung sehnen könnte? Sicherlich nicht! Ich würde nicht einmal begreifen, warum ich mich in diesem Augenblick mit Ihnen beschäftige.

Gestern habe ich eine Nachricht [vom Marquis von Mora] empfangen, die mein Herz vor Schmerz hat vergehen lassen. Ich habe die Nacht in Tränen hingebracht; mein Kopf war wirr, mein ganzer Körper erschöpft; aber wenn ich einen Augenblick erhaschte, der nicht Schmerz war, dann habe ich an Sie gedacht, und es kam mir vor, als seien Sie da. Wäre es so gewesen, dann hätte ich Sie mein Leid wissen lassen, und vielleicht wären Sie dann wirklich gekommen. Sagen Sie, ob ich mich täusche! Irrt meine Seele, im Leiden Trost bei der Ihrigen zu suchen! Verstehen Sie, unter so vieler Unruhe, unter so vielseitigen Anforderungen, ach, so verschieden von der, die bang und zärtlich macht, verstehen Sie da noch eine Sprache, die den meisten Menschen fremd ist, die sich von Zerstreuungen verführen, von Eitelkeit berauschen lassen? Auch die kennen sie kaum besser, die wie Sie Wissensdurst und Ruhmesliebe im Kopfe haben. Sie sind so überzeugt, dass weiches Gefühl nur neben Mittelmäßigkeit gedeiht, dass ich vor Furcht sterbe, Ihre Seele verschließe sich völlig dieser weit öfter schmerzvollen als Trost bringenden Regung.

Nun ist es schon vierzehn Tage her, seit ich Ihnen nicht geschrieben habe, und gestern noch glaubte ich, dass es nicht eher wieder sein dürfe, als bis ich Nachricht von Ihnen erhalten hätte.

Der Schmerz hat meine Seele weichgemacht. Ich lasse ihr den Willen. Ich habe um fünf Uhr morgens zwei Gramm Opium eingenommen; ich bekam Ruhe, was besser ist als Schlaf. Nun ist der wilde Schmerz gemildert. Mein Körper ist völlig kraftlos. Mit verringerter Spannkraft bringt man es am Ende fertig, ungestüme Herzen zu zügeln. Ich kann wieder zu Ihnen reden, mich bei Ihnen beklagen. Gestern hatte ich kein Wort. Ich hätte nicht aussprechen können, dass ich das Leben des Geliebten in Gefahr glaube. Eher wäre ich gestorben, als dass ich Worte herausgebracht hätte, die mein Herz erstarren lassen. Sie haben geliebt, Sie verstehen demnach solche Schreckbilder. Bis Mittwoch will ich in dieser Ungewissheit verharren, die so schauderhaft ist und mir dennoch gebietet, bis dahin zu leben. Ach, es ist nicht möglich zu sterben, wenn man geliebt wird, und doch ist's unselig zu leben! Mein Herz wünscht dringend den Tod herbei, und ich fühle mich mit Klammern an das Leben geschmiedet. Trauern Sie um mich! Vergeben Sie mir, wenn ich Ihre mir erwiesene Güte missbraucht habe. In Ihnen oder in mir, wo suche ich den Quell meines Zutrauens?

Man munkelt, Sie hätten den König nicht in Berlin angetroffen. Sollten Sie ihn in Stettin aufgesucht haben, wo er sich bis zum 20. aufhalten soll? Ich bin unruhig. Ich hätte doch von Berlin aus Nachricht von Ihnen haben sollen. Wie sehr würden Sie sich schuldig machen, wenn Sie im Geringsten nachlässig wären, und Sie wissen wohl, dass Sie mir Ihr Ehrenwort gegeben haben, mir schreiben zu lassen, wenn Sie krank wären. Vermeiden Sie jenen Vorwand für gewöhnliche Freunde: Sie hätten nicht gern beunruhigen wollen. Dergleichen ist mir verhasst; ich will nicht geschont sein, ich will durch meine Freunde, für meine Freunde leiden. Ich liebe alle Schmerzen, die Sie mir verursachen, tausendmal mehr als alles Glück der Erde, das nicht von Ihnen kommt.

Ich habe noch Opium im Kopfe; es verschleiert mir die Augen, und vielleicht macht es mich noch dümmer als gewöhnlich. Aber was liegt daran? Nicht mein witziger Geist, mein gebrochenes Herz ist's, dem Ihre Teilnahme gegolten hat.

Montagabends, den 21. Juni 1773

Ich glaube, das ist mein fünfter Brief nach Berlin. Ich habe Ihnen gestern geschrieben, und ich schreibe Ihnen heute Abend wiederum. Wenn ich drei Tage länger wartete, das heißt bis Mittwoch, so würde ich vielleicht Ihren Brief vom 10., den mir d'Aguesseau heute überbracht hat, nie beantworten.

Vorerst – denn es gibt doch vielleicht noch ein Nachher für mich – möchte ich Sie bitten, Ihre Briefe unmittelbar an mich zu richten. Sie durch Vermittlung d'Aguesseaus in meine Hände kommen zu lassen, das heißt einen Zufall mehr gegen mich heraufbeschwören. D'Aguesseau kann aufs Land gehen, er kann eine Reise machen usw. Genug, es ist hinlänglich, tausend Meilen weit voneinander entfernt zu sein; verschlimmern Sie das nicht noch mehr! Ach, ich muss Ihnen wie eine Närrin vorkommen, aber ich will zu Ihnen mit all der Offenheit und Zwanglosigkeit reden, die man nur haben kann, wenn man den Tag darauf zu sterben glaubt. So hören Sie mich denn auch an mit der Nachsicht, die man Sterbenden bekundet.

Ihr Brief hat mir wohlgetan; ich wartete noch immer auf ihn, aber ich hatte aufgehört, ihn herbeizusehnen, weil meine Seele keiner Regung mehr fähig war, die an Freude streift.

Soll ich es Ihnen sagen? Sie haben mir auf einige Augenblicke die entsetzliche Angst verscheucht, die mein ganzes Sein untergräbt. O Gott! Ich fürchte für sein [Moras] Leben; das meinige ist an das seine gekettet, und doch spüre ich das Verlangen, mit Ihnen zu plaudern. Begreifen Sie, welche Gewalt mich von Neuem zum Leben reizt und zu Ihnen hinzieht? Aber Ihre Freundschaft befriedigt mich nicht; ich finde es kalt, leichtfertig, mir nicht zu sagen, warum Sie mir nicht von Dresden aus geschrieben haben. Sie hatten es mir versprochen. Auch lassen Sie mich allzu deutlich fühlen, dass Ihnen der Unmut über die Enttäuschung in Berlin die Freude an dem Ausdruck und den Beweisen meiner Freundschaft verdorben hat. Und dann – ich muss Ihnen das sagen – beleidigt mich Ihr Dank für die Teilnahme, die ich für Sie hege. Halten Sie das für die richtige Art der Erwiderung? Sie werden mich für sehr ungerecht, sehr eigensinnig halten. Nein, nichts von alledem! Ich bin nur sehr offen, sehr krank und sehr unglücklich. Ja, ja, sehr unglücklich! Wenn ich Ihnen nicht sagte, was ich fühle, was ich denke, so hätte ich Ihnen gar nichts zu sagen. Glauben Sie, dass man in der Aufregung, in der ich mich befinde, die Kraft hat, sich Zwang aufzuerlegen? Soll ich mich zum Beispiel ergriffen stellen von Ihrer Art, mir über die Hauptangelegenheit meines Lebens zu sagen: Antworten Sie mir auf alles das, was Sie können, was Sie mögen? O ja, was ich mag! Sie lassen mir in der Tat viel Freiheit, aber Sie sehen auch, wozu ich sie verwende. Nicht um an Ihnen zu nörgeln, sondern um Ihnen zu beweisen, was Sie noch viel besser wissen sollten als ich: dass in Stimme und Ausdruck sich immer der innere Zustand widerspiegelt. Wenn ich nicht zufrieden bin, so ist das nicht Ihre Schuld. Das weiß ich sehr wohl. Deshalb verlange ich ja nichts weiter als den geringen Trost, den man sich selbst so selten gestattet: frei alle seine Gedanken auszusprechen. Man steht immer in der Furcht vor morgen. Aber ich fühle mich frei, wie wenn es keins mehr gäbe, und wenn ich ja zufälligerweise noch länger leben müsste, so ahne ich, dass ich mir verzeihen würde, offen zu Ihnen geredet zu haben, selbst auf die Gefahr hin, Ihnen zu missfallen. Habe ich nicht recht? Unsere Freundschaft sei groß, stark und ungeteilt, unser Bund zärtlich, fest und innig, – sonst ist das zu gar nichts nütze. So kann es mich nie gereuen, Ihnen meine ganze Seele gezeigt zu haben. Wenn es das nicht war, was Sie wollten, wenn wir uns vergriffen hätten, so wollen wir aufrichtig sein. Lassen Sie uns weder beschämt noch verlegen dastehen. Wir wollen wieder dahin zurückkehren, von wo wir ausgegangen sind. Wir wollen glauben, wir hätten geträumt. Wir wollen unser Erlebnis einfach zu der Summe unserer früheren Lebenserfahrungen hinzufügen und uns aufführen wie wohlerzogene Leute, die wissen, dass es nicht schicklich ist, von seinen Träumen zu reden. Wir wollen still darüber sein. Schweigen ist so süß, wenn es die Eigenliebe zu trösten vermag.

Sie wollen mir nicht sagen, welchen Platz Sie mir einräumen? Hält Sie die Furcht zurück, zu viel oder zu wenig zu tun? Das mag recht und billig sein, aber edel ist es nicht. Die Jugend ist sonst so großherzig; sie findet Vergnügen daran, bis zur Verschwendung zu geben. Sie aber sind geizig, als ob Sie reich wären oder alt. Und dabei verlangen Sie in der Tat Unmögliches von mir. Man soll Sie beklagen, dass Sie willensstark sind; man soll Kämpfe ausfechten, damit Sie sich selber treu bleiben. Großer Gott, nur noch ein klein wenig Geduld, und ich stehe dafür, dass Ihr Charakter Ihr Tyrann sein wird. Die Gewohnheit zu siegen, wird ihn felsenfest machen, wenn das noch nötig ist. Sie haben einmal gesagt – es ist schon lange her –, dass Ihnen nichts daran gelegen sei, glücklich zu sein, wenn Sie nur groß wären. Lassen Sie das gut sein! Ich leiste Gewähr. Sie dürften nur allzu sehr recht behalten. Nur etwas Unsicheres und Schwankendes ist in Ihnen: Ihr Gefühl. Ihre Gedanken, Ihre Pläne sind absolut fest.

Ich müsste mich sehr täuschen, wenn Sie nicht dazu geschaffen wären, ein eitles Herz glücklich, eine empfindsame Seele aber verzweifelt unglücklich zu machen. Gestehen Sie's nur, es freut Sie, dass ich das sage. Sie vergeben mir, wenn ich Sie weniger liebe, wenn ich Ihnen dafür nur beweise, dass man Sie mehr bewundert.

Wahrlich, Sie legen mir eine sonderbare Frage vor: Hat er [Mora] bessere Gründe als ich für sein Fernsein? Gewiss hat er sie. Er hat einen so stichhaltigen, dass, wenn er damit Erfolg erringt, das Opfer meines Lebens nicht hinreichen würde, meine Schuld abzutragen.

Alle Umstände, alle Begebenheiten, alle ideellen und realen Gründe sind gegen mich, aber er ist so ein Held für mich, dass mir kein Zweifel über seine Rückkehr bleibt. Dennoch erbebe ich vor dem, was ich am Mittwoch erfahren habe: Er hat Blut ausgeworfen; man hat ihm zweimal zur Ader gelassen. Im Augenblick, wo der Bote abging, befand er sich wohl, doch der Anfall kann sich wiederholen; ein neuer Blutsturz kann kommen. Gibt es ein Mittel, bei diesem Gedanken ruhig zu sein? Er selbst fürchtet das Weitere. Obgleich er es mir verbergen möchte, ich sehe doch seine Angst.

Und nun sagen Sie mir, ob Sie nicht wissen, von wem ich rede, ob Sie es nicht gewusst haben, als ich Ihnen schrieb und mir den »Konnetabel« erbat. Ist es Zartgefühl oder Raffiniertheit, dass Sie sich über einen Namen in Ungewissheit stellen, den ich Ihnen verschwieg?

Ich habe ja Ihre Reisepläne noch nicht berührt! Ich kann auch wirklich nichts dazu sagen, solange Sie sich selbst noch nicht entschieden haben.

Wenn ich gewiss wäre, am Leben zu bleiben, und wenn Sie niemals nach Russland gingen, so würde ich lebhaft wünschen, Sie in Berlin festgehalten zu sehen. Allein da ich glaube, dass Sie ewig das Bedürfnis haben werden, schwierige Dinge zu vollführen, so möchte ich, da Sie einmal unterwegs sind, Sie machten gleich eine Reise um die Welt, damit das abgetan wäre. Und dann: Kann man sich wohl einen Augenblick auf die Zukunft verlassen? Kaum werden Sie wieder hier sein, so sehe ich Sie nach Montauban aufbrechen, und dann gibt es wieder etwas anderes, denn Sie ertragen Ruhe nur gerade dann, wenn Sie den Entschluss fassen, tausend Meilen zurückzulegen.

Ja, auf Ehre, das war ein Unglückstag in meinem Leben, der Tag vor einem Jahre in Moulin-Joli[13]. Ich war so weit ab von dem Bedürfnis, eine neue Verbindung zu schließen. Mein Leben, mein Herz waren übervoll. Nichts lag mir ferner als der Wunsch nach neuen Erlebnissen. Sie aber, Sie wollten nur einen Beweis mehr haben, wie viel Sie über ein ehrbares, gefühlvolles Weib vermöchten. Doch wie jämmerlich ist dies alles. Sind wir denn frei? Kann etwas eben anders sein, als es ist? Sie waren also nicht frei, da Sie mir sagten, dass ich oft von Ihnen Briefe erhalten würde, und ich wieder habe nicht die Freiheit, keine Sehnsucht danach zu hegen.

Nachdem ich Sie nun genügend heruntergemacht habe, muss ich Ihnen doch sagen, dass es recht nett von Ihnen war, mir sogleich bei Ihrer Ankunft [in Berlin] zu schreiben, aber ich verdiene es auch, ja gewiss, ich verdiene es.

Donnerstag, den 24. Juni 1773

Dreimal in einer Woche! Das ist zu viel! Viel zu viel, nicht wahr? Schuld daran ist, dass ich Sie lieb genug habe, um zu glauben, dass Sie sich ängstigen. Sie sind gewiss ein wenig ungeduldig, zu erfahren, ob ich noch existiere. Ach freilich, ich bin zum Leben verdammt. Es steht mir nicht mehr frei,

---

[13] Der Landsitz Watelets (vgl. Einleitung), am linken Ufer der Seine unweit Bezon, mit einem prächtigen englischen Park. Von Watelet hat sich *Essai sur les jardins* erhalten.

zu sterben; ich würde damit jemandem wehe tun, der meinetwillen am Leben hängt.

Ich habe zuletzt am 10. Nachricht von ihm [Mora] bekommen, keine, die mich völlig beruhigte, aber ich hoffe, dass der Anfall keine schlimmen Folgen hat. Ich hoffe vielmehr, er wird seine Rückkehr beschleunigen. Allerdings ist die Hitze für ihn gefährlich; er muss also warten. Guter Gott! Dass die Freude immer zögert, sich immer hinausschiebt, und dass ich so tief unglücklich sein muss! Wenn Sie wüssten, wie nötig mir die Ruhe wäre! Seit einem Jahr bin ich wie auf der Folter. Sie allein haben die Macht gehabt, meinen Schmerz auf ein paar Augenblicke zu stillen, und diese Wohltat eines Augenblicks hat mich auf ewig an Sie gebunden. Doch sagen Sie: Hat Ihnen mein letzter Brief nicht höchst missfallen? Sind Sie mir gar nicht bös? Das Gegenteil würde mich betrüben, aber ich sage wie Frau du Châtelet[14]: Ich kenne keine Reue. Antworten Sie mir mit eben der Offenheit, die ich gegen Sie habe; achten Sie mich hinlänglich, mir nicht die halbe Wahrheit zu geben; sagen Sie mir alles Schlechte, was Sie von mir denken. Ich bitte Sie darum durchaus nicht – um mit Larochefoucauld zu reden – des Vergnügens wegen überhaupt etwas zu hören, sondern vielmehr um festzustellen, ob Sie mein Freund sind, ob Sie es werden können.[15] Ich finde genügend Reize in unserm Verhältnis, um ungeduldig danach zu forschen, was an Irrtum und Täuschung mitgespielt hat, als wir uns zueinander hingezogen fühlten.

Man sagt, dass es nichts Stärkeres, nichts Festeres gäbe als die Gefühle, für die man keine Erklärung hat. Wäre das wahr, so müsste ich auf Ihre Freundschaft rechnen können. Doch Sie wollen nicht, dass ich diesen Punkt scharf ins Auge fasse. Warum nicht? Würde ich dann weniger zufrieden sein?

Wissen Sie nicht, dass der Erwerber eines neuen Dinges es zunächst von allen Seiten prüft und genau betrachtet! Das ist vielleicht der lebendigste Genuss, den uns der Besitz gewährt. Aber Sie kennen ja solche kleine gefühlsfeine Freuden nicht. Das Erhabene, das Ritterliche, das Große, das ist Ihr Reich. Corneilles Helden fesseln Ihre Aufmerksamkeit. Kaum würdigt Ihr Auge die kleinen Hirten Geßners eines flüchtigen Blicks.

Sie wollen bewundern. Und ich, ich habe nur eine Sehnsucht, ein Begehren: zu lieben! Was nützt das? Wir werden nie die gleiche Sprache sprechen. Es

---

[14] Die ebenso berühmte wie ungetreue Freundin Voltaires, gestorben 1749.

[15] Larochefoucauld: Maximes 138: »*Lieber sagt man Schlechtes von sich als gar nichts!*« Hingewiesen sei auf die deutsche, von Wilhelm Weigand eingeleitete Ausgabe in der Inselbücherei (Nr. 126), wo man den Spruch auf Seite 37 findet.

gibt eine Art Instinkt, der über alles hinweghilft. Doch über eine Kluft von tausend Meilen, was kann da hinweghelfen?

Ich war das letzte Mal so zerstreut, dass ich Ihnen nicht geschrieben habe, dass Diderot in Holland ist. Er fühlt sich so wohl dort; er hat bereits so viele neue Freunde gefunden, dass es sehr leicht möglich ist, er kommt nie wieder nach Paris zurück und vergisst, dass er bereits auf dem Wege nach Russland war. Er ist kein gewöhnlicher Mensch, aber er steht nicht an seinem richtigen Platze im Leben. Er müsste das Haupt einer Sekte sein, ein griechischer Philosoph, der die Jugend unterrichtet und belehrt. Er gefällt mir recht sehr, doch von seinem ganzen Wesen dringt nichts in meine Seele. Seine Sentimentalität kitzelt die Haut. Tiefer geht diese Empfindung nicht. Ja, Rousseau, der »Konnetabel«, die sind viel feiner auf mich eingestimmt. Ich liebe nun einmal nichts Halbes, nichts Zweifelhaftes, nichts Bagatellmäßiges. So verstehe ich auch die Kinder der Welt nicht; sie tun lustig und gähnen, sie haben Freundschaften und lieben doch niemanden. All das kommt mir kläglich vor. Wahrlich, mir ist das Leid, das mein Leben aufzehrt, süßer als die Lust, die das ihrige erstarren lässt. Doch, nicht wahr, bei einem solchen Benehmen ist man nicht liebenswert? Aber man kommt auch darüber weg. Man ist nicht liebenswürdig, aber man wird geliebt. Das ist tausendmal mehr wert, als bloß zu gefallen.

Wie gern möchte ich wissen, ob Sie nach Russland gehen. Ich hoffe, nein, und zwar, wie Sie selbst sagen, weil ich es nicht wünsche. Es scheint mir, als kämen von keinem Orte der Erde die Briefe langsamer als von Russland. Kein Mensch kümmert sich darum, denn wem fiele es ein, einen Russen zu lieben. Aber Sie werden ja sehen, ob es der Mühe wert war, sechshundert Meilen zurückzulegen.

Ihren Brief habe ich zwei-, dreimal gelesen, das erste Mal, weil ich ihn schwer fand, dann, weil ich ihn schwer nahm. Ach, wenn Sie wüssten, wie viel Unterlassungssünden ich darin gefunden habe! Doch, warum sollten Sie dergleichen nicht begehen?

D'Alembert erwartet Ihren Brief mit großer Ungeduld. Graf Crillon[16] ist Ihnen zuvorgekommen. Ihr Freund d'Aguesseau kam mir, an dem Tage wenigstens, wo er mir Ihren Brief brachte, sehr sonderbar vor. Er sah aus wie ein Verstörter; seine Bewegungen hatten etwas Krampfhaftes. Er sagte, er sei krank, und ich glaube es. Er hat den Plan, nach Spa zu gehen. Ich weiß nicht, warum, aber ich bin, froh, dass er nicht mit Ihnen gereist ist.

---

[16] Der spätere Herzog (1748–1820), zuletzt Generalleutnant und Pair von Frankreich, einer der vertrauten Freunde Guiberts.

Leben Sie wohl! Ich habe Sie mit Fragen überhäuft. Sie antworten doch nicht darauf. Ich verlange nicht zu wissen, ob es Ihnen angenehm wäre, Neuigkeiten zu erfahren, weil es außer meiner Macht steht, mich damit abzugeben. Aber ich weiß, was noch nicht öffentlich bekannt ist: dass Graf d'Aranda[17] an Fuentès[18] statt spanischer Gesandter wird, und dass der Letztere einen hohen Posten am Madrider Hofe bekommt. Dies wird Ihnen gleichgültig sein, und höchstens werden Sie sich wundern, dass ich mich so sehr dafür interessiere. Muss man nicht toll sein, um an dem Anteil zu nehmen, was in Madrid vorgeht?

Noch einmal, leben Sie wohl! Meine Art von Tollheit ist Ihres Mitleids wert.

Schreiben Sie mir oft und viel von dem, was Ihnen begegnet. Denken Sie sich, wenn Sie das können, in die Freude hinein, die Sie mir damit bereiten.

Wie viel Briefe brechen Sie wohl hastiger auf als meine?

Dreie, zehne?

Donnerstag, den 1. Juli 1773

Gott, wenn Sie wüssten, wie ungerecht ich bin, wie heftig ich Sie angeklagt habe! Wie oft ich mir gesagt habe, dass ich von Ihrer Freundschaft nichts erwarten, nichts begehren dürfe! Und warum? Weil ich keine Nachricht von Ihnen erhielt. Sagen Sie mir nur: Warum erheischt man so ungestüm etwas von einem Menschen, auf den man gar nicht rechnet? Tatsächlich, ich glaube, dass Sie meine Inkonsequenz verzeihen möchten, aber ich, ich darf nicht so nachsichtig sein. Mir geht sie tiefer zu Herzen als Ihnen.

Ich weiß nicht mehr, was ich Ihnen schuldig bleibe, was ich Ihnen gewähre. Ich weiß nur, dass mich Ihr Fernsein niederdrückt, und doch kann ich nicht dafür stehen, ob Ihre Gegenwart mir gut täte. Mein Gott, was ist das für ein grässlicher Zustand, in dem einem Freude, Trost, Freundschaft, kurz alles Gift wird? Was soll ich tun? Sagen Sie mir das! Wo kann ich die Gelassenheit wieder finden? Ich weiß nicht, wo ich die Kraft hernehmen soll, um so starken, einander so entgegengesetzten Eindrücken standzuhalten.

Ach, wie oft man vergeht, ehe man stirbt! Das ganze Leben ist mir eine Qual, zu nichts nütze, aber man hindert mich daran, eine Bürde abzuwerfen, der ich unterliege. Es ist der Übel schlimmstes, dass man mich dem Leben erhalten will; man peinigt mich in gleicher Weise, indem man mich verzweifeln lässt oder in Rührung versetzt. O mein Gott, lieben, geliebt zu werden, ist

---

[17] 1718–1799, spanischer Gesandter in Paris von 1773–1792.

[18] Der Vater des Marquis de Mora (vgl. Einleitung).

das nicht etwas Schönes! Ich erdulde alles Leid, und dabei muss ich mir noch den Vorwurf machen, die Friedensstörerin, die Unglücksbringerin des geliebten Mannes zu sein! Meine Seele ist erschöpft vor Schmerz, mein Körper ganz zerrüttet, und doch lebe ich, muss ich leben. Warum wollen auch Sie es? Was liegt Ihnen an meinem Leben? Was ist es Ihnen wert? Was bin ich Ihnen? Ihr Geist ist so beschäftigt. Ihr Leben ist so reich an Inhalt und Wechsel! Wie soll Ihnen Zeit bleiben, mein Leid zu beklagen, und genug Mitgefühl, mir meine Freundschaft zu erwidern! Gewiss, Sie sind liebenswürdig, Sie reden von Teilnahme, aber es dünkt mich, es wäre besser gewesen, ich hätte nie welche in Ihnen erweckt.

Sie können meine Briefe nicht entbehren? Sollte das wahr sein? Gewiss, Sie sagen es ja! Warum haben Sie aber dann so lange gezögert, mir zu schreiben? Warum richten Sie Ihre Briefe nicht unmittelbar an mich? Der Umweg über Straßburg hat sie zwei bis drei Tage aufgehalten. Für jemanden, der acht Monate darauf verwendet, bloß um seine Neugier zu befriedigen, hat das nichts zu sagen; es ist aber viel zu viel für den, der nur ein einziges Interesse im Leben hat.

Ich bin entzückt – und damit wollte ich eigentlich anfangen –, dass Sie mit dem König von Preußen[19] zufrieden sind. Was Sie mir von dem Zauber schreiben, der um ihn weht, das ist so reizend, so ritterlich, so gerecht, dass ich es nicht für mich behalten konnte. Ich habe es allen vorgelesen, die es zu hören wert sind. Frau Geoffrin hat eine Abschrift davon erbeten. Ich habe den Brief noch weiter gegeben, nicht zu seinem Nachteile.

Sie gehen also nicht nach Russland. Ich bin herzlich froh darob. Ach, lassen Sie mich's Ihnen noch einmal sagen, wie sehr beglückend ich Ihre Freundschaft finde. Sie antworten auf alles, Sie plaudern, selbst in einer Entfernung von tausend Meilen sind Sie bei mir.

Warum liebt Sie eigentlich jene Dame[20] nicht bis zum Wahnsinn, so wie Sie es möchten, wie Sie es verdienten? Könnte ihr Herz, ihr Dasein einen besseren Inhalt haben? Meiner Treu, sie hat weder Geist noch Gemüt! Ich bin fest davon überzeugt. Sonst müsste sie Sie lieben, und sei es nur aus Eitelkeit.

---

[19] Friedrich der Große (gestorben 1786). Guibert schreibt in seinem Tagebuche (I, 215 f.):
»... Gestalt, Gesicht, das ganze Wesen dieses Fürsten hat mir in jeder Beziehung alles das bestätigt, was man mir von ihm vorher berichtet hatte. Indessen gestehe ich, dass ich bei meiner heutigen ersten Unterhaltung ein schlechter Beobachter gewesen bin. Ich habe meine ganze Aufmerksamkeit seinen Worten gewidmet und dem Trachten, sie gut zu beantworten. Eine gewisse magische ›Luft‹ schien um seine Person zu schweben, etwas von dem, denke ich, was man um einen Heiligen ›Heiligenschein‹ und um einen großen Mann ›Gloriole‹ nennt. Jetzt erinnere ich mich seiner Züge, als hätte ich sie im Traume gesehen.«

[20] Madame de Montsauge.

Doch, was habe ich mich darein zu mischen? Sie sind zufrieden, oder wenn Sie es nicht sind, so ist Ihnen das Leid doch recht, das sie Ihnen antut. Jene andere Unglückliche aber? Die liegt mir näher am Herzen. Haben Sie ihr [der Frau von Boufflers] geschrieben? Grämt sich die Ärmste immer noch so sehr?

Ich habe noch gar nicht erzählt, dass neulich bei der Gräfin Boufflers[21] sehr viel von Ihnen und von Ihrem »Konnetabel« die Rede war. Die kleine Boufflers meinte bei dieser Gelegenheit, sie hielte Sie für außerordentlich verliebt, und sie hätte deshalb ihr Augenmerk scharf auf Frau von M[ontsauge] gerichtet. Einer der anwesenden Herren behauptete, Sie seien es nicht mehr, Sie hätten sie geliebt, aber das wäre aus. Er glaube, dass Sie mit einer und derselben Frau nie lange glücklich oder unglücklich sein könnten. Ihr tatenlustiger Geist erlaube Ihnen nicht, sich lange an einen Gegenstand zu hängen. Und nun folgte eine geistreiche Erörterung in Sachen des Gefühles und der Leidenschaft. Die Gräfin äußerte schließlich, sie wisse nicht, wem Ihr Herz gehöre, aber der Frau von M[ontsauge] nicht mehr. Doch schlösse sie aus den Briefen, die sie von Ihnen vor Ihrer Abreise erhalten, dass Sie mächtig gefesselt sein müssten und dass die Trennung Ihnen großes Herzeleid verursache. Nun folgten die so natürlichen Bemerkungen: Warum denn aber die Reise nach Russland? Vielleicht um dort Genesung zu finden? Vielleicht um die Gefühle der Geliebten zu erhöhen?

Endlich, nach einer Menge gleichgültiger Mutmaßungen, ward die Frage an mich gerichtet, ob ich Ihnen gut sei, ob ich genau mit Ihnen bekannt wäre? Ich hatte zu allem nichts gesagt. – Ja wohl, *sehr gut* bin ich ihm, und wer ihn nur einigermaßen kennt, der muss ihm gut sein und nichts anderes! – Sie kennen also seine Verhältnisse? Wer ist denn der Gegenstand seiner Neigung? – Bewahre! Davon weiß ich wahrlich nichts. Mir ist nur soviel bekannt, dass er in Berlin ist, dass es ihm dort gefällt, dass der König ihn vorzüglich aufgenommen hat, dass er die Armee zu sehen bekommen und nach Schlesien gehen wird. Das ist's, was ich weiß, was mich interessiert. – Dann

---

[21] 1746-1726, Ehrendame der Prinzessin Conti, bekannt durch ihre intimen Beziehungen zum Prinzen Conti. Sie hatte den Spitznamen »Idole du Temple«; der Fürst wohnte im ehemaligen Hause des Templerordens. Die »kleine Boufflers« ist ihre Schwiegertochter Gräfin Amélie, die spätere Gräfin von Lauzun. Es gibt ein berühmt gewordenes (weil Mozart als Wunderkind darauf dargestellt ist) Ölbild von Michel Barthélemy Ollivier, gemalt 1766, heute im Louvre: »Tee beim Prinzen Conti im Temple«; beide Damen erscheinen auf diesem reizvollen Bilde, das ich in meinem »W.A. Mozart« (Inselverlag 1913) I, S. 117 ff. ausführlich geschildert habe. Es ist das anschaulichste Gesellschaftsbild jener Tage!

kam die Rede auf die Oper, auf die Dauphine[22], auf tausend so genannte interessante Dinge.

Ich berichte Ihnen das alles nur, um Ihnen darzutun, wie unlieb es mir ist, dass alle Welt Ihre Herzensgeschichten, Ihre schlechten Seiten und Ihre Unbeständigkeit kennt. Ich möchte nur immer von Ihrem Wert, Ihren Fähigkeiten und Ihren Vorzügen hören. Ist das unrecht?

Sie möchten in Wien mehrere Briefe von mir haben! Möglicherweise ist gar keiner da, ebenso gut aber eine ganze Menge. Ich habe seit dem 6. Juni dreimal an Sie nach Berlin geschrieben. Zweifellos wird man Ihnen Ihre Post nachschicken. Wenn sie bis zu Ihrer Rückkehr dort liegen bleiben sollten, so werden sie freilich beim Empfang etwas veraltet sein. Indessen schenke ich Ihrem Verlangen Glauben, in den Besitz dieser Briefe zu kommen, deren Ausbleiben Ihnen »den Kopf verdreht«.

Bitte, behandeln Sie mich nicht so gut. Schreiben Sie nicht zu allererst an mich. Denn, ohne dass Sie es selber merken, schreiben Sie mir dann doch nur, um mir geschrieben zu haben. Denken Sie erst an mich, wenn Sie *ihr* nichts mehr zu sagen haben! Ordnung muss sein. Die Freundschaft kommt erst hinterher. Zuweilen ist sie in weiter Entfernung, zuweilen aber auch sehr nahe, vielleicht allzu nahe. Unglückliche lieben, lieben jedweden Trost. Es ist so süß zu lieben, was einem angenehm ist. Ich weiß nicht was, irgendeine Ahnung muss es sein, die mich am liebsten von unserer Freundschaft jene bekannten Worte sagen lassen möchte, die der Graf d'Argenson[23] ausgesprochen hat, als er das hübsche Fräulein von Berville, seine Nichte, zum ersten Male sah: »Ah, sie ist sehr hübsch. Es ist zu hoffen, dass sie einem beträchtlich viel Gram verursachen wird!« Was meinen Sie dazu?

Ach, Sie sind so stark, so maßvoll und vor allen Dingen so viel beschäftigt, dass Sie vor großem Unglück ebenso geschützt sind wie vor kleinem Kummer. Sehen Sie, wie nötig es ist, Verstand zu haben und Talente! Dann ist man allen Ereignissen überlegen. Wenn man obendrein noch ritterlich und feinfühlig ist wie Sie, so ist man zweifellos für den Schmerz anderer empfänglich in genügendem Maße, um eine Alltagsfreundschaft zufriedenzustellen. Aber die Herzensstürme legen sich bald, sowie der Kopf lebhaft und gründlich in Anspruch genommen ist. Ich prophezeie es Ihnen, und ich freue mich darüber: Jenes Unglück, das die Seele umwühlt, das wird Sie nicht mehr heimsuchen. Wohl sind Sie noch jung genug, um leichte Schick-

---

[22] Marie Antoinette, die am 8. Juni 1773 ihren feierlichen Einzug in Paris gehalten hatte und am 15. Juni zum ersten Male die Königliche Oper besuchte.

[23] 1696–1764, ein Sohn des berühmten Polizeipräsidenten, der jüngere Bruder des bekannten Verfassers von »Denkwürdigkeiten«.

salsstöße zu erfahren, aber ich versichere Ihnen: Sie werden rasch wieder ins Gleichgewicht kommen. Ja, ich versichere Ihnen: Sie werden viel Glück in der Welt haben und zu großem Ruhme gelangen.

Eben war ich abscheulich, eben habe ich Ihnen eine recht kleine, recht gewöhnliche Seele gezeigt. Aber ich kann nichts dafür. Allemal, wenn ich in Ihre Zukunft blicken will, werde ich eiskalt, nicht etwa, weil mich die Größe zermalmt, nein, weil die Größe wohl zur Bewunderung fortreißt, aber es sehr selten verdient, geliebt zu werden.

Gestehen Sie ruhig, dass ich beinahe ebenso dumm wie närrisch bin! Ich bin noch Schlimmeres als das. Ich gehöre zu dem Genre, das Voltaire das einzig üble heißt[24]. Ich wage es zu nennen, obgleich ich es so durch und durch bin, dass ich's eigentlich gar nicht auszusprechen brauchte. Es ist das langweilige Genre.

Wollen Sie den Unterschied unseres beiderseitigen Zustandes wissen? Da haben Sie ihn: Sie weilen am Ende der Welt, Sie besitzen Seelenruhe genug, um an allem Genuss zu finden. Ich hingegen, ich sitze in Paris, ich leide und habe an nichts Freude. Das ist alles! Ich habe ins einzelne gehende Nachrichten [über den Marquis von Mora] erhalten; sie haben mich ein wenig beruhigt. Ich sehe ein, dass der letzte Anfall kein Anlass zu Befürchtungen war. Aber sagen Sie selbst, ob es möglich ist, einen Augenblick zur Ruhe zu kommen, wenn man unaufhörlich für das Leben jemandes zittert, dem man das eigene jeden Augenblick zu opfern bereit wäre. Ach, wenn Sie wüssten, wie liebenswert er ist, wie würdig, geliebt zu werden! Seine Seele ist sanft, zärtlich und stark. Ich bin überzeugt: Von allen Männern auf Erden würde er Ihnen am meisten gefallen und am besten zu Ihnen passen. Er ist voller Gemüt, voller Wärme ... [hier fehlen 12 Zeilen!]

Meine Fehler? Sie werden sie mir vielleicht verzeihen, wenn Sie erfahren, dass *Sie* ihre Ursache sind, Sie und kein anderer. Das ist Ihr ganz besonderes Privilegium. Für alle meine übrigen Freunde bin ich das beste, gefügigste Geschöpf. Es dünkt mich, jene tun mir jeglichen Gefallen; sie sind in jeder Beziehung mir gegenüber zuvorkommend. Ich muss ihnen lebenslang dankbar sein und ihnen Lob zollen. Nur über Sie führe ich ewig Klage, wirklich nur über Sie. An Ihnen krittle, tadle ich in einem fort. Warum ist das so verschieden?

Können Sie glauben, dass wir uns erst seit einem Jahre kennen? Ich kann es nicht fassen.

---

[24] Die Stelle steht im *Enfant prodigue, Komödie in Versen* (1738).

Die Gründe, mir Ihren »Konnetabel« zu verweigern, sind nicht recht stichhaltig. Sie wissen, ich habe einen sicheren Abschreiber! Aber ich verzeihe Ihnen.

Mittwochabends, den 14. Juli 1773

Mein Gott, wie liebenswürdig Sie sind! Welche Überraschung für mich, dass Sie aus so weiter Ferne zu mir zurückkehren! Wo Sie doch so beschäftigt sind und in allerhand Zerstreuungen stecken! Wie kommt es, dass Sie jemandes noch gedenken, der sich vor Ihnen keines anderen Verdienstes rühmen darf, als dass er Ihnen die Fähigkeit gezeigt hat, lieben und leiden zu können? Wozu sollten Ihnen so trübselige Fähigkeiten je nützen? Sie haben ja keine Sehnsucht danach, geliebt zu werden, und es täte Ihnen leid, mir Kummer zu machen. Welchen Wert für Sie könnte wohl ein Verhältnis haben, dessen Vorteile alle auf meine Seite fallen? Sie stellen Fragen an mich, die ich nicht imstande bin zu beantworten. Bei Gott, es gehört Fassung dazu, auf das Verhör eines Gleichgültigen Antwort zu geben. Mein Unglück, die endlosen Schmerzen haben mich in eine Art Stumpfsinn versetzt, der mich der Denkfähigkeit beraubt. Mir bleibt grade noch so viel Vernunft, als dazu gehört, über mich selber das Urteil zu fällen, alle meine Wallungen zu verdammen, über alle meine Gefühle bekümmert zu sein. Meine Seele liegt in ewigem Fieber von solcher Heftigkeit, dass ich zuweilen dem Wahnsinn nahe bin. Ach, wenn es wahr wäre, dass aus dem Übermaß des Übels mitunter Gutes entsteht, so müsste ich Hoffnung auf etwelche Erleichterung haben.

Ich kann den mannigfachen Stürmen, die mein Herz erschüttern, nicht mehr standhalten. Nein, ich zeihe mich der Schwachheit, die mich verleitet, Ihnen mein Leid zu offenbaren. Es scheint mir ganz unglaubhaft, dass ich Ihre Teilnahme erwecke. Ich habe kein Recht auf Ihr Mitleid, und wenn ich es hätte, mit meinem Schmerze könnte ich's mir doch nicht erhalten. Sie schulden mir nichts, und ich will Ihnen das beweisen. Ich hasse, ich verabscheue das Verhängnis, das mich dereinst gezwungen hat, Ihnen jenes erste Briefchen zu schreiben. Und in diesem Augenblick vielleicht, reißt es mich mit ebensolcher Macht hin.

Ich wollte nichts von mir schreiben, ich wollte Ihnen nur schlicht dafür danken, dass Sie mir noch vor Ihrer Ankunft in Wien geschrieben haben. Ich wollte Ihnen eine Antwort geben, nichts weiter. Von Ihren Lobesworten nehme ich nicht eins an. Sie werden verwundert sein: Es ist für mich kein Lob. Was liegt mir daran, ob Sie finden, ich sei nicht dumm? Es ist seltsam, aber dennoch wahr: Sie sind der Mann auf der ganzen Welt, dem zu gefallen ich am wenigsten trachte. Erklären Sie mir diese Sonderlichkeit! Erklären Sie mir auch, warum ich Sie mit unausstehlicher Strenge beurteile, warum ich mich in jedem Augenblick auf einer Ungerechtigkeit Ihnen gegenüber ertappe, warum ich nicht an Ihre Freundschaft glaube und mit Ihnen über jedes freundschaftliche Wort hadre! Und schließlich, warum ich in Versuchung gerate, mich gekränkt zu fühlen, wenn Sie mir offensichtlich etwas Nettes sagen wollen?

Gewiss, mein Verstand sagt mir, dass ich Sie um Verzeihung bitten sollte, denn mein Denken beleidigt Sie unaufhörlich, und mein Herz wehrt sich des einzigen Gefühls, mit dem ich vor Ihnen Gnade finden könnte. Doch nein, ich will keine. Beurteilen Sie mich auf das Strengste, machen Sie sich meine Ungerechtigkeit so recht klar, fassen Sie meine Inkonsequenz voll ins Auge, und überlassen Sie sich gänzlich der Stimmung, die alles das in Ihnen erwecken muss.

Ich habe es Ihnen schon einmal gesagt: Wir werden schwerlich eine Freundschaft im Sinne Montaignes und Laboëties zuwege bringen. Das waren gleichmütige Menschen, die in sanften Eindrücken schwammen. Was sie gaben, das empfingen sie auch. Wir dagegen, wir sind beide krank, freilich mit dem Unterschiede, dass Sie ein Kranker mit Übermaß an Kraft und Vernunft sind, die Sie so zu regieren wissen, dass Sie sich immerdar der vortrefflichsten Gesundheit erfreuen werden, während mich eine tödliche Krankheit befallen hat, bei der alle angewandten Linderungsmittel in Gift umschlagen und nur dazu dienen, mir meine Schmerzen noch fühlbarer zu machen. Mein Leid ist von wunderlicher Art; es hat mir meinen gesunden Verstand verdorben und meine Urteilskraft getrübt: Ich möchte gar nicht wieder gesunden, ich hege nur die Sehnsucht zu sterben.

Bei Gott, es wäre mir grässlich, eine so weite Reise zu machen, innerhalb von zwei Monaten hundert Bücher zu verschlingen, ein so gewichtiger Mensch zu sein wie Sie, vorbestimmt zu so viel Erfolg und so viel Ruhm! Wenn Sie wüssten, wie klein meine Seele ist! Ich kenne nur ein einziges Ding in der Welt, das der Mühe lohnt, sich damit zu beschäftigen. Cäsar, Voltaire, Friedrich der Große erscheinen mir wohl zuweilen wert der Bewunderung, aber nie des Neides. Sie würden zu sehr entsetzt sein, wenn ich Ihnen sagte, was für ein Schicksal ich allem vorziehen möchte, was Leben heißt. Mit Felix im »Polyeukt«[25] kann ich sagen:

Unglaublich, wie mein Fühlen ewig schwankt;
Bald bin ich grausam, bald des Mitleids voll,
Mitunter kleinlich gar ...

---

[25] Polyeucte, Tragödie von Corneille, III. Akt, 5. Auftritt.

Indessen, Sie würden diese Sprache nicht begreifen, und Sie würden schamrot darüber, dass Sie einmal den Gedanken hegen konnten, meine Seele hätte irgendwelche Beziehungen zu der Ihrigen. Sie gönnen mir zuviel Ehre, wenn Sie mich bis zu sich erheben. Allein hüten Sie sich gar wohl, mich auf die Seite der Frauen zu stellen, die Sie auf das Höchste schätzen. Sie würden ihnen wie mir wehe tun. Was ich eigentlich wert bin, davon haben Sie keine Ahnung. Denken Sie doch daran, dass ich zu leiden und zu sterben weiß, und sehen Sie dann zu, ob ich allen den Frauen gleiche, die sich darauf verstehen, zu gefallen und sich zu belustigen. Das eine widerstrebt mir ebenso, wie mir das andere unmöglich wäre. Ich hätte keinen Dank für jemanden, der zu mir käme, um mich zu zerstreuen und mich abzulenken. Gewisse Dinge werde ich um alles nicht aus dem Sinn lassen. Die sogenannten Zerstreuungen und Vergnügungen betäuben und ermüden mich nur. Und wenn irgendetwas die Macht hätte oder gehabt hätte, mich einen Augenblick meinem Unglück zu entziehen, ich glaube, weit entfernt ihm dafür Dank zu wissen, müsste ich es darob hassen. Was denken Sie darüber, Sie, der Sie mir von meinem »Glücke« vorgaukeln? Wenn es von Ihrer Freundschaft abhinge, so wollten Sie es mir bringen, sagen Sie. Nein, mein Bester, Ihre Freundschaft wird mein Glück nicht sein. Niemals. Sie wird mir Trost bringen, vielleicht auch Leid, aber ich weiß nicht, ob ich dessen froh oder traurig sein werde?

Der König von Preußen[26] hat einen allerliebsten Brief an d'Alembert geschrieben. Er ist voller Lob für Sie und sehr gespannt darauf, den »Konnetabel« vorgelesen zu bekommen. Ich bin überzeugt, er wird von Ihrem Stück entzückt sein. Es ist in vieler Hinsicht ganz auf den Ton seiner Seele gestimmt.

---

[26] Guibert hatte dem König vor seiner Audienz in Potsdam, die am 17. Juni stattfand, einen Empfehlungsbrief d'Alemberts übersandt, dazu folgende Zeilen: »Sire! Eurer Majestät unterbreitet das Schreiben des Herrn d'Alembert, dem ich dies hinzuzufügen mir die Freiheit nehme, die Gründe, die mich in Ihre Lande führen. Ich komme hierher, um Ihrem Ruhme zu huldigen, ich komme, um mich zu unterrichten, ich komme insbesondere, um zu versuchen, den Eindruck zu verwischen, den in Eurer Majestät Erinnerung etliche Sätze meines »Buches des Essai general de Tactique hinterlassen haben. Könnte es anders sein, als dass der Mann, der Ihnen sein Werk in großer Verehrung überreicht und an einem Dutzend andrer Stellen den Eurer Majestät mit Recht zukommenden Tribut enthusiastischer Bewunderung gezollt hat, nur unbeabsichtigt Ausdrücke gebraucht hat, die Ihnen missfallen haben? Sire, ich wage vor Eurer Majestät gegen jede andre Auslegung Einspruch zu erheben. Genehmigen Sie ihm allergnädigst die Huld, Ihnen seine Aufwartung machen zu dürfen. Gestatten Sie ihm, einen König zu sehen, von dem die Geschichte so viel Wunderbares zu erzählen haben wird. Es ist der Schmerz der Nachwelt, große Helden, deren Taten sie liest, nicht persönlich kennenlernen zu können. Ich habe den Vorzug, im Jahrhundert Eurer Majestät geboren zu sein; und das Glück, Sie zu sehen, Sie mit eigenen Augen zu bewundern, erscheint mir wie ein Recht. Man betete im alten Athen den Unbekannten Gott an; gewähren Sie es, Sire, dass ich mein ganzes Leben lang nicht dem Ungekannten Helden zu huldigen habe. Ich bin usw.«

Um Gottes willen, erwähnen Sie mir keine Zeitungsneuigkeiten wieder! Ich lese keine. Alles was die Bewunderung des großen Haufens erregt, ist mir genau so widerwärtig wie Ihnen. Voll Mitleid und Schmerz sehe ich, dass fast alle Menschen geborene Krämer und Knechte sind. Aber Sie sind mein Zeuge, dass das, was mein Herz erfüllt, edler, erhabener und größer ist als das, was der dumme Pöbel respektiert und bewundert.

Leben Sie wohl, schreiben Sie mir öfters und nicht bloß ein paar Worte. Machen Sie das mit Ihren Bekannten so! Es gibt sogar Freunde, die damit zufrieden sein werden, aber ich bin so schwer zu befriedigen.

Melden Sie mir, ob Sie meine Briefe empfangen haben.

Paris, den 25. Juli 1773

Nein, nein, täuschen Sie sich darin nicht: Die größten Entfernungen in der Welt sind nicht die räumlichen. Indien liegt von Paris nicht so weit wie der 27. Juni vom 15. Juli. Ich will Ihnen eine wirkliche Entfernung, eine schreckliche Trennung nennen. Das Verflackern der Erinnerung! Das ist wie der Tod. Schlimmer noch, denn es ist langsamer als der Tod.

Aber glauben Sie nicht, dass das Vorwürfe sein sollen. Ach nein, dazu hätte ich kein Recht. Sie sind mir nichts schuldig, und ich muss jedes Zeichen Ihres Denkens an mich dankbar annehmen.

Bei Ihrer Rückkehr aus Ungarn[27] werden Sie mit Briefen von mir überschüttet gewesen sein. Das ist der dritte, den ich nach Wien richte; zwei oder drei muss man Ihnen von Berlin nachgeschickt haben. In Anbetracht der weiten Ferne, in der Sie sind, müssen Sie, bitte ich, immer die triviale Formel gebrauchen: Den und den Brief habe ich erhalten usw.

Ist das Ihr Ernst? Sie wollen, ich soll Sie auf mein Niveau heruntersetzen? Wohl, weil es Ihnen leichter fällt, sich zu bücken, als mir, mich aufzurichten? Und weil, mit welchem Maße ich Sie auch messe, Sie doch in Ihrer Höhe bleiben, in die wenig Leute hinaufreichen können? Aber, der Wahrheit die Ehre, gestatten Sie mir das, was Sie mir über Ihren Charakter gesagt haben, nicht als einen Ausdruck des Vertrauens noch der Freundschaft anzusehen. Wissen Sie, was Sie mir im Grunde anvertraut haben, indem Sie mir die Widersprüche aufdecken, die Sie plagen? Dass ich ein dummes Ding bin, das nichts sieht, nichts beobachtet! Wenn Sie nämlich weder ein Lügner noch ein Heuchler sind, so hätte ich von selber hinter die Geheimnisse kommen müssen, die Sie mir nun Ihrer Ansicht nach freiwillig verraten. Soll

---

[27] Guibert hatte Wien am 19. Juli 1773 verlassen, um sich nach Ungarn zu begeben.

ich Ihnen dafür etwas aus meinem Wissensschatz auskramen? Nämlich, dass weder Sie noch ich Sie richtig kennen. Sie, weil Sie sich selbst zu nahe stehen und sich selber allzu sehr betrachten, und ich, weil ich Sie immer in Furcht und Befangenheit angeschaut habe. Sollte ich Sie jemals wieder sehen, so werde ich Sie genauer betrachten. Es kommt mir vor, als habe sich mein Blick geschärft.

Was Sie mir über den Grund Ihrer ewigen Unrast geschrieben haben, ist wunderschön. Es klingt geistvoll und elegant. Das lässt sich anhören, wenn ihm auch die Wahrheit abgeht: »Ich überlade meine Jugend, damit mir das Alter nicht den Vorwurf machen kann, ich hätte sie nicht ausgenutzt.« Doch denken Sie einmal an die Geschichte vom Geizhals, der seine Kinder des Hungers sterben ließ und seine Grausamkeit vor sich selbst damit entschuldigte, er hätte für sie zusammengescharrt auf die Zeit nach seinem Tode. Lassen Sie uns ehrlicher sein; wir wollen unsere Neigungen und Leidenschaften nicht sophistisch rechtfertigen. Sie reisen bis ans Ende der Welt, weil in Ihrer Seele die Neugier mächtiger ist als die Sehnsucht. Nun gut, was ist da Schlimmes dabei? Sie sind jung, Sie haben geliebt, Sie haben gelitten und daraus den Schluss gezogen, Sie seien empfindsam. Aber das ist nicht wahr. Sie haben Feuer, Sie sind leidenschaftlich, Sie sind für alles zu haben, was bedeutend, für alles, was groß ist. Aber Sie werden immer nur nach Dingen eines rührigen Lebens trachten, das heißt nach Taten, nach ausgesprochenen Betätigungen. Sehnsucht und Zärtlichkeit gehen ganz andere Wege. Sie fesseln, sie binden, sie erfüllen das ganze Dasein, sie geben nur sanften und friedsamen Tugenden Raum, sie fliehen die laute Welt. Alles, was sie von ihrem Ideale trennt und abhält, erscheint ihnen wie Unglück und Knechtschaft. Sehen Sie und vergleichen Sie! Nun? Ich habe Ihnen schon gesagt, die Natur hat Sie durchaus nicht dazu geschaffen, glücklich zu sein; sie hat Sie dazu verdammt, groß zu werden. Unterwerfen Sie sich ohne Murren!

Übrigens glaube ich gern, was Sie mir von den Vorzügen unseres Landes vor allen anderen schreiben. Vielleicht bringen Sie von Ihrer Fahrt den Überdruss am Reisen heim, aber sicher bin ich, dass Sie die Fähigkeit nicht mitbringen, sich nun irgendwo festzusetzen. Sie werden gerecht und richtig herausgefunden haben, was gut und was besser ist, aber Sie machen es wie die Italiener in der Musik: Das Neue geht ihnen über das Gute.

Ich bitte Sie um Verzeihung. Ich widerspreche Ihnen, aber gestehen Sie, dass ich auf den Ton Ihrer Seele gestimmt bin. Soll ich Ihnen berichten, wie es in mir aussieht? Passen Sie auf! Es gibt Kranke, die an einem langwierigen und unheilbaren Übel leiden. Wenn man sich bei den Leuten, die sie pflegen, nach ihrem Befinden erkundigt, so heißt es: »Es geht den Umständen angemessen.« Das will sagen: »Sterben muss er, aber er hat noch eine Galgenfrist.« Ganz genau so steht es mit dem Gesundheitszustande meiner Seele. Auf den heftigsten Sturm ist Windstille eingetreten.

Seine [des Marquis von Mora] seelische Stimmung ist so, wie es mein Herz nicht anders wünschen könnte, aber sein körperliches Befinden ist beunruhigend. Indessen bin ich überzeugt, dass er nichts gegen die ärztlichen Vorschriften tut. Er hängt am Leben, weil er es liebt, zu lieben und geliebt zu werden. Ach, wenn Sie wüssten, wie wert er der Liebe ist! Ja, auch Sie lieben mich vielleicht ein wenig. Aber Sie würden sich nicht viel daraus machen, wenn ich es fertigbrächte, Ihnen untreu zu werden. Was müssen Sie für ein Mann sein, dass Sie mich einen Augenblick dem entzückendsten und vollkommensten Geschöpfe auf Erden abspenstig gemacht haben! Wahrlich, wenn Sie ihn kennenlernen, oder vielmehr, wenn Sie ihn kennen, so werden Sie sehen, dass mein Urteil über ihn weder auf Täuschung noch auf Überschätzung beruht.

Nun, habe ich Ihnen genügend meine Seele gezeigt? Ist meine Freundschaft passiv, aktiv oder indiskret?

Der Chevalier d'Aguesseau[28] wird Ihnen berichtet haben, dass ich die Geduld verloren hätte. Ich schickte zu ihm, um Nachrichten von Ihnen zu erbitten; er hatte in dem nämlichen Augenblick keine, als er aber am 8. einen Brief erhielt, meldete er mir sogleich, dass es Ihnen gut gehe, und ich war augenblicks in Versuchung zu schreiben, um Ihnen zu danken: zu danken, dass Sie einen Freund haben, der es vermag, mich von meiner Unruhe zu befreien. Nachher fand ich es aber doch besser, zu warten.

Ja, ich will gern warten, und immer! Warum sollte ich auch rascher laufen als Sie? Ich würde bald müde werden und dann nur Ihren Gang hemmen. Ich will nicht länger, dass irgendeine Wallung mein Inneres schmerzhaft aufwühlt. Es wird zu viel! Ich weiß nicht, wie ich bei solcher Hingabe weiter existieren soll. Es ist freilich wahr, dass ich alle Kräfte auf einen Punkt zusammendränge. Die ganze Natur ist für mich ausgestorben, bis auf das Wesen, das mich belebt und jedem Augenblicke meines Lebens einen Inhalt gibt. Ich habe für nichts Sinn. Die Dinge, die Vergnügungen, die Zerstreuung, die Eitelkeit, die öffentliche Meinung, alles das ist für mich nicht mehr da, und ich bereue die Zeit, die ich dem geopfert habe, wiewohl sie sehr kurz gewesen ist. Ich habe ja den Schmerz früh kennten gelernt, und das hat das Gute gehabt, dass ich vor mancher Dummheit bewahrt blieb. Mich hat jener große Lehrmeister der Menschheit erzogen: das Unglück.

---

[28] Später Marquis; damals Oberstleutnant, 1784 Feldmarschall; vertrauter Freund Guiberts; auch in der Einleitung Essai général de Tactique (1772) erwähnt.

Das ist die Sprache, die Ihnen einst so gefallen hat. Sie hat Sie zurückgeleitet in den Gefühlswinkel Ihrer Seele, dem der Trug und die Schmeicheleien der Frauen hierzulande Sie immer wieder entfremden. Sie haben mir Dank gezollt, als ich Sie zu diesem Quell alter Liebe und alten Leids heimführte. Es gibt eine Art Schmerz, der so verführerisch ist, der eine solche Wonne in das Herz träufelt, dass man gern bereit ist, für dieses Leid das sogenannte Vergnügen hinzugeben. Dieses Glück oder dieses Gift schlürfe ich zweimal die Woche, und dieser Trank ist mir viel notwendiger als die Luft, die ich atme.

Die Gräfin Boufflers hat lange mit mir über Sie gesprochen und über das, was sie Ihnen geschrieben hat. Sie liebt Sie, weil Sie den »Konnetabel von Bourbon« geschrieben haben. Zweifellos kein schlechter Geschmack! Aber ich, ich würde Sie viel mehr lieben, wenn Sie der Konnetabel nicht selber wären!

O! Wie klein und beschränkt ist meine Seele doch! Ich, die ich die kleinen Menschen so hasse! Doch was kümmert Sie mein Geschmack?

Sie sind sehr gefällig, daran gedacht zu haben, Ihre Handschrift ein klein wenig größer zu gestalten, aber ich habe doch Lust, darüber zu klagen! Das hat mich um einige Zeilen ärmer gemacht. In Gottes Namen, bleiben Sie, wie Sie sind. Schreiben Sie mikroskopisch, jagen Sie um die Welt, aber fangen Sie an mit Paris. Ein für alle Mal: Ändern Sie nicht ein Haar von dem, was zu Ihrer Eigenart gehört! Ich weiß nicht, ob sie die Beste ist, aber die Liebste ist sie mir gewiss. Kommt Ihnen dieses Lob nicht recht fad vor? Spotten Sie nicht über mich! Ich bin nun einmal ein dummes Ding, aber – seien Sie überzeugt – ein gutes Tier.

Nicht wahr?

Sonntag abends, den 1. August 1773

Sie sind allzu liebenswürdig. Sie überraschen mich im guten Sinne. Es ist etwas Wunderschönes, eine Freude zu erleben, auf die man nicht im Geringsten gerechnet hat. Voller Entzücken danke ich Ihnen. Dieses Gefühl hat meiner Seele wohlgetan.

Gestern habe ich Ihren Brief vom 18. erhalten. Mit Befriedigung bemerke ich, dass die Abgangstage rascher aufeinanderfolgen, dass Sie keine Pausen mehr von vierzehn Tagen machen. Ich verdanke diese Änderung keinem Ausbruche meines Unmutes. Sie geht von Ihnen aus. Von Ihrer Freundschaft. Was man mir gibt, schätze ich viel höher, als was ich mir ertrotze. Schon wollte ich Ihnen danken. Ihnen in meiner Schwachheit sagen, was ich so lebhaft fühlte. Ich war überglücklich. Da erhielt ich heute einen Brief von

Ihnen abermals vom 18. Meine erste Regung dabei – ich weiß selbst nicht warum – war die Angst. Ich bin so an das Unglück gewöhnt, dass es seinen Schatten in alles wirft. Aber ich ward rasch wieder ruhig. Ich fand Sie gut, feinfühlig, mir seelenverwandt. Es kommt mir vor, als müsse ich mein ausgestandenes Leid loben. Mein Leid hat ja Ihre Teilnahme für mich erweckt.

Ach, mit wie viel Kummer füllen Sie mein Leben! Jetzt könnte ich Ihre Freundschaft genießen; sie könnte mein Trost, meine Freude sein, – und nun sind Sie tausend Meilen fern! Ich kann mich der Furcht nicht erwehren, dass so vielerlei Abwechselung, dass ein Leben so voller Beschäftigungen und Zerstreuungen, wie Sie es zu führen gezwungen sind, unseren Bund stören oder zum Mindesten lockern muss, einen Bund, dem vielleicht nur ein Grad von Wärme gefehlt hat, um ihn zu einem Herzensbedürfnis, nur eine gewisse Dauer, um ihn zur Gewohnheit zu machen.

Ich gestehe, dass ich allerdings wenig Wert auf das letzte der Bindemittel lege. Das ist die Liebe derer, die keine haben. Aber sehen Sie den verhängnisvollen Drang meiner Seele! Ich quäle mich mit Angst und mit Kummer, wo ich die Zeichen und die Beweise Ihrer Freundschaft genießen sollte. Sie ist sehr sanft, sehr nachsichtig, diese Ihre Freundschaft. Sie verzeihen mir mein ganzes Ungerechtsein. Ich habe Sie tausendmal angeschuldigt, aber nie habe ich es gleichzeitig bereut, mich Ihnen voll innigsten Vertrauens gegeben zu haben. Hand in Hand mit Ihnen ist man nicht imstande, sich einen Fehltritt vorzuwerfen, und so bleibt man gegen großes Unglück gefeit. Sehen Sie sich um: Alle Tragödien bauen sich auf ein Versehen auf; fast alles Unglück hat die nämliche Quelle. Aber strafen Sie mich nur nicht für meine Ungerechtigkeit, indem Sie mir nicht mehr erzählen, was Sie interessiert. Schreiben Sie mir Ihre Erlebnisse. Ich verspreche Ihnen, sie nach zu erleben und Ihnen obendrein zu berichten, wie mir dabei zumute war.

Ich liebe Sie viel zu sehr, um mir den geringsten Zwang anzutun. Lieber will ich Ursache haben, Sie um Verzeihung bitten zu müssen, als keinerlei Fehler zu begehen. Vor Ihnen verliere ich meine Eigenliebe. Ich habe gar kein Verständnis für jene Lebensregeln, die einen ewig, mit sich selber zufrieden machen und so kalt gegen das, was man liebt. Ich hasse die Klugheit, ich hasse sogar – dulden Sie, dass ich es Ihnen sage! – die Freundschaftspflichten, die anstelle von herzlichem Anteil Zurückhaltung, anstelle von innigem Mitempfinden Zartgefühl fordern. Was sage ich Ihnen das? Ich liebe die Ungezwungenheit, ich handle immer impulsiv und habe eine närrische Freude daran, wenn man mir gegenüber ebenso verfährt. Du mein Gott, wie bin ich doch so weit hinter Ihnen zurück! Ich habe Ihre Tugenden nicht, ich weiß von keinen Freundespflichten, ich nähere mich dem Naturzustande! Ein Wilder könnte nicht gefühlsinniger und argloser lieben. Weder die Gesellschaft noch das Unglück hat mein Herz verdorben. Nie werde ich gegen Sie auf meiner Hut sein, nie etwas argwöhnen. Sie sagen, dass Sie Freundschaft für mich hegen. Sie sind ein edler Mensch! Was hätte ich zu fürchten? Ich werde Ihnen keine Regung, keine Bewegung meines Herzens verbergen und nie erröten, vor Ihnen schwach und voll Widerspruch zu erscheinen.

Wie oft habe ich es nicht schon wiederholt: Ich mache keinen Anspruch, Ihnen zu gefallen, ich will mich in Ihre Achtung nicht eindrängen; es ist mir lieber, Ihre Nachsicht zu verdienen. Kurzum, ich will von ganzem Heizen lieben, in grenzenlosem Vertrauen. Machen Sie damit, was Sie wollen! Arglistig sind Sie ja nicht. Nein, wir glauben alle beide, dass Arglist immer ein Beweis von innerer Armut ist. Aber ein Dummchen sind Sie manchmal, wenn Sie klare Andeutungen nicht verstehen. Ich will keinen Namen nennen. Übrigens habe ich ihn ein Dutzend Mal Ihnen gegenüber erwähnt. Eigentlich erstaunlich. Es beweist mir aber, was ich nicht dachte, dass ich diesen Namen ausgesprochen habe wie jeden anderen. Noch viel mehr würde ich mich wundern, wenn Sie ihn selbst nicht anders fänden als sonst die Menschen. Doch Sie werden sehen, was ich Ihnen versichere: Er kann nicht in der Menge verschwinden.

Heute habe ich den Chevalier d'Aguesseau getroffen. Ich war stolz, ihm Neuigkeiten von Ihnen berichten zu können. Anderen Leuten gegenüber, gewissen Leuten, die ein Recht haben, Briefe von Ihnen zu erwarten, hätte ich ein ganz konträres Gefühl gehabt: Angst, ihnen glücklicher zu erscheinen als sie selber etwa. Das hätte Ihnen Vorwürfe eingetragen. Die meisten Frauen haben nämlich kein Bedürfnis geliebt zu werden; sie wollen den anderen einzig und allein den Rang ablaufen. D'Aguesseau hat mir erzählt, er sei im Begriffe, Ihnen zu schreiben und Ihnen Neuigkeiten mitzuteilen. Ich für meinen Teil, ich interessiere mich nur für eins und wünschte nichts mehr, als es Ihnen melden zu können.

Ich werde mich sehr freuen, Ihren Freund, den Chevalier von Chastellux[29] wieder zu sehen. Wenn ich indes vermöchte, seiner Reise so viel anzusetzen, wie mir lieb wäre der Ihrigen abzuschneiden, so würde er wohl so bald nicht wiederkommen. Passen Sie mal auf, bitte, wie ich die Chronologie zuschanden mache: Seit acht Jahren liebe ich den Chevalier!

Dass Ihnen Ihre Reise Spaß macht, freut mich. Es ist sogar mein Wunsch, dass Sie viel Vergnügen dabei haben. Nur eins will ich über alles: dass Sie die Menschen vermissen, die Sie lieben! Ich wollte, es gelange weder der

---

[29] Der spätere Marquis (1734–1788), Offizier. Er wurde 1775 Mitglied der Akademie Française. Sein (bestes) Buch »La Felicite publique« war 1772 erschienen. Er war ein liebenswürdiger charaktervoller Mensch, von seinen Zeitgenossen hochgeschätzt. Julie freut sich, ihn wieder zu sehen, d. h., er wurde damals von seiner Italienreise zurückerwartet.

Türkei noch Ungarn, noch dem ganzen Erdkreis, Sie vergessen zu lassen, dass mit Ihnen gewissen Leuten ihr Glück fehlt. Ich möchte auch, dass Sie mit dem Entschlusse heimkämen, diesen Leuten nicht wieder gerade dann zu entwischen, wo sie den ersten Genuss an dem Zauber Ihrer Freundschaft und Ihres Verkehrs empfinden.

Leben Sie wohl! Ich habe vergessen, Ihnen zu sagen, dass ich sterbenskrank bin. Aber mein Gemüt leidet weniger. So darf ich mich also nicht beklagen. Geben Sie mir Veranlassung, Ihre Pünktlichkeit zu loben; dann wären Sie sehr liebenswürdig.

Sonntag, den 9. August 1773

Sehen Sie, wie närrisch ich bin! Ich spüre Ihnen nach und lasse Sie sogar in Breslau[30] nicht in Ruhe! Sie sind dort vollauf beschäftigt. Der König, die Manöver, Ihr Erfolg, der »Konnetabel«! Nichts wird Sie auf den Einfall bringen, nach Paris zurückzudenken. Und selbst wenn: Paris ist groß, und ich werde Ihnen in der Menge entgehen. Glauben Sie mir aber, es gibt wenige, ganz, ganz wenige, ja, wenn ich nicht fürchtete, Sie zu betrüben, so möchte ich sagen, es gibt niemanden, der Sie aufrichtiger vermisst als ich. Die ganze Welt geht ihren Pflichten oder ihren Zerstreuungen nach. Ich allein bringe es nicht fertig, von meinem Leid und meiner Sehnsucht zu lassen. Ich weiß nicht, wie man es anfängt, sich an Entbehrungen zu gewöhnen. Was man einem aus der tiefsten Seele nimmt, das kann nichts in der Welt ersetzen.

Ich begreife nicht, dass es erst drei Monate her sein soll, dass Sie fort sind, und noch weniger, dass ich Sie erst Ende November wieder sehen soll. Ihre Gegenwart allein könnte mich trösten, und ich sehne mich nach ihr wie nach der einzigen Lust meines Lebens!

Gott! So ist denn die Freundschaft, dieses herrlichste Labsal der Menschen, für mich nur die Quelle von neuen Leiden. Alles, was meine Seele berührt, wird ihr zu Gift.

Sie waren mir eine so liebenswürdige Bekanntschaft. Ihr Wesen, Ihr Benehmen, Ihr Geist, alles hat mich entzückt. Die Steigerung dieses Gefühls hat alles verdorben! Ich habe mich in Sie verloren. Ach, warum haben Sie mir das angetan? Warum sind Sie mir in meine Seele eingedrungen? Warum haben Sie mir die Ihre aufgeschlossen? Wozu gehen zwei Menschen, die alles voneinander trennt, einen Herzensbund ein? Sind Sie oder bin ich

---

[30] Guibert reiste am 12. August 1773 von Wien ab, um den preußischen Herbstmanövern beizuwohnen, zu denen ihn Friedrich der Große eingeladen hatte; eine Gunst, die der König Ausländern selten gewährte. Guibert traf am 16. August in Breslau an.

schuld an meinem Leid? Bisweilen kämpfe ich meine Sehnsucht nach Ihrer Heimkunft nieder, aus Angst, meine Freundschaft könne Sie quälen. Doch Sie werden nicht viel danach verlangen. Sie werden so sehr in Anspruch genommen sein, so beschäftigt und abgelenkt, dass Sie mir in Paris vielleicht ferner sind als jetzt in Breslau. Bedenken Sie doch, wie hochinteressant Sie für die Leute sein werden, die Sie lieben, aus Eitelkeit oder aus Langeweile. Sie kehren aus weiter Ferne zurück; man wird alles wissen wollen, was Sie gesehen haben, man wird so entzückt sein, Sie erzählen zu hören, dass es ganz und gar unmöglich sein wird, Sie diesen Liebenswürdigkeiten zu entziehen. In Gottes Namen! Ich werde Sie nicht viel zu sehen bekommen, aber oft erwarten. Das ist auch etwas. Wenn man ritterlich und feinfühlig ist, kommt man doch wieder zu denen, die einen immer erwarten.

Ach, ich wollte, es wäre schon so weit! Haben Sie denn wenigstens den guten Willen, Ihre Reise eher abzukürzen als zu verlängern? Was werden Sie denn noch Schöneres, noch Interessanteres sehen als das, was Ihnen Schlesien bietet? Und dann, wenn Sie in Schweden sind, schreiben Sie ja zuerst! Wenn Sie warten wollten, erst Briefe zu empfangen, das sehen Sie doch ein: So können drei Monate vergehen, ehe ich etwas von Ihnen höre. Dann wären Sie nicht mehr bloß abwesend: Das wäre so gut wie der Tod. Wenn Sie auch zu den gleichen Entbehrungen verdammt sind, so leiden Sie doch nicht so sehr darunter. Und übrigens sind Sie ja selber schuld daran. Sie haben sie ja heraufbeschworen, indem Sie Ihre Reise antraten. Ihre Freunde waren damit durchaus nicht einverstanden. Kurz und gut, sei es gerecht oder großmütig, ich möchte Nachrichten von Ihnen. Es gibt wirklich keinen Grund, keine stichhaltige Ausrede für Sie, mich jemals wieder so lange ohne einen Brief zu lassen, wie während Ihrer Reise von Prag nach Wien.

Überlegen Sie sich doch, dass mein Zustand viel Rücksicht erheischt. Ich bin unglücklich und krank. Sollte das Ihre Ritterlichkeit nicht anstacheln? Was Sie mir gewähren, das soll mit grenzenloser Dankbarkeit bezahlt werden. Mein Gott, finden Sie nicht: ein armseliges Motiv und klägliche Gefühlskrämerei?

In all den jüngst vergangenen Tagen habe ich Fieber gehabt. Als ich Ihnen das letzte Mal schrieb, hatte ich am Schluss einen Schüttelfrost. Es gibt einen gewissen Boten, vor dem mein Herz seit einem Jahre in Fieber gerät. Das hat mich körperlich ruiniert, und ich bin immer so unglücklich gewesen, dass eine innere Stimme mir zuflüsterte: Im Augenblicke, wo dein Unglück zu Ende sein könnte, wirst du sterben!

Kommen Sie zurück! Dann sterbe ich wenigstens im festen Glauben, einen süßen Seelentrost gekostet zu haben. Ich mache mir den Vorwurf, ungerecht gegen Sie gewesen zu sein. Mein Gott, habe ich Ihnen Leids getan, dann müssen Sie mir verzeihen. Es gibt Zustände, die der größten Nachsicht bedürfen.

Ich habe das sehnlich erwartete Buch von Helvétius[31] gelesen. Ich war vor seiner Dickleibigkeit ganz erschrocken: zwei Bände, jeder sechshundert Seiten stark! Sie Bücherverschlinger freilich würden in zwei Tagen damit fertig, aber ich kann nur lesen, wenn ich wirklich bei der Sache bin. Mein Gemütszustand nimmt meine ganze Aufmerksamkeit in Anspruch. Ich lese immer, was ich fühle, nicht, was dasteht. Ach, mein Gott, wenn man liebt, kriecht der Verstand in den Winkel! Das Herz verliert ja nichts dabei, aber was fängt man mit so einem Herzen an?

Ach, wenn Sie wüssten, woran hier in Paris das dumme Publikum seinen Spaß und sein Vergnügen hat! Zwei Stücke von Dorat.[32] Ein Trauerspiel, ohne Geist und Können, und eine Komödie, ein Meisterwerk von Geschmacklosigkeit und Unvornehmheit. Unverständliches Geschwätz. Der Beifall, den man diesem Zeug zollt, hat mich noch den ganzen Tag trübsinnig gemacht. Dergleichen muss wahre Talente völlig entmutigen.

Sonntag, den 15. August 1773

Mein Gott! Hören Sie mich nur an, und glauben Sie mir ein für alle Mal, dass ich Ihnen gegenüber nie im Unrecht bin. Sie wissen doch sehr gut, warum das so ist. Ich bin wirklich nicht saumselig gewesen: Seit dem 3. Juli ist das hier mein fünfter Brief. Ich habe am 15. und 26. Juli, am 1. August, am 6. oder 7. und heute geschrieben. Ich verstehe nicht, dass Sie am 3. August meinen Brief vom 15. Juli noch nicht gehabt haben. Ich kann mich in die Unregelmäßigkeiten der Post nicht schicken; das macht mir das Leben zur Qual. Eins setzt mich aber in Erstaunen: dass Sie diesem Übelstande Wichtigkeit beimessen! Sie! Kann denn Ihr Herz für alles empfänglich sein? Ich lebe nur für eine einzige Sache, und dabei sterbe ich vor Erschöpfung und Schmerz.

Wie konnten Sie nur denken, ich hätte die Absicht, Sie zu beunruhigen? Ach, du lieber Gott, wo sollte ich ein so dummes Selbstbewusstsein hernehmen? Sie strafen? Wofür? Gesetzt den Fall – was durchaus nicht so ist, – ich wäre mit Ihrer Freundschaft unzufrieden, hätte ich dann ein Recht, Klage zu führen? Wäre es nicht ein grenzenloser Übermut, wenn ich mir einbildete, das

---

[31] De l'homme, de ses facultés intellectuelles et de son éducation, 1772, 2 Bände; nachgelassenes Werk des Philosophen (gest. 1771).

[32] »Regulus«, Tragödie, und »Feinte par amour« [Gift aus Liebe], Lustspiel: Uraufführung beider am 30. Juli 1774. Claude Joseph Dorat (1734–1780) war damals Hauptmann.

Ausbleiben meiner Briefe wäre ein empfindlicher Verlust für Sie? Wenn ich Ihnen sage, ich bin nicht so albern eitel wie die Mehrzahl der Frauen, so sind Sie nicht gezwungen, mir das sofort zu glauben. Lernen Sie mich lieber besser kennen und Sie werden selber finden, dass ich dankbarst alles annehme, was man mir gnädig bewilligt. Dass ich mich herzlich darüber freue. Dass ich dafür alle Zärtlichkeit meines einfältigen Herzens gebe. Niemals aber fühle ich mich von jener Sorte Zuneigung ergriffen, die es nicht mit dem Herzen, vielmehr mit der Eigenliebe zu tun hat, die an den Geliebten Anforderungen stellt und es zuweilen sogar wagt, ihn auf die Probe zu stellen. Das Getriebe der Welt hat das Schlichte und Aufrichtige meines Herzens ganz und gar nicht verdorben. Beachten Sie aber, ich lobe mich nicht: Ich verteidige mich.

Ich bin Ihres schlimmen Fußes wegen betrübt und voll Sorge. Sie werden ihn gewiss nicht schonen, wenn Sie es gleich sagen, und das ängstet mich mehr als das Übel selber. Ach ja. Sie haben sehr recht. Es gibt nichts Laueres und Platteres, als seine Freunde schonen zu wollen.

Das größte Unglück unserer Trennung liegt darin, dass ich nicht alle Kleinigkeiten erfahre, die Sie angehen. Man sagt viel und lässt doch noch so viel zu fragen übrig. Es scheint mir immer, als ob mein lieber Freund gerade das übergehe, was ich zu wissen begehre.

Warum überanstrengen Sie sich nur? Der Mangel an Schlaf ist dem Gehirn schädlich, und wie kräftig auch das Ihre sein mag, so bin ich doch überzeugt, dass Ihr Studieren und Grübeln die Nächte hindurch Ihnen wenig Nutzen bringen wird, ganz abgesehen davon, dass Sie damit Ihre Gesundheit zu untergraben drohen. Wenn Sie das Ziel erreichen wollen, dass Sie sich gesteckt haben, so müssen Sie nicht bloß am Leben, sondern auch bei guter Gesundheit bleiben. Um in der Welt des Ehrgeizes die höchsten Gipfel zu erklettern, dazu ist, wenn ich nicht irre, ein guter Magen sehr dienlich. Ach, wenn Sie wüssten, wie körperliche Leiden die Seele klein machen, so würden Sie Ihren Schlaf und Ihre Kräfte nicht so verschwenden, wie Sie das jetzt tun. Dafür stehe ich. Was ich Ihnen da sage, klingt sehr banal, aber es ist die Sprache der Freundschaft. Bedenken Sie, dass Leute, die gern gefallen, von derlei keine Silbe reden. Die wahre Anteilnahme spricht ohne Ziererei, schwerfällig, immer wieder dasselbe, aber sie wird nie müde dabei, wenn sie jemandem gilt, der sie so wohl verdient.

Offen gestanden, ich glaube beinahe, die Missstimmung, in der Sie sich befanden, als Sie mir schrieben, hat Ihnen ein wenig die Gedanken verwirrt. Ich soll Ihnen schleunigst schreiben, aber Sie sagen mir nicht, wohin ich meinen Brief richten soll.

Ich weiß, dass Sie seit dem 12. nicht mehr in Wien sind, und doch schreibe ich dahin; das ist Unsinn, ebenso wie Ihnen nach Breslau geschrieben zu haben. Allein warum haben Sie auch das Bedürfnis, auf Ihren Fahrten in der Fremde von Ihren Freunden hören zu wollen! Das ist höchst widerspruchsvoll. Wahrlich, es gibt Augenblicke, wo ich mich so müde fühle, dass ich nahe daran bin, Sie Ihrer Wege gehen zu lassen. Ich bin so krank, so traurig, dass es mir scheint, es wäre gut für Sie, wenn Sie mich ganz vergessen ließen. Je gütiger, je zärtlicher Sie sind, desto mehr habe ich den Mut, Ihnen dafür zu sagen, dass Sie es oft bereuen werden, sich zu schnell zu einer Verbindung verstanden zu haben, von der alle Vorteile allein auf meiner Seite sind.

An einer gewissen Stelle Ihres Briefes vermochten meine Augen nicht zu weilen. Umso fester hat sich mein Herz daran geklammert. Großer Gott, was für ein Wort haben Sie da ausgesprochen! Das Blut erstarrt mir. Nein, nein! Dann würde meine Seele die Ihre nicht mehr suchen. Ach, schon der Gedanke daran tötet mich. Trösten Sie mich, beruhigen Sie den Sturm in meinem Herzen, wenn es möglich ist! Hüten Sie sich aber anzunehmen, dass ich auch nur einen Augenblick ein Unglück überleben könnte, vor dem die Furcht allein schon mein Leben mit Grausen erfüllt. Sie hat mich krankgemacht und verwirrt unablässig mein Denken.

Leben Sie wohl! Ich kann nicht mehr schreiben. Das Herz krampft sich mir zusammen. Wenn ich auf andere Gedanken gekommen bin, werde ich den Brief fortsetzen. Ich muss mich vor Ihnen rechtfertigen und Sie um Verzeihung bitten, obgleich ich mir keiner Schuld bewusst bin.

Immer noch sonntags

Ich wollte Ihnen schon immer gestehen, dass ich Ihr entzückendes Aperçu über den König von Preußen ausgeplaudert habe. Ich habe geglaubt, das ohne Bedenken tun zu dürfen. Man hat es nach Gebühr aufgenommen und so und so oft zitiert, bis es auch Frau du Deffand zu Ohren gekommen ist. Sie hat es sehr schlecht kritisiert, scharf unter die Lupe genommen, interpretiert und ihrer Meinung nach tausend Widersprüche darin nachgewiesen. Zu guter Letzt hat sie die Äußerung getan: Wenn Sie außer dem »Konnetabel« sogar die »Athalie« geschrieben hätten, so wäre das kein Grund für sie, Inhalt und Form Ihres Gedankens nicht abscheulich zu finden. Einige Tage später hat sie sich dem neapolitanischen Gesandten gegenüber auf ähnliche

Weise ausgelassen. Den Marquis[33] ärgerte das, und er gab ihr zur Antwort, wenn man kritisieren wolle, so sei es das Erste, die Worte einer Sentenz ehrlich wiederzugeben. Da sie aber willkürlich daran geändert habe, so fände er ihre Kritik ebenso ungerecht als hart.

Frau von Luxemburg und Frau von Beauvau, in deren Gegenwart dies vorging und die sich zu Frau du Deffands Gegnerinnen aufwarfen, fragten den Gesandten, ob er ihnen Wohl eine Abschrift verschaffen könne; er versprach es, kam zu mir und erzählte mir den albernen Streit. Ich gestehe, das Vergnügen, Frau du Deffand zu beschämen, machte mich den Bitten des Gesandten nachgiebig. Er erhielt eine Abschrift der drei Zeilen und ging triumphierend von dannen.

Nun ward Frau du Deffand Lügen gestraft und wagte nicht länger an dem herumzunörgeln, was alle Welt vortrefflich gefunden hatte.

Bis dahin war noch mit keinem Worte davon die Rede gewesen, an wen Sie das eigentlich geschrieben hätten. Nunmehr verlangte sie, es zu erfahren. Der Gesandte weigerte sich. Umso heftiger ward ihre Neugier. Schließlich gestand er ihr, es wäre an mich gewesen, und fügte hinzu: »Gewiss haben Sie hier instinktiv etwas herabgesetzt, was geistvoll und elegant ist!«

Das ist eine lange Geschichte. Ich hätte sie Ihnen längst berichtet, aber es kam mir kläglich vor, so etwas vierhundert Meilen weit zu befördern. Ich darf übrigens nicht vergessen, dass mir der Gesandte die Abschrift zurückgebracht hat. Wir haben sie verbrannt. Ist das nicht ein Beweis von Kleinlichkeit! Ja, ja, das Unglück hat auch sein Gutes. Es befreit einen von all jenen kleinen Leidenschaften der Drohnen und Lüstlinge. Ach, wenn die lieben könnten, so würden sie gute Menschen.

Sagen Sie nach alledem: Habe ich mich eines Vertrauensbruchs schuldig gemacht? Wenn Sie es meinen, will ich's glauben. Aber sagen Sie mir ja nicht, man glaube, wir schrieben uns, um geistreiche Einfälle loszulassen! Und so weiter! Was geht es uns an, was die Dummen und Bösen denken? Sie werden nur dadurch zu etwas, dass man sie fürchtet; ich hasse und fliehe sie, aber ich fürchte mich nicht mehr vor ihnen.

Seit einigen Jahren habe ich die kritischen Menschen so tief ergründet, dass ich Ihnen die Verachtung nicht ausdrücken kann, die ich gegen alles, was Meinung heißt, empfinde. Ich will sie nur nicht herausfordern; doch das ist auch alles.

---

[33] Dominique Marquis de Caraccioli (1715–1789), neapolitanischer Gesandter in Paris 1771–1784, befreundet mit d'Alembert, Diderot, Condorcet, Galiani usw. Es existiert ein Portrait du Marquis de Caraccioli, verfasst von Julie de Lespinasse; man findet es in: Lettres inédites de Mademoiselle de Lespinasse, publiées par Charles Henry, Paris, E. Dentu, 1887, pp. 258 f.

Es gibt eine Leidenschaft, die die Seele all dem Erbärmlichen unzugänglich macht, das die Weltleute plagt. Ich habe diese traurige Erfahrung gemacht. Großes Herzeleid lässt nichts anderes aufkommen. Für mich gibt es nur eine Freude, ein Unglück und einen Richter auf der ganzen Erde. Von Kleinlichkeit steckt nichts in mir. Sicher nicht. Bedenken Sie, dass ich mit dem Leben nur in einem Punkte zusammenhänge; wenn ich den verliere, dann sterbe ich.

Aus dieser tiefen und beharrlichen Stimmung meines Gemüts sehen Sie mühelos, dass die Welt für mich tot ist. Ich weiß nicht, ob es ein Glück oder ein Unglück gefügt hat, dass ich von Neuem der Liebe fähig geworden bin. Ich mag noch so tief in mich gehen, ich finde da nichts, was mir das erklärte. Aber, wo auch die Ursache liegen mag, ihre Wirkung ist die Sonne meines Lebens. Es bleibt mir unbegreiflich, dass mein Unglück Ihre Teilnahme erwecken konnte. Das beweist mir die Güte und die Feinfühligkeit Ihres Herzens. Jetzt bereue ich die Gewissensbisse, die ich anfangs ob meiner Neigung zu Ihnen hatte. Das Unglück macht einen grausam gegen sich selber. Ich hatte angesichts Ihrer Wohltat das Gefühl der Sünde. War ich nun damals im Irrtum oder bin ich es heute? Auf Ehre, ich weiß es nicht. Sie jedoch, dessen Seele von keinem Unglück gequält wird, Sie werden klarer urteilen, und bei unserem Wiedersehen müssen Sie mir sagen, ob ich mir Glück wünschen darf oder ob ich mich über das Gefühl grämen muss, das Sie in mir wachgerufen haben.

Ich habe gestern aufregende Nachrichten [vom Marquis von Mora] bekommen. Seine Gesundheit will sich gar nicht festigen. Ewig droht ein tödlicher Rückfall. Im Laufe eines Jahres haben ihn schon zwei solche an den Rand des Grabes gebracht. Sie sehen, ich kann meines Lebens nicht froh werden. Leben Sie wohl! Schreiben Sie bald!

Montag, den 16. August 1773

Ich öffne meinen Brief noch einmal, um Ihnen zu sagen, wie sehr mich Ihre Güte rührt, unruhig über die ausbleibenden Nachrichten von mir zu sein. Ich begreife den Grund nicht, denn ich beauftrage immer nur Freunde damit, meine Briefe auf die Post zu schaffen.

D'Alembert hat gestern Ihren Brief vom 6. erhalten. Ich habe es übernommen, Ihnen zu antworten, und ich kann Ihnen nicht sagen, wie bekümmert und froh zugleich ich darüber bin, Ihnen Sorge gemacht zu haben. Wäre es meine Schuld, so würde ich untröstlich sein.

Warum haben Sie eigentlich aufgegeben, nach dem Norden zu fahren? Ich kann mir nicht denken, dass das lediglich geschieht, um Ihre Reise zeitlich abzukürzen. Wem zuliebe verzichten Sie denn auf Schweden? Ein gewisser jemand hat es gefordert, und damit sind Sie zufrieden: Die Sehnsucht des Betreffenden belohnt sie genug. Und da Ihre Heimkehr beschleunigt wird, so liebe ich den Menschen oder die Sache, die schuld daran ist.

Freilich, nächstes Jahr müssen Sie doch nach Russland. Und dann: gleich nach Ihrer Ankunft gehen Sie nach Montauban[34]? Und dann auf die Güter? Und dann dahin, wo Sie Ihr Vergnügen finden, wo Sie das Glück suchen? Und dann? Und dann? Was hilft's? Alles das ist nicht so schlimm wie Schweden. Irgendetwas, ich weiß nicht was, flüstert mir zu, ich solle mich nicht über Dinge aufregen, die das nächste Jahr bringt. Wie Sie immer sagen: Wer weiß, wie viele Mal man da schon gestorben ist! Aber warum schreiben Sie nicht mir zuerst von der Abkürzung Ihrer Reise? Ich hätte es gern einen Tag eher gewusst.

Sie haben mir einen Vorwurf gemacht. Ich habe Lust, dasselbe zu tun. Sind Sie die Ursache einer gewissen Bemerkung des Chevaliers von Chastellux? Er behauptet, ich sei stark in Sie verliebt. Woher weiß er das? Nur Sie und der, dem ich alles sage, waren bis dahin in mein Geheimnis eingeweiht. Haben Sie ihm geschrieben? Wenn dem so wäre, so müsste ich Ihnen halb danken, halb mich über Sie beklagen.

D'Alembert ist in diesem Augenblicke bei Frau Geoffrin. Ich zweifle keinen Augenblick, dass sie sich ein Vergnügen daraus machen wird, Sie dem Könige von Polen[35] zu empfehlen. Verstehen Sie, dass man darauf eitel sein kann, Sie zu loben, Sie zu lieben? Doch um alles, glauben Sie nicht, dass dies das Band sei, das mich zu Ihnen hingezogen hat! Das wäre nichts Festes!

Ich hoffe, vor Ihrer Abreise von Wien sind Sie mit Briefen von mir bis zum Überdruss überhäuft gewesen. Vergessen Sie nicht, dass Sie mir abermals den Empfang von fünfen zu vermelden haben, diesen eingerechnet! Es wäre sehr liebenswürdig von Ihnen, wenn Sie mir auf alle meine Fragen antworten wollten. Aber dazu fehlt Ihnen die Zeit und vielleicht auch das Vertrauen. Da es mir weder an Nachgiebigkeit noch an Duldsamkeit mangelt, so will ich Ihnen alles verzeihen, wenn Sie wieder da sind. Wann ist das? Bald? Kommen Sie heim, schon um mit Chastellux die Reise der Jagd in der Brétenèche zu genießen!

---

[34] Schloss Montauban, das väterliche Gut, wo Hippolyte Guibert am 11. November 1743 geboren ist.

[35] Stanislaus August Poniatowski (1722–1798), König von Polen seit 1764, zuvor sächsischer Gesandter in Petersburg, ein Günstling Katharina II. Er war eng befreundet mit Madame Geoffrin. Beider Briefwechsel ist 1875 herausgegeben worden von Mouy.

Ich glaube, ich habe wunderlicherweise einen Punkt in diesem Riesenbriefe unerwähnt gelassen: meinen Gesundheitszustand. Er ist abscheulich. Ich huste mich zu Tode, so stark, dass ich Blut auswerfe. Einen Teil des Lebens bringe ich hin, ohne sprechen zu können. Meine Stimme ist erloschen. Von allen Misslichkeiten ist das diejenige, die am besten zu meiner Gemütsstimmung passt. Ich liebe die Stille, die Andacht, die Einsamkeit. Schlafen kann ich gar nicht oder fast gar nicht, aber ich langweile mich niemals. Wollen Sie mir glauben, dass ich glücklich bin? Wenn ich hinzufügte, dass ich meinen Zustand mit keinem andern auf der ganzen Welt tauschen möchte, so würden Sie gar glauben, ich sei im Paradiese. Da haben Sie aber nicht recht. Um dorthin zu kommen, dazu muss man erst tot sein. Ich möchte es schon sein.

Aber kommen Sie und schreiben Sie mir viel, recht viel!

Den 22. August 1773

Gestern habe ich Ihren Brief vom 10. erhalten. Er hat mir viel Freude bereitet. Wenn Sie wüssten, was ich seit acht Tagen alles durchgemacht habe! Was für Leid mein Herz heimgesucht hat! Was für Stürme, was für Sorgen mein Leben aufzehren! Es von mir zu werfen, dazu habe ich die Freiheit verloren; das ist schrecklich: Und er, den ich liebe, hat nicht die Macht, mir zu helfen. Er fühlt meine Schmerzen und leidet daran. Er ist noch unglücklicher als ich, weil er seelisch stärker ist, mehr Spannkraft und Feingefühl besitzt. Seit einem Jahre ist kein Augenblick seines Daseins ohne Leid gewesen. Er wird daran sterben, und er will, dass ich lebe.

O mein Gott, meine Seele hat keinen Raum mehr für meine Gefühle und Schmerzen! Sehen Sie, wie schwach ich bin. So indiskret und egoistisch macht das Unglück! Ich beschäftige mich mit mir, ich betrübe Sie vielleicht. Ach, verzeihen Sie mir das! Mein übermäßiges Vertrauen entquillt meiner Freundschaft, meiner innigen Freundschaft für Sie. Sie haben mir schon so viel Gutes angetan, dass es mir vorkommt, als dürfte ich Ihre Güte und Nachsicht nicht länger missbrauchen. Aber bei Gott, wenn Sie litten, niemand würde Ihr Leid so fühlen und teilen wie ich! Sie schauen mir ins Herz und Sie sehen, es gehört Ihnen. Im tiefsten Unglück, wenn ich um den Tod bettle, werde ich Ihrer noch schmerzlich gedenken. Sie sind mein Trost, und doch unterliege ich der Wucht meiner Leiden. Nein, nein, nicht *meiner* Leiden. Die Leiden meines Freundes zerfleischen mich, für die ich keine Arznei, keinen Trost habe. Das ist die Todesmarter einer Seele voller Sehnsucht und Selbstverleugnung. Sie haben die Liebe erfahren, darum werden Sie mich verstehen und beklagen.

Man klammert sich gierig an Dinge, von denen man Linderung erhofft. Auf Ihre Mitteilung an d'Alembert hin rechnete ich fest darauf, Sie gegen Ende September wieder zu sehen, und nun werden Sie erst Ende Oktober hier sein. Wird das wenigstens so kommen? Ach, wer weiß, ob ich so weit hinaus Hoffnungen hegen darf. Vielleicht spreche ich heute zum letzten Male mit Ihnen. Begreifen Sie meinen Zustand? Ich wage mich weder Plänen noch Hoffnungen hinzugeben. Ach, ich habe viel durch die Bosheit und die Ungerechtigkeit der Menschen gelitten. Man hat mich zur Verzweiflung gebracht. Aber ich lege hier das Geständnis nieder, es gibt kein Unglück, das den Vergleich mit einer tiefen und unglücklichen Liebe aushielte; sie hat zehn martervolle Jahre völlig ausgelöscht.

Mich dünkt jetzt, als lebte ich erst, seitdem ich liebe. Alles, was mich bis dahin ergriff und mir Leiden brachte, ist vernichtet; und doch werden mir von ruhigen und vernünftigen Leuten Schmerzen zugetraut, die ich nicht mehr fühle. Leidenschaften seien künstliches Unglück, sagen sie. O Gott, jawohl, weil sie nichts lieben, weil sie nur in Eigennutz und Ehrgeiz leben, und ich nur in Liebe!

Ich passe nicht mehr in das Tun und Treiben der Gesellschaft. Ich bin unfähig, auch nur eine ihrer Pflichten zu erfüllen. Ich bin der konventionellen Tugend bar, aber zum Glück bin ich frei, bin unabhängig, und wenn ich mich ganz dem Drange meines Herzens überlasse, so fühle ich nicht im geringsten Reue, weil ich sie niemandem schuldig bin.

Sehen Sie nun, wie wenig Sie sich eigentlich aus mir machen sollten. Ich werfe mir oft die Güte und die Achtung vor, die man mir bezeigt. Ich maße mir in der Gesellschaft viel an. Man beurteilt mich allzu günstig, weil man mich gar nicht kennt. Andererseits ist es auch wahr, dass ich so vielfach das Opfer der Verleumdung und Bosheit meiner Feinde gewesen bin, dass es gewissermaßen eine Entschädigung ist, die ich jetzt empfange ...

Ich bin durch den Chevalier von Chastelux unterbrochen worden, der, ohne sich anmelden zu lassen, in mein Zimmer trat. Ich glaubte, er sei noch in Ferney. Ich habe ihm meine Freude über seine Rückkehr geäußert, aber im Herzen fühlte ich nichts davon. Er hat mir keinen Augenblick mein Leid verscheucht; ich dachte immer nur daran, dass er mich abhielt, Ihnen zu schreiben. Und doch ist er sozusagen ein Freund von mir. Ich interessiere mich in der Tat für ihn, aber zu meines Wohlgefühles Glücke vermag er nichts beizutragen. Du lieber Gott, vielleicht ist mein Herz dafür überhaupt nicht geschaffen. Wenn das der Fall wäre, was hat dann mein Leben für einen Zweck? Ich lasse Ihnen die Entscheidung hierüber! Eilen Sie! Und doch habe ich Angst vor Ihrem Kommen.

Gott, wenn meine Seele dann auch kalt bliebe, wäre ich trostlos! Und Sie, würde es Sie rühren? Würden Sie gütig genug sein, mich zu bedauern? Doch im Augenblicke, wo Sie vor mich treten, werden Sie zweifellos noch ganz im Banne dessen sein, was Sie fühlten, als Sie die wieder sahen, die Sie lieben. Dann werden Sie weiter von mir entfernt sein als jetzt in Breslau. Geben Sie es zu? Mein Gott, mit Recht. Aber wenn Sie dann wieder ruhig sind, dann kommen Sie zu mir. Ich werde glücklich sein, und wie glücklich! Ich bin nicht bloß zufrieden mit dem, was Sie mir gewähren; ich habe das lebhafteste Bewusstsein davon. Auf *eine* Frage kann ich mir keine Antwort geben. Sagen Sie: Wer von uns beiden ist bei dem anderen in Schuld? Wenn man auf die Umstände Rücksicht nimmt, so vermute ich fast, dass ich etwas gut habe. Was meinen Sie dazu? Das Unglück befähigt weit mehr zur Freundschaft und zu zärtlichen Gefühlen als das Leben, das Sie führen. Und abgesehen davon, sind Sie nicht auch tausendmal liebenswerter und würdiger, geliebt zu werden?

Aber kommen Sie nur! Es gibt Tage, Stunden, wo meine Seele so abgestumpft ist, dass ich fürchte, Sie nicht genug zu lieben.

Dulden Sie, dass ich Ihnen einen Vorwurf mache! Ich vermisse das freundschaftliche Vertrauen. Sie erzählen mir nichts mehr von sich. Warum? Ich weiß wohl, ich habe Sie einmal ungerecht behandelt. Soll das die Strafe dafür sein? Wenn Sie mich lieben, müssen Sie mir doch etwas zu sagen haben! Sie leiden, Sie hoffen, Sie genießen. Warum schreiben Sie mir nichts von alledem? Sie berichten mir so wenig von sich, dass Ihre Briefe ebenso an irgendwelche beliebige Dame Ihrer Bekanntschaft gerichtet sein könnten. Von meinen Briefen kann man das nicht sagen. Sie gelten nur einem. Habe ich unrecht? Sagen Sie! Ist ein gleiches Vertrauen auf beiden Seiten eine übertriebene Forderung?

Dies ist der vierte Brief, dessen Empfang Sie mir noch zu bestätigen haben. Vergessen Sie es ja nicht!

Ich glaube, dass es eine Torheit war, Ihnen nach Breslau zu schreiben. Sie werden gar nicht an die Post gedacht haben, und mein Brief wird dort liegen geblieben sein. Aber verbrennen Sie auch alle meine Briefe? Als Sie noch hier waren, habe ich einmal beobachtet, dass Ihnen ganze Stöße von Briefen entfallen, die Sie in den Taschen mit sich tragen. Diese Unordnung in Ihren Papieren verschüchtert mein Zutrauen, und doch vermag ich es nicht zu zügeln. Leben Sie wohl! Meine Brust tut mir weh. Ist Ihr Fuß wieder geheilt? Schreiben Sie!

Montag, den 6. September 1773

Ihr Schweigen macht mich krank. Ich mache Ihnen durchaus keinen Vorwurf, aber ich leide, und es kostet mir Mühe, mir einzureden, dass ich bei einem so regen Interesse, wie ich es fühle, vier Wochen lang ohne einen Brief von Ihnen sein könne. Was ist Ihnen denn die Freundschaft wert, wenn Sie sich so leicht von ihr losmachen? Mein Gott, wie glücklich sind Sie! Ein Kaiser, ein König, eine Truppenschau, ein Feldlager – und Sie vergessen, dass ich Sie liebe und, was vielleicht noch schmerzlicher ist, dass Sie der einzige Stecken und Stab einer sehnsüchtigen Freundin sind!

Doch nein, ich will Ihnen nicht unrecht tun. Ich wünschte ja selber, Ihre Vergesslichkeit wäre keine. Ich wünschte, ich wäre so geschaffen, dass ich alles hinzunehmen vermöchte, dass ich alles erleiden könnte, ohne zu klagen. Dies ist der fünfte Brief ohne Antwort. Sagen Sie mir, wie viel Leute gibt es, denen Sie in gleicher Weise entgegenkommen! Ich weiß nicht warum, ich hatte mir fest eingebildet, dass ich von Breslau aus einen Brief erhalten würde, Sie möchten nun die meinigen erhalten haben oder nicht. Aber meine Hoffnung ist getäuscht worden. Ach, wie hasse ich Sie, der Sie mich zu gleicher Zeit Hoffnung und Angst, Furcht und Freude kosten lassen! Ich brauchte diese Herzensstürme nicht. Warum ließen Sie mich nicht in Ruhe?

Meine Seele bedurfte der Liebe nicht. Sie war angefüllt mit einem zärtlichen tiefen Gefühl, das Widerhall und Antwort fand. Es war schmerzensreich – und gerade dieses Element brachte mich Ihnen näher. Sie sollten mir nur gefallen –, aber Sie haben mich gerührt. Indem Sie mich trösteten, ketteten Sie mich an sich, und was das Wunderlichste dabei ist, die Gunst, die Sie mir erzeigten, die ich hinnahm, ohne meine Zustimmung kundzutun, – diese Gunst, weit entfernt, mich nachgiebig und willfährig zu machen, wie Leute es werden, denen man eine Wohltat erzeigt, gerade diese Gunst hat mich im Gegenteil so anmaßend gemacht, an Ihre Freundschaft Erwartungen und vielleicht gar Forderungen zu stellen. Sie, der Sie von oben herab und tief in die Dinge hineinschauen, Sie müssen mir erklären, ob das Äußerungen eines undankbaren oder eines vielleicht nur allzu feinfühligen Gemütes sind. Was Sie mir sagen, werde ich glauben.

Wenn ich wollte, oder vielmehr, wenn ich nicht so friedlos und so unzufrieden ob Ihres Schweigens wäre, so würde ich Ihnen Fehde ansagen. Das würden Sie gern hören, darauf würden Sie mit Vergnügen eingehen, aber Ihre Verteidigung wäre zweifellos ein neuer Frevel. Indessen, Sie sind in weiter Ferne, Sie sind so bedrängt, so viel beschäftigt, und schlimmer noch: wie berauscht. Dieses Wort gewährt mir Genugtuung, aber keine Zufriedenheit. Kehren Sie doch zurück! Ich sehe dem Rinnen der Zeit zu mit einer Wollust, die ich nicht zu schildern vermag. Man pflegt zu sagen: Die Vergangenheit sei nichts. Mich, mich hat sie ganz im Bann. Gerade weil ich so viel gelitten habe, graut mir davor, noch mehr zu leiden. Und doch bin ich dabei so toll, von Ihrer Freundschaft Wonne und Trost zu erhoffen.

Sie haben so viele neue Anschauungen gewonnen, Ihre Seele ist von so viel verschiedenen Eindrücken bestürmt worden, dass der Widerhall, den mein Unglück und meine Bekenntnisse in Ihnen erweckt hatten, wohl spurlos dahin ist. Das wird sich schon herausstellen. Kommen Sie nur erst. Ich werde klar sehen: Unglückliche sehen ohne Illusion. Und überdies haben Sie gerade so viel Freimut wie ich Wahrheitsliebe. Wir werden uns also keinen Augenblick betrügen. Ja, kommen Sie, aber hüten Sie sich, von Ihrer Reise jenen Trübsinn mitzubringen, wie ihn der Chevalier aus Italien mitgebracht hat. Er spricht von allem, was er gesehen, mit Unlust, und was er hier sieht, macht ihm ebenso wenig Freude. Kurz, ich möchte meinen Gemütszustand nicht mit dem seinigen vertauschen, und doch bringe ich mein Leben in krankhaftem Hangen und Bangen hin. Allerdings hat das, was ich erwarte, was ich ersehne, was ich erstrebe, das, was man mir gibt, einen hohen seelischen Wert für mich. Ich lebe, ich existiere so intensiv, dass es Momente gibt, wo ich selbst mein Unglück wahnsinnig liebe. Sagen Sie, muss ich mich nicht daran festklammern, muss das mir nicht wert und teuer sein? Ist es doch die Ursache, dass ich Sie kenne, dass ich Sie liebe, dass ich einen Freund mehr besitze. So haben Sie sich doch selber genannt. Wäre ich leidenschaftslos, besonnen, kalt gewesen, so wäre das alles nicht so geworden. Ich würde vegetieren wie alle die anderen Damen, die mit ihrem Fächer spielen, während sie von der Verurteilung des Marschalls von Morangiès[36] oder von dem Einzug der Gräfin von Provence in Paris plaudern.

Ja, ich wiederhole es, ich ziehe mein Unglück allem dem vor, was die Kinder der Welt Glück und Vergnügen nennen. Vielleicht sterbe ich daran, aber das ist mir lieber, als überhaupt nicht *gelebt* zu haben. Verstehen Sie mich? Sind Sie mit mir im Einklang? Haben Sie vergessen, dass Sie einmal in Ihrem Leben ebenso krank und glücklicher waren als ich?

Leben Sie wohl! Ich weiß nicht, wie es zugeht; ich wollte Ihnen nur vier Zeilen schreiben, aber meine Freude daran hat mich fortgerissen.

Wie viele Menschen gibt es, die Sie mit größerem Entzücken wieder sehen werden als mich? Ich will Ihnen die Liste aufsetzen: Frau von M[ontsauge], d'Aguesseau, die Herren von Broglie, von Beauvau, von Rochambeau, von

---

[36] Der Prozess des Feldmarschalls Grafen Morangiès (geb. 1726) mit der Familie Veron beschäftigte damals die Allgemeinheit, besonders weil Voltaire für ihn eintrat (Vgl. Oeuvres de Voltaire; Bd. 47, passim Bd. 67, S. 479.)

Pezé usw. usw., Frau von Beauvau,[37] von Boufflers, von Rochambeau, von Martinville usw. usw., dann den Chevalier [von Chastelux], den Grafen von Crillon, und zu aller letzt mich, ganz am Schluss. Ich dagegen! Ihren zwölfen gegenüber kann ich nur einen einzigen Namen nennen, aber das Herz fragt nicht nach Gerechtigkeit; es ist ein absoluter Despot.

Ich verzeihe Ihnen alles. Kommen Sie nur!

Donnerstag, den 27. September 1773

Nachdem ich länger als vier Wochen auf Nachrichten von Ihnen gewartet habe, teilen Sie mir mit, dass Sie sehr krank gewesen sind.[38] Sie vermeinen, Ihre Freundin völlig zu beruhigen, indem Sie hinzusetzen, man brauche durchaus nicht besorgt zu sein, da das Fieber seit einem Tage verschwunden sei. Hand aufs Herz! Glauben Sie wirklich, diese Versicherung könne mir die Seele von Sorgen frei machen? Ach, ich sehe es allzu deutlich: Sie behandeln mich, wie es eben Weltleute tun. Man nennt sich Freund und denkt sich nichts dabei. Nur das eigene Wohl oder ihre alberne Eitelkeit geht ihnen nahe. Doch mein Gott, ich will keine Kritik üben. Mich kümmert nur, dass Sie leiden und dass ich in Angst um Sie bin. Wenn Sie wüssten, wie viel Sie mir seit vier Wochen schmerzhaft zu schaffen machen! Aber davon wollte ich nicht reden, sondern von Ihrem Zustand und von Ihrer Heimkehr. Bei unserer Freundschaft! Begehen Sie keine Torheit, schlafen Sie, erholen Sie sich! Setzen Sie sich, um früher heimkehren zu können, nicht der Gefahr aus, gar nicht heimzukehren! Hoffentlich haben Sie mir wenigstens vor Ihrer Abreise von Breslau geschrieben. Bei Ihrer Ankunft in Wien werden Sie einen Stoß Briefe von mir vorfinden. Vergessen Sie nicht, den Empfang jedes einzelnen zu bestätigen. Sie wissen warum. Dieser ist der fünfte, den Sie mir aufzuzählen haben.

Sie haben in Breslau nicht meiner Briefe wegen auf dem Postamt nachfragen lassen. Sehen Sie, wie gutmütig und großherzig ich bin: Ich wünschte, mein Brief hätte sich in den verwandelt, auf den Sie warteten und nach dem sich

---

[37] Die Souvenirs der Marschallin von Beauvau (1729–1807) sind 1872 veröffentlicht. Ihr Gatte ist der Fürst Beauvau (1720–1793).

[38] Die Manöver dauerten vom 16. August bis zum 5. September 1773. Graf Guibert beabsichtigte sodann nach Polen zu reisen, musste aber fieberkrank in Breslau bleiben. Erst am 16. September konnte er nach Wien aufbrechen. Drei seiner Briefe aus Wien, vom 20. September, 7. und 9. Oktober, findet man in den Lettres inédites pp. 213–222. (S. 213 daselbst ist statt »le 7 septembre« 1773 wohl »le 7 octobre« zu lesen.) Ebenda (pp. 196–198) steht auch der Brief Julies an Guibert vom 17. Oktober 1773, den die französische Edition définitive nicht mit aufgenommen hat, weil ihn Guibert niemals erhalten hat. Er hat sich in den Akten des französischen Ministerium des Äußeren gefunden.

Ihr Herz sehnte. Ich weiß nicht warum: Sie sind der Mann in der ganzen Welt, dem ich am wenigsten zu gefallen strebe, vor dem ich am wenigsten auf das Anspruch mache, was Sie »Rücksichten« nennen. Und Dankbarkeit, die will ich von Ihnen ganz und gar nicht. Das ist ein Gefühl, das ich verabscheue. Ich wollte, ich täuschte mich, aber aus dem Tone Ihres Briefes merke ich wohl, dass Sie leiden und recht schwach, recht blass, recht niedergeschlagen aussehen mögen. Ich vergehe vor Angst, weil Sie in diesem Zustande nicht daran gedacht haben, mir zu schreiben. Habe ich recht, so sind Sie sehr strafwürdig. Wissen Sie mir Dank, dass ich Ihnen heute so wenig Vorwürfe mache! Ich hätte alles Recht, Sie damit zu überhäufen.

Mögen Sie finden, dass ich ebenso abgeschmackt wie ein Quälgeist bin, ich wiederhole Ihnen abermals, ich will, dass Sie alle meine Briefe verbrennen. Wenn Sie dagegen verstoßen, soll Ihnen das ewige Gewissensbisse verursachen!

Wie freue ich mich, dass Sie mit Ihrer Reise zufrieden sind. D'Alembert hat vom König seit seiner Rückkehr aus Schlesien keine Nachricht. Ich habe es sehr bedauert, dass er den »Konnetabel« nicht gehört hat. Da Sie indessen mit ihm geplaudert haben, hat er Sie auf eine ebenso fesselnde Art und Weise kennengelernt, als wenn er Ihr Stück auf der Bühne gesehen hätte.

Leben Sie wohl! Ich muss schließen. Wenn ich von Ihnen reden wollte, so hätte ich noch allzu viel zu sagen, und wollte ich Ihnen von mir erzählen, so wäre das für einen Halbgenesenen gar zu trübselig.

D'Alembert und der Graf Crillon lieben Sie zärtlichst. Sie erwarten Sie voller Ungeduld. Leben Sie wohl! Sie glauben also, dass ich Sie in vier Wochen wiedersehe? Das liegt noch allzu fern, um sich schon zu freuen.

Schreiben Sie mir nicht bloß aus Wien; ich möchte auch von den Zwischenorten Nachrichten von Ihnen. Denken Sie an Ihre Gesundheit! Nehmen Sie sich zum Wahlspruch: Vorsicht und Geduld! Ich bitte Sie darum, ich verordne es Ihnen!

Wirklich, es ist nicht mehr als recht.

Paris, den 17. Oktober 1773[39]

Ich weiß nicht, ob dieser Brief jemals zu Ihnen gelangen wird. Ich möchte es eigentlich gar nicht; denn wenn er Sie noch in Basel erreichte, so wäre das ein Beweis, dass Ihr Fieber wiedergekommen ist. Ich bin halbtot vor Angst. Mein Gott, es ist schrecklich, einen unvorsichtigen Freund zu haben! Wie

---

[39] Guibert war über München, Basel, Fernay am 30. Oktober 1773 wieder in Paris eingetroffen.

überflüssig und unheilvoll, Sie zu benachrichtigen! Was nutzt es, wenn ich mir sage, dass seine Absicht vortrefflich war: Sein ungeschicktes Benehmen kann ich nicht verzeihen. Wer war denn von den dummen öffentlichen Redereien nicht unterrichtet? Aber glauben Sie, die Sache liegt ganz anders! Man hat die Namen verwechselt. Herr von Guliberg war in diese Geschichte verwickelt, und für seinen Namen hat man den bekannteren des Herrn von Guibert gesetzt. Das war interessanter und machte den Klatsch pikanter. Ich versichere Ihnen nochmals, dass die besagte Mitteilung, diese verfluchte Nachricht keinen anderen Grund hat! Wie sollte Herr von Nivernais zu dieser Gewissheit kommen? Seine Beziehungen zu den Ministern sind nicht annähernd so, dass man vermuten könnte, dies Geheimnis wäre ihm anvertraut worden. Er hat nachgeschwatzt, was er alle Welt erzählen hörte, und um auf die Regierung schimpfen zu können, die ihm missfällt. Dies hat er mit solcher Bestimmtheit getan, dass seine Kritik authentisch klang. Wie gesagt, ich verkehre mit den vertrauten Freunden des Herrn von Pir ..., und ich bin sicher, wenn sie irgendwelche Kenntnis von dem Vorfall gehabt hätten, so hätten sie mich das wissen lassen. Ich werde erfahren, warum Herr von Pir ... erwähnt worden ist. Einer meiner Freunde wird ihn morgen auf einem Landgute sehen und ihn fragen, warum und inwieweit er Veranlassung ist, dass dieser verdrießliche Klatsch aufkommen konnte. Ach, das größte Unglück dabei ist, dass Sie alles erfahren haben! Das hat Sie aufgeregt. Sie hatten Ruhe nötig. Nun hat sich von Neuem das Fieber eingestellt; und dieses körperliche Leiden ist noch viel lästiger als die Verleumdungen der Leute hier, die sich in alles mengen und für nichts aufrichtige Teilnahme haben. Ich darf gar nicht daran denken, dass man Ihnen aus dem Lärm der gesellschaftlichen Komödie etwas zuträgt, sichtlich, um Ihren Frieden zu stören, und vielleicht eigens dazu erfunden, damit Sie heftig Partei ergreifen sollen, insofern Sie nicht Ihr klarer Kopf davor schützte und Ihr reines Herz, dem jedwede Intrige fremd ist. Mit einem Wort, ich bin außer mir, mit welcher Leichtfertigkeit man sich am Glück derer vergreift, die man seine Freunde nennt. Übrigens müssen Sie wissen, dass die Angelegenheit der Herren Dumouriez und Favier höchst unbedeutend ist. Sie sind noch nicht verurteilt worden, aber allgemein hört man, dass es nichts auf sich hat und dass sie sich nur einige Unbesonnenheiten haben zuschulden kommen lassen. Und dann, was geht Sie das an, da Sie keinerlei Verbindung mit ihnen haben? Kehren Sie heim, kehren Sie heim! Fürchten Sie keine Unannehmlichkeiten, denn es ist nichts dabei, was Sie etwas angeht! Ich könnte noch lange von dieser dummen Sache sprechen, aber so Leid es mir tut, dass man Ihnen Schlimmes angetan hat, ich kann es nicht ändern.

Freitagabends [1. November 1773]

Da bin ich schon wieder! Sehr schüchtern. Wenn ich nicht habe, was ich liebe, so bin ich am liebsten ganz allein. Dann plaudere ich umso vertraulicher und ungezwungener mit meinen Freunden. Ich habe eben drei Stunden lang Briefe geschrieben, und ich bin halb blind, aber doch nicht ermüdet.

Frau von Boufflers hat mir erlaubt, Sie um eine Abschrift ihres Briefes zu bitten. Bringen Sie sie mir morgen, ich bitte Sie darum; bringen Sie mir auch Ihren entzückenden Roman, die Fortsetzung Ihres Reisetagebuches. Es macht mir ein unbändiges Vergnügen. Werde ich Sie vormittags oder abends sehen? Morgens wäre mir lieb, weil das früher ist, abends, weil dann Ihr Besuch länger dauert. Kurz und gut, mir ist alles lieb, was Sie mir just gewähren wollen.

Guten Abend! In der letzten Nacht habe ich kein Auge zugetan.

Sonntags, drei und ein halb Uhr

Mein lieber Freund, ich soll Sie wohl nicht zu sehen bekommen, und Sie wollen mir einreden, es sei nicht Ihre Schuld. Wenn Sie nur den tausendsten Teil von der Sehnsucht hätten, die ich nach Ihrem Anblick habe, so wären Sie hier – und ich wäre glücklich. Nein, nein, das ist nicht richtig. Unglücklich wäre ich und würde doch dafür die Seligkeiten des Himmels nicht eintauschen.

Mein lieber Freund, ich liebe Sie, wie man lieben muss, über alle Maßen, wahnsinnig, mit Leidenschaft, voller Verzweiflung. In allen diesen letzten Tagen haben Sie mein Herz gefoltert. Nun habe ich Sie heute Morgen gesehen, und alles ist vergessen. Es dünkt mich wieder, ich tue nicht genug für Sie, wenn ich Sie auch mit ganzer Seele liebe, wenn ich immer bereit bin, für Sie zu leben und zu sterben. Sie sind mehr wert als bloß das. Ja, wenn ich Sie nur liebte, so wäre das auch wirklich nichts weiter. Denn gibt es etwas Süßeres und Natürlicheres als jemanden bis zum Wahnsinn zu lieben, der in allen Stücken liebenswert ist? Doch, Liebster, ich habe mehr als Liebe. Ich leide. Ich verzichte gern auf meine Freude zugunsten Ihres Glückes.

Aber da kommt jemand und stört mich in der Freude, die ich daran habe, Ihnen meine Liebe zu gestehen. Wissen Sie, warum ich Ihnen schreibe? Weil es mir wohl tut. Sie wären niemals dahinter gekommen, wenn ich es Ihnen nicht verraten hätte.

Wo werden Sie wohl jetzt sein? Wenn Sie Ihre Freude haben, so darf ich mich nicht beklagen, dass Sie mir die meine nehmen. Lieber Freund, erzählen Sie mir, was Sie vorhaben und was Sie erlebt haben.

Mittwochs

Guten Morgen, lieber Freund! Haben Sie gut geschlafen? Wie geht es Ihnen? Werde ich Sie bei mir sehen?

Lassen Sie mich nicht zu kurz kommen. Die Zeit ist so flüchtig. Und nur an der ist mir viel gelegen, die ich Ihnen widme.

Mein lieber Freund, Opium habe ich keins mehr in meinem Hirn und in meinem Blute. Aber etwas viel Schlimmeres als das. Etwas, wofür man dem Himmel auf den Knien danken und das Leben preisen sollte, wenn der Geliebte von der nämlichen Wallung durchglüht wäre. Aber der, den ich liebe, ist geradezu geschaffen, die Qual und die Verzweiflung eines zärtlichen Herzens zu sein.

Seien Sie mir gegrüßt. Ich möchte Sie sehen. Sie hätten mit bei Frau Geoffrin zu Tische sein sollen. Ich wagte es Ihnen gestern Abend nur nicht zu sagen. Ach, Sie sollten mich bis zur Tollheit lieben! Ich verlange nichts, ich verzeihe alles, und ich habe keinen Augenblick schlechte Laune. Lieber Freund, ich bin vollkommen, da meine Liebe zu Ihnen vollkommen ist.

Sonntags, vier Uhr

Sie sind nicht verreist, ich hoffe das wenigstens. Ich denke mir, Sie haben sich gesagt: »Es ist schändliches Wetter. Ich werde erst morgen aufs Land fahren. Man mag mich abholen. Heute Nachmittag will ich sie besuchen. Den Abend werde ich bei Frau von Villenon verbringen.« – Lieber Freund, wenn Sie so philosophierten, würde d'Alembert Sie fortan unter die Philosophen rechnen. Dann wären Sie nicht gezwungen, nur *Connetables* zu schreiben. Racine hätte man nicht hindern dürfen, die *Lettres sur les visionnaires* oder seine *Histoire de Port-Royal* zu schaffen.

Anbei die beiden Bände. Wenn Sie sie verlören – das sage ich Ihnen im Voraus –, dann sind Sie verloren vor d'Alembert. Hier ist auch der Plutarch. Er gehört mir, aber wenn es Ihnen nichts verschlägt, so hätte ich's auch gern, dass er weder beschädigt würde, noch verloren ginge.

In der Messe habe ich Frau von M[ontsauge] getroffen. Ich hätte gern mit ihr gesprochen; ich wollte mir ein Urteil bilden, ob sie etwas für Sie gewesen ist. Ihr Gesicht, ihre Figur, die könnten den verwöhntesten und feinsten Geschmack befriedigen, aber ihr Benehmen, ihr Wesen, ihre Art, die sind widerlich. Habe ich unrecht, Bester? Ihre Seele ist vielleicht besser. Ich bin überzeugt davon, ja, ich wünschte es. Ist das eine edelmütige Regung? Was meinen Sie?

Sie haben mir gestern Abend den Rat gegeben, Sie gar nicht mehr zu lieben. Sagen Sie, wollten Sie mich oder sich selbst von diesem Übel befreien? Ich besitze ein unfehlbares Heilmittel. Wie froh wäre ich, wenn ich mir einbilden könnte, etwas für Sie getan zu haben. Lieber Freund, mein Herz gleicht einem Wetterglase: erst zeigt es den Gefrierpunkt, dann steht es auf Null, dann steigt es auf eine leidliche Wärme und bald darauf auf den Hitzegrad des Äquators. Durch eine unwiderstehliche Macht so in die Höhe getrieben, kostet es diesem Herzen viel Mühe, sich zu mäßigen und abzukühlen. Es sehnt sich nach Ihnen, es scheut Sie, es liebt Sie, es geht in der Irre, aber immer gehört es Ihnen und seinem Leid.

Freitags, zwei Uhr

Mein lieber Freund, als ich gestern um Mitternacht heimkam, fand ich Ihren Brief vor. Ich war auf ein so großes Glück nicht gefasst. Nur eins betrübt mich: Es sind beträchtlich viel Tage verstrichen, seit ich Sie gesehen habe. Mein Gott, wenn Sie wüssten, was das für Tage, was das für ein Leben ist, ohne den Reiz und die Freude, Sie zu sehen! Lieber Freund, Ihnen genügt Zerstreuung, Rührigkeit, Bewegung. Aber ich? Mein Glück sind Sie, Sie allein! Ich möchte nicht leben, dürfte ich Sie nicht sehen und Sie nicht lieben in allen Augenblicken meines Lebens.

Erzählen Sie mir Neuigkeiten und kommen Sie morgen zu Tisch zum Grafen von Crillon. Er hat mich gebeten, sonnabends statt Sonntags zu kommen. Ich habe zugesagt. Kommen Sie auch hin, ich bitte Sie darum.

Heute hätte ich zu Tisch beim spanischen Gesandten[40] sein sollen, ich habe mich aber entschuldigen lassen. Wären Sie dort zu erwarten gewesen, so hätte ich nicht gefehlt.

Leben Sie wohl. Ich erwarte den Brief, den Sie mir versprochen haben. In größter Eile.

Sonntagabends [1. Januar 1774]

Hier ist endlich das Buch [*Les Conversations d'Émilie par Madame d'Epina*]. Ich gebe es Ihnen nur unter der Bedingung, dass Sie es Frau von M[ontsauge] geben. Wenngleich ihre Tochter kein solches Kind mehr ist wie Emilie, so wird es ihr doch nützlich sein.

---

[40] Beim Grafen d'Aranda.

Denken Sie daran, dass wir am Dienstag dreiviertel elf Uhr an Ihrer Haustüre sein werden und keine fünf Minuten dort warten! Kommen Sie aber nicht etwa bloß aus Artigkeit. Es setzt keine Strafe. Guten Abend!

Nach Mitternacht

Erst um diese Stunde bin ich allein für mich. In aller Geschwindigkeit will ich Ihnen sagen, dass ich nicht auf Sie rechne, um mich zu Frau d'Anville zu begleiten. Sie sind mir immer lieb, aber selten nützlich, und, ich möchte beinahe sagen, wenig vonnöten.

Indem Sie mein Vertrauen festigen wollen, geben Sie mir den Beweis, wie wohlbegründet mein Argwohn ist. Es fehlen mir noch drei Briefe, einer namentlich, in dem ich Ihnen von Gonzalvo [Mora] berichtet habe. Sehen Sie doch nach, ob diese drei Briefe nicht in einem Winkel Ihrer Brieftasche liegen. Vielleicht stecken sie auch in dem Buche, das ich heute bekommen sollte.

Ich bemerke, dass Sie Ihre Aufmerksamkeit mit Vergnügen Frau von M[ontsauge] zuwenden. Sie geben, Sie bieten ihr alles, was Ihnen selber Freude macht. Mir wird gerade das Entgegengesetzte zuteil: Vergessenheit, Vernachlässigung, Absagen. Vor drei Monaten haben Sie mir ein Buch versprochen, dass Sie besitzen. Ich habe es mir anderswoher verschaffen müssen. Zweifellos verdiene ich es, dass mich Ihre unfreundliche Art und Weise trifft. Gewiss, das ist nur gerecht. Ich beklage mich ja auch nur über das Übermaß. Gute Nacht!

Wenn Ihnen Ihre Arbeit die Nächte kostet, so sollten Sie doch die vielen unnützen Besuche lassen, mit denen Sie den Tag vergeuden. Unter den Briefen, die Sie mir zurückgesandt haben, ist einer, der nicht von mir ist, aber ich schwöre Ihnen, Sie bekommen ihn niemals wieder.[41]

[Donnerstag, den 10. Februar, nachts]
In allen Augenblicken meines Lebens

Liebster, ich leide, ich liebe Dich, und ich harre Deiner!
Julie

---

[41] Offenbar ein Brief von einer anderen, vermutlich der Komtesse Amelia Bouffiers.

Dienstagabends [22. Februar 1774]

Mein lieber Freund, Sie verleiten mich dazu, das alte Sprichwort zu betätigen: Man macht lieber Geschenke, als dass man seine Schulden bezahlt! Ich habe einen Stoß Briefe zu beantworten, aber ehe ich daran gehe, muss ich erst mit Ihnen plaudern.

Lieber Freund, haben Sie mir seit gestern Abend eine Minute geweiht? Oder gar zwei? Haben Sie sich gesagt: sie leidet, sie liebt mich und ich bin zum Teil schuld daran? Sie brauchen deshalb nicht traurig zu sein und keine Reue zu empfinden. Seien Sie nur gütig und nachsichtig und nicht böse, wenn mir zuweilen Schmerzensschreie entschlüpfen. Was mich betrifft, ich habe an Sie gedacht und viel mich mit Ihnen beschäftigt, so ausschließlich, dass ich dabei begriffen habe, wie unablenkbar die Gläubigen die Gegenwart Gottes zu spüren vermögen. Mein Freund, Sie sind vielseitig wie ein göttliches Wesen: reich begabt mit allerlei Vollkommenheiten, und auf der Kehrseite sind Ihre Fehler so unerhört, so grenzenlos, dass zwischen den beiden Extremen, Gott und Teufel, keine Zwischenstufe leer bleibt.

Mein Gott, hat es jemals in der Welt mehr Stolz, Eitelkeit, Hochmut, Selbstgefälligkeit, Ungerechtigkeit, Dünkel gegeben, mit einem Worte, eine restlosere Vereinigung alles dessen, was im Reiche des Teufels seit Jahrtausenden webt und lebt? Und dieses Ungeheuer war gestern Abend in meinem Hause, ohne dass die Wände und Decken zusammengestürzt sind! Das grenzt ans Wunderbare.

Mitten unter allen den Spießbürgern und Schulmeistern, Dummköpfen und Pedanten, allen den abscheulichen Menschen, mit denen ich den Tag verbrachte, habe ich nur an Sie gedacht und an Ihre Torheiten; ich habe Sie vermisst, mich nach Ihnen gesehnt, so leidenschaftlich als seien Sie der liebenswürdigste und vernünftigste Mensch auf Erden. Ich kann mir den Zauber nicht erklären, der mich an Sie bindet. Sie sind mein Freund nicht, Sie können es niemals werden. Ich hege kein rechtes Vertrauen zu Ihnen, Sie keines zu mir. Sie tun mir das tiefste Leid und Weh an, Sie kränken und zerfleischen mein Herz. Sie rauben mir eben in diesem Augenblicke vielleicht auf ewig den einzigen Trost, den mir der Himmel für den Rest meiner Tage zugedacht hatte. Kurzum, Sie haben mir die Vergangenheit, die Gegenwart und die Zukunft mit Schmerz, Sehnsucht und Reue überschüttet.

Mein Freund, über alles das denke und grüble ich immerdar nach, und doch fühle ich mich zu Ihnen hingezogen durch einen Hang, durch ein geheimnisvolles Gefühl, das ich verabscheue und das die Macht eines Fluches, eines Verhängnisses hat. Sie tun gut, mir darüber nicht Rede zu stehen. Ich habe kein Recht, von Ihnen etwas zu fordern. Mein glühendster Wunsch ist der, dass Sie nichts für mich tun sollen.

Was denken Sie über so ein unglücklich veranlagtes Geschöpf, das von so mannigfachen, einander so widerstreitenden Gefühlen durchströmt und durchstürmt wird? Sie werden es gewiss beklagen; Ihr gutes Herz wird ergriffen sein. Sie werden helfen und trösten wollen. Ach, mein geliebter Freund, Sie sind der, der mir all dieses Unglück angetan hat! Das Feuer und das Leid in meiner Seele haben Sie geschaffen! Ach, und noch glaube ich an Sie wie an Gott. Reut Sie Ihr Werk?

Offen gestanden, als ich die Feder ergriff, wusste ich ganz und gar nicht, was ich Ihnen schreiben sollte. Ich wollte Sie nur bitten, morgen, Mittwoch, bei Frau Geoffrin zu Tisch zu sein. Ich wollte Ihnen dabei ins Bewusstsein bringen, dass Sie der Einzige unter allen meinen Freunden sind, der mich auf etwas warten lässt und mir hartnäckig verweigert, was ich mir so lebhaft ersehne: den »Konnetabel«. Er gehört mir; ich hätte ihn Ihnen gar nicht herauszugeben brauchen, und nun muss ich Sie verfolgen, um ihn wieder zu erhalten.

O mein Gott! Weder Sorglichkeit noch Anteil noch Aufmerksamkeit noch Eifer, mir zu gefallen! Nur dann und wann ein bisschen Güte, die halb an Mitleid grenzt. *Mit allem diesen* und *ohne alles dieses* liebe ich Sie bis zum Wahnsinn. Bedauern Sie mich, aber sagen Sie mir's nicht! Bringen Sie mir meinen Brief wieder! Ja!

Mittwochabends

Schicken Sie mir noch zwei alte Briefe zurück, aber keine von Cicero oder Plininus!

Ich möchte Sie am liebsten nicht sehen, gar nicht mehr sehen! Ist Wehmut nicht besser als Reue?

In dem Augenblick, wo Sie das lesen, wette ich, haben Sie bereits ein Briefchen[42] erhalten, worin man Ihnen schreibt:

Um Deinetwillen tut mein liebend Herz nur leid,
Du findest ohne mich nie die Glückseligkeit!

Ach, mein Gott, glauben Sie ihr's, geben Sie ihr die Ruhe wieder und, wenn es möglich ist, werden Sie glücklich! Das ist der Wunsch, das Gebet, die Sehnsucht des unglücklichen Geschöpfes, dem jener furchtbare Spruch über der Höllenpforte immerdar vor Augen steht:

Die ihr hier eintretet, lasst alle Hoffnung hinter euch!

---

[42] Wohl wieder Eifersucht auf die jüngere Bouffiers oder auf Madame de Montsauge?

Ach, ich hege keine mehr, ich will keine mehr. Ich hätte mich vernichten sollen an dem Tage, da ich allein übrig bleiben musste. Sie haben mich verführt und nun wissen Sie mich nicht zu trösten.

Donnerstag, den 21. [April 1774]

Lieber Freund! Ich gebe dem Drange meines Herzens nach. Ich liebe Sie. Ich fühle dabei eine so schmerzliche Lust, als ob dies das erste oder das letzte Mal in meinem Leben wäre, dass ich diese Worte ausspreche. Ach, warum haben Sie mich dazu verdammt! Warum bin ich dahin gekommen! Einst werden Sie wissen, ach, werden Sie mich begreifen ...

Es ist mir grässlich, nicht für Sie und durch Sie leiden zu dürfen! Sie nur lieben, ist das genug?

Leben Sie wohl, mein Freund.

Mittwoch, den 11. Mai 1774

Sie kennen mich noch nicht. Es ist fast unmöglich, meine Eigenliebe zu verwunden. Mein Herz ist so nachsichtsvoll!

Tatsächlich, die Abendgesellschaft gestern war wie einer von jenen faden Romanen, bei denen die Leser zusammen mit dem Autor gähnen. Man muss sich da trösten, wie der König von Preußen, der bei einer etwas denkwürdigeren Gelegenheit gesagt hat: »Ein andermal machen wir die Sache besser!«

Große Ereignisse erregen Freude oder Betrübnis. Sie werden es nie vergessen, dass Sie am Sterbetage Ludwigs XV.[43] den ganzen Abend in tiefer Mattigkeit waren. Glauben Sie mir, es gibt schmerzlichere Erinnerungen als diese. Seien Sie gegrüßt!

Donnerstag, den 12. Mai 1774, elf Uhr abends

Ich wette, dass Sie heute nicht um dieselbe Zeit eingeschlafen sind wie gestern. Sehr einfach: Man hat Sie amüsiert und angeregt, und Sie haben danach getrachtet, zu gefallen. Mein lieber Freund, für ein Stillleben sind Sie nun einmal nicht geschaffen. Die große Welt ist Ihnen ein Bedürfnis. Sie brauchen das Hin und Her, die ganze Komödie der Gesellschaft. Dieser Drang entspringt nicht Ihrer Eitelkeit, sondern Ihrer Lebhaftigkeit. Vertraute, innige Freundschaft, Selbstvergessenheit, die Ausschaltung der Eigenlie-

---

[43] 10. Mai 1774.

be, alle Gefühle, die für ein zärtliches, leidenschaftliches Herz Wert haben, alles das wirkt auf Sie erschlaffend und lahmend. Gewiss, ich wiederhole es, Sie haben kein Bedürfnis, geliebt zu werden.

Mein Gott, welch wunderlicher Fehlgriff! Dabei wage ich es, gewissen Leuten Mangel an Unterscheidungsvermögen vorzuwerfen! Ich wage zu behaupten, sie hätten keine Beobachtungsgabe, keine Menschenkenntnis! Ach, wie habe ich mich irreführen und täuschen lassen bis ins Unerhörte? Mein Herz ist dem Verstande durchgegangen. Es ist mir unbegreiflich, dass ich immer wieder verzaubert werde, wo ich Sie doch ohne Unterlass beobachte. Sie kennen auch nicht zur Hälfte den Einfluss, den Sie auf mich ausüben. Sie wissen nicht, was Ihr Anblick jedes Mal in mir überwindet. Sie ahnen nicht, was ich Ihnen alles zum Opfer bringe. Sie glauben nicht, unter welcher Selbstverleugnung ich die Ihre bin. Wie Phädra könnte ich ausrufen:

Man muss mir allzu oft die Tränen trocknen!

Ja, mein Freund, Ihretwegen versage ich mir das Köstlichste. Ich spreche zu Ihnen weder von meiner Wehmut noch von meinen Erinnerungen. Und was noch grausamer für mich ist: Ich offenbare Ihnen nur einen Bruchteil der Sehnsucht, mit der Sie mein Herz erfüllen. Ich zügle die Leidenschaft, die Sie in meiner Seele entfesselt haben. Immer von Neuem sage ich mir: Er kann sie nicht erwidern. Er versteht mich nicht. Ich werde vor Herzeleid sterben!

Begreifen Sie, mein Lieber, was für Qualen ich preisgegeben bin? Ich empfinde Reue darüber, dass ich Ihnen so viel gewähre, und Trauer, dass ich Ihnen nicht noch mehr schenken darf. Ich gebe mich Ihnen ganz hin, aber nicht meiner Leidenschaft. Während ich mich Ihnen überlasse, bekämpfe ich mich noch. Können Sie mich verstehen? Erfassen Sie wenigstens mit dem Verstand, was ich fühle und was Sie mich leiden lassen? Ich weiß, Sie werden sich wieder um mich kümmern, weil Sie jene impulsive Empfindsamkeit besitzen, die einem Mitgefühl und Teilnahme für Unglückliche einflößt.

Warum erlaube ich mir diese Herzensergießungen eigentlich? Ich weiß ja im Voraus, dass ich in Ihrem Herzen keinen Trost finden kann, Zärtlichkeit und Sehnsucht haben keinen Raum darin. Sie haben nur ein Mittel, mich meines Leids zu entheben: Ihren Zauber. Aber gerade diese Arznei ist das schlimmste Unglück für mich.

Gute Nacht, mein Lieber! Schreiben Sie mir, wie es Ihnen geht. Mein Diener hat den Befehl, Ihre Antwort abzuholen. Teilen Sie mir mit, was Sie am Freitag vormittags vorhaben; sagen Sie mir, ob ich Sie zu sehen bekomme. Es wäre mir lieb, wenn das nicht vormittags wäre, weil ich da einen langen und langweiligen Besuch zu erwarten habe. Aber sehen möchte ich Sie auf jeden Fall! Bedenken Sie, dass ich am Sonnabend und Sonntag dieses Glückes sowieso beraubt sein werde. Nochmals, leben Sie wohl! Ich bin müde. Ich habe heute, wenn ich nicht irre, vierzig Personen bei mir gehabt, und ich hatte nur nach einer Verlangen, die sicher nicht ein einziges Mal meiner gedacht hat.

Lieber Freund, wenn Sie dabei glücklich wären, so wollte ich nichts gegen Ihre Lebensweise einwenden. Aber dieses fruchtlose Herumirren, Ihre fieberhafte Geschäftigkeit, Ihre ewige Unruhe, Ihr ganzes Streben ohne rechte Arbeit und ohne Innenleben, Ihr unaufhörliches Sich-vergeuden, – alles das macht Sie arm, ohne dass Sie dafür wirklich Genuss, Befriedigung, Ehre oder Ruhm haben. Ach, mein Gott, Sie verdienen es gar nicht, von der Mutter Natur so gnädig behandelt worden zu sein. Sie ist zu Ihnen eine Verschwenderin gewesen, und ebenso sind Sie ein Verschwender. Und ich richte mich mit Ihnen zugrunde. Dabei mache ich Sie nur verdrießlich, wo ich Sie doch reicher machen will. Ich langweile Sie. Meine Briefe widern Sie an. Das ist nun freilich ein Zeichen von gutem Geschmack; aber wenn ich Ihren guten Geschmack auch schätze, so betrübt es mich doch, dass Sie nicht nachsichtiger und gütiger zu mir sind. Sie haben den Abend in einer großen Gesellschaft verlebt; ich habe ihn mit Herrn von Vaines[44] verbracht. Können Sie mir glauben, dass ich Ihren Namen keinmal genannt habe?

Montags, um drei Uhr [23. Mai 1774][45]

Ich habe Ihnen nicht eigenhändig geantwortet. Wenn Sie mich liebten, müsste Sie das beunruhigt haben. Ich hätte es nicht über mich gebracht, Sie in eine Besorgnis zu versetzen, die vermeidlich gewesen wäre. Aber ich befand mich in einem Zustand von Beklemmung, als ob ich dem Tode nahe sei. Vorher hatte ich einen Weinkrampf, der vier Stunden gedauert hat. Noch nie, noch niemals habe ich mich in einer ähnlichen Verzweiflung befunden. Eine Art von Grauen und Angst nimmt mir die Sinne.

Ich warte auf die Mittwochspost und es kommt mir vor, als könne selbst der Tod kein vollkommenes Heilmittel für den mir drohenden Verlust sein. Ich weiß, am Mute zu sterben fehlt es mir nicht. Leben zu müssen, ist viel schrecklicher. Es geht über meine Kraft, mir vorzustellen, dass der, den ich liebe, den ich geliebt habe, mich nicht mehr hören, mich nie mehr trösten wird. Mit Grausen wird er dem Tod entgegensehen, weil ihn der Gedanke an mich nicht loslässt. Am 10. [Mai] hat er mir geschrieben: »Etwas in mir

---

[44] Jean de Vaines (gestorben 1803), Finanzbeamter, Schriftsteller, ein Freund Turgots.
[45] Julie hatte die Nachricht empfangen, dass sich der Zustand des Marquis de Mora während seiner Fahrt von Paris nach Bordeaux stark verschlimmert hatte. Er blieb deshalb in Bordeaux. Dort starb er am 27. Mai 1774. Julie erfuhr seinen Tod am 2. Juni.

möchte, dass Sie alles vergessen könnten, was ich Ihnen an Leid angetan habe!« Am selben Tage hat ihn der verhängnisvolle Anfall betroffen.

Ach mein Gott, Sie, der Sie die Leidenschaft kennengelernt haben. Sie, dessen Herz auch einmal von der Verzweiflung heimgesucht worden ist, Sie werden mein ganzes Unglück fassen. Bedauern, nein, beklagen Sie mich, solange ich noch lebe! Ich bin das unglücklichste Geschöpf. Acht Tage hindurch habe ich in einem unbeschreiblichen Zustande voll Schmerzen verbracht. Leben Sie wohl! Wenn ich am Leben bleiben muss, wenn mein Urteil noch nicht gesprochen ist, so werde ich noch etwas Wonne, Glück und Trost in Ihrer Freundschaft finden. Wollen Sie sie mir erhalten?

Montags, vier Uhr nachmittags [Mai 1774]

Lieber Freund!

Das Recht der Widervergeltung nehme ich in diesem Augenblicke gewiss nicht in Anspruch, denn mit mir beschäftigen Sie sich sicherlich nicht. Du lieber Gott, warum sollten Sie auch an mich denken, inmitten so vieler und so verführerischer Zerstreuungsmittel, wo ich es doch, selbst wenn wir beide miteinander allein sind, nicht zuwege bringe, die Alleinherrscherin Ihrer Gedankenwelt zu sein.

Wissen Sie, warum ich Sie lieber am Abend als an den übrigen Stunden des Tages bei mir habe? Weil diese Stunde Ihrer Tätigkeit ein Ende macht. Dann liegt alles hinter Ihnen: die Besuche da und dort, bei Frau so und so, bei Meister Gluck[46], und all die hundert unnötigen Geschichten, denen Sie offenbar nur deshalb Anteil schenken, um mich recht schnell wieder verlassen zu können. Aber glauben Sie ja nicht, ich wolle Ihnen hiermit Vorwürfe machen. Das sind einzig und allein Betrachtungen, deren ich mich bei meiner lebhaften Teilnahme für Sie nicht erwehren kann. Ich bin jedoch weit entfernt, Forderungen aufzustellen. Hundertmal rufe ich mir tagsüber zu: Macht über dich selber musst du erringen! Du musst deine Gefühle soweit eindämmen, dass sie dir keine Seelenqualen mehr verursachen können. Dann wirst du anspruchslos und für alles dankbar sein! Das heißt soviel als: wäre mir zufällig die Seele voll von Leidenschaft, so müsste ich sie eher austreiben, als dass ich sie mit Ihnen zu teilen suchte.

---

[46] Christoph Willibald Gluck (1714–1787) kam im Herbst 1773 nach Paris, aber Guibert hatte ihn bereits in Wien kennengelernt (vgl. sein Journal, I., p. 306.). Am 19. April 1774 fand die erfolgreiche Uraufführung der »Iphigenie in Aulis« an der Pariser Großen Oper statt, nicht ohne den Einfluss der Kronprinzessin Marie Antoinette, Glucks früherer Schülerin. Der Streit der Gluckisten und Piccinisten ist allbekannt. In der Folge kamen auch Glucks »Orpheus und Eurydike« und die »Alkeste« in Paris zur Aufführung.

Wissen Sie aber, mein Lieber, woher ich die Kraft hierzu schöpfen könnte? Aus meiner innersten Überzeugung, dass es Ihnen nun einmal nicht gegeben ist, eine rege, leidenschaftliche Seele zu beglücken. Ich will durchaus nicht sagen, obgleich der Gedanke daran so nahe liegt: Ich sei nicht imstande, eine tiefe Neigung zu erwecken, ich dürfe gar nicht den Anspruch erheben, jemanden zu reizen und zu fesseln. Ach, das ist ja sonnenklar. Das veranlasst mich nicht zu meiner Bemerkung, es sei Ihnen nicht gegeben, eine große empfindsame Seele zu beglücken. Eine solche Seele müsste das Antlitz der Frau von Forcalquier[47], der zwanzigjährigen, haben. Dazu die Hoheit der Frau von Brionne[48], Aglajas Anmut und den Witz der Frau von M[ontsauge], als Zier noch draufgepfropft den der Frau von Boufflers. Doch wenn dieses Idealgeschöpf erstünde, ich wiederhole es nochmals, es wäre Ihnen nicht gegeben, damit glücklich zu sein. Warum aber? Warum? Das will ich Ihnen sagen. Weil Sie ehrgeizig sind, weil die Liebe bei Ihnen nur das typische Symptom Ihrer Jugend ist, mit Ihrem Innenleben aber gar nicht zusammenhängt, wenn sie bisweilen auch eine gewisse Wallung darin erregt. Ihre Seele steht hocherhaben darüber, ritterlich, vornehm und tatenlustig, aber ohne Sehnsucht, ohne Zärtlichkeit und ohne Leidenschaft. Soll ich beweisen, was mir klar vor Augen liegt? Gut, lesen Sie nur Ihren »Konnetabel«; seien Sie dann ehrlich zu sich selber und gestehen Sie sich: »Sie kennt mich. Sie hat mir das Geheimnis meines Herzens erzählt!«

Ach, glauben Sie mir, ich habe nichts als Verzweiflung davon, Ihnen so tief ins Herz zu schauen! Ich bin voller Sehnsucht nach Liebe; meine höchste Freude ist es, zu lieben, was ich liebenswert finde. Es ist mir so unmöglich, mit Maß zu lieben, dass es das größte Unglück wäre, was es geben könnte, wenn ich in Ihnen etwas entdeckte, was meine Leidenschaft eindämmen und vielleicht ganz auslöschen würde: Denn ich will Ihnen naiv gestehen, dass ich ohne Gegenliebe nicht lieben kann. Wenn ich aber vom Gegenteil überzeugt bin, dann habe ich die Kraft einer Märtyrerin und fürchte keinerlei Ungemach. Unter Leiden und unter einer Last von Leiden könnte ich noch das Leben süß finden und den anbeten und segnen, der an meinem Leid schuld ist, aber nur unter der Bedingung, dass ich wieder geliebt werde, und zwar geliebt aus dunklem Drange, nicht aus Dankbarkeit, aus Ga-

---

[47] Die verwitwete Gräfin von Forcalquier, Ehrendame der Gräfin d'Artois, von Madame du Deffand »La Bellissima« genannt.

[48] Eine Tochter des Fürsten von Montauban. Von ihr schreibt Marmoniel (Mémoires II, p. 134): *»Wenn sie nicht die leibhafte Aphrodite war, so war sie das bloß deshalb nicht, weil sie bei der vollendeten Regelmäßigkeit ihrer ganzen Gestalt und ihrer Gesichtszüge doch nicht alles das besaß, was zur Vorstellung und Verkörperung der idealen Schönheit gehört. Ein einziger Reiz fehlte ihr, ohne den es auf der ganzen Welt keine Aphrodite geben kann: das Element der Wollust.«*

lanterie oder aus Moralität. Alles das ist abscheulich und nur geeignet, eine empfindsame Seele zu schänden und zu demütigen.

Nein, wir wollen aus dem herrlichsten Geschenk, mit dem die Natur uns begnadet hat, kein Werk der Barmherzigkeit machen oder gar eine gemeine Handlung! Mein lieber Freund, es gibt Augenblicke, wo ich mich Ihnen gleich fühle. Mit Kraft, Erhabenheit und souveräner Verachtung stehe ich über allem, was kleinlich und unritterlich ist. Kurzum, ich verachte das Leben aus tiefster Seele, und wie es sich auch zeigen mag, es kann mich nicht einen Moment erschrecken. Es ist für mich fast immer nur Drang nach Tätigkeit.

Da ich also Sie und mich kenne, wiederhole ich Ihnen nochmals: Wir wollen uns lieben oder uns für immerdar voneinander lossagen! Wir wollen alle beide Wahrheit und Großherzigkeit bezeigen und genug Achtung voreinander hegen, um zwischen uns alles für möglich zu halten, nur nicht Lug und Trug und nur nicht ein Weiterleben in jenem Hangen und Bangen, das notgedrungen vorherrschen muss, wenn man der Gegenliebe nicht sicher ist. Mein lieber Freund, das ist ein Zustand, in dem man weder Vertrauen zu sich selbst noch zum Geliebten hat. Man hat an nichts Freude. So sehne ich mich zum Beispiel in diesem Augenblick leidenschaftlich danach, dass Sie heute Abend aus Auteuil[49] zurückkämen, und fast im selben Augenblick ist mir wiederum so zumute, als ob es mir lieber wäre, Sie blieben dort. Begreifen Sie die Ursache dieses Kampfes zwischen der Sehnsucht der Seele und dem Willen, der aus der Reflexion entspringt? Schlussfolgerung: Ich liebe Sie bis zur Tollheit, aber ein Etwas sagt mir, man dürfe Sie nicht so lieben. Dieses Etwas dröhnt so laut um meine Seele, dass ich ganz still verharre und nichts als diese grässliche Warnung auf mich einwirken lasse.

Ich schicke Ihnen Ihre Arbeiten wieder zurück, damit Sie selbst die Kritik übernehmen mögen. Legen Sie die letzte Hand daran und halten Sie sich überzeugt, dass niemand auf der Welt so viel Wert legt auf das, was Sie schaffen und zu schaffen fähig sind, als ich. Ohne selber so zu sein, glaube ich, dass jemand seine ganze Eitelkeit, seinen Stolz, seine Tugend, seine Freude, kurz sein ganzes Dasein darin gipfeln könnte, Sie zu lieben. Ich habe eben ganz anders gesprochen. Und doch nicht! Ich habe gesagt, was ich dachte, was ich *wusste*. Jetzt finde ich mich veranlasst, zu sagen, was ich *fühle*. Mein Herz ist so stark im Lieben, und mein Geist so klein, so schwach, so beschränkt, dass ich mir eigentlich jede Äußerung und jeden Ausdruck

---

[49] Vermutlich weilte Guibert in der Villa Montmorency, dem prächtigen Besitztum der Gräfin Bouffiers, das uns in einem der Briefe des Horace Walpole anschaulich geschildert wird.

untersagen sollte, der nicht vom Herzen kommt, denn dieses spricht: *Ich harre Ihrer, ich liebe Sie, ich möchte ganz die Ihre sein und dann sterben!*

Adieu! Es kommt Gesellschaft. Ich bin so erfüllt von Ihnen, so verloren in meinen Jammer, dass die Menschen nichts mehr für mich sind als eine lästige Fessel.

Zweierlei nur verschönt mir das Dasein: Sie um mich zu haben oder allein zu sein, – aber ganz allein, ohne Bücher, ohne Licht, in tiefer Stille. Es fällt mir nicht ein, mich über meine Schlaflosigkeit zu beklagen. Von den vierundzwanzig Stunden des Tages sind das die guten. Bewundern Sie, bitte, dass es mir so schwer fällt, von Ihnen zu lassen, während Sie keinen Blick, keinen Gedanken zurück auf mich wenden. Lieber Gott, sind Sie darum glücklicher? Ja!

Sonntags [Ende Mai 1774]

Wie liebenswürdig sind Sie, mir Rechenschaft abzulegen über Ihr Tun, Ihr Denken, Ihre Beschäftigung. Wie liebe ich die Begeisterung, die Regsamkeit Ihrer Seele und Ihres Geistes! Mein lieber Freund, Ihnen stehen so viele Wege offen, berühmt zu werden, dass Sie einen Frevel begehen, wenn Sie sich den Krieg herbeisehnen, die Geißel der Menschheit. Betätigen Sie Ihre Fähigkeiten, Ihr Genie. Werden Sie Schriftsteller! Indem Sie die Menschen aufklären und anregen, werden Sie den für eine feinsinnige und mannhafte Seele schmeichelhaftesten Ruhm erringen. Indem Sie Gutes stiften, werden Sie sich des bestverdienten Berühmtseins erfreuen, des einzig wirklich Erstrebenswerten in einer Zeit, wo es nur zu wählen gilt zwischen niedriger Gemeinheit und frivolem Übermut, zwischen Knechtschaft und Tyrannentum. Mein Gott, wie hasse und verachte ich das alles! Ich könnte mir nichts Schrecklicheres denken, als die letzten zehn Jahre meines Lebens noch einmal durchmachen zu sollen. Ich habe das Laster so aus der Nähe in voller Blüte gesehen, ich bin selbst so oft das Opfer der kleinen und gemeinen Leidenschaften der Menschen der Gesellschaft geworden, dass mir ein unüberwindlicher Ekel davor verblieben ist, ein Grauen, das mir die gänzliche Einsamkeit lieber macht als diese schreckliche Gesellschaft.

Aber wohin bin ich geraten? Meine Seele ist ohnehin die Beute des grausamsten und qualvollsten Gefühls; sie hat es nicht nötig, in der Vergangenheit zu wühlen, um sich die erdrückende Last meines Schicksals fühlbar zu machen.

Ich vergehe vor Neugier, den Entwurf Ihres neuen Stückes[50] kennenzulernen. Sie werden sich den Stoff erst schaffen müssen, denn es will mir scheinen, als wäre interessante Handlung nur für etliche Auftritte da. Umso mehr Lorbeer werden Sie ernten, wenn Sie die Aufmerksamkeit fünf Akte hindurch in Spannung erhalten. Racine hat dieses Kunststück in seiner »Berenike« fertiggebracht. Ihr Stoff ist großartiger und edler, und er liegt Ihnen vorzüglich. Sie brauchen Ihre Seele nicht erst hoch zu stimmen; ohne künstlichen Aufschwung leben Sie ja ohne Unterlass auf einer Höhe, die den Alltagsmenschen erhaben vorkommt.

Ach, Liebster, meine Tage werden immer einförmiger; bald werde ich ganz verlassen sein. Alle meine Freunde verreisen, aber es ist das erste Mal in meinem Leben, dass ich darüber kein Bedauern empfinde. Selbst auf die Gefahr hin, in Ihren Augen als eine gar zu Undankbare dazustehen, muss ich Ihnen gestehen, dass ich d'Alembert mit wirklichem Vergnügen habe abreisen sehen. Seine Gegenwart bedrückt meine Seele; sie erregt eine Disharmonie in mir, das Gefühl, seiner Freundschaft und seiner Vorzüge unwürdig zu sein. Kurz, machen Sie sich ein Bild von meiner Stimmung! Was mir Trost spenden sollte, das bringt meinem Unglück nur Zuwachs. Aber da ich gar nicht getröstet sein will, so sind mir meine Erinnerungen und meine Kümmernisse teurer als alle freundschaftlichen Sorglichkeiten und Zusprüche. Mein lieber Freund, meine Seele müsste ihrem Leid ganz und gar enthoben werden, sie müsste ihren Schmerzen ganz gehören, – und das liegt einzig und allein in Ihrer Macht!

Wenn Sie wüssten, wie mir alle Bücher fad und kalt vorkommen! Wie unnütz es mich dünkt, Rede und Antwort zu stehen. Zunächst drängt es mich, auf alles zu entgegnen: Wozu? Wem frommt's? Aber ich habe noch nie eine Antwort auf diese Frage erhalten. Und so kommt es, dass ich bisweilen stundenlang dasitze, ohne ein Wort zu sagen. Seit vier Wochen habe ich die Feder nur in die Hand genommen, um Ihnen zu schreiben. Ich weiß wohl, dass ich mir mit dieser Art und Weise jegliche Freundschaft verscherze, aber es ist mir recht. Meine Seele ist kriegsgewohnt; sie hat keine Furcht mehr vor den kleinen Übeln des Lebens.

O, das Unglück macht den Menschen einheitlich! Wenn man alles verloren hat, wird man sehr anspruchslos. Mein lieber Freund, wie viel Wohltaten schulde ich Ihnen? Wie viel Dank muss ich Ihnen abstatten? Sie haben neues Leben in meiner Seele entzündet. Sie haben die Sehnsucht in ihr erweckt, auf ein »Morgen« zu warten. Sie verheißen mir Nachrichten von sich, und an diese Hoffnung klammert sich all mein Denken. Sie haben mir noch Schöne-

---

[50] »Anna von Boleyn«, zu finden in *Oeuvres dramatiques de Guibert*.

res versprochen. Sie wollen zu mir kommen; aber ich muss wie Andromache sagen:

Nur kleine Gnaden heischt das Unglückskind.[51]

Leben Sie wohl! Ich missbrauche Ihre Zeit und Ihre Güte, aber es ist so süß, so natürlich, sich vor dem Geliebten zu vergessen. Mein Leid ist so heftig, meine Seele so krank, mein Körper so angegriffen, dass Sie sicherlich, und wäre es nur aus Barmherzigkeit, bei mir blieben und mir den Balsam der Teilnahme und des Trostes tief ins Herz einträufeln möchten.

Morgen mehr! Ihr Brief, den ich erwarte, wird mich beseligen, und ich werde nicht verfehlen, darauf zu antworten.

Donnerstags, nach dem Eintreffen der Post

Schau, schau! Ich habe keinen Brief bekommen, und das überrascht mich weit weniger, als es mich betrübt. Es ist so einfach: Die Genießer des Lebens vergessen derer, die da leiden. Und ich werde mich wohl hüten, Ihnen einen Vorwurf aus etwas zu machen, das doch nichts weiter ist als eine ganz natürliche Folge Ihrer Seelenstimmung, von dem Ort abhängig, an dem Sie weilen.

Der Chevalier [de Chastellux] ist heute bei Ihnen. Er wird Ihnen Grüße von mir ausgerichtet haben. Mir war neulich gar nicht wohl, als er mich besuchte. Ich hatte eben einen Weinkrampf gehabt, ähnlich dem, den Sie miterlebt haben. Ich hatte einen Teil der Nacht geweint. Ich hatte nicht schlafen können, – ich litt zu sehr. Jetzt geht es mir besser; nur fühle ich mich schwach und matt. Gestern Abendhabe ich mich heftig aufgeregt.[52] Ich habe im Laufe einer Plauderei Einzelheiten erfahren, Schriftzüge vor Augen bekommen, Worte gelesen, bei denen ich hätte sterben mögen. Ach, mein Blut und mein Leben wären nur ein geringer Dank für solche Liebe. Und die Ihrige dagegen?

Der Abbé Morellet[53] hat mir in diesen Tagen erzählt, harmlos wie er ist, Sie seien stark verliebt in die jüngere Gräfin Boufflers. Sie beschäftigten sich angelegentlichst mit ihr und seien voller Eifer, ihr zu gefallen usw. Wenn das nun auch nicht völlig wahr ist, so klingt es doch so wahrscheinlich, dass

---

[51] Der Vers ist aus Racine, Andromache, I. Akt, 4. Auftritt.

[52] Julie hatte Moras (letzten) Brief vom 23. Mai 1774 aus Bordeaux mit hoffnungsloser Nachricht über sein Befinden erhalten.

[53] André Morellet (1727–1819), Philosoph und Nationalökonom, eng befreundet mit Turgot, Malesherbes, Julie de Lespinasse u. a. Seine »Denkwürdigkeiten« sind 1821 in Paris erschienen.

es mich dünkt, ich hätte mich nur darüber zu beklagen, dass Sie mich nicht in Ihr Geheimnis gezogen haben. Wenn Sie mich los sein wollen, so verlange ich von Ihnen nur eins: Sagen Sie mir die Wahrheit! Glauben Sie mir, es gibt keine, wirklich keine, die ich nicht anhören könnte! Möglicherweise erscheine ich Ihnen so schwach, dass Sie mich schonen möchten. Aber ich bin nicht schwach. Im Gegenteil, ich fühle mich kräftiger denn je. Ich habe die Kraft zu leiden und ich fürchte nichts in der Welt, nicht einmal das, was Ihrer Meinung nach das Allerschlimmste für mich wäre. Doch, leben Sie wohl!

Dienstagabends [Juni 1774] [54]

Ich misstrauisch? Und Ihnen gegenüber? Denken Sie doch daran, wie rückhaltlos ich mich Ihnen hingegeben habe. In meiner Art und Weise lag weder Misstrauen noch Lebensklugheit. Nicht einmal der Reue noch Selbstvorwürfen würde ich Gehör geben, wenn es nicht mein Glück und meine Ehre wären, die ich preisgegeben.

Mein lieber Freund, ich weiß nicht, ob dies meine reinste Liebe ist, aber der, der mich treulos und schuldbeladen machen konnte, dem zuliebe ich weiterlebe, nachdem ich das Ideal meiner Vergangenheit verloren habe, dieser Mann hat unstreitig die größte Gewalt über meine Seele. Ich hatte mein Leben einem andern geweiht, und sehnsuchtslos und hoffnungsbar geworden, wollte ich mit ihm zugleich sterben. Sie haben mir diesen freien Willen genommen. Ein Zauber hat mich davon abgehalten, derselbe Zauber, der mich zu Ihnen gezogen hat, der allmächtige Zauber, der Ihrer Persönlichkeit anhaftet. Ihre Gegenwart berauscht mir die Seele, betäubt sie so stark, dass selbst mein Leid vergessen ist. Mein lieber Freund, Sie haben eine göttliche Kraft. Mit drei Worten schaffen Sie eine neue Seele in mir und geben ihr einen so lebhaften Inhalt, eine so zärtliche und innige Liebe, dass ich dadurch die Fähigkeit verliere, mich der Vergangenheit zu erinnern und die Zukunft vorauszusehen. Jawohl, mein Liebster, ich lebe nur in Ihnen; ich bin nur da, weil ich Sie liebe. Dies ist so wahr, dass ich sterben muss, sobald ich die Hoffnung, Sie zu sehen, verliere. Das Glücksgefühl, Sie waren da, die Sehnsucht, die Erwartung, Sie werden kommen, sind meine Wehr und Waffe gegen das Unglück. Gott, was sollte aus mir werden, wenn das aufhörte! Ach, Geliebter, solange ich Sie habe, kann ich nicht sterben; ohne Sie kann und will ich nicht leben. Sie ahnen ja nicht, was ich leide, wie mein Herz zerrissen ist, wenn ich mir selber überlassen bin, wenn Ihre Gegenwart oder der Gedanke an Sie mich nicht aufrechterhalten.

---

[54] Der Selbstmordversuch (durch Opium?), den Julie offenbar nach dem Empfange der Nachricht von Moras Tode gemacht, ist hiernach von Guibert verhindert worden.

Ach, dann wird die Erinnerung an den Marquis Mora so lebendig, so greifbar, dass ich an mein Weiterleben und an meine Liebe zu Ihnen mit Schaudern denke. Dann verabscheue ich meine Untreue und die Leidenschaft, die mich so mit Schuld beladen haben, weil ich Unruhe und Angst in seine empfindsame Seele getragen habe, in diese Seele, die ganz mein war. Mein lieber Freund, erfassen Sie, wie grenzenlos ich Sie liebe? Sie machen mich sogar der Reue und den Vorwürfen, die mein Herz zerreißen, abspenstig. Ach, sie genügten, ein mir abscheulich erscheinendes Leben abzustreifen. Nur Sie und mein Leid, weiter habe ich nichts auf der ganzen Welt. Ich habe kein anderes Interesse, kein Besitztum, keine Freunde, kein anderes Bedürfnis als Sie zu lieben, Sie zu haben oder zu sterben. Das ist mein erstes und letztes, mein einziges Gebet.

Es findet kein Echo in Ihrer Seele, ich weiß es, aber ich klage nicht darüber. Durch eine Bizarrerie des Herzens, die ich wohl fühle, Ihnen aber nicht erklären kann, bin ich weit davon entfernt, mir zu wünschen, in Ihnen alles Verlorene wieder zu finden. Das wäre zu viel. Welches Geschöpf hat je so innig wie ich den vollen Wert des Lebens empfunden! Ist es nicht genug, das Dasein einmal geliebt und gesegnet zu haben? Wie viele Myriaden von Menschen sind über die Erde geschritten, ohne dass sie ihr zu Dank verpflichtet waren. Wie sehr bin ich geliebt worden! Eine Feuerseele, ein echtes Mannesherz, das alles erfahren und alles durchlebt hatte, suchte enttäuscht und weltmüde seine Zuflucht und ein letztes Glück in der Liebe. Mein Freund, diese Liebe hat mir gegolten!

Eine Reihe von Jahren floss dahin, reich an Lust und Leid, ohne die es eine starke, innige Leidenschaft nicht geben kann, – da kamen Sie, streuten Gift in mein Herz und verwüsteten es durch Unrast und Reue. O mein Gott, was habe ich alles durch Sie leiden müssen! Sie haben mich meiner Liebe abspenstig gemacht, wo ich doch sah, dass Sie selber mir nichts sein wollten. Begreifen Sie den ganzen Jammer dieses Zustandes? Wie soll ich inmitten von so viel Schlimmem leben? Woher soll ich die Fähigkeit nehmen, Ihnen selig zuzuflüstern: »Bester, ich liebe Dich!« So süß und zärtlich und überzeugend, dass Ihr Herz unmöglich kühl dabei bleiben könnte?

Leben Sie wohl!

Mittwochs, nach dem Eintreffen der Post

Sie sind unzufrieden? Sie sollten es nicht sein. Hat je ein Herz mit innigerer und stärkerer Liebe für Sie geschlagen? Mein lieber Freund, wie und wann Sie meine Seele betrachten und prüfen mögen, Sie werden nichts darin finden, was Sie unzufrieden machen könnte. Verlassen Sie sich darauf. Ich bin fest überzeugt, niemals sind Sie mehr geliebt worden! Doch um des Himmels willen, lassen Sie es mich nicht aussprechen, warum ich nicht imstande bin, Ihnen nach Ihrem gegenwärtigen Aufenthaltsorte[55] zu schreiben. Ich wage mir selber den Grund nicht einzugestehen. Das ist ein Gedanke, ein Gefühl, bei dem ich nicht verweilen möchte, eine Qual, vor der ich schaudre, die mich demütigt, die ich noch niemals erfahren habe.

Sie fragen mich, wie mir dabei zumute war, als ich Sie alle Tage hatte? Wahrlich, das ist mir nie ein Ding der Gewohnheit geworden, und niemals kann es mir das werden. Die Ausdrucksmittel der Kunst sind zu kalt und einförmig, um damit die urplötzliche und gewaltige Wallung zu schildern, die man beim Namen und in der Gegenwart eines Geliebten fühlt. Aber ach, ich war nie so glücklich, mich in die Illusion zu verlieren, dass Sie kommen müssten! Nein, nein, ich habe nie Ihrer geharrt und gehofft, nie auf das Auf- und Zugehen der Haustüre gelauscht. Wahrlich nicht!

Und doch – bei aller Resignation – sehne ich mich nur nach Ihnen oder nach dem Tode. Sie erquicken mein Herz, Sie füllen es mit so zärtlichem Behagen, dass es süß ist zu leben, solange ich Sie sehe. Aber wenn ich Sie nicht mehr hätte, so vermöchte mich nichts mehr von meinem Unglück zu erlösen als der Tod.

Sonntags, um Mitternacht

Sie haben also vergessen! Sie haben eine Furie, die ebenso bös wie toll ist, sich selber überlassen! Und hätten Sie sie der Hölle überantwortet, sie hätte sich nicht beklagt. Die Glut, die Unrast des Aufenthalts da ist doch Leben. Aber die Unglückliche hat den ganzen Tag in einer Wüste verbracht, die weder Hölle noch Himmel ist. Der ersehnte Trostengel ist ihr nicht erschienen. Er hatte wahrscheinlich für das Glück und die Wonne irgendeines himmlischen Wesens zu sorgen; er war selber berauscht von überirdischer Glückseligkeit, in einer Stimmung, in der ihn nichts an mich erinnern konnte.

Nun, wenn er in der Tat glücklich ist, so wünsche ich ihm aus tiefstem Herzensgrunde, dass ihn nichts zu mir zurückführe, denn ich wäre gottlos genug, seine Glückseligkeit zu verfluchen und zu beten, dass Reue und Gewissensbisse ihn ewig verfolgten. Noch Schlimmeres wünschte ich ihm: nimmermehr zu lieben und fortan nur Gleichgültigkeit zu finden!

---

[55] Guibert weilte etliche Tage im Schlosse La Bretèche Madame de Montsauge.

Das wäre das Gebet, der Fluch einer Seele, die so heiß geliebt hat und nun nur noch die Sehnsucht hegt, auf ewig zu erlöschen.

Gute Nacht!

Dienstag [den 6. Juli], abends elf Uhr

Mein Gott, wie wenig habe ich von Ihnen! Wie kärglich war Ihr heutiger Besuch! Und wie schmerzlich ist es für mich, nicht zu wissen, wo Sie in diesem Augenblicke sind! Ich denke, in Ris, und hoffe, Sie kommen morgen Abend zurück. Man erwartet den Grafen von Broglie[56] auf morgen Vormittag. Es ist seltsam, dass ich mich mit seiner Rückkehr beschäftige und sie schleuniger herbeiwünsche als selbst seine Freunde.

Wie die Liebe alles verändert und umstürzt! Das »Ich« ist ein Hirngespinst. Ich fühle bestimmt, dass ich nicht »Ich« bin. Ich bin »Sie«, und um das zu sein, brauche ich gar nichts aufzugeben. Ihre Interessen, Ihre Neigungen, Ihr Glück, Ihre Freuden, – das ist das »Ich«, lieber Freund, das mir lieb und wert und vertraut ist. Alles Übrige ist mir etwas Fremdes. Allein Sie in der Welt können mich beschäftigen und fesseln. In meinem Kopf und meiner Seele kann hinfüro nichts anderes Raum finden als Sie und ein sehnsüchtiger Schmerz. Aber wenn ich Ihren Zustand dem meinen vergleichend gegenüberstelle, so ist es durchaus nicht das Nicht-geliebt-werden, was mich ängstigt und betrübt. Nein, nein. Es ist der Gedanke: Wie innig bin ich geliebt worden und von was für einem Geliebten! Aber das war ein unerhörtes Glück, auf das ich keinen Anspruch hätte machen dürfen und das ich – wie Sie ja wissen – nie verdient habe.

Wie leidet meine Seele, wie schmerzlich sind diese Erinnerungen! Lieber Freund, was soll aus mir werden, wenn ich Sie nicht mehr sehen soll, nicht mehr erwarten darf? Glauben Sie, ich könnte das überleben? Schon der Gedanke daran tötet mich. In zehn Tagen ...

Aber sagen Sie mir, warum es mir nicht am Mute fehlen würde, zu sterben, und ich nicht die Kraft habe, mir einzugestehen, dass einmal ein Tag kommen wird, eine Stunde, wo Sie mir ein Wort sagen werden, das mich mit Grausen erfüllen wird? Mein lieber Freund, sprechen Sie dieses grässliche Wort nie aus! Es wäre mein Todesurteil. Wenn ich es höre, dann sterbe ich.

Wie können Sie mich wegen meiner Liebe zu Ihnen loben? Verdienst, Tugend wäre es gewesen, diese Neigung niederzukämpfen, dieser Versuchung zu widerstehen, die mich bereits zu Ihnen hinzog, als ich noch keinen Anlass

---

[56] Charles François Comte de Broglie (1719–1781). Er kehrte damals aus der Verbannung zurück, in die ihn Ludwig XV. geschickt hatte.

hatte, mir selber zu misstrauen. Was hat man zu fürchten und zu argwöhnen, wenn man im Schutze einer Liebe, des Leidens und des unschätzbaren Glückes steht, von einem idealen Menschen geliebt zu werden! Bester Freund, mein Herz hatte diesen Schutz und Schild, und doch haben Sie die Stürme der Reue und die Glut der Leidenschaft hineinzutragen vermocht! Und nun loben Sie mich ob meiner Liebe zu Ihnen! Ach, sie ist ein Frevel und selbst ihre Leidenschaftlichkeit rechtfertigt sie nicht. Sie müssten vor mir zurückschaudern.

Sie lieben oder sterben! Einen anderen Wahlspruch, ein anderes Naturgesetz erkenne ich nicht an. Und mein Gefühl ist so ehrlich, so instinktiv, so mächtig, dass Sie mir in der Tat nichts schulden. Ach, ich denke nicht daran, Forderungen und Ansprüche zu stellen. Mein lieber Freund, seien Sie glücklich, haben Sie Ihren Genuss an meiner Liebe – und wir sind quitt.

Ich bin eine Närrin. Ich weiß Ihnen nichts zu schreiben als von meinen Gefühlen, und ich wollte doch davon berichten, was ich erlebt habe.

Der Chevalier [de Castellur] hat sich nach Ihnen erkundigt. Er hat mich gefragt, ob ich mit Ihnen zufrieden wäre. Sehen Sie doch, wie gütig! Er möchte, dass mich alle meine Freunde so lieb hätten wie er. Werden Sie das je können? Er ist gestern angekommen und geht heute Abend wieder fort.

Wir werden also am Donnerstag nach Auteuil reisen (zu Frau von Boufflers). Der gute Cardon und Guard[57] gehen mit uns. Kommen Sie pünktlichst zum Stelldichein zu mir, halb ein Uhr. Kommen Sie, Liebster, kommen Sie! Bedenken Sie, dass ich morgen um ein gemeinsames Mittagessen und heute Abend um Ihren Besuch kommen werde. Seien Sie brav und großmütig! Schenken Sie mir jeden Augenblick, der nicht Ihren Geschäften und Ihrem Vergnügen gewidmet ist. Ich will, ich muss in zweiter Linie stehen. Wenn das noch zu viel verlangt ist, so dulden Sie wenigstens meine Sehnsucht danach.

Heute früh haben Sie eine wunderbare Ahnung gehabt. Es lag mir weniger an meinem Buche, sondern an ein paar Zeilen von Ihnen. Wollte Gott, dass ich für alle Bücher, die je geschrieben worden sind und noch geschrieben werden, jeden Tag eines Briefes von Ihnen sicher wäre. Weiter wollte ich gar nichts lesen. Sie will ich haben, von Ihnen will ich hören ohne Unterlass. Mein lieber Freund, ich liebe Sie!

---

[57] Jean Baptiste Antoine Guard (1734–1817), Journalist und Schriftsteller.

Montags abends

Ich habe vier Briefe zu beantworten, ich habe versucht zu schreiben, es ist mir unmöglich. Ich beschäftige mich mit Ihnen, ich weiß nicht, ob ich Sie liebe, aber ich fühle, und nur allzu sehr, dass Sie meine Seele verwirren und beunruhigen, und zwar in einer grausamen und schmerzlichen Art, zumal wenn ich Sie nicht bei mir habe oder wenn mich nicht wenigstens die Freude und das rege Gefühl, Sie zu erwarten, aufrechterhalten. Ich habe Ihnen gesagt, ich wollte Ihnen sagen, welchen Zauber Ihre Gegenwart auf mich ausübt. Aber mein lieber Freund, wie sind Worte schwach, um ein starkes Gefühl auszudrücken! Der Geist findet Worte, die Seele müsste sich eine ganz neue Sprache schaffen. Sicherlich kenne ich mehr seelische Stimmungen, als es Worte dafür gibt. Wie könnte ich wohl alles Gute und alles Böse, das Sie mir angetan haben, ausdrücken? Ihre Gegenwart hat eine solche Gewalt über mich, eine solche Herrschaft, dass Sie mich eine zweite Existenz leben lässt und mir sogar die Erinnerung an mein anderes Dasein nimmt, das ich führte, ehe ich Sie kennenlernte. Der Eindruck, den ich von Ihnen empfange, ist so lebhaft, er durchdringt mich derartig, dass ich glücklich oder unglücklich nur durch Sie sein kann. Ich liebe, ich freue mich, ich hege Angst, ich leide, ohne dass bei allen diesen Stimmungen weder die Erinnerung an die Vergangenheit noch die Ahnung der Zukunft dabei ins Spiel kämen.

Mein lieber Freund, lebten wir in der Zeit, wo man noch an Hexerei glaubte, so würde ich mir alles das, was Sie mir angetan haben, damit erklären, dass Sie die Macht hätten, mich in ein Schicksal zu spinnen, das mich meiner selbst beraubt. Aber wenn das der Fall wäre, wenn Sie diese magische Gewalt hätten, so fände ich es grausam von Ihnen, dass Sie mir diese Illusion nicht erhalten, die mich auf Augenblicke wenigstens das Leben als etwas Schönes empfinden lässt. In der Tat schulde ich es Ihnen, dass ich den Genuss kennengelernt und gekostet habe, der die Seele in einen solchen Rausch versetzt, dass jedes Gefühl für Leid und Schmerz verloren geht. Ob ich Ihnen wirklich Dank dafür schulde? Der Zauber zerrinnt in dem Moment, wo Sie mich verlassen, und sobald ich in mein eigentliches Ich zurückkehre, fühle ich mich von Sehnsucht und Reue überwältigt.

Das Verlorene quält mich. Ich bin geliebt worden, geliebt in einem so hohen Grade, dass die Phantasie nicht ausreicht, es auszudenken. Alles, was die Dichter über die Liebe fabeln, ist schwächlich und kalt im Vergleich zu der Leidenschaft des Marquis von Mora. Seine Liebe füllte sein ganzes Leben. Ich musste von ihr ergriffen werden. Ein solcher Verlust müsste vollauf genügen, eine empfindsame Seele in Unglück und Verzweiflung zu stürzen. Vollauf! Und zu meinem Leid gesellt sich grausamerweise noch die Reue, die auf meiner Seele lastet. Ich bin schuldig, ich bin des verlorenen Glückes unwürdig! Der Fehltritt eines flüchtigen Augenblicks vernichtet mein ganzes Leben. Alle meine Ehrenhaftigkeit bis zu der Stunde, da ich Sie kennenlernte, scheint mir umsonst gewesen zu sein. Was nützt das, was ich ehedem war? Ich weiß, ich fühle es: Ich habe mich an dem edelsten und feinsinnigsten Mann frevelhaft vergangen, mit einem Worte, ich habe die Achtung vor mir selbst verloren. Urteilen Sie, ob ich das Recht habe, von Ihnen Achtung zu beanspruchen, und wenn Sie mich nicht achten, sagen Sie, darf ich dann so blind sein zu glauben, Sie könnten mich lieben?

Kann es nach dieser Selbsterkenntnis und den Schlussfolgerungen daraus wohl ein unglücklicheres Geschöpf geben als mich? Die Beweglichkeit meiner Seele, die Sie, mein lieber Freund, mir vorhalten und die ich nicht leugne, die hilft mir nur, wenn ich Sie um mich habe. Sie konzentriert mein ganzes Sein nur noch auf einen einzigen Punkt. Ich lebe in Ihnen und durch Sie. Doch wissen Sie, wozu diese Beweglichkeit noch gut ist? Mich in *einer* Stunde alle Qualen durchleben zu lassen, die einem die Seele martern und kleinmütig machen können. Ach ja, Sie haben recht; zuweilen fühle ich die Ängste und die Mutlosigkeit des Todes und im selben Augenblicke den Krampf der Verzweiflung. Diese Beweglichkeit ist das Naturgeheimnis, demzufolge ein einzelner Ausnahmemensch mehr Lebenskraft an einem Tag betätigen kann als ein Durchschnittsmensch in seinem ganzen Leben, und wenn er hundert Jahr alt würde. Diese Beweglichkeit – im Unglück nur ein Fluch mehr – ist andererseits zweifellos in ruhiger Stimmung die Quelle von tausendfacher Freude. Vielleicht liegt in ihr das Geheimnis der Liebenswürdigkeit, der Kunst, die Eitelkeit und Eigenliebe der anderen zu ihrem Genuss kommen zu lassen. Hundertmal in meinem Leben habe ich bemerkt, dass ich gefiel, des schnellen Eindrucks wegen, den die Vorzüge und die Eigenart anderer auf mich machten; ich bin im Ganzen nur darum geliebt worden, weil man sah, dass man Eindruck auf mich machte. Man liebt den Eindruck, den man selber empfängt, niemals. Das beweist gleichzeitig meine Geistesarmut und die Beweglichkeit meiner Seele. In dieser Bemerkung steckt weder Eitelkeit noch Bescheidenheit. Es ist Wahrheit.

Mein lieber Freund, ich möchte Ihnen das Geheimnis meines Herzens gestehen, warum die Nachricht von der viermonatigen Trennung einen Ihrer Meinung nach so geringen Eindruck auf mich gemacht. Ich habe mir Folgendes gelobt: Mich ganz meinem Schmerze und dem unüberwindlichen Ekel am Leben zu überlassen, der mich ergriffen hat. Wenn meine Seele nicht mehr zwischen der Hoffnung und der Freude, Sie zu sehen, Sie gesehen zu haben, hin und her taumelt, wird sie wohl mehr Kraft haben als nötig ist, um ein Leben abzustreifen, das mir nichts mehr bietet als Sehnsucht und Reue. Das ist, ich schwöre es Ihnen, der Gedanke, der mich seit fast zwei

Monaten beschäftigt; und diese rege und tiefe Sehnsucht, von meinen Leiden befreit zu werden, hat mich aufrechterhalten und wappnet mich auch noch gegen den Gram, den Ihre Abwesenheit mir bereiten wird. Schließen Sie aber keineswegs daraus, dass ich Sie überschwänglich liebe. Nein, lieber Freund, es beweist lediglich, dass ich mich an meine Freude klammere, die mir die Kraft zu leiden gibt. Ich habe Ihnen schon einmal gesagt, welche Worte in mein Herz eingegraben sind und mein Todesurteil enthalten: Sie lieben, Sie haben oder sterben!

Jetzt sagen Sie meinem Herzen alles Böse nach, was Sie wollen! Beweisen Sie mir, dass ich nicht verächtlich geworden bin, weil ich Sie geliebt habe, dass Sie an meinem Herzen nicht zweifeln, weil ich es Ihnen gegeben habe, und zuletzt, dass Sie mich immer noch hoch achten, obgleich ich Ihnen meine Liebe und meine Ehrbarkeit hingeopfert habe. Sie allein, nur Sie in der Welt haben das Recht, mich zu verachten und an der Größe und der Echtheit jener Leidenschaft zu zweifeln, die mich fünf Jahre hindurch beseelt hat!

Dienstags

Ich habe gestern Abend aufgehört, mit Ihnen zu plaudern, weil ich glaubte, immerfort von mir zu reden, das müsse Sie ermüden. Sie standen so lebhaft vor meinem Geiste, dass mich das damit versöhnte, Sie nicht antworten zu hören. Doch erhören Sie mich! Heute muss ich richtig mit Ihnen sprechen. Glauben Sie aber, bitte, ja nicht, dass ich Ihnen Vorwürfe machen will. Ich räume mir das Recht dazu nicht ein, und ich wäre tief betrübt, wenn ich Sie ärgerte. Meine Teilnahme für Sie ist so, dass mich tausend Dinge verletzen, die Ihnen gar nichts bedeuten. Man muss selber lieben, um zu ahnen, wenn man dem wehtut, von dem man geliebt wird. Der Geist hat mit dem Feingefühl nichts zu schaffen, das man im Umgange mit einem kranken und unglücklichen Herzen betätigen muss. Aber Einleitungen sind langweilig. Also zur Sache!

Mein lieber Freund, Sie wollten mir Ihre Abreise verheimlichen.[58] Wenn sie einen ehrenhaften Anlass hat, warum fürchten Sie dann, sie mir mitzuteilen?

---

[58] Guibert hielt sich auf dem Gute Courcelles-le-Roi (in der Gegend von Orléans) auf, bei den Eltern seiner künftigen Braut und Frau, der Mademoiselle Louise Alexandrine Boutinon des Hayes de Courcelles. Guibert hatte damals zweifellos die Absicht, allmählich mit Julie zu brechen. Er schrieb ihr deshalb vom Schlosse Courcelles, wo er weilte, ohne dass sie wusste, wo er war, einen ziemlich gefühllosen Brief, in dem er unter anderem sagte, er wäre ihrer Liebe überdrüssig. Julie war verzweifelt (vgl. den folgenden Brief), und Guibert bereute seine grausame Art und Weise aufrichtig. Von Neuem loderte seine Leidenschaft zu ihr auf. So schrieb er ihr einen herzlichen Brief, kehrte nach Paris zurück, erbat und erhielt die Verzei-

Wenn diese Reise jedoch eine Kränkung für mein Herz ist, warum unternehmen Sie sie? Wenn Sie auch keine Verpflichtung haben, mich zu lieben, so müssen Sie doch vor sich selber so ritterlich sein, mich nicht betrügen zu wollen. Nie haben Sie zu mir volles Vertrauen. Mir kommt es vor, als entschlüpfe Ihnen alles, was Sie sagen, ohne dass Sie es eigentlich wollen.

Sie sind gestern abgereist, und ich habe nicht erfahren können, wohin Sie schlafen gegangen sind. Ich weiß nicht, wo Sie weilen. Ich bin in Ungewissheit über Sie und Ihr Tun und Treiben. Lieber Freund, benimmt man sich in der alltäglichsten Freundschaft so? Und glauben Sie, dass ich ohne Schmerz daran denken könne, dass Sie eine Reihe von Tagen ganz nach Ihrem Belieben verleben, ohne von mir etwas zu hören? Glauben Sie fernerhin, dass ich nicht tief betrübt sein muss, weil Sie mir den letzten Abend, den Sie in Paris zugebracht haben, nicht gewidmet haben? Vier Monate bleiben Sie fern. Wenn Sie mich liebten, so hätten Sie mir das Leid anmerken müssen, das Sie mir angetan haben, als Sie am Sonnabendabend zu mir sagten: »Morgen reise ich zu Frau d'Arcambal[59].« Ich fand kein Wort der Erwiderung darauf, aber ich war voller Leid.

Das ist noch nicht alles. Ich will Ihnen nichts vorenthalten, was ich Ihnen gegenüber auf dem Herzen habe. Ihnen wird es nicht wehtun, und mich wird es erleichtern.

Von allem, was Sie nicht für Frau von M[ontsauge] tun, machen Sie viel Wesen, aber, mein lieber Freund, das ist nicht recht. So haben Sie also vergessen, was Sie mir im vergangenen Jahre zwanzigmal gesagt haben, Sie machten sich über alles Vorwürfe, was Sie für diese Frau täten. Ich habe Sie in Stimmungen gesehen, wo Sie auf das Heftigste gegen sie Partei nahmen, wo Sie mit ihr brechen, sie nie wieder sehen wollten. Ich erinnere mich, gegen diese Ihre Absichten angekämpft zu haben, und Sie wussten sehr wohl, dass ich damals kein Begehren hatte, von Ihnen glücklich gemacht zu werden. Ebenso wissen Sie, dass ich trotz des Wandels hierin meine Sprache nicht geändert habe. Habe ich je ein Wort gesagt, um Sie von irgendetwas abzubringen, das Ihnen einfiel, für diese Andere zu tun? Habe ich Versuche gemacht, Sie ihr zu entfremden, Sie von ihr fernzuhalten? Zweifellos habe ich getan und nur getan, was ich musste. Ist es nicht aber ein Mangel an Rücksicht, noch mehr von mir zu verlangen? Mein lieber Freund, es gibt einen Unterschied zwischen mir und ihr: Sie *hat* Sie geliebt und ich *liebe* Sie!

---

hung der Geliebten. (Bemerkung des Grafen de Villeneuve-Guibert, des Urenkels des Grafen Hippolyte de Guibert).

[59] Die Marquise Françoise Félicité d'Arcambal war eine Kusine der bekannten Gräfin de Genlis; der Marquis ein Regimentskamerad Guiberts.

Donnerstags, elf Uhr abends

Ich bin ohne Nachricht von Ihnen. Ich hoffte auf keine, aber ich wartete doch darauf. Ach, mein Gott, wie können Sie nur sagen, meine Seele sei des Schmerzes ledig? Gestern bin ich daran beinahe gestorben. Ich hatte einen Anfall von Verzweiflung und infolge davon Weinkrämpfe, die vier Stunden gedauert haben. Mein Lieber, ich liebe Sie wahrlich bis zur Tollheit, wenn ich Sie sehe, so ungestüm, dass ich glaube, nie heißer geliebt zu haben. Aber meine Liebe bedarf doch Ihrer Gegenwart; mein ganzes übriges Leben verfällt den Erinnerungen, der Sehnsucht und den Tränen.

Ja, reisen Sie ab, erklären Sie mir, Sie liebten eine andere! Ich wünsche es, ich will es. Mein Leid ist so groß, so herzzerreißend, dass ich keine andere Arznei erhoffe als den Tod. Die, die Sie mir eingeben, wirkt wie Opium. Sie betäubt meine Leiden, aber heilt sie nicht; im Gegenteil, ich werde nur schwächer und empfindlicher. Sie haben recht, ich kann nicht mehr lieben, ich vermag nur noch zu leiden. Ich hatte meine Hoffnung auf Sie gesetzt und mich darein verloren; ich glaubte, der Genuss, Sie zu lieben, würde mein Unglück besänftigen. Ach, ich fliehe vergeblich davor; immer wieder ruft es mich, immer wieder zieht es mich in seinen Bann und es lässt mir nur eine Zuflucht. Reden Sie nicht von der, die ich im Leben der Gesellschaft finden soll; sie ist für mich nur eine lästige Fessel, und wenn ich d'Alembert dahin bringen könnte, nicht länger mit mir zusammenzuwohnen, so bliebe meine Türe geschlossen.

Wie können Sie glauben, dass Werke des Verstandes mehr Gewalt über mich hätten als der Reiz, als der Trost der Freundschaft? Ich habe die würdigsten, die aufmerksamsten, die ehrbarsten Freunde. Jeder versucht nach seiner Art und Fähigkeit, mir in das Herz zu dringen. Ich bin gerührt von so viel Güte, aber ich bleibe unglücklich. Sie allein, mein Lieber, können mir, wenn auch nicht das Glück, so doch Freude bringen. Gibt es ein schlimmeres Gift als die Freude? Noch auf der Schwelle des Todes lässt sie mich nach dem Leben blicken.

Sonnabends abends

Erst heute Morgen habe ich Ihren Brief bekommen, und ich weiß nicht, durch wen und wie er zu mir gelangt ist. Durch die Post nicht. Halten Sie mich für toll, wenn Sie wollen, für ungerecht, kurzum für alles, was Ihnen beliebt, aber nichts soll mich abhalten, Ihnen zu sagen, dass ich gewiss mein Leben lang keinen schmerzlicheren Schlag empfangen habe, keinen schimpflicheren als den, den mir Ihr Brief zufügt. Und mit gleicher Aufrichtigkeit muss ich Ihnen gestehen, dass diese Art Leid, die Sie mir antun, kein Mitleid weiter verdient, denn ich glaube, nur meine Eigenliebe ist verletzt, wenn auch auf eine mir ganz neue Weise. Ich fühle mich so gedemütigt, so betroffen davon, dass ich jemandem das Recht einräumen konnte, mir das zu sagen, was ich da lese, mir das mit so viel Naivität zu sagen, dass ich daraus schließen muss, er wolle mir damit nur sein Herz ausschütten, ohne selber zu ahnen, dass er mich tödlich beleidigt. Ach, wie prächtig haben Sie den Marquis Mora gerächt! Wie grausam bestrafen Sie den Wahn, die Verirrung, die mich zu Ihnen gezogen haben! Wie verabscheue ich diese Illusion!

Ich will auf keine Einzelheit eingehen. Sie haben viel zu wenig Herzensgüte und Zartgefühl, als dass sich meine Seele zu Klagen erniedrigen könnte. Mein Herz, meine Eigenliebe, mein ganzes Wesen, alles, was mich fühlen, denken und atmen lässt, kurzum: mein Ich ist empört, verwundet und beleidigt auf immer. Sie haben mich stark genug gemacht, nicht um mein Unglück zu tragen – es kommt mir größer und schwerer vor denn je –, aber ich werde fortan sicher sein, von Ihnen nicht noch mehr gequält und noch unglücklicher gemacht zu werden. Dieser schwere Schlag macht meine große Schuld wett. Ich fühle es – und dabei täuscht mich mein Schmerz nicht –, wenn der Marquis Mora noch lebte und Ihren Brief läse, so würde er mir verzeihen. Mich trösten und Sie verachten. Ach, mein Gott, überlassen Sie mich meinem Leid; es ist mir tausendmal lieber als das, was Sie Ihr Gefühl nennen. Das ist mir abscheulich. Es ist der reine Hohn, und meine Seele stößt es mit dem tiefsten Grauen von sich.

Wie konnten Sie es wagen, wie konnten Sie es über sich gewinnen, Worte hinzuschreiben, die mich entehren und auf immer unmöglich machen mussten, wenn sie in falsche Hände geraten wären! Wenn das der Ausdruck dessen ist, was Sie von mir denken und fühlen, so seien Sie wenigstens überzeugt, dass ich doch nicht so gemein bin, mich rechtfertigen zu wollen und Sie um Gnade zu bitten. Glauben Sie getrost, Sie behandelten mich nach Fug und Recht. Es ist mir lieber, ich lasse Sie bei dieser Meinung, als dass ich mich in Auseinandersetzungen einließe. Die Tatsache bleibt. Benehmen Sie sich mir gegenüber, wie Sie können, wie Sie wollen. Ich meinerseits werde fortan, wenn es für mich eine Zukunft geben sollte, zu Ihnen sein, wie ich es von allem Anfang an hätte sein sollen, und wenn mich die Reue nicht an Sie erinnerte, so würde ich Sie bald vergessen. Die Wunden der Eigenliebe machen mein Herz gefühllos.

Ich weiß nicht, warum ich Ihnen auch die Zeilen schicke, die ich vor dem Empfange Ihres Briefes an Sie geschrieben hatte. Sie werden daraus meine Schwäche erkennen, aber nicht mein volles Unglück. Ich erhoffe ja auch gar nichts von Ihnen, ich will nicht getröstet sein. Worüber sollte ich mich eigentlich beklagen? Worüber?

Es gibt Kranke, die schon aufgegeben, noch auf den Arzt warten und ihre Augen auf die seinen heften, um aus ihnen Hoffnung zu schöpfen. Der letzte Laut der Seele ist ein Aufschrei. Da haben Sie die Erklärung meiner Inkonsequenz, meiner Torheit, meiner Schwäche. Ich habe ja die Strafe dafür.

Wenn mich je ein Gedanke befallen sollte, der die Liebe verletzt, die Marquis Mora für mich gehegt hat, so werde ich Ihren Brief wieder lesen. Diese Schmach wird meine Verfehlung entsühnen.

Geben Sie mir diese Blätter zurück! Seien Sie wenigstens noch so ritterlich, den von mir einmal zitierten Vers aus der »Phädra« zu einem Ihrer Grundsätze zu machen.

Donnerstags

Das wäre sehr nett, sehr liebenswürdig, wenn es bedeutete, dass ich Sie zu sehen bekomme. Aber mein Zweifel daran zerstört die Zärtlichkeit, die ich Ihren Worten am liebsten entnehmen möchte. Sie verwirren mir das Leben, Sie bringen es zuwege, dass ich im Laufe eines einzigen Tages die konträrsten Stimmungen durchmache. Die leidenschaftlichste Wallung übermannt mich, und gleichzeitig entnüchtert mich der eiskalte Gedanke: Meine Gefühle finden in Ihnen doch keinen Widerhall! Diese Reflexion lässt mich vor mir selber schaudern, und um wieder ein wenig Frieden zu finden, verliere ich mich in grausamen Erinnerungen an Verlorenes. Wenig später sickert ein sanfteres Gefühl in mein Herz, und ich bin wieder fähig zu Träumereien von Glück und genossener Liebe. Alle diese Bilder, die mich Ihnen entfremden sollten, führen mich blitzschnell wieder zu Ihnen. Ich fühle, dass ich Sie liebe, so gewaltig, dass ich nur vom Tod Frieden erhoffen kann. Ich will kein anderes Heilmittel. Jede Minute meines Daseins ist voll von Todessehnsucht.

Mein Lieber, Sie haben Balsam in die kleine Wunde geträufelt, die ich mir gestern Abend geschlagen habe, indem Sie es sofort merkten. Das war ein Beweis von d'Alemberts Ausspruch: Unter Umständen ist der Schmerz kein Schmerz!

Guten Morgen, mein Freund! Sie sind der Quell meiner Trübsal, meines Schweigens, meines Unglücks, kurzum Sie sind's, der meine Seele belebt, und ihr gehorche ich. Ich wage Ihnen nicht zu sagen, wie maßlos ich Sie liebe.

Mittwochs, zehn Uhr

Sie kümmern sich auch heute nicht um mich. Ich bin Ihnen so gleichgültig, dass ich Sie in Ihrem Tun und Denken gar nicht störe.

Hören Sie mich an! Wir wollen es machen, wie Frau von Montespan und Frau von Maintenon. Die beiden waren gezwungen, einmal eine ziemlich lange Reise allein miteinander zu machen.

»Gnädige Frau,« sagte da Frau von Montespan, »wir wollen unseren Hass, unsere Ränke vergessen und eins dem anderen eine gute Kameradin sein!«

Ich füge hinzu: Vergessen wir unsere beiderseitigen Missverständnisse, und seien Sie so freundlich, mir eine Bitte zu erfüllen. Schreiben Sie mir eine kleine Denkschrift über die soldatische Manneszucht. Ich brauche sie. Ich möchte kein dickes, durchgearbeitetes Buch, sondern nur Gesichtspunkte, Grundsätze, kurz, einen Abriss dessen, was Sie über diesen wichtigen Gegenstand denken.

Ja, ja, ich, ich rede zu Ihnen. Ich bin nicht toll, und wenn schon, so kommt meine Tollheit bei so trocknen Dingen nicht zum Vorschein. Umso unglückseliger ist sie.

Gute Nacht! Sie waren neulich trübsinnig. Das hat mir leidgetan, aber ich kann mir keine Vorwürfe deshalb machen. Sie wissen ja:

Untreue gibt's nur, wo es Liebe gibt!

Der Chevalier [de Castellux] hat mir Ihre Trübsal erklärt. Ich habe Sie aus vollstem Herzen bedauert.

Schlagen Sie mir meine Bitte nicht ab.

Donnerstags

Anbei die alten Philosophen dem Jüngsten aller Weisen! Bitte, verlieren Sie das Buch nicht. Es ist selten geworden. Schicken Sie mir den Band mit *L'examen de Barri* zurück. Ich brauche ihn. Suchen Sie nur! Er ist sicher bei Ihnen, ebenso wie Verschiedenes von Voltaire.

Guten Tag, lieber Freund. Ich habe Brustschmerzen. Das kommt von meinem Herzeleid. Wie beklagenswert bin ich! Ich schulde Ihnen das Leben, aber ich bin unglücklich. Ich muss Sie einen Moment sehen. Wem Sie ihn auch sonst schenken möchten, niemand wird ihn besser bewerten und mehr Freude daran haben als ich!

Montags, elf Uhr abends

Eben habe ich an Sie gedacht, an Ihre Beziehungen zu d'Alembert, und da kommt es mir in den Sinn, Ihnen einen tollen Vorschlag zu machen. Gerade deshalb ist es mir wahrscheinlich, dass Sie auf ihn eingehen werden. Wir wollen den morgigen Tag zusammen auf dem Lande verbringen. Sie werden Frau Ledroit eine riesige Freude machen.

Ich rede im Ernst. Sollten Sie den Abend nicht zur Verfügung haben, so fahren wir frühzeitig genug zurück, sodass wir weder Ihr Vergnügen noch das derer, die Sie erwarten, schmälern. Kurzum, richten Sie es ein, dass Sie sich losreißen von Ihren Geschäften, Ihren Sorgen, Ihren Zerstreuungen, Ihren Verabredungen, dem Opernbesuch, Visiten, dem nichts und wieder nichts, allen den tausend gewichtigen Dingen, denen Sie Ihr Leben widmen. Bringen Sie mir aber keinesfalls ein Opfer. (Dieser Appell ist wohl überflüssig und anmaßend?) Im Gegenteil, ich will es bringen. Wenn Sie mir eine abschlägige Antwort geben, so werde ich darüber weder überrascht noch betrübt sein. Es ist ja ganz natürlich, dass Sie am Tage vor einer Reise keine Minute Zeit haben. Aber wenn Sie ein paar Augenblicke für mich berechnet haben, so vergeuden Sie die nicht anderwärts. Verwenden Sie sie auch richtig.

Wenn Sie mit mir auf das Land gehen, so gebe ich Ihnen den morgigen Abend frei und lege mich sofort nach unserer Rückkehr schlafen.

Den Mittwochabend habe ich versprochen, in Ménilmontant zu verbringen, und wenn ich nicht zu elend bin, werde ich hingehen. Für heute Nachmittag habe ich mich entschuldigen lassen, weil ich mich sehr leidend fühlte. Die Hoffnung, dass Sie mich besuchen könnten, konnte dabei nicht im Spiele sein. Es war aber überaus ritterlich von Ihnen, dass Sie mir ein paar Augenblicke geschenkt haben. Das hätte ich mir wirklich nicht träumen lassen. Ich danke Ihnen tausendmal dafür, und zwar aus Herzensgrunde, das versichere ich Ihnen.

Wenn Sie mir den morgigen Tag schenken, so müssen Sie vor Mittag bei mir erscheinen. Im andern Falle kommen Sie gar nicht. Ich stehe spät auf und muss mich schnell ankleiden. Sie würden mich also nur verdrießlich machen, weil ich mit Ihnen nicht recht plaudern könnte.

Wenn Sie am Mittwoch nicht abreisten, wäre ich überglücklich.

Ich bitte um Bescheid.

Sonnabends [Ende Juli 1774]

Ich bin untröstlich, nicht deshalb, weil Sie sich erkältet haben, sondern deshalb, weil Sie sich nicht ordentlich schonen werden, sodass aus dem Katarrh eine Krankheit werden kann. Sie sollten den ganzen Tag Ihr Bett hüten; indessen machen Sie bereits Anstalten, auszugehen. Ich bitte Sie, bester Freund, nehmen Sie etwas ein, bleiben Sie hübsch in Ihrem Bette, ohne darin zu lesen und zu schreiben. Jedes Wort, das Sie mir geschrieben haben, liegt mir wie ein Stein auf dem Herzen. Aber ehe Sie nicht all den gewissen Damen geschrieben, geantwortet und nochmals geschrieben haben, gönnen Sie sich doch keine Ruhe. Ich habe auf Sie bis neun Uhr gewartet. Es stand Gerstenschleim, Eibischsaft und Mandelmilch bereit, um Ihnen einen *Siruptee* zu bereiten. So heißt das Getränk, nicht *Suppe*.

Ach, ich möchte an Ihrem Bette sitzen und Sie pflegen! Eine sorglichere und liebevollere Pflegerin sollte es nicht geben. Mein lieber Freund, gehen Sie nicht aus, lassen Sie alle beim Glauben, Sie wären verreist. Bei dieser Schonung sind Sie vielleicht imstande, morgen früh abzureisen. Hoffentlich fahren Sie nicht in der Nacht; das wäre eine Tollheit. Wenn Sie in Orleans übernachten, so werden Sie sich nicht überanstrengen. Sie schreiben mir gar nicht, ob Sie momentan Fieber haben. Ich werde um ein Uhr nach Ihrem Befinden fragen lassen. Ich bitte Sie, mein lieber Freund, gehen Sie ja nicht aus. Ich werde mich mehrere Male im Laufe des Tages bei Ihnen erkundigen lassen. Aus diesem Grunde will ich zu Hause Mittag essen und erst abends um neun Uhr ausgehen.

Lieber Freund, ich bitte dringend, verlassen Sie Ihr Bett auch am Abend nicht! Ich versichere Ihnen, wenn Sie sich nicht in Acht nehmen, so bekommen Sie eine Lungenentzündung. Ihrem Vater haben Sie doch zweifellos Nachricht gegeben. Wenn er Sie gut kennt, wird er sowieso nicht beunruhigt sein. Man kann ja auf Sie nie mit Bestimmtheit rechnen. Das ist ein bisschen grob, nicht? Und auch die Gelegenheit, Sie damit zu ärgern, ist nicht die richtige! Wahrlich, Sie sind zur unrechten Zeit krank geworden. Aber wenn Sie gestern abgereist wären, wäre es da nicht noch viel schlimmer?

Nehmen Sie übrigens was ein? Was denn? Hoffentlich nichts allzu Kräftiges! Eibischsaft oder Gerstenschleim. Wenn Sie zu mir kommen, sollen Sie das alles haben. Aber kommen Sie nicht, ja nicht! Schonen Sie sich für die, die Sie so zärtlich liebt!

Donnerstags, acht und ein halb Uhr

Mein lieber Freund, ich liebe Sie. In diesem Augenblicke fühle ich es auf das Schmerzlichste. Ihre Erkältung tut mir herzlich leid. Ich ängstige mich, und dieses schreckliche Gefühl ist so oft gerechtfertigt gewesen, dass ich mich nicht beruhigen kann. Wenn Sie heute Abend abreisen, so werden Sie nicht schlafen und noch mehr Fieber bekommen. Bei Gott, wie gern würde ich Ihr Leiden auf mich nehmen!

Mein Bester, während in Orleans die Pferde gewechselt werden, schreiben Sie mir, wie es Ihnen geht, schreiben Sie mir, ob Sie Brustschmerzen haben! Aus Rücksicht auf meine zärtliche Freundschaft dürfen Sie Ihre Krankheit nicht vernachlässigen. Ich sterbe bei dem Gedanken vor Gram, dass Sie fortgehen, dass ich keine Mittel und Wege habe, mich zu beruhigen. Ich werde Sie nicht sehen, nichts über Sie erfahren. Ach, wie süß war es gestern, Sie lieb zu haben, und wie grausam ist diese Liebe heute und morgen und alle die Tage! Liebster Freund, verzeihen Sie mir meine Torheit. Ich bin nun einmal abergläubisch. Es war an einem Freitag, am 7. August 1772, als der Marquis von Mora Paris verließ, an einem Freitag, am 6. Mai dieses Jahres, reiste er von Madrid ab, und an einem Freitag, am 27. Mai, habe ich ihn auf ewig verloren! Das Wort Freitag ruft ein Grauen in meiner Seele hervor, wenn ich es in Verbindung mit dem bringe, den ich mehr liebe als das Leben, mehr als die Seligkeit, mehr, als es Worte auszudrücken vermögen. Lieber Freund, sollten Sie durch einen glücklichen Zufall erst am Sonnabend abreisen, so möchte ich Sie morgen bei mir sehen. Was für einen entsetzlichen Entschluss hatte ich gefasst, Sie nicht sehen zu wollen! Das wäre unmöglich. Das wissen Sie wohl. Sie wissen: Wenn ich Sie hasse, so heißt das, ich liebe Sie mit so maßloser Leidenschaft, dass es mir die Sinne benimmt.

Leben Sie wohl! Adieu, mein lieber Freund! Niemals sind Sie inniger und zärtlicher geliebt worden. Schonen Sie sich! Denken Sie daran, dass Sie mir damit das Leben erhalten! Morgen ... ach, nein, dieser Gedanke ist schrecklich.

Ach, ich liebe Sie, tausendmal mehr, als ich es sagen kann.

Donnerstag, den 25. August 1774, abends

Mein lieber Freund, ja, die Liebe ist nun einmal die mächtigste Triebkraft der Natur. Sie hat mir eben eine Entsagung auferlegt und hilft sie mir durchführen mit tausendmal mehr Begeisterung, als dies die Vernunft und Moral je vermöchten. Diese Leidenschaft ist ein absoluter Despot; sie macht ihre Untertanen zu Sklaven, die ihr Joch halb lieben, halb hassen, aber nie die

Kraft haben, es zu zerbrechen. So befiehlt sie mir heute ein Betragen, das genau entgegengesetzt ist dem, das ich mir seit vierzehn Tagen vorgeschrieben hatte. Ich bin mir meines Wankelmuts sehr wohl bewusst, ich bin betroffen darüber, aber ich gebe dem Drange meines Herzens nach. Ich finde eine Wonne darin, schwach zu sein, und selbst wenn Sie diese Schwäche missbrauchten, mein lieber Freund, ich würde Sie doch weiter lieben und es Ihnen bekennen, zuweilen voller Freude, öfter wohl mit Schmerzen, wenn ich in Zweifel gerate, ob Sie meine Gefühle erwidern.

Hören Sie, was ich alles erlitten habe, seit Sie mich verlassen haben. Eine Stunde nach Ihrer Abreise erfuhr ich – was Sie mir verheimlicht hatten –, dass Frau von M[ontsauge] am Tage vorher abgereist war[60]. Nun glaubte ich, Sie hätten Ihre Abreise nur ihretwegen verschoben. Sie waren an jenem Tage nicht zu mir gekommen. Ich vermutete also: Der Abschied hätte Sie so trüb gestimmt, dass Sie mich nicht unmittelbar hinterher sehen mochten, usw. Was soll ich Ihnen das alles erzählen? Ich beurteilte Sie aus der Leidenschaft heraus, deren Merkmal es eben ist, die Tatsachen nie zu sehen, wie sie wirklich sind. Ich sah also und glaubte gerade alles das, was mich nur noch mehr kränken musste; ich hielt mich für betrogen und Sie für schuldig. Sie hatten meine zärtliche Liebe missbraucht. Diese Gedanken empörten meine Seele, reizten meine Eigenliebe. Ich fühlte mich todunglücklich; ich war nicht mehr imstande, Sie zu lieben, ich verabscheute die Stunden des Trostes und der Wonne, die ich Ihnen schuldete. Sie haben mich einst dem Tode entrissen, der letzten Zuflucht, dem letzten Hafen, der mir winkte, damals als ich um den Marquis von Mora zusammenbrach. Sie haben es zuwege gebracht, dass ich ein entsetzliches Unglück überlebte. Und dann kam die Reue, wiederum durch Sie. Sie waren es, der mich in ein viel schlimmeres Elend stürzte: in den Hass gegen Sie, ja, mein Freund, in den Hass gegen Sie!

Acht Tage lang war ich eine Beute dieser grässlichen Stimmung. Inzwischen erhielt ich Ihren Brief aus Chartres. Die Sehnsucht, zu wissen, wie es Ihnen ergehe, ließ mich mein Gelübde brechen. Ich hatte mir geschworen, keinen Ihrer Briefe zu öffnen. Sie schrieben mir, es ginge Ihnen gut, Sie teilten mir mit, dass Sie gegen meinen Willen etliche meiner Briefe zurückbehalten hätten, und Sie zitierten einen Vers aus »Zaire«[61], der mir wie eine Verhöhnung meines Unglücks klang. Dabei – und das fühlte ich am stärksten – kamen mir die Klagen Ihres Briefes nichtssagend vor, mehr hingeschrieben, um Ihr Herz auszuschütten, als um das meine zu rühren. Kurz und gut, ich vergifte-

---

[60] Guibert hatte in der Tat einige Tage in der Bretèche, dem Landgute der Madame de Montsauge, verlebt, ohne es Julie vorher zu sagen. Vgl. Guiberts Briefe im Anhange.

[61] Tragödie von Voltaire.

te mir selbst jedes Ihrer Worte und fasste mehr denn je den Entschluss, Sie nicht zu lieben und Ihre Briefe nicht wieder zu öffnen.

Diesen Vorsatz, der mir das Herz zerschnitt und mich krankgemacht hat, habe ich gehalten. Seit Ihrer Abreise bin ich wie verwandelt und so kraftlos, als hätte ich eine schwere Krankheit hinter mir. In der Tat, dieses Seelenfieber, das bis zum Delirium steigt, ist eine grausame Krankheit. Kein Körper ist fest genug, um einem solchen Leiden zu widerstehen. Bemitleiden Sie mich, mein Freund! Sie haben mir wehgetan.

Ihren Brief aus Rochambeau[62] habe ich erst am Sonnabend erhalten. Ich habe ihn nicht aufgemacht und ihn in die Tasche gesteckt, so heftig mir dabei das Herz klopfte. Aber ich hatte mir gelobt, fest zu sein, und ich war es. Ach, was hat es mich gekostet, diesen Brief nicht aufzubrechen! Wie viele Male habe ich die Aufschrift gelesen! Wie oft habe ich ihn in die Hände genommen! Selbst während der Nacht gelüstete es mich, ihn zu berühren. In grenzenloser Schwachheit sagte ich mir, ich sei stark, ich sei fähig, dem größten Kleinode, der herrlichsten Freude zu entsagen. Welche Tollheit! Ich liebte Sie stärker als je. Sechs Tage lang hat mich nichts von diesem versiegelten Briefe ablenken können. Hätte ich ihn im Augenblicke aufgebrochen, wo ich ihn erhielt, so hätte er keinen so tiefen, so lebhaften Eindruck gemacht.

Endlich, endlich gestern, in tiefster Trübsal, als ich sah, dass kein Brief aus Chanteloup[63] kam, von wo aus Sie mir versprochen hatten zu schreiben, überfiel mich plötzlich der Gedanke, Sie könnten vielleicht krank in Rochambeau liegen, und ohne zu wissen, was ich tat, was ich damit nicht hielt, – war Ihr Brief gelesen, nochmals gelesen, von meinen Tränen benetzt, noch ehe ich hätte bedenken können, dass ich ihn nicht lesen durfte.

Ach, mein lieber Freund, wie viel hätte ich damit verloren! Ich bete Ihr Zartgefühl an. Was Sie mir aus Bordeaux geschrieben haben, hat eine Wunde wieder bluten lassen, die nicht vernarbt war, die nie heilen wird. Wenn mein Leben noch so lange währte, – es wird wohl allzu kurz sein! – so könnte ich nicht aufhören, den besten, feinfühligsten Menschen, der je existiert hat, zu beklagen und zu vergöttern. Abscheulicher Gedanke: Ich habe seine letzten Tage getrübt! Aus Angst um mich hat er sein Leben aufs Spiel gesetzt. Sein letztes Beginnen war eine Tat der Zärtlichkeit und Liebe. Ich glaube, nie die Kraft wieder zu haben, seinen Abschiedsbrief ein zweites Mal zu lesen. Wenn ich Sie nicht geliebt hätte, mein Freund, diese letzten Zeilen wären

---

[62] Das in der Nähe von Vendôme gelegene Schloss gehörte damals dem Grafen Rochambeau (1725–1807), dem späteren Marschall.

[63] Bei Amboise, der ehedem berühmte Wohnsitz des Herzogs von Choiseul, dessen Gast Guibert öfters war. Es gehörte zum guten Tone, den gestürzten Minister in diesem seinem Exil (seit dem 24. Dezember 1771) aufzusuchen.

mein Tod gewesen! Ich lese sie im Geiste, und Schaudern ergreift mich. Und Sie haben mich zur Sünderin gemacht!

Ihretwegen lebe ich, Ihretwegen hat meine Seele keinen Frieden. Ich liebe Sie und ich hasse Sie. Abwechselnd quälen und entzücken Sie ein Herz, das Ihnen ganz und gar gehört.

Freitags früh

Mein lieber Freund! Gestern wurde ich gestört. Es gibt hier so viel Neuigkeiten, so viel Leben, so viel Jubel, dass man gar nicht weiß, auf was man hören soll. Ich möchte gern mit fröhlich sein, aber es ist mir nicht möglich.

Sie wissen, dass Turgot[64] Generalkontrolleur geworden und in den Staatsrat eingetreten ist. D'Alembert hat gestern den größten Erfolg in der Akademie gehabt. Ich war nicht zugegen; ich war zu leidend, ich hatte gerade soviel Kraft, um im Lehnstuhl bleiben zu können. Er hat die Lobschrift auf Despréaux und kleine Geschichten von Fénelon gelesen, die Entzücken hervorgerufen haben. Ich hatte keine Lust, sie mir in diesen letzten Tagen vorlesen zu lassen; ich hatte immer den ungelesenen Brief im Kopfe. Um so etwas zu hören, muss man in Ruhe sein.

Seit Ihrer Abreise bin ich mehrmals mit Frau von Boufflers zusammengekommen, und ich will Ihrer Eitelkeit entweder eine große Demütigung oder eine große Schmeichelei bereiten, indem ich Ihnen vermelde, dass Sie von ihr keinmal erwähnt worden sind. Wenn das mit rechten Dingen zugeht, so ist es eine recht kalte Art. Steckt aber etwas dahinter, so verrät sich viel Wärme. Indessen muss ich hinzufügen, um Ihre Eigenliebe am Schopfe zu packen, es scheint mir, als läge ihr viel daran, auf den Grafen Crillon Eindruck zu machen. Wir waren einen Abend bei ihr, einmal zusammen auf dem Markt, einmal kam sie zu mir und wir mussten alle zusammen gehen, den Katafalk anzusehen. Dieses *Zusammen* bedeutet immer: mit Crillon.

Ich habe vortreffliche Ananas geschickt bekommen und einen vier Seiten langen Brief voll aller möglichen Neuigkeiten und etlicher sehr schmeichelhaften Lobeshymnen auf mich. Wenn ich ihn Ihnen vorlesen wollte, so könnte ich Sie auf etliche Tage todkrank vor Eifersucht machen. Indessen – Sie werden inzwischen so viel galante Streiche vollführen, so viel gefallen

---

[64] Anne Robert Jacques Turgot, Baron de l'Aune (1727–1781), das bedeutendste Mitglied der Partei der Ökonomisten. Er ist nur zwei Jahre am Ruder geblieben. (Vgl. über ihn: Leon Say, Turgot, Paris bei Hachette 1891.) »Prévost«: der Abbé Prévost (1697–1763), dessen Roman »Manon Lescaut« (1731) in die Weltliteratur übergegangen ist. Eine reizend ausgestattete deutsche Ausgabe im Insel-Verlage.

und verführen, dass alle meine Erfolge nichts dagegen sind und ich doch nur ein kleiner Gernegroß bin.

Lieber Freund, warum haben Sie mir nicht aus Chanteloup geschrieben? Hatten Sie mir da bereits nichts mehr zu sagen? Wenn Sie diesen Brief noch in Bordeaux erhalten, was ich nicht bezwifle, so bitte ich Sie, machen Sie doch noch den erwähnten Besuch beim [spanischen] Konsul. Vielleicht erfahre ich dadurch neue Einzelheiten [über die letzten Tage des Marquis von Mora].

Ich werde Ihnen eines Tages Dinge erzählen, mein lieber Freund, wie man sie weder in den Romanen von Prévost noch von Richardson[65] findet. Meine Geschichte ist so reich an verhängnisvollen und so schrecklichen Umständen, dass sie geradezu beweist, wie unwahrscheinlich oft die Wirklichkeit ist. Die Romanheldinnen haben gewöhnlich wenig über ihre Erziehung zu sagen; meine Entwicklung wäre durch ihre Sonderbarkeit des Aufschreibens wert. An einem Winterabend, wenn wir einmal recht trüb gestimmt sind, so recht zum Nachgrübeln aufgelegt, da will ich Ihnen zum Zeitvertreib einen Bericht zu hören geben, der Sie packen würde, falls Sie ihn in einem Buche fänden. Er wird Ihnen ein gewaltiges Grauen vor dem Menschengeschlecht verursachen. Wie viele Menschen sind grausam! Im Vergleich zu ihnen sind Tiger harmlose Geschöpfe. Ich hätte mich dem Hasse weihen sollen. Das war meine natürliche Bestimmung, die ich schlecht erfüllt habe. Ich habe viel geliebt und sehr wenig gehasst! Aber wohin verliere ich mich? Ganz Ihnen, den ich liebe, dem Stecken und Stabe meines Lebens, – wozu blicke ich da auf alle diese Hässlichkeiten zurück?

Ich will diesen Brief erst schließen, wenn der Briefträger da gewesen ist. Wie überglücklich wäre ich, wenn er mir einen Brief von Ihnen brächte!

Stellen Sie sich vor, ich schreibe immer im Wahne, es sei Sonnabend. Ich warte auf den Briefboten, der doch erst morgen kommt. Mein Kopf ist so wirr; die Sehnsucht nach Tröstung hat mich das Gefühl für die Zeit verlieren lassen.

Ach, wäre es nicht besser gewesen, ich hätte Sie nie kennengelernt und nie geliebt?

Sonnabend, den 27. August 1774, abends

Mein lieber Freund, ich habe keine Nachrichten von Ihnen. Hundertmal sage ich mir, er wird zu spät angekommen sein, er wird nicht daran denken, wel-

---

[65] Samuel Richardson (1689–1761), englischer Romandichter. Seine »Clarissa Harlowe« (1747) war eines der berühmtesten Bücher des 18. Jahrhunderts.

chen Wert eine einzige Stunde für mich hat. Das macht nun einen Unterschied von vier Tagen aus, und ich bin jetzt auf den Mittwoch zurückgesetzt.

Ach, ich hatte mich so fest auf meine Hoffnung verlassen. Aber umsonst. Der Briefbote ist gekommen; er hat drei Briefe gebracht, die ich nicht lesen konnte, weil der von Ihnen fehlte. Mein Gott, Sie sind nicht glücklich oder nicht unglücklich genug, um Gleiches zu empfinden!

Mein lieber Freund, wenn ich am Mittwoch keine Nachricht von Ihnen erhalte, schreibe ich Ihnen nicht mehr. Sie sind schon einmal schuldig gewesen; zweimal. Es wird noch tausendmal so sein, aber ich erkläre Ihnen, dass ich es Ihnen nicht verzeihe, Sie aber deswegen nicht weniger lieben werde. Sie sehen, ich schreibe Ihnen Unsinn. Die Logik des Herzens ist ungereimt. Aber, um des Himmels willen, tun Sie nichts, dass ich je logischer philosophiere.

Sie sollten jetzt hier sein! Der Freudenrausch ist allgemein.[66] Welch ein Unterschied zwischen meiner Stimmung und der rings um mich! Alles jubelt und ist voll guter Erwartung, und ich lebe einzig in der unglücklichen Vergangenheit, von der wir befreit sind. Zur Freude kann sich meine Seele nicht aufraffen, sie ist erfüllt von Leid und schmerzlichen Erinnerungen. Sie wird beherrscht von einem Gefühle, das ihr viel Unruhe und zuweilen heftige Wallungen schafft, ganz selten aber eine Freude verheißt. In diesem Zustande kann man einen Jubel der Allgemeinheit nur mit dem Verstande, nur in der Reflexion nachempfinden. Und Freuden des Verstandes sind sehr mäßiger Art.

Meine Freunde sind unzufrieden, dass sie mich nicht in diesen Freudenrausch hineinzuziehen vermögen. Es tut mir selbst leid, sage ich zu ihnen, aber ich habe keine Kraft zur Fröhlichkeit. Gleichwohl befriedigt es mich, dass Turgot bereits einen Schurken um die Ecke gebracht hat, den Hauptübeltäter in der Getreideangelegenheit, den Herrn von Saint-Prix. Er hat sich ein protziges Haus erbaut, mit dessen Steinen er es verdiente, gesteinigt zu werden. Am Sankt-Ludwigs-Tage haben die Marktweiber dem Könige folgenden Glückwunsch gesandt: »Eurer Majestät beglückwünschen wir zu der gestrigen Jagd, Euer Großvater hat niemals eine glänzendere abgehalten.«

---

[66] Der Abbé Galiani (Deutsche Ausgabe, München, bei Georg Müller, 1907, II, S. 538 f.) schreibt in kluger Voraussicht bereits am 17. September 1774: »*Endlich ist Turgot Generalkontrolleur geworden. Er wird zu kurze Zeit im Amte bleiben, um sein System durchführen zu können. Er wird einige Spitzbuben abstrafen, er wird fluchen, er wird wütend werden, wird das Gute tun wollen, wird überall auf Dornen, Schwierigkeiten und Halunken stoßen. Sein Ansehen wird sinken, man wird ihn hassen, man wird behaupten, er sei für das Amt untauglich. Die Begeisterung wird erkalten. Er wird seine Entlassung erbitten oder empfangen, und man wird endlich einmal den Irrtum einsehen, eine solche Stelle in einer Monarchie wie der Eurigen einem sehr tugendhaften und sehr philosophischen Mann anvertraut zu haben.*«

Graf Crillon, der in Montigny[67] ist, hat mir einen patriotischen Hymnus, drei überschwängliche Seiten, geschrieben. Alle sind glücklich, die Hoffnung erhält sie jung. Ach, wie ist man alt, wenn man die verloren hat oder einem gerade nur so viel davon übrig bleibt, um der Verzweiflung zu entrinnen!

Schreiben Sie mir doch, ob Sie viel Verse machen, ob Sie sich das »Eile mit Weile!« angewöhnt haben, ob Sie sich zu dem Beispiele Racines bekehren, der seine Verse langsam dichtete. Lieber Freund, ich empfehle Ihnen, alle Morgen eine Szene seiner göttlichen Musik zu lesen und immer wieder zu lesen, dann spazieren zu gehen und selber zu dichten. Die Natur hat Ihren Verstand so reich befähigt und Sie mit so viel Gefühlskraft begnadet, dass ich fest glaube, Sie könnten ein großer Dichter werden.

Aber was lasse ich mir da einfallen? Ich gebe Ratschläge und wem? Einem Manne, der meinen Geschmack sehr gering schätzt, der mich für ein dummes Ding hält.

Adieu, lieber Freund. Wenn Sie mich liebten, wäre ich nicht so bescheiden. Dann würde ich glauben, nichts aus der Welt beneiden zu brauchen.

Ich habe Ihnen gestern einen Riesenbrief nach Bordeaux geschrieben. Dieses Wort ist mir grässlich; es rührt an die empfindlichste und schmerzhafteste Saite meines Herzens.

Leben Sie wohl, leben Sie wohl!

Montag, den 29. August 1774

Der Chevalier d'Aguesseau hat mir erzählt, dass Sie vierundzwanzig Stunden in Chanteloup verweilt haben, dass Sie sich wohlfühlen und am 22. in Bordeaux angekommen sind. Es ist eigentlich ganz natürlich, dass Ihre Freunde Nachricht von Ihnen am Sonnabend den 27. erhalten haben. Ich beklage mich durchaus nicht, dass Sie ihnen den Vorzug vor mir geben, aber mein lieber Freund, es wäre doch süß für mich, wenn ich Anlass hätte, Sie zu loben und Ihnen für etwas Liebes zu danken, das ich tief empfunden hätte. Meine Seele sehnt sich danach.

Leben Sie wohl! Nun haben Sie drei Briefe ganz kurz hintereinander. Wenn ich am Mittwoch von Ihnen keinen erhalte, so werde ich wohl verstummen dürfen. Alle meine Freunde erkundigen sich bei mir eifrigst nach Ihnen, vor allem d'Alembert.

---

[67] Bbei Herrn von Trudaine, Generalintendant der Finanzen, bekannt aus Galianis Briefen.

Ich bin in den letzten Tagen sehr leidend gewesen, aber das ist ja fast der Normalzustand bei mir. Das endlose Leid entkräftet selbst den Trost, der im Sich-beklagen liegt. Nochmals, leben Sie wohl!

Habe ich Ihnen noch nicht erzählt, dass ich Millico[68] habe singen hören? Das ist ein Italiener. Nie, niemals habe ich eine so vollkommene Stimme im Verein mit so viel Seele und so viel Ausdrucksfähigkeit gehört. Wie viel Tränen hat er uns allen entlockt! Wie bewegt er einem das Herz! Ich war erschüttert. Noch nie hat etwas auf mich einen tieferen Eindruck gemacht, mich mehr gerührt, ja mir das Herz zerrissen. Ich hätte diesen Tönen am liebsten lauschen und dabei sterben mögen. Ach, so ein Tod wäre schöner als dieses Leben!

Sonnabend, den 3. September 1774, früh

Jene »kühlen, bitteren« Zeilen, auf die Sie geantwortet haben, die werfe ich mir keineswegs vor. Sie waren der gerechte Ausdruck der Stimmung, die mich damals in Besitz nahm und mich hoffentlich nicht mehr verlässt. Was ich mir vorwerfe, was mich in meinen Augen verächtlich macht, das ist die grenzenlose Schwachheit, die mich immer noch zu Ihnen hinzieht. Ich habe Ihnen meine Liebe bekannt. Ich habe meine Freude daran gehabt. Sie war tödliches Gift! Ich bin eine Unglückliche, verdammt zur Trübsal. Nur mit Grauen blicke ich auf die Zeit, die seit jenem Augenblick verflossen ist, da ich Sie zum ersten Male gesehen habe. Wahrlich, ohne Sie hätte ich die qualvollste aller Foltern nie kennengelernt, die Reue. Ohne Sie wäre ich vielleicht vor herzzerreißendem Leid bewahrt geblieben, wäre nicht verdammt worden, blutige Tränen um das Andenken eines Freundes zu vergießen, weil ich mir vorwerfen muss, ihm die letzten Lebenstage getrübt zu haben. Solches Gift, wie Sie mir in die Seele träufeln, habe ich in die seine gegossen. Er kannte keinen Argwohn, bis er ihn durch mich kennenlernen musste. Seitdem waren seine Briefe und ebenso sein Herz voller Unruhe und Schmerz. Sie waren es, Sie haben das grausamste Leid über den edelsten Mann gebracht, der der höchsten Liebe wert war. Ach, in welche Wüste haben Sie mich geführt, weit ab von den Grenzen des Landes der Tugend und der Menschlichkeit!

Und, mein Gott, wem habe ich dieses Opfer gebracht? Einem Manne, der mir nie wirklich gehört hat, der hartherzig und unritterlich genug ist, mir zu erklären, er habe mich genommen, ohne mich zu lieben. Nachdem er Verrat

---

[68] Italienischer Sänger, der auf Glucks Anregung (sie hatten sich 1769 in Parma kennengelernt) Gastspiele in Wien und in Paris gab.

begangen, mich tausendmal betrogen hat, macht er sich ein barbarisches Vergnügen daraus, mir die Wahrheit zu enthüllen, die mich erniedrigt und zur Verzweiflung bringt. Mein Gott, soll ich denn gar keine Rache dafür haben? Soll ich mich wirklich damit begnügen, voll Hass zugrunde zu gehen?

Es fällt mir durchaus nicht ein, Sie schonend zu behandeln. Ich will wenigstens die Befriedigung genießen, Ihnen alle meine Gedanken zu offenbaren. Ihnen gegenüber habe ich nichts zu verlieren; im Gegenteil, ich will, nichts soll sich erhalten. Somit setze ich das Schlimmste voraus. Ich sehe es, ich bin überzeugt davon, und ich werde Kraft genug haben, es zu ertragen. Verlieren Sie meinethalben diesen Brief, wie Sie das so zu tun pflegen, oder heben Sie ihn auf, wenn Sie das lieber wollen, und geben Sie ihn der zu lesen, die Ihnen so teuer ist und mit der Sie in so zarten Banden stehen. Mit einem Worte, machen Sie damit ganz, was Sie wollen. Ich habe von Ihnen nichts mehr zu befürchten. In Wahrheit sind Sie für mich nicht so gefährlich gewesen, wie ich das in meiner Empfindsamkeit und Unschuld geglaubt habe.

Leben Sie wohl! Wenn Sie eines Tages meiner mit Bedauern gedenken müssen, wenn Sie Reue empfinden werden, dann werde ich gerächt sein.

Donnerstag, den 15. September 1774

Vielleicht werden Sie niemals lesen, was ich Ihnen eben schreibe, vielleicht auch haben Sie es sehr bald in den Händen. Die Antwort, die ich am Sonnabend erwarte, soll nämlich entscheiden, ob ich diesen Brief verbrenne oder Ihnen sende.

Hören Sie mich an. Mir ist, als ob alle Leidenschaften meiner Seele eingeschlafen seien. Sie ist ihrem alten und einzigen Ideal wieder zugewandt und zurückgegeben. Mein lieber Freund, ich täusche mich durchaus nicht. Meine Erinnerungen, selbst meine Trauer, sind mir teurer, vertrauter und heiliger als die ungestüme Liebe, die ich für Sie gehegt habe, als das Begehren, das ich so gern auch in Ihnen gesehen hätte. Ich bin in mich gegangen, ich bin zu mir gekommen, ich habe Gericht über mich und auch über Sie gehalten. Ein Urteil habe ich aber nur über mich gefällt. Ich habe eingesehen, dass ich Unmögliches beansprucht habe: von Ihnen geliebt zu werden. Es war ein unerhörtes Glück, ein Glück, das ich nie hätte gewinnen sollen, dass der zärtlichste, vollkommenste und liebenswürdigste Mann, den es je gegeben hat [der Marquis von Mora], mir seine Seele, sein Denken, sein ganzes Ich geschenkt und völlig überlassen hatte.

Ich erwähne das alles immer wieder, mein Freund, nicht aus alberner Schwäche, die der Trauer meines gequälten Herzens unwürdig wäre, sondern um mich vor Ihnen zu rechtfertigen, jawohl zu rechtfertigen. Schuldbeladen habe ich mich an Sie verloren. Ich habe Sie leidenschaftlich geliebt, aber auch das kann mich nicht vor Ihnen entschuldigen, dass ich die Sehnsucht habe hegen können, Sie sollten fühlen wie ich. Diese Anmaßung musste Ihnen verrückt vorkommen. Ich einen Mann Ihres Alters fesseln, der in sich alle liebenswürdigen Eigenschaften eint, den Talent und Geist zum Liebling aller der Frauen machen, die mehr Anspruch als ich haben, zu gefallen, zu verführen und zu fesseln! Mein lieber Freund, ich bin ganz außer mir, wenn ich daran denke, für wie blind von Eigenliebe und verstandesarm Sie mich halten müssen! Voller Schmerzen klage ich mich an. Zweifellos zu spät, viel zu spät werde ich gewahr, dass ich mich verirrt habe. Es war ein Wahn zu glauben, dass Sie mich lieben könnten. Ich verfluche diesen Irrtum, und indem ich mich selber verachte, sollte ich auch Sie hassen. Und in der Tat reizen Sie dieses grässliche Gefühl in mir. Es wäre die letzte Kraftprobe meiner Leidenschaft. Aber ich bereue nichts mehr. Der letzte Schlag, der meinen Körper gebrochen, hat meine Seele erhoben. Sie ist empfindsam geblieben, aber leidenschaftslos geworden. Ich kenne keinen Hass, keine Rache mehr, keine ...

Mein Gott, welches Wort wollte ich eben aussprechen! Es ist nur noch – in meinen Gedanken – dem Gedächtnis des Marquis von Mora geweiht. '

Ich habe Ihre Briefe gelesen und nochmals gelesen, den ans Bordeaux und den vom 8. aus Montauban. Es tut mir herzlich leid, dass Sie ohne rechten Anlass unruhig und aufgeregt sind, aber grundlose Schmerzen sind nur vorübergehend, ich hoffe es wenigstens, denn ich wünsche Ihnen aus ganzer Seele Frieden und Glück. Ich habe nicht die Macht gehabt, Ihnen diesen Besitz zu gefährden, aber vielleicht leidet Ihr Ehrgefühl unter dem Bewusstsein, mir wehgetan zu haben. Ich verzeihe Ihnen im Grunde meines Herzens. Bewahren Sie mir Ihr Gedenken, aber sprechen Sie nie davon und lassen Sie mir meinen Glauben, dass ich damals mehr unglücklich als schuldig war, als wir uns fanden. Ach, Sie sind nicht verpflichtet, dasselbe zu glauben, und ich habe das Recht verloren, Sie zu überzeugen, aber mit Rousseau wage ich zu sagen: »Meine Seele war nicht geschaffen zur Erniedrigung!«

Leben Sie wohl! Sollte ich Sonnabend Nachricht von Ihnen bekommen, dann will ich noch ein paar Worte hinzufügen. Ich verzeihe Ihnen im Voraus jegliche Kränkung, die Sie mir könnten geschrieben haben. Ebenso widerrufe ich mit dem letzten bisschen Vernunft und Energie, das mir geblieben ist, alles was ich Ihnen im Banne der Verzweiflung geschrieben habe.

Ich lege Ihnen hiermit mein Glaubensbekenntnis in die Hände. Ich verspreche, ich gelobe Ihnen, nichts mehr zu fordern, keinerlei Ansprüche an Sie zu stellen. Wenn Sie mir etwas Freundschaft bewahren, so will ich mich ihrer in

Frieden und Dankbarkeit erfreuen. Und wenn Sie mich ihrer nicht mehr für würdig erachten, so will ich darum trauern, ohne Sie ungerecht zu schelten.

Adieu, mein lieber Freund! Die Freundschaft spricht dies Wort aus. Es ist meinem Herzen umso teurer, seit ihm nichts mehr daraus droht.

Sonnabends, elf Uhr abends

Ihre Antwort ist da. Sie ist nicht anders, als ich sie mir gewünscht hätte: frostig und lau. Mein lieber Freund, wir werden uns verstehen. Meine Seele ist der Ihren gleich gestimmt.

Mein Brief hat Sie also nicht beleidigt? Sie haben ihn wunderbar richtig aufgefasst! Sie haben eben mir gegenüber den Vorteil des vernünftigen Mannes über ein leidenschaftliches Weib! Sie waren kaltblütig, ich im Fieber. Aber auch bei mir war das die letzte Krise einer schrecklichen Krankheit, an der es freilich besser gewesen wäre zu sterben, weil die Heftigkeit der Fieberanfälle die Kräfte des unglücklichen Kranken so schwächt und verzehrt, dass er sich wenig Freude von seiner Genesung versprechen darf.

Lieber Freund, Sie haben das Wort Ritterlichkeit gebraucht. Wissen Sie, was ritterlich ist? Nicht etwa, dass Sie die sechs oder sieben Seiten wieder zerrissen haben, die Sie mir vor dem Empfang meines Briefes vom 4. September geschrieben hatten. Nein, nein! Die Vernunft hat über die Leidenschaft triumphiert. Sie regelt unser Leben. Sie gießt über alles ihren Frieden aus; kurzum, sie ist so maßvoll, dass ich Ihnen heute meinen Dank abstatten muss für das, was Sie mir gesagt haben, und für das, was Sie mir nicht gesagt haben.

Lieber Freund, Ihr Brief vom Freitag ist liebenswürdig, sanft, rücksichtsvoll, vernünftig. Er hat den reizenden Ton des Vertrauens. Aber er ist traurig, und ich bin betrübt, dass dies die Stimmung Ihrer Seele ist. Aber ich habe nichts in mir, was Sie aufheitern könnte. Ich habe nicht einmal die Kraft, heute Abend noch länger mit Ihnen zu plaudern. Ich bin allzu leidend. Wenn ich es kann, nehme ich Ihren Brief vor dem Abgang der Dienstagspost noch einmal vor. Leben Sie wohl! Erwarten Sie denn eigentlich noch Nachrichten von mir?

Montag, den 19. September 1774, am Abend

Ich will Ihnen schreiben. Ich muss Ihnen antworten. Wenn ich die morgige Post nicht benutze, müsste ich bis Sonnabend warten. Ich habe Ihren Brief eben nochmals gelesen. Ich dachte, er solle mich begeistern, aber keineswegs: Ich fühle mich grässlich nüchtern. Überzeugen Sie sich selbst:

Alle Betrachtungen, die Sie über Ihre gegenwärtige Lebenslage anstellen, sind höchst vernünftig. Aber wenn Sie sich nun einmal mit der Zukunft beschäftigen, so müssen Sie Dinge in ihr wahrnehmen, die Ihnen weit mehr Anlass zu Hoffnungen als zu Befürchtungen bieten. Es scheint mir, als ob tüchtige Leute zu keiner Zeit goldenere Wege vor sich hätten als gerade jetzt. Der Tüchtigkeit, dem Verstand und den Talenten steht alles offen. Wir leben nicht in einer Zeit, wo man mutlos zu sein braucht, nein, man muss mit Vertrauen kommen, nicht um Gunst und Gnade bitten, sondern zeigen, was man kann, und sich Gerechtigkeit widerfahren lassen.

Herr von Vaines könnte Ihnen förderlich sein, wenn auch nicht unmittelbar, so doch durch seine Freunde. Er würde das Unmöglichste tun, um Sie sich zu verpflichten. Er hat eine ausgesprochene Vorliebe für Sie. Jedes Mal, wenn er mich sieht, erkundigt er sich nach Ihnen. Am Tage Ihrer Abreise hat er mir unter anderem geschrieben: »Ich bitte, geben Sie mir Nachricht von sich und auch von Herrn von Guibert, der alle die in hohem Grade interessiert, die eine freimütige Feuerseele lieben, die auf allen Wegen dem Ruhm entgegenstürmt.«[69] Ich wollte Ihnen diese Zeilen längst schicken, wurde aber durch einen Umstand daran verhindert, der mir stumm zu sein gebot. Sie sollten Herrn von Vaines schreiben; nicht wegen seiner finanziellen Macht, davon kann keine Rede mehr sein: Er hat sein Interesse seinem Freunde Turgot und dem Allgemeinwohl zum Opfer gebracht. Kurzum, er war von dem Wunsche beseelt, um das Höchste zu wetteifern; ein idealer Drang hatte ihn ergriffen. Ein wenig ruhiger geworden, hat er eingesehen, was für eine schreckliche Bürde er auf sich genommen hat.

Ich kämpfe durchaus nicht gegen Ihre Zukunftspläne. Ich selber habe ja keine. Es wird Ihnen also wohl einleuchten, dass ich mich nicht besonders aufrege, wenn bei anderen davon die Rede ist. Im Allgemeinen bin ich überzeugt, dass es gut für Sie wäre, keine Dame aus der Provinz zu heiraten. Allerdings wäre es ein Mittel, Ihr unstetes Wesen zu fesseln. Es wäre aber doch insofern ein Unglück für Sie, als es Sie des höchsten Gutes beraubte: der Hoffnung. Mein lieber Freund, ich begreife nicht, dass Sie nicht genug Kraft haben, um schlechte Vermögensverhältnisse zu ertragen. Paris ist der Ort der Welt, wo man arm sein kann und doch dabei nicht allzu viel entbehrt. Nur der Griesgram und der Tor bedürfen des Reichtums. Ebenso braucht man keine Reise um die Erde gemacht zu haben, um ein gutes Buch zu schreiben. Setzen Sie sich nur immer an die Arbeit. Ehe das Buch fertig

---

[69] Diese Briefstelle hat Julie herausgeschnitten und in ihren Brief an Guibert eingeklebt.

ist, sind Sie vielleicht reich genug, um Ihre Reise zu, machen. Ich wünschte, Sie sähen den Mangel an Vermögen nicht für ein Unglück, höchstens für ein Hindernis an. Von hoher Warte herab ziehe ich Ihre Fähigkeiten allen Reichtümern des Bankiers Beaujon[70] vor. Die Freude an der Wissenschaft ist mir lieber als der Posten des Großstallmeisters von Frankreich. Mit einem Worte: wenn ich verdammt wäre, weiter zu leben, und ich könnte mir nicht das Schicksal eines braven Landmanns in der Normandie wählen, so würde ich mir den Geist und die Fähigkeiten des Herrn von Guibert erbitten, aber nur unter der Bedingung, dass ich etwas mehr Gebrauch davon machen dürfte.

Was Sie mir von den Kindern Ihrer Frau Schwester schreiben, das bezeugt Ihre große Anteilnahme und Ehrbarkeit, aber, mein lieber Freund, Sie beunruhigen sich doch auch hier allzu sehr um die Zukunft. Das sind jetzt noch Kinder. Sie sind zu schwarzseherisch, und das peinigt Sie. Vielleicht haben diese Kleinen das Glück, dem Stumpfsinn des Lebens zu entrinnen. Und sind es Durchschnittsmenschen – und darauf kann man doch in der Regel wetten –, warum soll das Mädchen dann nicht in einem Kloster glücklich werden, ohne dass man es gerade gewaltsam dazu bestimmt? Das Schicksal des Knaben ist noch weniger bedenksam. Sie wissen besser als ich, dass die Erziehung in einem Provinzgymnasium ebenso gut oder ebenso schlecht ist wie in einem Pariser. Und dann, mein Freund, wenn er als Sechzehnjähriger in irgendein Regiment eintreten soll, dann ist es wirklich ganz belanglos, ob er in Bordeaux oder in Paris erzogen worden ist. Wie falsch sind unsere Vorstellungen über die Grundlagen des Lebens, über das Glück! Du lieber Gott, was hat das individuelle Glück damit zu tun, ob man den Geist gedrechselt bekommt oder ob einem die Leuchten der Wissenschaft vorenthalten bleiben? Ich glaube ja, Ersteres ist im Allgemeinen sehr nützlich, aber warum soll Ihr Neffe, der vielleicht gar kein Geisteslicht ist, gerade auf diese Weise glücklich werden?

Meine Antwort auf alle die Einzelfragen, die Ihre Freundschaft, Ihr Vertrauen mir vorgelegt hat, ist, ich fühle es, sehr nüchtern, sehr beschränkt. Aber was soll man tun? Mir fällt nichts Gescheites ein. Meine Seele ist eine Wüste, mein Kopf hohl wie eine Laterne. Alles, was ich sage, was ich höre, ist mir so gleichgültig! Ich würde dieselbe Antwort geben wie jener Lebensüberdrüssige, dem man vorwarf, warum er sich nicht totschösse: »Ich tue es nicht, weil mir Tod oder Leben einerlei ist!«

Allerdings passt das nicht richtig auf mich, denn ich leide, und der Tod wäre mir eine Erlösung. Aber ich bin zu keiner Tat fähig.

---

[70] Nicolas Beaujon (1708–1786), berühmter Finanzmann seiner Zeit.

Dienstag, den 20. September 1774, sechs Uhr früh

Um die Fadheit und Dürre meines Briefes von gestern Abend wieder gut zu machen, komme ich auf den Einfall, Ihnen zwei Blätter Voltaires und die Lobschrift auf Lafontaine[71] zu übersenden, die ich mit ebensoviel Genuss gelesen wie angehört habe. Ich bitte wohl zu beachten, dass ich kein überschwängliches Lob hören will. Es steht Ihnen also völlig frei, abscheulich zu finden, was mir vortrefflich vorkommt.

Der Chevalier von Chastellux, der mich oft besucht, aber stets nur auf den Husch, vergisst es in der Eile immer, sich nach Ihnen zu erkundigen. Er ist sehr zerstreut, beschäftigter und mehr hinter allen möglichen Fürstlichkeiten her wie je. Er hat mir viel von der Treibjagd beim Herzog von Orleans vorgeschwärmt. Heute ist er in der Bretèche[72]. Da wird er Neues von Ihnen hören. Aus konventioneller Rücksicht gegen die Gesellschaft verfällt man in den Ton und in den Gedankenkreis der Leute um einen herum.

D'Alembert und Graf Crillon plaudern oft mit mir von Ihnen. Sie wenden sich an mich, um Neues von Ihnen zu erfahren. In Zukunft werde ich mich aber wohl an sie wenden müssen, denn Sie schreiben mir ja nicht mehr. Ist es nicht so?

Mein Gott, wie toll, wie dumm ist die Leidenschaft! Seit vierzehn Tagen habe ich einen Abscheu vor allem Leidenschaftlichen. Indessen will ich gerecht sein und eingestehen, dass ich bei meiner Verherrlichung der Vernunft und Gelassenheit halb tot bin. Ich habe gerade noch Kraft genug, um meine Abgestorbenheit zu fühlen. Leib, Seele, Gehirn, mein ganzes Ich ist erschöpft, aber dieser Zustand ist mir nicht lästig, so neu er mir ist.

Gute Nacht, mein lieber Freund, denn, wenn es auch schon Tag wird, so habe ich doch noch nicht geschlafen. Noch niemand hat den Einfall gehabt, über den Schlaf und seine Wirkung auf den Geist und die Leidenschaften zu schreiben. Die Naturforscher sollten diesen für Unglückliche so wichtigen Punkt nicht beiseitelassen. Wenn sie nur wüssten, wie sehr die Schlaflosigkeit das Leiden steigert! Die erste Frage an einen Kranken und Unglücklichen sollte immer lauten: Können Sie schlafen? Und die zweite: Wie alt sind Sie?

---

[71] Von Laharpe (1739–1803), geschrieben im Wettbewerb um einen Preis der Akademie von Marseille, den Nicolas Chamfort (1740–1794) davontrug. Vgl. Correspondance de Grimm, VIII, p. 405. Guibert schreibt Julie am 30. September 1774 aus Fontneuve bei Montauban: »... *Ich habe die Lobschrift auf Lafontaine von Laharpe gelesen und wieder gelesen. Sie hat mir großes, ganz außerordentliches Vergnügen bereitet. Der zweite Teil gefällt mir besser als der erste, aber ich bitte Sie um Verzeihung, naiv kann ich seinen Stil nie und nimmermehr finden ...*«

[72] »Die Zinne«, Landgut der Madame de Montsauge.

Angefangen am Donnerstag, den 22. September 1774

Verdamm' mich mit den allerschlimmsten Worten:
Mir tun sie nichts; Dein Schweigen quält mich mehr![73]

Mein lieber Freund. Wenn ich Leidenschaft hätte, so würde mich Ihr Schweigen töten, und hätte ich bloß Eigenliebe, so müsste ich gekränkt sein, müsste Sie mit aller Kraft hassen. Ach, ich hasse nicht mehr.

Sie haben mir nichts mehr zu sagen, Sie wissen nicht, was Sie mir vorplaudern sollen? Überzeugt, dass meine Liebe dahin sei, spüren Sie darob so gar kein Bedauern? Nichts, nichts ist in Ihnen, das Sie reizt, das Verlorene wieder zu verlangen! Nun, mein Freund, ich bin hinreichend beruhigt, um gerecht zu sein. Ich billige Ihr Benehmen, so sehr es mich betrübt. Es ist achtenswert an Ihnen, dass Sie der Wahrheit kein Mäntelchen umhängen wollen. Worüber sollten Sie denn eigentlich auch klagen? Es ist grässlich, der Gegenstand eines Gefühls zu sein, das man nicht zu teilen vermag. Man leidet darunter, und man ist der Anlass von Unglück. Lieben und geliebt zu werden ist himmlisches Glück. Wer es besessen und verloren hat, dem bleibt nichts übrig als der Tod. Zwei Dinge gibt es auf Erden, die kein Mittelmaß vertragen: die Kunst und die Liebe. Aber ich täusche mich nicht: Meine einstige Liebe zu Ihnen war nicht vollkommen. Zunächst hatte ich mir dabei etwas vorzuwerfen. Ich habe sie mit Gewissensbissen bezahlen müssen. Und vielleicht war es dann die Reue, die meine Seele bis in den Grund verändert, mein Wesen und mein Lieben durch und durch verwandelt hat. Ich weiß es nicht. Verdammenswerte Gefühle aber waren es, die mich unaufhörlich in ihrer Gewalt gehabt haben: Eifersucht, Ruhelosigkeit, Misstrauen. Ich habe Sie immer und immer wieder angeklagt. Ich nahm mir vor, nicht zu klagen, aber dieser Zwang war mir grässlich. Kurzum, diese mir bis dahin fremde Art der Liebe ward mir zur Qual.

Lieber Freund, ich habe Sie allzu sehr geliebt und doch nicht genug. Darum haben wir im Wandel meiner Gefühle alle beide gewonnen. Schuld sind weder Sie noch ich daran. In einem klaren Moment, im Zeitraume von kaum einer halben Stunde, bin ich an meiner letzten Leidensstation angelangt. Ich bin gestorben und wieder auferstanden. Und was mir selber unbegreiflich ist, diese Wiedergeburt hat mir nur die Erinnerung an den Marquis von Mora gelassen. Jede andere Spur ist aus meinem Hirn getilgt. Eine halbe Stunde zuvor hatten Sie noch all mein Sinnen und Denken beherrscht; nun sind schon vierundzwanzig Stunden vorüber, ohne dass ich Sie ein einziges

---

[73] Verse aus Racine, Andromache, III. Akt, 5. Auftritt. Glucks »Orpheus und Eurydike«: Pariser Erstaufführung am 2. August 1774.

Mal im Geiste vor mir gesehen hätte. Wenn ich jetzt an Sie denke, habe ich nur eine blasse Erinnerung.

Ich habe meinen Frieden wieder gewonnen, aber ich täusche mich darin durchaus nicht, es ist Grabesfrieden. Mein lieber Freund, meine Stimmung ist so: Was ich auch sehe, höre, tue oder tun könnte, nichts vermag meiner Seele das geringste Mitgefühl abzugewinnen. Das ist eine Art zu existieren, die mir ganz fremd ist. Nur etwas gibt es in der Welt, das mir wohl tut: die Musik. Aber auch diese Wohltat würden andere als Schmerz empfinden. Ich möchte zehnmal am Tage jene Melodie hören, die mir das Herz zerreißt und mir all das Verlorene wieder vorgaukelt:

Verloren habe ich meine Eurydike ...

Ich gehe immer wieder in den »Orpheus«, immer allein. So am letzten Dienstag. Ich habe meinen Freunden gesagt, ich wolle Besuche machen, und dann habe ich mich in meine Loge eingeschlossen. Sie kennen sie und das schöne Sofa darin.

Leben Sie wohl!

Freitag, den 23. September 1774

Lieber Freund! Ich schreibe Ihnen so viel, dass ich Sie ermüde. Aber es ist die einzige Beschäftigung, bei der ich die Empfindung habe, noch zu leben. Wenn ich auch überzeugt bin, dass ganz tot sein der schönste Zustand ist, so ist es mir halbtot doch noch eine Wonne, mit Ihnen zu plaudern. Wenn Sie mich auch nicht hören, so erfahren Sie es doch wenigstens und können mir antworten. Es ist sehr traurig, gar keinen Brief von Ihnen zu bekommen. Zweimal hat die Post nichts von Ihnen gebracht, die vom Montag und vom Donnerstag. Ich bin selber schuld daran. Sie hätten mir doch weiterhin wenigstens pünktlich geschrieben, wenn Sie mich auch nicht mehr lieben.

Ach, so weit ist es mit mir gekommen!

Ich habe Sie geliebt und dann rasend gehasst. Sicherlich war das der letzte Aufschwung meiner Seele, ehe sie auf ewig dahingeschwunden ist. Wahrlich, seitdem habe ich sie nicht wieder reden hören. Ich weiß nicht, was aus ihr geworden ist.

Ich glaubte, d'Alembert würde am Mittwoch Nachricht von Ihnen bekommen. Als ich nach Hause kam, war mein erstes Wort die Frage, ob er keinen Brief erhalten hätte. Er wusste es nicht, denn er hat die treffliche Angewohnheit, seine Briefe erst am andern Morgen zu öffnen. Bald erfuhr ich, dass von Ihnen nichts gekommen war. Mein leidender Zustand nahm darüber derartig qualvoll zu, dass ich ein Beruhigungsmittel einnehmen musste.

Wozu sage ich Ihnen das alles? Sie schreiben mir doch nicht.

Ihre Abneigung vor dem Leben in der *Provinz* verstehe ich vollkommen. Aber *auf dem Lande* leben ist was ganz anderes. Ich möchte viel lieber in einem Dorfe wohnen, in der Gesellschaft von Bauern, als in der Stadt Montauban und ihrer guten Gesellschaft. Aber bei Gott, es gibt auch mitten in Paris eine Menge Provinzler, eine Masse Dummköpfe und Protzen. Der höhere Mensch ist allerorts eine seltene Ausnahme, und, wer weiß, ob es nicht ein Unglück ist, einen kennengelernt und ihn wie das tägliche Brot gehabt zu haben. Von dem gewohnheitsmäßigen Umgang mit geistvollen und bedeutenden Menschen kann man dasselbe behaupten, was Larochefoucauld vom Hofleben gesagt hat: »Es macht nicht glücklich, aber man fühlt sich wo anders auch nicht mehr wohl.«[74] Mir wenigstens geht es so: Ich fühle mich in keiner anderen Gesellschaft mehr wohl.

Lieber Freund, vielleicht erraten Sie, auf wen das geht. Ich muss Ihnen gestehen, es ist so gar kein Glück, so gar kein Genuss, nicht einmal ein klein wenig Trost dabei, wenn man von jemandem geliebt wird, und noch so leidenschaftlich geliebt wird, der wenig, – ja sehr wenig Geist besitzt. Ach, wie ich mich hasse, dass ich nur jemanden lieben kann, der hervorragend ist! Wie bin ich wählerisch geworden! Bin ich aber schuld daran? Denken Sie an meine Erzieher: an Frau du Deffand, – in dieser Beziehung darf ich sie nicht unerwähnt lassen! – den Präsidenten Hénault, den Abbé Bon, den Erzbischof von Toulouse, den von Aix, an Turgot, d'Alembert, den Abbés von Boismont[75], an den Marquis von Mora. Das sind alles Menschen, die mich haben reden und denken gelehrt und die mir die Ehre angetan haben, mich als etwas gelten zu lassen. Kein Wunder, wenn es mir nun nicht in den Kopf will, geliebt zu werden von [Frau von Châtillon].

Lieber Freund, ich habe Ihnen mein Herz ordentlich ausgeschüttet, wenn auch auf die Gefahr hin, dass Sie mich für töricht und einfältig halten. Was tut's?

Gute Nacht, ich lasse ein wenig Platz, damit ich Ihnen morgen sagen kann, dass ich wieder keine Nachricht von Ihnen erhalten habe. Lieber Freund, nehmen Sie mir's nicht übel: Ich halte das für unmöglich.

---

[74] Hier irrt sich Julie. Es ist Labruynère, der in seinen Caractères (1688) sagt (VIII, p. 8): »*Das Hofleben macht nicht zufrieden, aber unfähig, es anderswo zu werden.*«

[75] Nicolas Thyrel de Boismont (geb. um 1715, gest. 1786), berühmter Prediger seiner Zeit, Mitglied der Akademie, dabei ein vielseitiges Weltkind, das gelegentlich sogar den Lorbeer der Bühne einheimste.

Sonnabend, nach dem Eintreffen der Post

Sie sind krank, Sie haben Fieber! Ach mein lieber Freund, es ist nicht das wiedererwachende Interesse, es ist die Angst, die mich das denken lässt. Ich glaube, ich bringe dem, den ich liebe, Unglück.[76]

Wenn ich am Montag keinen Brief von Ihnen bekäme!

Montag, den 26. September 1774

Mein lieber Freund, den ganzen gestrigen Tag habe ich Sehnsucht gehabt, Ihnen zu schreiben, aber die Kraft dazu fehlte mir. Ich befand mich in einem leidenden Zustande, der mich der Fähigkeit zu sprechen und etwas zu tun beraubte. Ich konnte nicht essen. Die Wörter Nahrung und Schmerz sind gleichbedeutend für mich geworden. Aber ich will nun von Ihnen reden. Sie sind der Mittelpunkt meiner Gedanken, meiner Unruhe.

Ich sehe, Sie sind krank. Mein Lieber, ich sterbe vor Angst. Sie sagen, Sie möchten am liebsten gar nicht wieder erwachen. Damit gestehen Sie mir Ihren Ekel am Leben. Mir sagen Sie das! Wie anders haben die Worte meines sterbenden Freundes geklungen: »Ich wollte dich wieder sehen, aber ich muss sterben. Welch grässliches Schicksal! Aber du hast mich geliebt, und das verleiht auch dieser Stunde süße Wonne. Ich sterbe für dich!«

Lieber Freund, ich kann diese Worte nur unter einer Flut von Tränen niederschreiben. Gestern war mir, als ob ich sterben müsse, als ich einen Brief vom Vater des Marquis von Mora las. Er teilte mir mit, dass sein Bruder alle meine Briefe verbrannt habe, ohne eine Zeile gelesen zu haben. Sein Schmerz habe ihm noch nicht erlaubt, irgendetwas anzusehen, was seinem Sohne teuer gewesen wäre. Er bewahre für mich die zärtlichste und tiefste Dankbarkeit ob der Freundschaftsbeweise, die ich seinem Sohne zu allen Zeiten gegeben habe. Das sei ihm ein Trost in seinem Unglück. Alles, was sein Sohn mir schulde, müsse er mir mit seinem eigenen Leben vergüten. Er wage mich im Namen seines Sohnes um etwas zu bitten: d'Alembert, den Freund des Beweinten, anzugehen, dem Toten einen Nachruf zu verfassen, ein Denkmal des Sohnes, das dem Vater für den kurzen Rest seiner Tage Trost gewähre, ein Ehrenmal für die Familie, und ihren Nachkommen eine Aufmunterung zur Tugend. Er besiegele diese seine Bitte mit Tränen.

Ach, wie viele habe ich den seinen zugefügt! Ich bete diesen alten Mann an. Er ist es wert, einen solchen Sohn zu haben!

---

[76] Über die uns wunderlichen abergläubischen Anwandlungen der sonst geistig so hochstehenden Damen jener aufgeklärten Zeit vgl. die Goncourts, Die Frau im 18. Jahrhundert, II. S. 192 ff.

Lieber Freund, bedauern Sie mich, haben Sie Mitleid mit mir. Sie allein in der ganzen Welt können meiner zu Tode verwundeten Seele ein paar Augenblicke der Wonne und des Trostes spenden. Seit ich Sie nicht mehr sehe, bin ich wie sinnlos. Meine Seele kennt nur Extreme. Davon haben Sie den besten Beweis in meinem heftigen Benehmen gegen Sie.

Lieber Freund, geleiten Sie mich auf den rechten Weg zurück! Seien Sie mein Führer! Wenn Sie wollen, dass ich am Leben bleibe, dann verlassen Sie mich nicht! Ich wage Ihnen nicht mehr zu sagen: Ich liebe Sie! Ich vermag das selber nicht mehr zu wissen. Urteilen Sie! In der Wirrnis, in der ich bin, kennen Sie mich besser als ich mich selbst. Ich weiß nicht, stehe ich um Sie oder um den Tod. Ich möchte von meinem Unglück erlöst sein. Es tötet mich.

Lieber Freund, wenn ich heute keine Nachricht von Ihnen erhalte, wenn ich nicht erfahre, wie es Ihnen geht, so weiß ich nicht, wie ich den Mittwoch erwarten soll. Dieses ewige Einerlei ist grauenhaft. Mittwoch, Sonnabend, Mittwoch, Sonnabend! Ich lebe nur, um immer wieder bloß diese Tage zu erwarten – voll Hangen und Bangen.

Mein Gott, begreifen Sie, verstehen Sie, was ich alles durchmache, was ich leide? Sollte man glauben, dass ich je den Frieden gekannt habe? Und doch ist es wahr, mein lieber Freund, vierundzwanzig Stunden bin ich frei von den Gedanken an Sie gewesen. Dann habe ich manchen Tag in völliger Gefühllosigkeit dahingelebt. Ich lebte, aber es war mir, als ginge ich mir selber zur Seite. Ich erinnerte mich, eine Seele gehabt zu haben, die Sie liebte. Ich sah sie in der Ferne schweben, aber sie hatte kein Leben mehr.

Ich werde diesen Brief schließen, wenn der Briefbote da gewesen sein wird. Nehmen Sie nicht zu viel Chinin ein! So schnell es das Fieber auch kuriert, es hat fast stets schädliche Folgen. Denken Sie immer daran, dass Sie Ihre Gesundheit nicht vernachlässigen dürfen: Meine Ruhe, mein Leben hängen davon ab!

Mein lieber Freund, sagen Sie mir: Liebe ich Sie? Sie müssen das erkennen! Ich selber kenne mich nicht mehr. In diesem Augenblick zum Beispiel sehne ich mich leidenschaftlich nach Nachrichten von Ihnen – und gleichzeitig fühle ich die tiefste Todessehnsucht. Mein Körper leidet vom Scheitel bis zur Zehe. Meine Seele lodert und mein Leib fällt matt auseinander. Aus dieser Disharmonie entquillt Unheil, fast Wahnsinn. Doch genug!

Leben Sie wohl! Am liebsten liefe ich dem Briefträger entgegen.

Montags, vier Uhr

Der Briefbote ist da gewesen. D'Alembert hat keinen Brief erhalten. Lieber Freund, ich bin sehr unglücklich. Entweder sind Sie sehr krank oder sehr grausam, dass Sie mich in dieser Unruhe lassen. Sie wissen, ob meine Gesundheit, ob mein Zustand noch mehr Aufregung und Schmerz verträgt. Mein Gott, was soll ich bis Mittwoch anfangen? Ich will zum Chevalier d'Aguesseau schicken lassen.

Montag, den 26. September 1774, mitternachts

Graf Crillon hat mich soeben besucht, lediglich um mich zu bitten, Ihnen in seinem Auftrage zu schreiben, dass er sich mit Fräulein Carbon verheiratet. Der Vertrag ist fix und fertig. Die junge Dame hat gestern an Herrn von Trudaine geschrieben, sie habe sich den Grafen Crillon erkoren und sie hoffe, er werde ihre Wahl billigen. Er hat mit Vergnügen davon Kenntnis genommen, wie Sie sich wohl denken können. Heute ist Empfangsabend bei den Eltern. In acht Tagen findet die Hochzeit statt. Graf Crillon wusste vor acht Tagen selber kaum etwas von dieser Geschichte; er verdankt dieses große Gluck einzig und allein seinem Vater. Er gelangt damit in den Besitz eines großen, eines riesigen Vermögens, das mehr denn hunderttausend Franken Jahreszinsen bringt, ganz abgesehen von manchem für den Grafen sehr vorteilhaftem Nebenumstande. Dabei ist Fräulein von Carbon ein kluges Mädchen.

Da man allgemein sein Glück preist, so müssen auch wir uns freuen, dass er sein Glück gemacht hat. Ich nehme lebhaft teil daran, aber es ist nur eine äußerliche Freude; innerlich bin ich voll Leid und Unruhe. Meine Seele ist aufgeregt und ohne Frieden. Sind Sie krank? Warum haben Sie nicht geschrieben, wenn Sie können? Warum tragen Sie in eine so schon grässliche Stimmung auch noch Unruhe und Angst? Ich bin todunglücklich. Wenn Sie sich Saumseligkeit vorzuwerfen hätten, so wäre das sehr unrecht von Ihnen. Aber, mein lieber Freund, das ist nicht der Fall. Sie sind krank, sehr krank. Ich zittre und warte schaudernd auf den Mittwoch.

Graf Crillon ist über und über beschäftigt. Er bedauert sehr, Ihnen nicht selber schreiben zu können.

Leben Sie wohl, mein Freund!

Freitag, den 30. September 1774, abends

Mein lieber Freund, Sie haben mich einst vom Sterben abgehalten und nun töten Sie mich, indem Sie mich einer Unruhe preisgeben, die mir die Seele erschüttert. Ich habe am Mittwoch keine Nachrichten von Ihnen erhalten, auch der Chevalier d'Aguesseau nicht. Er ist bei allen möglichen Leuten herumgelaufen, bei denen er etwas von Ihnen erfahren zu können dachte.

Mein Gott, wie wenig Selbstkenntnis hatte ich, wie falsch habe ich mich Ihnen geschildert, als ich Ihnen versicherte, meine Seele sei unempfänglich für Glück und Freude, ein großes Unglück könne sie fernerhin nicht treffen, ich hätte vor nichts Furcht mehr! Ach, seit Mittwoch atme ich kaum mehr. Ich bilde mir ein, Sie wären krank. Ein geheimnisvolles Grauen packt mich. Welche entsetzliche Stimmung beschwören Sie mir von neuem herauf! Die Mittwoche und Sonnabende, diese schrecklichen Tage, erfüllen mich seit zwei Jahren mit Hoffnung und Verzweiflung. Sind Sie denn wirklich so schlecht, dass Sie vergessen, wie leidenschaftlich Sie geliebt worden sind? Und wenn Sie sich daran erinnern, warum lassen Sie mich dann ohne Nachricht von sich? Wissen Sie nicht, dass mich das einem tödlichen Schmerze preisgibt, dass mich das in Angst um Sie setzt. Mein lieber Freund, wenn es in Ihrer Macht gelegen hätte, mir dieses Leiden zu sparen, so wären Sie ein Frevler. Ein so großes Unglück müsste mich eigentlich heilen. Aber ist denn der Mensch frei? Kann ich ruhig oder kalt werden, bloß nach meinem Willen oder nach Ihrem? Ach, ich kann nichts als Sie lieben und leiden? Dazu schlägt mir das Herz. Das ist sein Drang! Ich vermag es weder schneller noch langsamer gehen zu lassen. Ich möchte nichts als sterben. Ich habe Gedanken, die ein starkes Gift sind, aber es wirkt noch nicht sicher genug.

Wenn ich morgen erfahre, dass Sie sehr krank seien, oder wenn ich gar nichts erfahre, – in beiden Fällen hätte ich zu lange gelebt. Aber das ist unmöglich. Sie haben an mich gedacht, und Sie werden danach gehandelt haben! Ich warte also, wenn auch zitternd, mit einer Ungeduld wie sie nur eine ebenso leidenschaftliche wie unglückliche Seele wie ich je hat fühlen können. Ach, Diderot hat recht: Nur die Unglücklichen wissen, was Liebe ist.

Sonnabend, nach dem Eintreffen der Post

Ach, ich weiß nicht, was ich Ihnen antworten soll. Sie haben meiner Seele allzu derb zugesetzt, als dass ich Worte fände. Lieber Freund, alles was ich Ihnen zu sagen imstande bin, ist das: Ihr Brief ist entzückend; er klingt so süß, und er ist so vertrauensvoll. Er ist ritterlich und so recht wie Ihre Seele. Und wenn er auch nicht auf alle Punkte meines Briefes Antwort gibt, so mag das nicht Ihre Schuld sein, und ich darf mich nicht beklagen. Nein, nein, ich bin mit Ihnen zufrieden.

Ach, wenn Sie wüssten, wie sehr ich mich verabscheue und wie viel Anlass ich dazu habe! Mein Herz ist aufrichtig, und doch muss ich mir vorwerfen, dass ich mir die Achtung und die Liebe, die man mir schenkt, ohne Recht anmaße! Graf von Fuentès möchte sich mir dankbar erweisen, und gälte es sein eignes Leben, – und der Unglückliche ahnt nicht, dass ich mir vielleicht den Tod seines Sohnes vorzuwerfen habe. Ach, ich sterbe bei diesem Gedanken! Begreifen Sie das tiefe Grauen meiner Stimmung? Glauben Sie, ein Mensch könne das lange ertragen? Wo soll er den Mut hernehmen, einem derartigen Schmerze zu widerstehen? Wer möchte ihm diese Last schleppen helfen, wer fühlt bei einer so grässlichen Schuld Mitleid? Ach ja, ich sage es mir, ich fühle es, und darin täusche ich mich keinesfalls: wenn der Marquis von Mora wieder auferstände, er würde mich verstehen, er würde mich lieben, und alle meine Reue, all mein Unglück wäre vorüber!

Leben Sie wohl! Ich kann Ihnen nicht antworten. In dem Wirrwarr meiner Gedanken, bei dem Sturm, der in mir tobt, fühle ich nur ein Ding: Ich lebe und ich habe den Geliebten verloren!

Lieber Freund, wenn es Ihnen nicht widerlich ist, so schreiben Sie mir mit jeder Post. Ich habe es nötig! Ja, ich will es, ich verlange es! Und es ist mein letzter Wille, dass Sie meine Briefe nicht aufheben sollen. Sie haben es mir versprochen, und ich will Ihnen glauben. Verstehen Sie mich recht: Ich will Ihnen glauben.

Leben Sie wohl!

Sonntag, den 2. Oktober 1774, vier Uhr morgens

Ich habe meinen Brief wieder aufgebrochen. Ich konnte nicht einschlafen, und nun werden Sie das Opfer meiner Schlaflosigkeit. Meine Seele war erfüllt von Ihnen. Ihr Brief ging mir durch den Kopf, und über diesen Grübeleien vermochte sich mein Blut nicht zu beruhigen.

Ja, mein lieber Freund, Ihre Vermutung ist richtig. Ich habe Frau von Châtillon gemeint. Was Sie mir von ihr erzählen, ist sehr nett, aber ich bin wegen ihr unzufrieden mit mir. Sie bildet sich ein, mich zu lieben; sie ist tätig, gütig, achtbar, aber in ihrem Kopfe steckt nichts drinnen, und ihre Seele ist wüst und leer. Sie werden sich denken können, dass ich weder Zeit noch Kraft habe, sie zu erleuchten und zu belehren. Oft stört sie mich in meinen Träumereien und ist sie meiner Sehnsucht hinderlich. Ich gehöre mir selber nur an, wenn ich mich aufschwinge zu dem, was mir lieb und wert ist.

Ich vergehe vor Neugier, Ihre »Gracchen«[77] zu lesen. Was mich besonders entzückt, ist der Umstand, dass Sie den Stoff ergiebig finden. Das beweist mir die Tiefe der Konzeption, und das ist vortrefflich.

Adieu!, oder besser: Guten Morgen! Die Ruhe, die Stille der Natur müssten eigentlich meine Seele beschwichtigen. Aber, du mein Gott, das Gift, das an ihr frisst, ist allzu tätig!

Ungeduldig harre ich des Tages, indem ich Ihren Brief wieder und wieder lese.

Montag, den 3. Oktober 1774

Mein lieber Freund, wie weh ist mir ums Herz! Ich habe keine Worte mehr, nur Schreie. Ihren Brief habe ich gelesen, wieder gelesen und noch hundertmal gelesen. Mein lieber Freund, welch ein Gemisch von Gutem und Schlimmem! Wonne vermengt mit bitterer Qual! Ihre Zeilen haben die Stürme meines Herzens noch heftiger, doppelt so stark gemacht. Ich kann mich nicht mehr beruhigen. Sie haben meine Seele zur Hälfte mit Entzücken erfüllt, zur Hälfte zerrissen. Nie habe ich Sie anbetungswürdiger gefunden, nie so wert meiner Liebe, und nie bin ich von der Erinnerung an den Marquis Mora schmerzlicher, heftiger, bitterer heimgesucht worden. Ich war dem Tode nahe. Mein Herz war zermalmt; in der letzten Nacht war ich nicht Herrin meiner selbst. Diese Aufregung muss mich aufreiben oder ich werde wahnsinnig ...

Ach, nein, ich fürchte weder das eine noch das andere. Wenn ich Sie nicht so liebte, wenn mir mein Leid nicht so lieb wäre: Mit Freude, mit Wonne wollte ich mich von der Last dieses Lebens befreien! Nie, niemals hat ein Geschöpf unter so viel Marter und Verzweiflung gelebt.

Mein Freund, wir vergiften uns das einzige Gute, das es in der Natur gibt, das einzige Gut, das die Menschen weder verderben noch entstellen können. Alles in der Welt hat einen Marktwert und ist für Geld feil: Ansehen, Wohlleben, Freundschaft, sogar die Tugend, alles wird gekauft, bezahlt, taxiert nach seinem Goldwert. Nur ein einziges Ding gibt es, das über der Schätzung des großen Haufens steht, das licht wie die Sonne bleibt und ihre Glut besitzt, das die Seele leben und lodern lässt, sie empor trägt, stark und groß macht! Mein lieber Freund, ich brauche dieses Geschenk der Natur wohl nicht zu nennen. Füllt es einem die Seele aber ohne Glück, dann muss man sterben. Und so hätte ich sterben müssen. Mich sehnte es danach. Es kam anders. Wie grausam von Ihnen! Ach, was wollten Sie mit den paar Tagen

---

[77] Eine der drei Tragödien Guiberts, niemals aufgeführt und erst 1822 gedruckt.

machen, die Sie retteten? Sie mit Unfrieden und Tränen erfüllen! Dem schlimmsten aller Leiden die Marter der Reue hinzufügen! Mir Ekel vor meinem ganzen Leben einflößen! Und mich doch daran ketten durch eine Leidenschaft, die mir das Herz aufwühlt und mir zwanzigmal am Tage als Frevel erscheint. O mein Gott, ich bin eine Sünderin, aber der Himmel ist mein Zeuge, dass meinem Herzen nichts heiliger war als die Tugend. Und Sie meinen, Sie hätten mich nicht verführt? Wie? Sie glauben, ich sei von selber in mein Verderben gerannt? Ich soll Ihnen also weder meine Sünde noch mein Unglück zuschieben!

Ach, ich wollte es sühnen. Schon war ich dem nahe. In meinem Hasse überwand ich den Tod. Welches Verhängnis fügte es da, dass ich Sie wieder fand? Warum musste die Angst, Sie seien krank, mein Herz erweichen? Warum martern und trösten Sie mich in einem Atem? Wozu dieses grässliche Gemisch von Lust und Leid, Balsam und Elend? Mit allzu viel Macht stürmt das alles auf eine Seele ein, der Leidenschaft und Unglück die Spannkraft genommen haben. Alles das vollendet den Ruin meines von Krankheit und Schlaflosigkeit erschöpften Körpers.

Ich habe es Ihnen schon einmal gesagt: Im Übermaß meines Leidens weiß ich nicht, ob ich Sie oder den Tod anrufe. Sie oder er, einer von beiden muss mir Hilfe, ewige Heilung bringen! Nichts in der ganzen Welt hat sonst Macht über mich.

Aber sagen Sie, wie ist es nur möglich, dass ich noch nicht von Ihnen gesprochen habe? Dass ich Ihnen noch nicht gesagt habe, wie sehr ich fürchte, Ihr Fieber kehre wieder? Dass ich hoffe, mit der heutigen Post von Ihnen Nachricht zu erhalten? Wenn ich keine bekomme, werde ich Ihnen keinen Vorwurf machen, sondern weiterleiden bis Mittwoch.

Lassen Sie sich's gut gehen, mein Freund. Ihre Güte, Ihre Sanftmut, Ihre Aufrichtigkeit haben mein Herz ganz zärtlich und sehnsüchtig gemacht.

Montags abends

Ein Wort habe ich von Ihnen erhalten, ein einziges Wort! Aber es sagt mir, dass Sie fieberfrei sind, und das beruhigt mich. Aber ich habe Fieber. Der Anfall der letzten Nacht hat mein Blut und meine Pulse in Wallung gebracht. Doch sorgen Sie sich nicht! Der Tod kommt nie zur rechten Zeit. Unglückliche sterben nicht, und wenn sie lieben, sind sie zu schwach und zu feig, um selber ein Ende zu machen. Ich werde weiter leben, weiter leiden, weiter warten – nicht auf das Glück, nicht auf frohen Genuss, auf was also? Mein lieber Freund, ich frage Sie! Antworten Sie mir!

Sehen Sie, wie unbesonnen Sie sind. Sie haben Ihren Brief nicht zugesiegelt! Wie leicht ist das verderblich. Damit Sie sich überzeugen, füge ich Ihren Umschlag bei.

Graf Crillon heiratet in diesen Tagen. Er hofft auf das Glück, auf das größte Glück. Ob er sich da nicht irrt? Er hat sich angelegentlich nach Ihnen erkundigt.

Gute Nacht, lieber Freund! Der Kopf ist mir schwer; ich leide mehr als sonst, aber ich habe Nachricht von Ihnen. Das ist die Hauptsache. Ich bin in einer sehr seltsamen Stimmung. Seit zwölf Stunden habe ich immer die nämliche Erscheinung vor den Augen, gleichgültig, ob ich sie offen habe oder geschlossen. Es ist das Bild dessen, den ich zärtlich geliebt und angebetet habe, das mich jetzt mit Grauen und Angst erfüllt. Selbst in diesem Augenblicke ist es da. Was ich anfasse, die Worte, die ich schreibe, alles das ist mir weniger anschaulich, weniger gegenwärtig. Aber warum habe ich Angst? Warum ist mir bange? Vielleicht weil. ...

Mittwoch, 6. Oktober 1774

Lieber Freund, ich habe keine Nachricht von Ihnen. Ich wartete auf welche. Ach, auch nach der schwächsten Hoffnung fühlt man die Enttäuschung, und der noch so gering illusionsfähige Mensch neigt viel zu stark zu Einbildungen. Verzeihung, mein Lieber, meine Sehnsucht nach Ihnen rechnet zu viel mit dem gleichen Gefühl in Ihnen. Auch von diesem Irrtum muss ich mich befreien.

Ich bin krank, in einem Zustand unbeschreiblichsten Leidens. Jede Art Nahrung verursacht mir die gleiche Beschwerde. Mein Arzt schließt daraus, dass der Pylorus [der Magenpförtner] nicht in Ordnung sei. Ein mir bisher unbekanntes Fremdwort. Diese Störung foltert einen geradezu. Ich nehme Schierling ein. Könnte er mir bereitet werden wie dem Sokrates, ich wollte ihn mit Vergnügen nehmen! Er würde mich von dieser schleichenden, so grausamen Krankheit heilen, die man das Leben nennt.

Wenn ich meine Augen auf die Vergangenheit richte, so erkenne ich, welch ein großes Glück es für mich gewesen wäre, wenn mein Dasein am Mittwoch den 1. Juni 1774[78], zu Ende gegangen wäre. Welchen Schmerzen, welchem Leid wäre ich entronnen! Ach, ich schaudere, wenn ich bedenke, dass ich alles, was ich seit jenem verhängnisvollen Tage gelitten habe, Ihnen zuschieben muss. Sie sind im Irrtum. Mein Tod wäre für Sie kein Unglück gewesen. In diesem Augenblick, wo ich zu Ihnen rede, hätten Sie dann keine

---

[78] Der Tag, an dem Julie Moras Tod erfahren hatte.

Erinnerung mehr an mich. Sie hätten mich längst vergessen, Sie erfreuten sich Ihrer Ruhe und genössen das Leben. So aber überschütte ich Sie mit Klagen und wälze die Last meines Daseins auf Ihre Seele. Ich kenne sie; sie ist verständig, stark und heldenhaft. Sie wäre großer Opfer fähig, um mein Unglück zu erleichtern, aber es liegt nicht in Ihrem Charakter, mir süßen Trost und sanften Frieden zu spenden. Das ist etwas Unmögliches für Sie. Ihr feuriges Herz weiß nicht, was Zärtlichkeit ist. Die Leidenschaft kommt herbeigestürmt mit großer Gebärde; die Zärtlichkeit dagegen sorgt, möchte helfen und trösten. Sie würde mir jeden Posttag einen Brief senden, weil sie weiß, was sich eine leidende Seele ersehnt.

Das soll kein Vorwurf sein. Er wäre nutzlos und kränkte nur. Ich wäre trostlos, wenn ich Ihnen auch nur eine Minute Kummer verursachte. Ich hätte nur gern gewusst, ob Ihr Fieber vorüber ist.

Als ich Ihnen das letzten Mal schrieb, war ich wohl im Delirium. Die Fieberglut währte die ganze Nacht. Als sie nachließ, wich auch jene Erscheinung. Ich begreife nur nicht, warum sie meine Seele mit Angst erfüllt hat.

O, wenn ich Moras Leben nur auf eine glückliche Stunde zurückkaufen könnte! Ich wollte jede Todesqual dafür mutig ertragen. Aber das wollte ich Ihnen nicht sagen. Ich verliere die Besinnung, ich kann nicht weiter schreiben. Leben Sie wohl!

Sonnabends mitternachts

Zunächst muss ich Ihnen sagen, dass Ihre Tinte bleich ist wie das Papier. Heute machte mich das wirklich unwillig. Ich hatte mir Ihren Brief zu Turgot nachbringen lassen, wo ich mit zwanzig Personen zu Tisch war. Man gab mir ihn während des Essens. Zur einen Seite von mir saß der Erzbischof von Aix, auf der anderen der neugierige Abbé Morellet. Ich machte meinen Brief unter dem Tischrand auf. Was da schwarz auf weiß stand, konnte ich kaum erkennen. Der Abbé meinte es auch. Frau von Boufflers, die neben dem Erzbischof saß, fragte, was ich hätte.

»Denken Sie daran, wo wir sind«, gab ich zur Antwort, »und Sie werden wissen, was ich lese!«

»Ah, zweifellos ein Gesuch an Herrn Turgot?«

»Sehr richtig, gnädige Frau. Ich will es erst lesen, ehe ich es ihm gebe.« So habe ich meinen Brief gelesen. Jetzt will ich darauf antworten, wenn auch flüchtig, denn ich bin todmüde. Ich habe mich heute überanstrengt.

Ich habe mit tausend Leuten geplaudert. Und da ich durch Ihren Brief guter Laune geworden war, habe ich bei meinem Schwatzen vergessen, dass ich halbtot bin. Nun bin ich es ganz. Tatsächlich, ich habe große Erfolge gehabt, weil ich aller Leute Trefflichkeit und Geist da um mich gewürdigt habe. Ihnen, lieber Freund, Ihnen verdanken sie diesen ihrer Eitelkeit so süßen Zeitvertreib.

Meine Eitelkeit berauscht sich selbst am Lob von Ihnen nicht. Ich antworte Ihnen immer wie Couci:

Lieben Sie mich, Durchlaucht, aber loben Sie mich nicht!

Sonntags abends, den 9. Oktober 1774

Mein lieber Freund, ich habe Ihren Brief zweimal durchgelesen. Der Gesamteindruck, den er auf mich gemacht hat, geht darauf hinaus, dass Sie sehr liebenswürdig sind. Viel eher kann man Sie gar nicht lieben als bloß ein bisschen! Erklären Sie sich das selber, aber nicht mit Ihrem Verstande, denn an den wende ich mich nicht.

Mein lieber Freund, eigentlich müsste ich auf eine Stelle Ihres Briefes, die mir wehgetan, näher eingehen.

Ach, eine Seele, Leids gewöhnt, regt alles auf!

Könnte ich wenigstens wie Bayard sagen:

Hat mich der Freund betrübt, so stillt er auch die Tränen.

Sie sprechen zu mir von meinem Mute, meinen Geldmitteln, von der Verwendung meiner Zeit, von meinen Herzensangelegenheiten in einer Art und Weise, dass ich vor Scham und Reue vergehe, Ihnen meine ganze Schwachheit geoffenbart zu haben. Sei es! Mein Herz ist eben schwach, und keine seiner Regungen soll Ihnen fortan verheimlicht bleiben! Wenn es in Hass erglühte, dann habe ich Ihnen das deutlich gezeigt. Soll ich mir aber nur erlauben zu hassen?

Mein Lieber, wenn ich Ihre Aufzählung der Dinge nochmals durchgebe, die die Welt mir bietet und die mich zum Weiterleben verlocken sollen, so muss ich schließlich lachen, weil mich das an einen hübschen Ausspruch des Präsidenten Hénault erinnert. An einem gewissen Punkte seines Lebens glaubte er, zur Erhöhung seines Ansehens fromm werden zu müssen. Er hielt also eine Generalbeichte ab, und hinterher gestand er seinem Freund d'Argenson: »Beim Umzug sieht man erst, wie reich man ist!«

Mein Lieber, Sie haben mich das Entgegengesetzte erkennen lassen. Ich war entsetzt. Ich hätte rufen können:

»Mein Gott, vom ganzen Weltall bleib' nur ich allein!«

Ich zitiere Verse von Ihnen[79]. Sie sind mir geläufiger als Racine, und es kommt mir vor, als kämen meine Gefühle stärker zum Ausdruck, wenn ich sie in Worte von Ihnen kleide. Aber ich habe noch tausend Nichtigkeiten zu sagen und muss somit meine Gedanken von dieser ebenso wichtigen wie traurigen Sache abwenden.

Eben war Graf Crillon bei mir. Er hat Ihnen geschrieben, sodass ich Ihnen von ihm nichts Neues zu berichten habe. Sie wissen, wie liebenswürdig er ist. Morgen werde ich mit ihm bei Frau d'Anville zu Mittag essen. Ich liebe dieses Haus, denn es ist eins von denen, wo ich Sie manchmal treffen kann. Mögen Sie der Welt und Ihren Liebhabereien am Abende gehören, aber mittags essen Sie oft mit mir zusammen, nicht? Sie werden in einer Ihnen gleich gestimmten Gesellschaft verweilen. Die Narren und Gecken setzen sich ja meist erst in der fünften oder sechsten Stunde in Bewegung. Dann bin ich wieder zu Haus an meinem Kamin und finde dort immer jemanden, den ich nicht wegjage, wenn es auch nicht gerade der Ersehnte ist.

Habe ich Ihnen schon mitgeteilt, dass man mir angelegentlichst empfohlen hat, Lord Shelburne zum Wiederhersteller meiner Gesundheit zu nehmen? Ein geistvoller Mann, der Führer der Opposition, ein Freund Sternes[80]. Er ist ein Verehrer seiner Werke. Schon das müsste den größten Reiz für mich haben. Gestehen Sie: Hätten Sie dieses große Glück schon gewusst, so hätten Sie nicht unterlassen, es in Ihrem pompösen Inventarium mit aufzuzählen.

Einen Plan, einen Wunsch von mir werden Sie nicht ahnen: Ich möchte einen meiner Freunde verheiraten. Ich habe einen Einfall, den ich gern erfüllt sehen möchte. Der Erzbischof von Toulouse könnte zur Ausführung dieses Planes viel beitragen. Es handelt sich um ein junges Mädchen von sechzehn Jahren, das nur die Mutter hat, keinen Vater mehr. Ein Bruder ist auch da. Es bekommt als Mitgift 13000 Franken Jahresrente. Die Mutter hat das Mädchen bei sich und will es noch nicht so bald hergeben. Es hat mindestens 600000 Franken Vermögen, wenn nicht noch mehr. Wäre das nicht etwas, mein Lieber? Sagen Sie ja, und wir machen die Sache. Einen Korb bekom-

---

[79] Dreimaliges Zitat aus Guiberts »Le Connétable de Bourbon«.
[80] Lawrence Sterne (1713–1768), Julies Lieblingsdichter, dessen »Tristram Shandy« damals in Frankreich allgemein bekannt war und selbst auf Voltaire großen Einfluss (seine Candide!) ausgeübt hat. J. J. Bodes Übertragung »Tristram Schandis Leben und Meinungen« ist in München (bei Georg Müller) neu gedruckt, mit Nachbildungen der Kupfer von Chodowiecki und Hogarth herausgegeben von Otto Julius Bierbaum (3 Bände). Julie war besonders eine Verehrerin von Sternes »A sentimental journey through France an Itlay by Mr. Yorick«, London 1768. (Yoricks empfindsame Reise durch Frankreich und Italien, übersetzt von J. J. Bode) Es existiert das Bruchstück einer Fortsetzung dieses Buches, verfasst von Julie de Lespinasse, mehrfach gedruckt. Guibert nennt Julie in seinem Nachrufe (s. S. XXIII f.) »Elisa«: Das ist eine Reminiszenz an Yoricks Lettres to Eliza.

men wir auf keinen Fall, denn der Erzbischof ist ebenso geschickt wie ehrlich. Wir müssen einmal darüber reden. Wenn diese Geschichte nicht geht, so kenne ich jemanden anders, der sich glücklich schätzen würde, Sie zum Schwiegersohn zu bekommen, aber seine Tochter ist erst elf Jahre alt. Sie ist das einzige Kind und wird einmal sehr reich.

Lieber Freund, ich möchte vor allen Dingen Ihr Glück. Wie Sie dazu gelangen könnten, das ist die Hauptsorge meines Lebens. Ehedem war mein Herz nicht so großmütig, aber es eifert einem nach, der um mein Wohl ein Weltreich abgelehnt hätte ...

Gute Nacht, mein lieber Freund. Wenn ich morgen, was ich hoffe, Nachrichten von Ihnen erhalte, mache ich diesen langen Brief noch länger. Seit zwei Tagen geht es mir besser. Ich esse jetzt täglich zwei Hühnerflügel, aber wenn mir diese Diät nicht besser bekommt, als die vorherige, so kehre ich zur Milch als einzigem Nährmittel zurück.

Noch immer sonntags, den 9. Oktober 1774

Mein Lebewohl war zu kurz, zu grob. Sie werden es begreifen, dass ich Ihnen noch Tausenderlei zu sagen habe, denn wenn ich mich nicht täusche, schreibe ich Ihnen heute zum letzten Male. Morgen weiß ich, woran ich bin. Morgen bekomme ich einen Brief von Ihnen, nicht weil ich mich auf meine Sehnsucht verlasse, sondern auf Ihr gutes Herz. Sie haben mir berichtet, dass Sie zu Ihrem Regiment gehen. Den Garnisonsort haben Sie mir zweimal geschrieben, aber dank Ihrer schönen Handschrift weiß ich ihn doch nicht. Ich lese Livorno; aber todsicher heißt der Ort anders, wohin Sie gehen.

Mein lieber Freund, schreiben Sie mir von überallher. Sie müssen mich Ärmste dafür schadlos halten, dass ich Ihnen nicht schreiben kann. Ich bin im Zweifel, ob dass Sie heute abgereist sind. Wie sollten Sie sich Ihrer Frau Mutter entziehen können, zumal da sie noch nicht gänzlich wiederhergestellt ist? Solange jemand fiebert, ist er noch ordentlich krank. Hoffentlich bleiben Sie im Recht, und ich sehe Sie in vierzehn Tagen wieder. Vierzehn Tage, das ist sehr lange hin!

Man hat mich gestört. Ich bin abgeholt worden, mit zu Duplessis[81] zu gehen. Das ist ein Porträtmaler, ein zweiter van Dyck. Vielleicht haben Sie sein Bildnis des Abbé Arnaud gesehen. Unbedingt kennen muss man sein Gluck-Porträt. Es ist so realistisch und technisch vollendet, dass es die Natur über-

---

[81] Das schöne Gluck-Bildnis von Joseph Sifrède Duplessis (1725–1802) hängt heute in der Wiener Galerie, als Vermächtnis der Witwe Glucks. Eine Nachbildung findet man im Mozartbilderbuche von Ludwig Schiedermair (München, bei Georg Müller 1916), Blatt 132.

trifft. Zehn Köpfe von ganz verschiedenem Charakter waren da; Schöneres und Wahrhaftigeres in dieser Richtung habe ich noch nicht gesehen.

Graf d'Argental kam auch hin. Er las uns einen Brief vor, den er eben von Voltaire empfangen hatte. Ich fand ihn so wunderhübsch, im Ton so mild und natürlich, – man fühlte sich beim Lesen geradezu in seiner persönlichen Nähe, – dass ich mir den Brief ausbat, ohne daran zu denken, ob das indiskret war oder nicht. Ich wollte ihn für mich abschreiben lassen. Eben wird das gemacht, und so wird mein Freund den Brief zu lesen bekommen. Der Gedanke an Sie ist das Leitmotiv bei allem, was ich fühle. Mein lieber Freund, wie Sterne zu Elisa sage ich Ihnen immer wieder: »Dein Genuss ist meines Herzens erster Wunsch!«

Bei Gott, es ist wirklich schwer, einen Brief anzufangen, wenn einem der Verstand die Stimmung machen soll. Aber ich muss Frau von Boufflers schreiben. Ihren Namen erwähnt sie nie. Ich bin nicht betrübt darüber, obwohl es mir unbegreiflich ist, nicht jede Gelegenheit wahrzunehmen, von dem zu plaudern, was man liebt. Aber bei einem gewissen Grade der Liebe ist man befangen. Das ist's, was mich hindert, mit ihr über Sie zu plaudern. Sie selber hat eine solche Befangenheit nie gefühlt. Des bin ich sicher. Es genügt ihr, wenn sie Liebe erregt. Und sie ist so liebenswürdig.

Mein Lieber, ich kenne mich viel zu gut, als dass ich nicht in die Versuchung käme zu glauben, dass Sie sich über mich lustig machen, wenn Sie von meinen Erfolgen in der Gesellschaft reden. Du lieber Gott, seit acht Jahren habe ich mich aus der Welt zurückgezogen. Von dem Augenblick an, wo ich liebte, hätte mich jeder Erfolg angewidert. Man hat kein Bedürfnis, zu gefallen, wenn man geliebt wird! Jede Regung, jeder Wunsch schlingt sich um den Geliebten. Man möchte nur für ihn leben. Lieber Freund, so viel wollen Sie gar nicht! Ist es nicht so?

Montag, den 10. Oktober 1774, nach dem Eintreffen der Post

Keinen Brief! Wahrlich, wenn ich nicht immer wieder Vertrauen in Ihre Freundschaft setzte, würde ich Ihnen nicht mehr schreiben. Mein Gott, wie kann man so nachlässig sein? So leicht die vergessen, die einen liebt? Kann es wirklich irgendein Geschäft, eine Zerstreuung geben, die über den Genuss, eine Leidende zu trösten, gehen könnten? Kann man anderseits ein tiefes Herzeleid heilen, von dem nichts abzulenken vermag?

Ich werde diesem Gedanken die Zeit bis Sonnabend widmen. Mein Schmerz wird auf meiner Seele lasten; Sehnsucht und Reue werden in ihr abwechselnd die Herrschaft haben. Aber was kümmert Sie das? Sie warten nicht auf meine Briefe. Mein Frieden macht Ihnen keine Sorge. Meinetwegen. Nicht über Sie bin ich unzufrieden, sondern über mich, nur über mich. Ja, mein Lieber, ich verzeihe Ihnen, ich liebe Sie, Sie tun mir weh, aber Sie werden es wieder gutmachen.

Freitagabends, den 14. Oktober 1774

Lieber Freund! Ich komme aus dem »Orpheus«. Er hat mir die Seele weich und ruhig gemacht. Ich habe Tränen vergossen, aber keine bitteren. Mein Schmerz war sanft, meine Trauer verlor sich in der Erinnerung an Sie, meine Gedanken verweilten bei Ihnen ohne Reue. Ich weinte um den Verlorenen, aber meine Liebe galt Ihnen. Mein Herz hatte Raum für beide.

Welch wunderbare Kunst! Ein Göttergeschenk! Die Musik muss ein feinsinniger Mensch erfunden haben, um Unglückliche zu trösten.

Lieber Freund, gegen unheilbare Leiden kann man nichts tun als Linderungsmittel suchen, und in der ganzen Welt gibt es da dreierlei für mein Herz. Der allerwirksamste Balsam sind Sie, mein Lieber. Sie vermögen mich meines Leids zu entheben; Sie erfüllen mein Herz mit einer Art Rausch, der mich Vergangenheit und Zukunft vergessen lässt. Nach diesem besten aller Mittel kommt das Opium, das mir als Hilfe und Schutz gegen die Verzweiflung wertvoll ist. Es wirkt mehr physisch, aber es ist mir unentbehrlich. Und drittens: die Musik. Sie verzaubert mein Leid, sie gießt in mein Blut, in mein ganzes Wesen eine Wonne, eine so köstliche Stimmung, dass ich fast sagen könnte, ich genieße meine Trauer und mein Unglück. Wahrlich, in den glücklichsten Tagen meines Lebens war mir die Musik nicht so wertvoll wie jetzt.

Lieber Freund, vor Ihrer Abreise bin ich keinmal im »Orpheus« gewesen. Ich hatte kein Bedürfnis danach. Sie waren bei mir, oder Sie waren eben bei mir gewesen, oder ich harrte Ihrer, – das war mir genug Lebensinhalt. Aber in der Öde, in der ich jetzt schmachte, unter dem ewigen Anstürmen der Verzweiflung und der Seelenqualen, muss ich alle Mittel zu Hilfe rufen. Wie schwach sind sie, wie machtlos gegen das Gift, das mein Leben verzehrt!

Lieber Freund, eine innere Stimme flüstert mir zu: »Wenn du ihn siehst, dann wird das Leben dir wieder wert und dein Leid erträglich!« Und wäre das auch nur ein Wahn, eine Illusion, gut, dann soll es die letzte sein.

Graf Crillon war in der Oper und in der Loge des Königs, er und tausend andere Crillons. Ich saß wie immer in meiner Loge. Ich habe mir seine Frau ordentlich angesehen. Sie ist mir gewöhnlich vorgekommen, nicht gerade hässlich. Er hat mich in meiner Loge besucht; wir haben von seinen Angelegenheiten geplaudert, von seiner Frau wenig. Ein großes Vermögen ist eine große Last. Er hat Prozesse und Geschäfte in Amerika. Er hat immer zu tun. Es mag Gewinn dabei herauskommen, aber kein erhabener. Das Glück steckt also nicht im großen Reichtum. Wo ist es denn? Eher wohl im Arbeitsgemach eines einsamen linkischen Gelehrten. Oder in den Werkstätten tüchtiger Handwerker, die zu arbeiten haben, ohne sich dabei zu überanstrengen. Oder bei biederen Landpächtern, die eine Menge Kinder und ihr anständiges Auskommen haben. Der Rest der Erde wimmelt von Toren, Narren und Schelmen.

Ich lese an einem schlechten Buche »Über das Theater«[82]; ein paar treffliche Dinge stehen doch drinnen. Ich hebe es Ihnen auf.

Alle Welt ist in Fontainebleau. Ich bin sehr froh darüber. Oft möchte ich an meine Türe schreiben wie jener Weise: »Wer eintritt, ehrt mich; wer nicht eintritt, erfreut mich!« Herr von Marmontel[83] bot mir an, bei mir einen neuen komischen Operntext vorzulesen. Er kam, und wir waren ihrer zwölf Zuhörer, alle im Kreise, ich mit, willens den »Alten Junggesellen« anzuhören. So ist der Titel des Werkes. Der Anfang der ersten Szene kam mir konfus und schwerfällig vor. Wissen Sie, was ich gemacht habe, ohne dass es im Geringsten meine Absicht war? Ich habe nicht ein Wort gehört. Das ist so buchstäblich zu nehmen, dass ich von keiner der handelnden Personen noch vom Stoffe des Stückes etwas sagen könnte, und wenn ich gehängt werden sollte. Ich zog mich hinterher aus der Affäre, indem ich die Wahrheit sagte und meinte, die Zeit wäre mir gar nicht lang geworden. In der Tat war ich wirklich erstaunt, als ich die Gesellschaft um mich mit einem Male wieder laut plaudern hörte.

Seit es mir unmöglich ist, meine Aufmerksamkeit auf irgendetwas ernstlich zu sammeln, liebe ich toll das Vorlesen. Es lässt mir meine Freiheit. Bei Gesprächen, selbst wenn man sich gar nicht beteiligt, rufen einen die andern allzu oft an, besonders die Leute, die einen auszeichnen wollen. Das sind die Unerträglichsten. Glauben Sie mir, am liebsten plaudre ich mit Ihnen oder mit dem Chevalier von Chastellur.

Gute Nacht! Es ist höchste Zeit, Sie aufatmen zu lassen. Ich habe in einem Zuge geschrieben. Die Operntage sind meine Erholungstage. Ich bin allein dort, kehre heim und schließe die Türe. D'Alembert hat sich den »Harlekin« angesehen. Der macht ihm mehr Spaß als der »Orpheus«. Jeder hat recht, und es fällt mir nicht ein, über den verschiedenen Geschmack zu streiten. Jeder ist gut. Aber Adieu nun! Auf morgen!

---

[82] Gemeint ist die Schrift »Du théâtre, ou nouvel essai dramatique« (1774) von Mercier.

[83] Jean Francois Marmontel (1723–1799).

Sonnabend, den 15. Oktober 1774, um drei Uhr, nach dem Eintreffen der Post[84]

Ich habe zu Hause Mittag gegessen, um Ihren Brief eine Stunde früher zu haben.

Ich wage Ihre Rückkehr nicht herbeizuwünschen, aber ich zähle die Tage Ihrer Abwesenheit. Mein Gott, wie sind sie lang, wie lasten sie auf meiner Seele! Wie schwer ist es, wie geradezu unmöglich, sich einen Augenblick der Sehnsucht zu entziehen. Die Bücher, die Gesellschaft, die Freunde und alle sonstigen illusorischen Zerstreuungen kommen doch auf nichts anderes heraus, als einem den Wert und den Reiz des Fehlenden nur umso fühlbarer zu machen.

Ich antworte Ihnen nicht im Einzelnen. Was Sie mir über den Marquis von Mora sagen, hat mich im tiefsten Herzen gerührt. D'Alembert hat an Herrn von Fuentès geschrieben, aus eigenem Antriebe. Als er mir seinen Brief vorlas, weinte er, und ich brach auch in Tränen aus. Es war herzzerreißend.

Lieber Freund, ich will mich mit Ihnen beschäftigen und eine Tat vor Ihnen rechtfertigen: Ich habe Ihre Briefe verbrannt.

Ich rechnete darauf, dieses Opferfeuer keine vierundzwanzig Stunden zu überleben. Als ich es tat, war mein Blut, war mein Herz zu Eis erstarrt vor Hoffnungslosigkeit. Erst acht Tage hinterher habe ich den mir angetanen Verlust voll begriffen. Ach, zwanzig-, hundertmal habe ich es beklagt, Ihre Briefe verbrannt zu haben. Nichts kann mir diesen Verlust wieder ersetzen. Ich bin untröstlich darüber. Bringen Sie mir meine Briefe zurück! Wir wollen sie auch verbrennen.

Leben Sie wohl, mein lieber Freund. Sind Sie nicht müde, dieses Gekritzel zu lesen?

Sonntag, den 16. Oktober 1774, abends

Mein lieber Freund, ich bin gestern auf Ihren entzückenden Brief nicht recht eingegangen, und so wie ich wohl möchte, kann ich Ihnen auf das, was Sie über Herrn von Fuentès gesagt haben, nie antworten. Ich finde keine Ausdrücke für ein meiner Seele völlig neues Gefühl. Ich bin durchdrungen von zärtlichster und regster Dankbarkeit. Es kommt mir vor, als hätte ich nie in meinem Leben jemandem inniger zu danken gehabt. Ihre Gesinnung ist ritterlich, groß und rein. Warum sollte ich mir den Genuss versagen, davon

---

[84] Der Brief d'Alemberts an den Grafen von Fuentès vom 26. September 1774 ist erhalten. (Zu finden in der Asseschen Ausgabe der Lespinasse-Briefe, S. 353 ff.)

zu schwärmen? Ich weiß nichts zu sagen über mein Gefühl, nur dass Sie im Mittelpunkte stehen, und so möchte ich bisweilen ausrufen:

Mein Herz ist Dein!
Die Reue flieht daraus![85]

Aber ach, ich wage diese Worte nicht auszusprechen. Das Gewissen lässt sich nicht betrügen. Ein Sturm tobt in mir. Wie unglücklich bin ich doch! Lieber Freund, glauben Sie, dass mit der Liebe zu Ihnen wieder Frieden in mein Herz einziehen könnte? Oder glauben Sie, ich könnte, ohne Sie zu lieben, weiterleben? Sie sollen mich beurteilen. Ich selber kenne mich nicht mehr. Mit einem einzigen Worte vermögen Sie die Stimmung meiner Seele zu ändern.

Die Leidenschaft ist mir etwas Natürliches, die Tugend etwas Fremdes. Lieber Freund, mit mehr Selbstvergessenheit hat sich noch niemand geoffenbart, aber ich kann Ihnen meine geheimsten Gedanken nicht verbergen. Sie gehören doch alle Ihnen. Und das Leben wäre mir unerträglich, wenn ich mir vorwerfen müsste, ich hätte mir Ihre Achtung unredlich errungen, Ihnen Anlass zu einem falschen Urteil über mich gegeben. Nein, mein Freund, sehen Sie mich wie ich bin! Und ich hoffe, auch Sie täuschen mich nicht mehr. Wenn ich Ihnen auch nicht das Liebste auf Erden bin, so möchte ich doch sehen, welches Plätzchen Sie mir in Ihrem Herzen einräumen, und ich mache mich anheischig, nie mehr zu begehren, als Sie mir gewähren.

Heute Abend war ich wieder im »Orpheus«, aber mit Frau von Châtillon. Ich müsste mir wirklich verächtlich vorkommen, wenn ich sie nicht herzlich gern hätte. Sie verlangt so wenig und gibt so viel! Während ich in der Oper war, ist mir der Besuch der Gräfin Crillon entgangen. Das hat mir leidgetan. Aus Anteil an ihrem Manne hätte ich sie gern empfangen. Er kommt alle Tage, als ob er nicht verheiratet wäre.

Montags abends

Wie können Sie überhaupt nur fragen, ob Sie mir nicht lieber Ihr Fieber hätten verheimlichen sollen? Mein lieber Freund, keine sogenannten Schonungen! Ich liebe Sie allzu sehr, als dass ich nicht alles mit Ihnen und durch Sie leiden möchte. Menschen, die sich gegenseitig schonen, lieben sich schwerlich! Es ist ein gewaltiger Unterschied zwischen den Gefühlen, die man sich auferlegt, und denen, die sich uns aufzwingen. Jene sind tadellos, aber ich verabscheue sie. Wenn Sie einmal so ein kalter Idealmensch geworden sind,

---

[85] Vers aus der Tragödie »Dido« von Lefranc de Pompignan.

mein lieber Freund, dann werde ich Sie bewundern – und gründlich von Ihnen geheilt sein ...

Ich werde von Frau von Châtillon gestört. Sie bittet mich, ein paar Worte hier darunter schreiben zu dürfen. Ich reiche ihr Papier und Tinte, aber meinen Brief ... nein, das ist unmöglich! Verzeihen Sie mir, mein Lieber.

Montags, nach dem Eingang der Post

Sie sind in Aufruhr und Melancholie. Mein Gott, wie leide ich bei allem, was Sie leidend macht! Ich bin außer mir, Ihre friedlose Stimmung noch vermehrt zu haben. Ja, ich bin schuld daran, ich bin schwach, ich verdamme mich, ich hasse mich darob, aber das alles macht es nicht wieder gut, dass ich Ihnen wehgetan habe. Schon der nächste Brief muss Ihnen gezeigt haben, dass mein Fieberzustand nur die Folge der seelischen Überspannung gewesen war. Mein Körper ist nicht mehr fest genug, um solche Erschütterungen auszuhalten. Lieber Freund, bedauern Sie mich nicht mehr, sagen Sie: Sie ist toll! Dieser Gedanke wird Sie beruhigen, und wenn Sie nicht mehr leiden, werde ich glücklich sein. Aber ich hoffe, dass Sie mir alle Veränderungen Ihres Gesundheitszustandes sorgfältig und bis ins Einzelne berichten. Die Angst um jemanden, den man liebt, ist grässlich! Diese Art Folter geht über meine Kraft und Vernunft. Bleiben Sie ja bei Ihren Eltern!

Leben Sie wohl, lieber Freund. Ich wollte Ihnen tausend Kleinigkeiten erzählen, aber Ihre Trübsal nimmt mir den Mut. Selbst wenn ich mir sage, diese Stimmung hat sich gewandelt. Doch die meine? Sie könnte sich nur ändern, wenn Sie es wollten. Durch eine mächtige Kraft, die tausend Meilen weit wirkte. Ich habe Ihnen schon einmal gesagt: Es gibt nur ein einziges Ding, das die Menschen nicht haben verderben können. Lieber Freund, sollte das auf Erden verloren gehen, so wissen Sie, wo es, so lange ich lebe, noch existiert, wo es ein stilles Reich hat und mehr Schwungkraft, als es einer Französin eigentlich geziemt.

Freitag, den 21. Oktober 1774, abends

Mein lieber Freund, wie langsam schleicht die Zeit dahin! Seit Montag quält mich diese Saumseligkeit, und ich habe nichts unversucht gelassen, meiner Ungeduld etwas vorzulügen. Ich bin nicht zur Ruhe gekommen, überall bin ich gewesen, alles habe ich mir angesehen, – immer nur mit dem einen Gedanken. Meine kranke Seele hat die ganze Welt nur in einer Farbe angeschaut, alles verhüllt von Trauerschleiern. Sagen Sie mir, wie kann man sich zerstreuen? Wie tröstet man sich? Sie allein können mich lehren, das Leben zu erleiden. Sie allein sind noch imstande, mein Dasein mit jenem wehmutsvollen Zauber zu vergolden, der einen heute glückselig und morgen voller Hass macht.

Lieber Freund, morgen werde ich einen Brief von Ihnen haben. Nur diese Hoffnung verleiht mir die Kraft, Ihnen heute Abend zu schreiben. Wenn Sie wüssten, wie arm und verloren ich mich fühle, wenn ich nichts von Ihnen höre! Wie kärglich und flüchtig war Ihr letzter Brief! Wie trübselig und kalt! Es kommt mir vor, als sagten Sie mir nicht recht, was Sie unruhig und sogar aufgeregt macht. Was haben Sie denn? Warum verstecken Sie Ihr Herz? Wollen Sie mir das meine noch einmal zerreißen? Haben Sie mir nicht versprochen, mir alles zu sagen? Wollten Sie mir nicht rückhaltlos vertrauen? Sollte ich nicht Ihre Freundin sein? Wollten Sie Ihre Seele nicht in die meine schütten? Sollte ich nicht in Ihnen leben? Sollten nicht selbst Dinge, die mein Herz verletzen könnten, mir nicht vorenthalten bleiben? Ach, mein lieber Freund, verkennen Sie mich nicht, denken Sie daran, was ich Ihnen bin! Wenn Sie sich das vergegenwärtigen, können Sie mich doch unmöglich absichtlich betrügen oder mir etwas verheimlichen.

Sonnabends früh

Ich habe gestern nicht weiter mit Ihnen geplaudert, um Sie zu schonen. Ich war so trüb gestimmt. Wiederum war ich im »Orpheus«. Diese Musik macht mich toll. Sie zieht mich immer wieder zu sich; ich kann sie nicht einen Tag entbehren. Meine Seele lechzt nach diesem schmerzlichen Genuss. Alles, was mich sonst umgibt, steht in Disharmonie mit mir, und doch habe ich noch nie so viel gute Freundschaft gespürt wie gerade jetzt. Meine Freunde sind die trefflichsten Menschen; sie sorgen und kümmern sich um mich, ohne mir irgendwie dabei lästig zu werden. Ich begreife bloß nicht, was sie an mir Reizvolles finden können. Wohl mein unglückliches Geschick! Ja, ja, edle und feinfühlige Seelen lieben die Unglücklichen. Das Unglück übt einen geheimnisvollen Reiz aus. Die Menschen sehen sich gern mitleidig, und fremdes Unglück gibt eine schöne Halbstimmung: Man hat Leid und leidet doch nicht selber. Mag man diesen Genuss haben, solange ich noch lebe.

Der eigene Gewinn lebt und webt doch in allem. Die Toren oder die Heuchler, die Helvétius[86] angegriffen haben, die haben zweifellos nie geliebt oder nie nachgedacht. Tausende leben ja und sterben, die niemals das eine noch das andere erfahren haben. Umso besser für sie und umso schlimmer für

---

[86] Claude Adrien Helvétius (1715–1771), der Verfasser der Bücher De l'esprit, De l'homme, Le vrai sens du système de la nature.

uns. Ich kann Ihnen nicht sagen, welche Abneigung, welchen vielfachen Ekel ich gegen dumme Menschen hege, gegen solche, die so deutlich unter meinem Niveau stehen, dass ich schon im Voraus weiß, was sie sagen wollen, ehe sie den Mund öffnen. Ach, ich bin recht krank! Ich kann die Menschen nicht leiden, die mir gleichen. Alles, was nicht mehr ist als ich, erscheint mir zu klein. Nur wenn ich zu jemandem aufblicken kann, habe ich andere Empfindungen als Ekel und Langeweile. Lieber Freund, nur zweierlei kann mich an der menschlichen Gesellschaft reizen: Ich muss etwas zu lieben oder zu bewundern haben. Geist ist nicht genug; viel Geist muss da sein. Dieser Art aber kenne ich keine sechs oder sieben Leute, keine sechs oder sieben Bücher. Allerdings gibt es mehr Menschen, die ich schätzen muss, aber das ist aus Gründen des Gefühls und des Vertrauens und ändert nichts an meiner allgemeinen Anschauung. Es bleibt dabei: Was geringer ist als ich, das belästigt und quält mich; was gleich viel ist wie ich, langweilt und verdrießt mich; was über mir ist, stärkt mich und trägt mich zu sich empor. Ich möchte immer wie jener Alte sagen: »Freunde, rettet mich vor mir selber!« Sie sehen, die Eitelkeit ist in mir erloschen, aber an ihre Stelle ist eine starke und tödliche Blasiertheit getreten.

Die Gräfin Boufflers ist nicht so blasiert. Wie liebenswürdig ist sie! Ich bin in dieser Woche viel mit ihr zusammengekommen. Am Mittwoch war sie mit zu Tisch bei Frau Geoffrin. Sie war entzückend; jedes Wort, was sie sagte, war paradox. Man griff sie an, aber sie verteidigte sich so geistreich, dass aus ihren falschen Behauptungen beinahe Wahrheiten wurden. Zum Beispiel fand sie, es sei ein großes Unglück, Gesandter zu sein, gleichgültig in welchem Lande und bei welchem Volke. Ihr käme das wie eine schreckliche Verbannung vor. Dann meinte sie, selbst zu der Zeit, wo sie für England geschwärmt hätte, wäre sie höchstens unter der Bedingung dauernd dahingegangen, dass sie fünfundzwanzig vertraute Freunde und sechzig bis siebzig andere ihr unentbehrliche Leute hätte mitnehmen können. Das sagte sie im größten Ernste und mit so viel Lebhaftigkeit, dass wir alle glaubten, es käme ihr aus vollem Herzen. Sie hätten nur die verdutzte Miene des Lords Shelburne[87] dabei sehen sollen!

Das ist ein urnatürlicher Mensch, seelenvoll und energisch. Er fühlt sich auch nur zu denen hingezogen, die ihm ähnlich sind, zum Mindesten in der Natürlichkeit. Er hat Malesherbes kennengelernt und ist von ihm entzückt. Er sagte mir: »Zum ersten Male in meinem Leben habe ich gefunden, was ich für nicht tatsächlich möglich gehalten habe: einen Menschen, dessen

---

[87] William Petty Graf Shelburne (1737–1805), Mitglied des Kabinetts Pitt (1766–1768), später (1782) nochmals Minister. »Graf d'Argental«: (1700–1788), ein Neffe des Kardinals de Tencin (vgl. Einleitung), eines Freundes von Voltaire.

Seele vollständig frei von Furcht und Hoffnung ist und doch dabei voller Leben und Feuer. Nichts in der Welt kann seinen Frieden stören, nichts ist ihm unentbehrlich, und er hat den regesten Anteil an allem, was gut ist. Kurzum, meinte er schließlich, ich habe auf meinen Reisen viel gesehen, aber nichts hat einen tieferen Eindruck auf mich gemacht wie dieser Mann. Wenn ich in dem bisschen Zeit, das mir zu leben übrig bleibt, noch etwas Gutes schaffe, so wird mich, dessen bin ich sicher, der Gedanke an Malesherbes dazu begeistern.«

Lieber Freund, das ist ein schönes Lob, und der es ausgesprochen hat, ist ein höchst interessanter Mensch. Er hat Geist, Wärme, Enthusiasmus. Er erinnert mich an die beiden Männer, die ich geliebt habe und für die ich leben oder sterben möchte. In acht Tagen reist er wieder ab, und das ist mir lieb; denn er ist schuld – durch die Gesellschaften ihm zu Ehren –, dass ich Tag für Tag irgendwo mit fünfzehn Personen zu Tisch sitze. Das ermattet schließlich selbst meine Vorliebe. Ich muss Ruhe haben. Mein Körper ist erschöpft.

Gute Nacht, mein Lieber! Ich erwarte einen Brief. Nun wissen Sie, was mir nottut.

Sonnabend, den 22. Oktober 1774, nach dem Eingang der Post

Mein Gott, Ihre Mitteilungen versetzen mich in Unruhe und Betrübnis. Ich glaube immer alles, was ich fürchte. Sehen Sie, so nehme ich an Ihrem Kummer teil. Nun kann ich die Trennung von Ihnen ganz und gar nicht mehr ertragen. Lieber Freund, Ihr Leid ist mein Leid. Es ist mir schrecklich, dass ich es Ihnen nicht erleichtern kann. Wenn ich bei Ihnen wäre, würde ich alle Ihre Sorgen auf mich nehmen, alles, wovor Sie Angst haben, sodass Ihnen gar nichts mehr davon bliebe.

Wie bin ich unglücklich! Bei der einzigen Gelegenheit, wo Ihnen meine Liebe wohl tun könnte, bin ich dazu verdammt, Ihnen nichts zu nützen. Dasselbe werden Ihnen auch noch andere sagen, die Sie lieben, und zweifellos in schöneren Worten. Ich gehöre Ihnen allzu sehr, als dass ich sagen könnte, was ich fühle. Gibt es denn Worte, mit denen eine leidende Seele alle ihre Regungen auszudrücken vermöchte? Eine Seele voll Bangen und Zagen, der das Unglück jede Hoffnung versagt hat? Lieber Freund, in meiner Stimmung hat man keine anderen Worte als die: »Ich liebe Dich!« Ach, wenn sie so in Ihre Seele dringen könnten, wie ich sie fühle! Wie groß auch Ihr Unglück sei, Sie müssten dabei glückselig sein!

Mit tödlichem Schmerze merke ich jetzt, wie schwach Ihre Liebe zu mir ist. Sonst könnte es uns nicht an Trost fehlen. In der Krankheit schlummert die

Arznei. Wenn man unglücklich ist, dann ist es schrecklich, nur eine schwache Liebe in sich zu haben. In uns müssen wir die Kraft finden, und nichts verleiht mehr Kraft als eine starke Leidenschaft. Die Gefühle anderer erfreuen und rühren uns; die in uns selber sind, die halten uns aufrecht. Aber diese Hilfsquelle ist fast den meisten Menschen versagt. Alle lieben sie nur auf Gegenseitigkeit. Eine armselige Art, die klein und schwach macht. Sie können nicht anders, selbst wenn sie es wollten. Wir Menschen müssen bleiben, wie wir sind, wenn uns nicht eine Naturmacht oder ich weiß nicht, was wandelt.

Sie sind zu gut, tausendmal zu gut, weil Sie sich um mein Leid kümmern. Leiden heißt, für mich leben. Indessen geht es mir ein wenig besser, seit ich nur noch Huhn als Nahrung zu mir nehme. Das bekommt mir. Der Pylor lässt die Hühner ein, und das ist sehr richtig, denn die sind die besten Geschöpfe der Welt, immer bereit, sich für jedermann vierteilen zu lassen.

Leben Sie wohl, lieber Freund, ich plaudere von mir, fühle aber nur Sie. Von heute bis Montag werde ich in Aufruhr sein. Sie werden mir schreiben. Das ist mein Glaube.

Sonntagabends, den 23. Oktober 1774

Mein lieber Freund, um mich ruhiger zu machen, um einen Gedanken los zu werden, der mich quält, muss ich mit Ihnen plaudern. Ich harre der Stunde der morgigen Post mit einer Ungeduld, die – vielleicht – nur Sie begreifen können. Sie hören mich, wenn Sie mir auch nicht antworten können. Das ist immer etwas. Allerdings wäre es süßer, tröstlicher, wenn wir wirkliche Zwiesprache hielten, aber das Alleinsprechen ist auch schön, wenn man sich sagen kann: Ich rede zwar für mich, aber ich werde doch gehört.

Mir geht es körperlich gar nicht gut. Ich schreibe es der Arznei zu; dieser Schierling bewahrt doch seine giftige Eigenschaft. Ich fühle mich so schwach, so beängstigt, dass ich heute zwanzigmal einer Ohnmacht nahe war, und in diesem Augenblick ist mir unsagbar schlecht zumute. Ich fühle – wie Fontenelle[88] kurz vor seinem Tod gesagt hat – mein Ich gehemmt. Aber das innere Feuer gibt mir die Kraft, Ihnen zu schreiben. Den ganzen Tag über habe ich nichts getan und noch kein Wort gesprochen.

Ich weiß nicht, ob ich Ihnen bereits von Crillons berichtet habe. Ich habe sie in der letzten Woche häufig gesehen. Der Graf schwimmt im Glück. Er hat mir gesagt, selbst wenn seine Frau ruiniert wäre, so blieben ihm immer noch glänzende Einnahmen. Sie gefällt ihm und sagt ihm in jeder Hinsicht zu. Der

---

[88] Der Verfasser der *Nouveaux dialogues des morts* (1700).

Glückliche! Es freut mich riesig. Ich habe Ihnen bereits erzählt, dass ihr Gesicht gewöhnlich ist, aber ich halte sie für gescheit. Sie hat ein verbindliches Wesen und einen starken Drang zu gefallen. Für den Mann, den ich am meisten auf der Welt liebe, wäre mir so eine Frau freilich nicht gut genug. Lieber Freund, mehr denn je bin ich überzeugt: Ein befähigter, ein genialer Mann, einer, der berühmt werden soll, der darf nicht heiraten. Die Ehe ist die leibhaftige Vernichterin alles Großen und Herrlichen. Wer zum lieben braven Ehekrüppel geschaffen ist, der ist auch zu nichts anderem da, und zweifellos findet er in der Ehe sein Glück. Andere aber gibt es, deren natürliche Bestimmung es ist, große Männer zu werden, keine glücklichen im spießbürgerlichen Sinne.

Diderot hat einmal gesagt: Wenn die Mutter Natur einen genialen Mann erschafft, dann schwingt sie über seinem Haupte eine Fackel und ruft: Werde ein großer Mensch und sei unglücklich! Ich glaube an Ihrem Geburtstage hat sie das auch gesagt. Gute Nacht, ich kann nicht mehr! Morgen mehr!

Montags, nach der Post

Keinen Brief! Bei einem anderen würde ich zittern. Aber ich fasse mich ein wenig, da ich weiß, dass Regelmäßigkeit und Pünktlichkeit nicht Ihre Sache ist. Ich hoffe also, Sie sind wohl und munter. Ich sehe, Sie haben kein Bedürfnis verspürt, mich zu beruhigen. Das ist sehr natürlich, aber ebenso betrübend. Lieber Freund, ich mache Ihnen durchaus keinen Vorwurf. Ich bedaure Sie nur, weil Ihre Seele, in welcher Stimmung sie auch sei, sich nicht zu mir findet.

Leben Sie wohl! Ich bin abgespannt und in außergewöhnlich schwacher Verfassung. Ich muss mir die größte Mühe geben, um die Feder halten zu können. Ich erwarte keinen Brief mehr von Ihnen, aber ich sehne mich danach, solange ich noch atme.

Dienstagabends, den 25. Oktober 1774

Ich bin im Unrecht gewesen. Jedem andern gegenüber wäre das ein Unrecht; Ihnen gegenüber aber ist es ein Frevel. Verzeihen Sie mir, mein lieber Freund. Ich hätte Ihnen danken müssen und habe Sie angeklagt! Dieser Gedanke tut mir so weh, als ob ich die Schuldige wäre, und doch war es die Post. Ich argwöhnte das so wenig, dass ich mir die Aufschriften der Briefe, die mir der Briefträger heute brachte, gar nicht angesehen habe. Es war mir so gleichgültig, welchen ich zuerst oder zuletzt in die Hand nahm. Als ich den zweiten aufbreche, – lieber Freund, da musste ich laut aufschreien: Ihre

Handschrift! Ich bekam Herzklopfen. Ebenso bitterlich wie es ist, zu warten und es kommt nichts, ebenso lebhaft und eindrucksvoll ist die Freude, wenn sie einen so überrascht.

Lieber Freund, ich liebe Sie wahnsinnig. Das beweist sich mir immer von Neuem, oft merkbarer als ich es möchte. Ich gebe Ihnen mehr als Sie wollen! Sie sehnen sich gar nicht nach so viel Liebe, und ich hätte es sehr nötig, mich auszuruhen. Das wird wohl im Grabe sein. Aber ich werde allzu persönlich; ich rede von mir, wo ich nur von der Freude sprechen sollte, die ich beim Lesen folgender Worte gefühlt habe: »Es geht mir besser, es geht mir gut, ich bin beruhigt.«

Lieber Freund, ich habe aufgeatmet. Es ist mir, als hätte das mir neues Leben und neue Kraft gebracht. Drei Tage lang war ich wie abgestorben. Man sagt, das hänge mit den Nerven zusammen, aber ich bin längst gescheiter als mein Arzt und weiß, dass es mit Ihnen zusammenhängt.

Da bin ich schon wieder bei mir! Wie ärgere ich mich über mich, dass ich immer wieder darauf gerate! Komme ich davon ab, wenn ich Ihnen sage, dass ich Ihre Offenheit und Ihr feines Verständnis anbete? Verheimlichen Sie mir nie etwas! Wenn ich Ihnen recht ins Herz sehe, so ist das nur Ihr Vorteil.

Chamfort ist angekommen. Er hat mich besucht, und wir werden in diesen Tagen seine Lobschrift auf Lafontaine hören. Er kommt frisch und gesund aus dem Bade[89], reicher an Ruhm und Reichtum als zuvor. Dazu vier Freundinnen, die ihn lieben: die Herzogin von Grammont[90], die Gräfin von Roncé, die Gräfin d'Amblimont und die Gräfin Choiseul[91]. Diese Zusammenstellung ist so bunt wie Harlekins Jacke, aber das ist gerade das Pikante, Nette und Reizvolle dabei.

Grimm ist wieder da. Ich habe ihn mit meinen Fragen beinahe umgebracht. Er schildert die Zarin[92] nicht als Herrscherin, sondern als liebenswürdige Frau, reich an Geist, Witz und allem, was reizt und verführt. Nach seinen Schilderungen hat man mehr den Eindruck einer bezaubernden griechischen Hetäre als den der glänzenden und hoheitsvollen Kaiserin eines großen Reiches.

Ich habe von ihr noch das Porträt eines anderen großen Menschenkenners zu erwarten: Diderot hat mir sagen lassen, er käme morgen zu mir. Ich freue mich darüber; allerdings ist er bei meiner jetzigen Stimmung derjenige, den

---

[89] d. h. aus Barrège. (Vgl. Oeuvres de Chamfort, Edition Auguis, 1825, V. p. 263.)
[90] Beatrix von Grammont (1730–1794), Schwester des Herzogs du Choiseul.
[91] Die Gräfin Choiseul-Beaupré (geb. 1732), die Mutter des Grafen Choiseul-Goûffier, des Verfassers der »Voyage pittoresque de la Grèce«.
[92] Katharina II.

ich am allerwenigsten öfters sehen möchte. Er erzwingt sich die Aufmerksamkeit, und gerade das kann und will ich keinem Menschen auf Erden mehr gewähren. Wenn ich sage: keinem Menschen auf Erden, so verstehen Sie wohl, dass ich einen ausgenommen wissen will, den einen, der alle meine Gedanken erfüllt. Diese besondere Erklärung ist plump. Aber Sie sind ja so ein Schäfchen, dem man alles unverblümt vorhalten muss, was es begreifen soll. Ich weiß, Sie werden sich die Lektüre meines Briefes für die Fahrt aufheben. Ich werde also mit Ihnen im Wagen sitzen, und am Ziel der Reise bin ich auch noch da.

Was? Sie glauben ernstlich, dass Sie sich freuen werden, wenn Sie mich wieder sehen? Wie nett sagen Sie das! Es wäre wirklich süß, von Ihnen geliebt zu werden. Aber mein Herz wird sich zu solch himmlischer Höhe nicht mehr versteigen können. Das wäre zu viel. Ein paar glückselige Minuten, ein paar Funken Freude, mehr brauchen Unglückliche nicht. Das genügt ihnen, um wieder frischen Mut zum Leiden zu bekommen.

Mittwoch, den 26. Oktober 1774

Ich habe soeben Ihren Brief noch einmal gelesen. Eine Stelle darin hat mich besonders entzückt, die, wo Sie sagen: *unsere Qual*. Mein lieber Freund, wenn ich hier falsch deute, so lassen Sie mich in meinem Irrtume. Nur krank sollen Sie nicht sein! Ich sterbe vor Angst. Sagen Sie mir, an was soll ich mich klammern, um Frieden zu haben? An den Gedanken, dass Sie heimkehren? Nein, mein Lieber, vor dieser Stunde bangt mir; ich wage sie mir gar nicht herbeizusehen und doch: Säumten Sie, so stürbe ich!

Begreifen Sie diese maßlose Zerrissenheit? Grade das Maßlose entspringt keiner krankhaften Logik, nein, es kommt aus einem durch widersprechendste Wallungen zerwühlten Herzen. Sie verstehen diesen Zustand vielleicht, aber nachfühlen können Sie ihn nicht.

Ich bin unterbrochen worden. Immer ist's Frau von Châtillon. Ich komme auf den Punkt zu glauben, dass man nur dann geliebt werden kann, wenn man selber verliebt ist. Sie haben keine Ahnung, was sie sich alles ausdenkt, um in mein Herz einzudringen. Lieber Freund, wenn Sie mich auch so liebten! Doch nein, das möchte ich nicht. Der Himmel bewahre mich davor, ein solches Glück zweimal zu erfahren!

Freitag, den 28. Oktober 1774

Vor ein paar Tagen habe ich einen schweren Anfall von Verzweiflung gehabt. Man hatte mich genötigt, zu Lekain in den »Tankred«[93] zu gehen. Ich hatte ihn seit Langem nicht gesehen und hatte auch gar nichts weiter für ihn übrig, aber ich ging schließlich hin. Die beiden ersten Akte langweilten mich riesig; der dritte war anregender, und mein Interesse steigerte sich gegen das Ende des Stückes immer mehr. Im fünften Aufzuge enthält es Szenen und Worte, die sich mir in der Illusion mit Vorgängen in Bordeaux vermengten. Das sage ich nicht nur so hin; ich war tatsächlich dem Tode nahe. Ich verlor mein Bewusstsein. Die ganze Nacht hindurch musste man an meinem Bette wachen, weil ich immer neue Ohnmachtsanfälle bekam. Ich habe Ihnen das bis jetzt nicht erzählen können, weil ich noch allzu sehr unter der Nachwirkung litt. Ich habe mir gelobt, dergleichen schreckliche Aufregungen fortan zu meiden. Nur den »Orpheus« vermag ich zu ertragen, und mit Bedauern höre ich, dass Sie ihn nicht mehr sehen können. Vom 8. November an wird man eine neue Oper[94] geben. Die Musik ist von Floquet. Dem dummen Publikum wird sie vielleicht gefallen. Es spendet ja seinen Beifall heute dem Guten zu und morgen dem Mittelmäßigen und übermorgen dem Miserablen. Leute wie Dorat haben Erfolge[95]. Ja, vom großen Haufen hängt der Ruhm ab, aber zuletzt doch von dem Urteil der fernen Zukunft. Das Publikum der Gegenwart hat zu keiner Zeit genug Geschmack und Einsicht, um fest entscheiden zu können, was Erbe der Nachwelt werden soll.

Alle Welt ist in Fontainebleau[96], nur der Baron von Kock und der Freiherr von Gleichen[97] sind uns geblieben. Ich finde, die beiden sind abends nicht von mir fortzukriegen. Ich weiß nicht, ob ich mich täusche, aber es kommt mir vor, als sei die Einsamkeit dienlicher für mich. Die Gesellschaft reizt mich beinahe nie mehr; sie ist mir meistens geradezu lästig. So krank bin ich! Ich kann tun, was ich will, es bekommt mir schlecht. Adieu, mein Lieber!

---

[93] Tragödie von Voltaire.

[94] *Azolan, ou le serment indiscret*, heroisches Ballett in 3 Aufzügen, Erstaufführung am 23. November 1774.

[95] Julie war ebenso wie Galiani, eine Gegnerin Dorats. Er hatte Julie in seinen *Les Lyoneurs ou le Tartuffe moderne* (gedruckt erst 1777, aber handschriftlich bereits bekannt,) auch im Merlin Bel Esprit karikiert. (Vgl. Goncourt, Die Frau im 18. Jahrhundert, II, S. 198 f.) In die deutsche Literatur ist ein Gedicht Dorats durch die Umdichtung Wilhelm Heinses übergegangen: »Die Kirschen«. (Insel-Ausgabe der Werke Heinses, Bd. II, S.279 ff.)

[96] Der Hof weilte vom 10. Oktober bis zum 9. November 1774 daselbst.

[97] Karl Heinrich Frhr. v. Gleichen (1735–1807), dänischer Gesandter in Paris von 1763 bis 1776.

Sonntag, den 30. Oktober 1774

Mein lieber Freund, wie geht es Ihnen denn?

Ich möchte gern, Sie wären reich. Nicht so wie gewisse Leute, die vor Langeweile auf ihren Goldhaufen sterben. Nein, ich wünschte Ihnen ein behagliches Auskommen. Ich möchte, dass sich Ihr Talent sozusagen nicht die Beine auszureißen und Ihr Genie sich nicht den Hals zu verdrehen brauchte. Kurzum, ich möchte Sie nicht dazu verdammt sehen, sich mit dem großen Haufen einlassen zu müssen. Bei meiner Ehre, nur Ihretwegen, um Ihres Ruhmes willen, beängstigen mich Ihre Heiratspläne. Ich kann wirklich dabei von mir sagen:

Nicht lichter ist der Tag als meine Herzenskammer.

Das will so viel sagen, mein lieber Freund: Wenn sich Ihnen eine glänzende Partie böte, wenn Sie irgendwelche Aussicht hätten, wenn ich oder meine Freunde Ihnen dabei behilflich sein könnten, so rechnen Sie auf unsere eifrigste Mitarbeiterschaft an Ihrem Erfolge. Ich würde noch einmal glücklich und vergnügt sein, wenn ich Sie glücklich sehen könnte, und sei es das Glück, die Glücksart des Grafen Crillon. Das ist ein trefflicher Ehemann. Seine Frau ist seine Welt. Über diesen Horizont hinaus gibt es für ihn nichts. Mein Gott, ist er glücklich! Aber, mein lieber Freund, eine Tragödie wie die »Gracchen« wird er nicht dichten. Er kann nicht einmal so hübsche Verse machen wie Sie in Ihrem Briefe.

Der Drang nach starker Lebensbetätigung ist, wie ich glaube, das Merkmal der besonderen Menschen. Hat mir nicht ein gewisser jemand einmal gesagt: »Wenn ich jemals ruhig bin, so ist es dann, wenn ich mich unterwegs sehe!«

Nun muss ich Ihnen noch von der Zarin erzählen. Sie disputierte oft mit Diderot. Eines Tages, als der Streit etwas heftig geworden, unterbricht sie ihn und sagt: »Wir sind jetzt alle beide allzu erregt, um auf das Richtige zu kommen. Sie haben zu viel Phantasie, ich zuviel Hitze. Wir wissen alle beide nicht mehr, was wir sagen.« – »Mit dem Unterschied,« entgegnet Diderot, »dass Sie ungehindert alles sagen dürfen, was Ihnen beliebt, ich aber nicht.« – »Pfui!« erwidert die Zarin. »Gibt es irgendwelchen Unterschied zwischen Menschen?«

So spricht eine Herrscherin zu einem Philosophen.

Ein andermal erklärte sie ihm: »Zuweilen kommen Sie mir vor, als seien Sie hundert Jahre alt, und oft wiederum wie ein Kind von zwölf Jahren.« Lieber Freund, das ist entzückend gesagt. So ist Diderot in Wirklichkeit! Wenn Sie Kinder gern hätten, so würde ich Ihnen sagen, dass ich beobachtet zu haben glaube, dass alles Gefällige im Leben in gewissem Sinne kindlich ist. Kinder sind graziös, weich, natürlich. Harlekin ist ein Gemisch von Kind und Katze; es gibt nichts Graziöseres ...

Wissen Sie, warum ich dem Chevalier von Chastellux nichts vom »Orpheus«[98] erzähle? Mein Bester, aus dem Grunde, weil es eine Barbarei wäre, einem Blinden von Farben vorzuschwärmen.

Leben Sie wohl!

Montag, elf Uhr abends, den 1. November 1774

Mein lieber Freund, es ist mir, als gehörten Ihnen alle Regungen und Gefühle meiner Seele. Ich muss Ihnen alle meine Gedanken offenbaren. Ich glaube, sie sind nicht mein Eigentum, ehe ich sie nicht Ihnen mitgeteilt habe.

Hören Sie mich also an, und urteilen Sie über mein Urteil oder vielmehr über meinen Instinkt, denn in Dingen des Geistes, des Geschmacks und der Kunst habe ich nur Instinkt. Die Akademie von Marseille hat Chamfort mit vollem Rechte preisgekrönt. Mir erscheint seine Lobschrift [auf Lafontaine][99] hervorragend; sie hat mir einen großen Genuss bereitet und wird mir noch mehr bereiten. Wie gedankenreich und geistvoll ist sie, zugleich scharf, wuchtig, voll Begeisterung und Weisheit! Stilistisch voll Leben, Seele, Feuer! Reich an glücklichen Wendungen! Wie originell die Sprache und Darstellung! Mit einem Worte, ich bin wirklich entzückt davon, und ich würde Ihnen am liebsten zehn Zitate, eins reizvoller als das andere, daraus anführen, wenn ich nicht fürchtete, Ihnen den Genuss zu verderben. Mein Lieber, ich empfehle Ihnen besonders die Seite 44. Sagen Sie mir, habe ich recht? Ist sie nicht voll der erlesensten Empfindungen? Ist das nicht eine Verherrlichung der Wohltätigkeit und der Dankbarkeit? Sind da nicht alle Gefühle wiedergegeben, die eine empfindsame, erhabene und leidenschaftliche Seele am liebsten selbst erfahren und anderen einflößen möchte?

Lieber Freund, diese Schrift befriedigt mich so sehr, dass ich wünschte, Sie hätten sie geschrieben. Allerdings bin ich überzeugt, dann wäre sie noch schöner geworden! Sie flögen noch höher empor, und Sie würden auch Chamforts Fehler nicht machen. Doch rasch, sagen Sie: Ist meine Schwärmerei übertrieben? Zum Mindesten entspringt sie aus mir selbst. Ich habe noch mit niemandem darüber gesprochen. Um neun Uhr erhielt ich die Lobschrift, und ich verging vor Ungeduld, allein zu sein. Ich habe sie dann ge-

---

[98] Chastellur war als Gegner der Musik Glucks bekannt.

[99] Eloge de Lafontaine, ouvrage qui a romporté le prix au jugement de l'Académie de Marseille, le 25 d'août 1774, Paris 1774.

lesen, und Sie erfahren den ersten Eindruck, selbst auf die Gefahr hin, dass Sie den gesunden Menschenverstand in mir vermissen.

Lieber Freund, möge Sie nichts abschrecken, mir alles vorzulesen oder lesen zu lassen, was Sie dichten. Ich will die Magd Molières sein. Ich will keine Meinungen abgeben, nur alles nachfühlen. Es ist ein Zeichen von Geschmack und Geist, dass Sie den Stoff konzentriert haben. In den vortrefflichsten Tragödien gibt es langweilige Strecken. Diesen doppelten Fehler werden Sie nun vermieden haben. Ihr Stück wird voll Schwung und Spannung bleiben; Stoff und Handlung werden einen immer in Atem halten. Ihre Persönlichkeit wird an keiner Stelle zum Vorschein kommen, aber die Seele und das Genie Guiberts werden das Ganze durchdringen und beleben.

Mein lieber Freund, warum schwören Sie förmlich, mich nichts mehr unmittelbar und sofort lesen lassen zu wollen, wo ich doch alles kennen und nachfühlen möchte? Sind denn die Gracchen nicht Sie selbst? Ist das, was Sie begeistert, nicht etwas, was ich hören und überdenken möchte mein ganzes Leben lang?

Mein Gott, wie falsch hatten Sie mich zunächst verstanden, und wie trefflich sprechen Sie nunmehr über Mylord Shelburne![100] Gewiss, besonders darum achte und liebe ich ihn, weil er der Führer der Opposition ist. Sie sollten tiefunglücklich sein, dass Sie in einem Staate wie dem unsrigen geboren worden sind. Wenn ich, ich gebrechliches und unglückliches Geschöpf, noch einmal auf die Welt kommen sollte, so wollte ich lieber der geringste Abgeordnete in einem Parlament als der König von Preußen werden! Nur der Ruhm Voltaires vermag mich zu trösten, keine geborene Engländerin zu sein.

Noch ein Wort über den Lord Shelburne, und nie wieder werde ich ihn erwähnen, denn: Das Geheimnis, nicht langweilig zu werden, liegt ja darin, niemals alles zu sagen![101]

Wissen Sie, worin er Kopf und Herz Erholung von der Politik suchen lässt? In wohltätigen Handlungen, die eines Monarchen würdig sind. Er ist der Schöpfer von öffentlichen Bildungsstätten für alle, die im Bereiche seiner Besitzungen wohnen. Er kümmert sich bis ins Einzelnste um ihre Erziehung und ihr Wohlergehen. So erholt sich ein Mann, der keine vierunddreißig Jahre alt ist. Seine Seele ist ebenso feinfühlig wie groß und energisch. Ich wünschte, Sie hätten diesen Engländer kennengelernt. Am 13. reist er wieder ab. Für das französische Leben ist er nicht geschaffen. Er wollte der Eröffnung des Parlaments beiwohnen. Bis dahin hatte er Zeit, sich in Paris den

---

[100] Er war damals mehrere Monate in Paris.

[101] Bekanntlich ein Wort Voltaires. (Dixième discours en vers sur l'homme).

Zerstreuungen hinzugeben. So viel Muße hat er in seinem ganzen Leben nicht gehabt. Er findet sie wonnig und angenehm. »Ich habe Genuss daran,« hat er mir kürzlich gesagt, »weil ich das nicht immer so habe, denn auf die Dauer muss so ein Dasein zur lästigsten Langenweile weiden.« Welch ein Riesenabstand zwischen ihm und einem Franzosen! Denken Sie an die galanten Herren unseres Hofes! Montesquieu hat recht: Die Staatsverfassung macht die Menschen. Ein befähigter Mann von Energie, Leidenschaft und Genie ist in unserem Lande wie ein in einem Menageriekäfig eingesperrter Löwe. Das Bewusstsein seiner Kraft wird ihm zur Folter. Er ist ein Titan, der auf der Erde hin kriechen muss.

Ich habe mit Ihnen geschwatzt, und nun bin ich zufrieden. Gute Nacht, mein lieber Freund!

Sonntag, 6 Uhr abends, den 13. November 1774

Mein lieber Freund, Sie tun mir weh. Meine Liebe gereicht Ihnen wie mir zum Fluche. Es war begründet, als Sie einmal sagten, Sie hätten kein Bedürfnis nach dem, was ich unter Liebe verstehe. Nein wahrlich. Sie messen mit anderem Maße. Sie sind so vollendet liebenswürdig, dass Sie unbedingt der Liebling aller der reizvollen Damen sind oder werden, die mit Ihnen ein bisschen kokettieren und im Grunde doch bloß in sich selber verliebt sind. Amüsieren Sie alle diese Weiber, befriedigen Sie ihre Eitelkeit! Welcher Unstern hat es nur aber gefügt, dass Sie mich dem Leben erhalten haben und mich nun in Unruhe und Leid verkommen lassen? Mein Freund, ich beklage mich keineswegs, ich bin nur betrübt darüber, dass mein Frieden Ihnen so wertlos ist. Dieser Gedanke taucht mein Herz abwechselnd in Eis und in Feuer.

Ach, es ist ja unmöglich, in Frieden zu leben mit einem Manne, der ein Tollkopf ist, der Gefahren verachtet und Vorsicht nicht kennt, der unfähig ist, sich zu sorgen, gewissenhaft zu sein, der niemals etwas planmäßig unternimmt, – kurz gesagt: mit einem Manne, der ins Blaue hinein lebt, den alles reizt und nie etwas wirklich fesselt und hält.

Du mein Gott, wenn meine Willenskraft, mein Verstand, meine Überlegung etwas hätten ausrichten können, hätte ich mich dann in Sie verliebt? Ach, in was für ein tiefes Elend bin ich geraten! Mich schaudert's. Eine sanftere Stimmung in mein Herz wieder einziehen zu lassen, – das könnte nur der Gedanke, Sie kämen morgen. Doch wie sollte ich an dieses Glück glauben? Vielleicht bricht Ihr Wagen in Stücke, vielleicht kommt irgendein Unfall dazwischen, vielleicht bleiben Sie in Chanteloup[102], vielleicht, – ach, ich fürchte alles und nichts kann mich trösten.

Mein lieber Freund, was nutzt es, Ihnen den Kopf heiß zu machen? Sie bessern sich doch nicht. Und werde ich Sie darum weniger lieben?

Gute Nacht! Jedes Mal, wenn heute meine Haustüre geöffnet worden ist, habe ich Herzklopfen bekommen. Manchmal hatte ich eine wahre Angst, Ihren Namen zu hören, und dann war ich wieder tief betrübt, ihn nicht gehört zu haben. Solche Widersprüche, solche entgegengesetzte Regungen sind echt und erklären sich durch die drei Worte:

Ich liebe Dich!

Sonnabend, den 19. November 1774

Ihr Brief vom Donnerstag früh war hart und ungerecht, der eine Stunde frühere niederdrückend durch die maßlose Offenheit und nachlässige Kühle, mit der Sie mir sagen, Sie hätten mich nie geliebt. Fortan könnten Sie für niemanden mehr leben usw. Wissen Sie: Dieses Bekenntnis hat mir Reue und Scham verursacht. Ich wage ohne Schaudern nicht mehr an mich selbst zu denken und an Sie ebenso wenig. Ich will nicht über Sie richten und Sie nicht hassen.

Gestern sind Sie so spät zu mir gekommen und so eilig wieder gegangen, dass ich so recht sah, Sie wollten eben nur meinem Briefchen willfahren. Das ist ja so natürlich; ich erwähne es nur, um Ihnen zu sagen, dass ich sehr wohl weiß, Sie sind einverstanden damit, wenn wir uns heute Vormittag nicht sehen. Ich erwarte den Erzbischof von Aix. Er hat mit mir zu reden. Meine Türe wird verschlossen sein. Am Nachmittag habe ich Besuche zu machen, und ich komme erst um acht Uhr wieder heim. Morgen bin ich zum Mittagessen beim Grafen Crillon, und hinterher mache ich Besuche bis acht Uhr.

Ich erwähne diese Zeiteinteilung hier, nicht weil ich glaube, die Ihrige zu beeinflussen, sondern lediglich um Sie der Mühe zu entheben, sich zu überlegen, sollen Sie mich besuchen oder meiden. Die Person, die über Sie und Ihre Zeit verfügt, wird Sie wohl Ihrem Widerwillen gegen Welt und Gesellschaft nicht überlassen. Sie werden Zerstreuung, Frieden, Genuss, Glück finden mit ihr und bei ihr. Den tödlichen Ekel, der mit dem unseligen Geschick verknüpft ist, jemanden zu betrügen, den man über alles liebt, den lernen Sie nicht kennen ...

---

[102] Beim Herzog von Choiseul.

Wir haben gestern Abend eine »Lobschrift der Vernunft« [von Voltaire][103] gelesen, die man vortrefflich fand. Ich hätte gewünscht, Sie wären Zuhörer gewesen. Das Vorlesen dauerte bis etwa zehn Uhr.

Samstag früh [November 1774]

Mein lieber Freund! Sie wissen nie, was Sie machen sollen? So will ich Sie mal darüber unterrichten.

Gehen Sie gegen elf Uhr aus, machen Sie ein paar Besuche in der Vorstadt Saint-Honoré, und essen Sie dann zu Mittag bei Frau von Boufflers. Um fünf Uhr sind Sie beim Grafen Crillon, Rue de Braque; er erwartet Sie, vormittags wird er nicht zu Hause sein, wie er mir gestern gesagt hat. Auf dem Rückwege lassen Sie sich bei Frau von Vaines einschreiben. Um sieben Uhr sind Sie dann in der Comédie Française, »Heinrich den Vierten«[104] zu sehen. Erbitten Sie sich die Loge des Herzogs d'Aumont, die Orchesterloge neben der der Königin. Befehlen Sie Ihren Diener auf 8 1/4 Uhr an das Haupttor des Prinzenhofes. Dort kommen wir alle heraus, ohne eine Minute zu warten. Hinterher gehen Sie mit Frau von M[ontsauge] soupieren.

Da haben Sie ein wundervolles Tagesprogramm, an dem Sie nichts zu ändern brauchen! Weiter: Morgen am Sonntag arbeiten Sie den ganzen Vormittag, ohne auszugehen. Zum Mittagessen gehen Sie zu Frau von M[ontsauge]. Um fünf Uhr kommen Sie wieder nach Haus, um zu arbeiten, und um acht Uhr sind Sie bei mir.

Passen Sie auf, und hören Sie:

Montags: Mittagessen bei Herrn von Vaines, Abendessen bei Frau von M[ontsauge].

Dienstags: Mittagessen beim Generalkontrolleur [Turgot], abends soupieren mit Frau von M[ontsauge].

Mittwochs: Mittagessen bei Frau Geoffrin[105], Abendessen bei Frau von M[ontsauge].

Donnerstags: Mittagessen beim Grafen Crillon, abends soupieren mit Frau von M[ontsauge].

Freitags: Mittagessen bei Frau von Châtillon, Abendessen bei Frau von M[ontsauge].

---

[103] Eloge historique de la raison... par de Chambon (– Voltaire), 1774.

[104] *La partie de chasse de Henri IV*, Komödie von Collé.

[105] Die Mittwochsdiners bei Madame Geoffrin waren besonders berühmt, weil sie die Größen der literarischen Welt einten.

Sonnabends: Mittagessen bei Frau von M[ontsauge], nach Tisch nach Versailles. Zurück am

Sonntagabend, um den Abend bei mir zu verbringen.

Mein lieber Freund! Sie werden der reizendste Mensch der Welt sein, wenn Sie das alles vorschriftsmäßig ausführen. Ich glaube nicht, dass Sie sich selber ein besseres Vergnügungsprogramm entwerfen können. Das Vergnügen habe ich natürlich in erster Linie berücksichtigt.

Lieber Freund! Sie haben mir gesagt, Sie hätten mir absichtlich Leid zugefügt. Das ist unmöglich. Sie sind gut. Sie sind rücksichtsvoll, Sie wissen ... was? Dass ich mein Leben für Sie lassen würde, mehr noch, dass ich gern ewig leiden will, wenn ich Ihnen damit eine sorgenfreie Viertelstunde bereiten kann. Und Sie sollten mir absichtlich wehgetan haben? Das ist nicht wahr!

(Fortsetzung) - Sonnabends, elf Uhr abends

Sie haben recht getan, dass Sie nicht ins Theater gegangen sind. Ich habe keine Worte für die Langeweile, die ich ausgestanden habe. Mein körperliches Unbehagen dabei ging ins Schmerzhafte. Hinterher war ich nicht imstande, den Rest des Abends bei Frau von Châtillon zu verbringen, obgleich ich es ihr versprochen hatte.

Es gibt meinem Gefühl nach ein Übermaß von Leid, das einen der Kraft beraubt, Langeweile ertragen zu können. Die Passivität, die ich mir beim Anhören von oft empörenden, fast immer ebenso dummen wie gemeinen Trivialitäten auferlegen muss, ist mir grässlich. Ein widerwärtiges Stück![106] Wie spießbürgerlich ist der Verfasser, wie gewöhnlich und beschränkt sein Geist! Wie niedrig und plebejisch das Publikum! Und die gute Gesellschaft, wie dumm und ohne guten Geschmack! Man muss jeden Schriftsteller beklagen, der sich einfallen lässt, eine Berühmtheit der Bühne werden zu wollen. Und wie hat dieses alberne Publikum Beifall geklatscht! Molière könnte keinen größeren Erfolg beanspruchen. Würdig allein waren Namen und Kostüme. Der Verfasser lässt die Höflinge und seinen Heinrich IV. reden wie Spießbürger von der Rue Saint-Denis. Und ganz ebenso sprechen seine Bauern. Mit einem Worte: das Stück ist für mich eine Ausgeburt von schlechtem Geschmack und Plattheit, und Angehörige der Gesellschaft, die es loben, kommen mir vor wie Dienstboten, die ihre Herrschaft herausstreichen.

---

[106] Das ebengenannte Stück von Colle.

Mein lieber Freund, wenn Ihr Urteil über diese Komödie wiederum entgegengesetzt von meinem wäre, so sollte mir das leidtun, aber ich werde keine Silbe davon zurücknehmen. Von gut oder schlecht kann hierbei überhaupt nicht die Rede sein. Mir war das Stück in den Tod zuwider. Die anderen – wir waren zu viert in der Loge – verfielen der gleichen Missstimmung.

Das mag genug sein! Sie werden bereits denken, das Langweilige hätte mich angesteckt.

Haben Sie Nachrichten von Ihrer Frau Mutter?[107] Geht es ihr besser?

Lieber Freund, wie haben Sie wieder Ihren Tag verbracht? Nicht im Geringsten so, wie Sie sich's vorgenommen hatten. Ist es nicht so? Und morgen werden Sie auch nichts arbeiten, und so geht es alle Tage. Erst sind Sie voller Tatenlust und entwerfen hundert Pläne, und dann drücken Sie sich leichtsinnig unter dem ersten besten Vorwand. Abwechselnd Reue, Sehnsucht, Begeisterung – und niemals Ausdauer und Ruhe![108] Mein lieber Freund, man muss sich erst in Sie verlieben, ehe man Sie richtig kennt, so wie ich es gemacht habe; denn Sie erst kennen und dann doch sein Glück an Sie ketten, das hieße sich dem Teufel verschreiben.

Ich will Ihnen mein ganzes Programm für den morgigen Sonntag mitteilen, damit Sie die Ihnen bequemsten Augenblicke für mich heraussuchen können. Erst die Messe, dann bis zur Tischzeit einen Krankenbesuch. Ich esse bei Frau von Châtillon. Um fünf Uhr bin ich im Palais de Larochefoucauld. Halb sieben Uhr komme ich von da zurück und bleibe dann zu Haus. Leben Sie wohl, lieber Freund! Ich liebe Sie, aber ich bin zu trüb gestimmt und zu dumm, um Ihnen das recht schön zu sagen. Nochmals: Leben Sie wohl!

Elf Uhr abends

Ich habe Ihr Briefchen gelesen. Es ist nett und artig. Was Sie mir bei Ihrem Besuche gesagt haben, war recht hart, ja recht grausam. Hinterher bin ich in Gram versunken. Nie, niemals ist meine Seele so niedergeschlagen und mein Leib so leidend gewesen.

Sie haben den Vorsatz gehabt, nie wieder zu mir zu kommen! Nun, warum sind Sie wetterwendisch geworden? Sie hätten mich stark gemacht, meinen

---

[107] Über Guiberts Mutter vgl. [Toulongeon] Eloge véridique de J. A. de Guibert, par un ami, Paris 1790, bzw. [Toulongeon], Notice historique sur M. de Guibert, Paris 1802.

[108] Ähnlich sagt Madame de Stael (Oeuvres, VIII, p. 293): »Herr von Guibert ist heftig und ungestüm, aber seine Gefühle sind nicht von langer Dauer und seine Entschlüsse und Handlungen werden nie davon bestimmt.«

Vorsatz auszuführen, der stärksten Sehnsucht meiner Seele nachzukommen. Wir wären alle beide erlöst und frei: ich von einer Bürde, die mich zu Boden drückt, Sie von dem Anblick des Elends, das Sie so häufig belästigt und dauernd beengt.

So aber bin ich Ihnen durchaus nicht dankbar. Ihre erste Regung wäre mir lieber gewesen als das Ergebnis Ihrer Überlegung. Indem Sie mir wehtaten, verliehen Sie mir Kraft; indem Sie mich trösten und mir beistehen, hemmen Sie mich, aber Sie halten mich nicht fest. Das habe ich Ihnen schon tausendmal gesagt.

Doch, was kümmert Sie das alles? Die Oper, die Zerstreuungen, der Wirbel der Gesellschaft reißen Sie dahin. Und das ist so natürlich. Ich klage nicht darüber; es betrübt mich nur.

Ich möchte doch, dass Sie morgen vor Tisch zu mir kämen. Sie könnten mit d'Alembert und dem trefflichen Condorcet sprechen, vielleicht auch mit dem Herrn von Vaines. Sie waren ja zugegen, als er mir sagte, er käme vielleicht.

Heute Abend war Turgot da. Es ist ein halbes Jahr her, dass ich ihn allein bei mir gehabt habe. Ich war todmatt, und ich glaube, die Zeit wird ihm leidgetan haben, die er mir geopfert hat. Ich war fieberheiß und kam fast um dabei. Ach, wie unsäglich langsam reitet der Tod! Heute Morgen haben Sie ihn vorwärts gepeitscht, warum lassen Sie ihn heut Abend sein Ross wieder parieren?

Dienstags mittags [1774]

Sie hatten mir weder etwas gesagt noch geschrieben. Das kann ich Ihnen beweisen. Die Hoffnung, Sie zu sehen, reicht hin, um alle meine Dispositionen zu ändern und umzuwerfen. Glauben Sie wirklich, ich hätte mich irgendwo anders verpflichtet, wenn ich die Gewissheit gehabt hätte, Sie zu sehen? Sie hingegen, der sie von den Dispositionen der Frau von M[ontsauge] abhängig sind, Sie können niemals vorher wissen, nie mit Gewissheit vorher sagen, was Sie tun werden. Mein lieber Freund, dieses Unglück ist ja nicht groß; es entspringen ab und zu Missverständnisse daraus, aber Sie bleiben mir gegenüber ein freier Mann. Und das ist die Hauptsache.

Sie wissen niemals, was Sie wollen, wohin Sie gehen sollen. Doch, was tut's? Wenn Sie sich nur amüsieren und am Schluss des Tages glücklich und zufrieden sind, dann haben Sie wohl getan, dann sind Sie im Rechte, und Ihre Art zu leben ist sicherlich vortrefflich. Ändern Sie also nichts daran!

Was mich betrifft, ich bin trübsinnig und niedergeschlagen. Ich möchte meine Art zu fühlen nicht ändern, aber ich wünschte, ich wäre tot. An dem Tage, im nämlichen Augenblick hätte ich das sein müssen, wo ich nicht mehr geliebt wurde. Mein Gott, was habe ich verloren! Auf *ewig* verloren!

Mein Herz kann sich an das grausige Wort »ewig« nicht gewöhnen. Noch immer gerät es in Zuckungen. Gestern, während des Vorlesens hatte ich Angst, auf und davon gehen zu müssen. Ich erinnerte mich daran, dass beim letzten Male, wo dasselbe Buch gelesen wurde, *er* dabei war. Mir brach das Herz; ich habe kein Wort verstanden, und seitdem lebe ich nur in dieser bittersüßen Erinnerung.

Mein lieber Freund, warum haben Sie mich dem Tode entrissen? Das Einzige, was meine Seele beruhigt, ist der Gedanke an den Tod, die immerwährende heiße Sehnsucht danach ...

Gute Nacht! Am wohlsten fühle ich mich in der Nacht. Dann bin ich allein mit meinen liebsten Gedanken.

Sagen Sie mir, wenn Sie es selber wissen, was Sie in den nächsten Tagen vorhaben. Aber, bitte, kein Opfer! Das bin ich nicht wert. Und todunglücklich bleibe ich doch.

Sonntags, fünf Uhr [1774]

Mein lieber Freund, heute Morgen waren Sie närrisch, aber Ihre Narretei war sehr liebreich, ganz nach meinem Herzen. Ich weiß nicht, wie ich Ihnen Ihren Willen nicht erfüllen konnte, auch weiß ich nicht, wie ich vergessen konnte, Ihnen den eigentlichen Grund meines Zuhausebleibens zu sagen. Ebenso wunderlicherweise fiel er mir erst selber wieder ein, als ich halb vier Uhr Herrn von Vaines in mein Zimmer treten sah. Er hatte es mir gestern Abend gesagt, er hatte sich bei mir angesagt, aber ich wusste es nicht mehr.

Lieber Freund, ich habe mich *einmal* mit Ihnen in Widerspruch befunden, aber Sie betrüben mich *hundertmal*. Zum Beispiel, wenn ich Sie heute Abend nicht bei mir sähe, wären Sie grausam und ungerecht. Und doch würde ich mich nicht beklagen.

Mein Gott, hassen Sie mich! Ich liebe Sie und ich bin todtraurig. Kommen Sie nicht zu mir. Nein. Gehen Sie in die Komödie, gehen Sie soupieren, gehen Sie tanzen! Alles andere ist vergnüglich und unterhaltsam, nur ich langweile Sie und mache Sie trübsinnig. Bei mir müssen Sie allzu sehr Einkehr in sich selbst halten. Der Sturm meiner Leidenschaft streift Sie. Und die ist zu eintönig, zu einfältig für einen Weltmann, den die Reize einer anderen fesseln, eines liebenswürdigen Weibes, das ihm nur Genuss und Zerstreuungen bietet. Kurz und gut, mein lieber Freund, alles das beweist, dass Sie ebenso richtig wie gerecht handeln, wenn Sie mich nur ein bisschen lieben. Ich bin nicht mehr wert. Ich habe Lançon kennengelernt, den Maler. Er ist selber bildhübsch, aber er hat etwas Törichtes, Albernes, Geckenhaftes an sich, das mich gegen seine künstlerische Fähigkeit völlig kalt macht. So ein Mensch kann sich niemals in Ihr Inneres hineindenken. Er würde Sie ohne Seele malen und es fertigbringen, dass ich Ihr Bild ohne Teilnahme betrachten könnte. Und doch nicht. Lebt nicht in meiner Seele etwas, das Steine beseelt und Leinwand lebendig macht? Mein lieber Freund, nichts wird mir an Ihrem Bilde fehlen. Sie haben es mir versprochen. Ich werde es also bekommen. Ich brauche es.

Lieber Freund, wenn Sie heute Ihre Geschäfte und Besuche erledigen wollten, wenn Sie heute an alles Nötige dächten, um am morgigen Sonntag frei zu sein, so wären Sie sehr liebenswürdig und vernünftig. Aber nein, Sie sind in allem, was Sie tun, Phantast. Weder die Vernunft noch das Gefühl ist bei Ihnen entscheidend. In Ihrem ganzen Wesen steckt kein bisschen gesunder Menschenverstand. Aber so wie Sie sind, liebe ich Sie bis zur Tollheit, und das wissen Sie nur zu gut. Das ist das dritte Mal, dass ich Ihnen schreibe!

Dienstag, zehn Uhr [1774]

Mein lieber Freund, sind Sie, wo ich bin, im Bad? Geht es Ihnen gut? Ich weiß nicht, verdanke ich es Ihnen oder dem Umstande, dass es Turgot besser geht, dass ich heute vier Stunden hintereinander geschlafen habe? Das kommt bei mir fast niemals vor. Frei atmen kann ich aber doch nicht.

Anbei ein Brief vom Grafen Schönberg[109] und ein Briefchen von Frau d'Anville. Sie werden auch eins bekommen haben.

Ich habe die Absicht, um ein Uhr auszugehen, und um vier wiederzukommen. Oder besser, ich werde im Garten der Invaliden spazieren gehen. Oder, am allerbesten, ich erwarte Sie bei mir. Ich bitte Sie, lieber Freund, kommen Sie zeitig. Vor Tisch gehen Sie zum Grafen Broglie und plaudern mit ihm. Um vier können Sie von da weggehen. Ich bekomme Sie nie richtig zu sehen, nie kann ich mit Ihnen ordentlich reden. Wann haben wir denn einmal so recht zusammen geplaudert? Tausenderlei habe ich schon wieder vergessen, was ich Ihnen zu sagen hatte.

Melden Sie mir bestimmt: Um die und die Zeit bin ich bei Ihnen! Danach wird sich richten, wo ich zu Mittag essen werde. Bei Frau von Saint-

---

[109] Gottlob Ludwig Graf von Schönberg (auch: Schomberg), ein Sachse. Ihm verdankt Melchior von Grimm seine französische Heimat.

Chamans[110] kann ich vor vier Uhr wieder gehen. Zu ihr ginge ich am liebsten.

Guten Morgen!

Um von etwas anderem zu reden: I[ch] l[iebe] D[ich]! D[u] h[ast] m[ich] g[estern] i[n] e[inen] R[ausch] v[on] G[efühlen] g[etaucht], d[en] i[ch] n[icht] w[ieder] e[rleben] m[öchte]! S[age] m[ir] n[ur], G[eliebter], l[iebst] D[u] m[ich]?

Halb elf Uhr [1774]

Drei Damen waren bei mir. Ich hatte Husten zum Ersticken. Ich konnte Ihnen für Ihre Zeilen nicht danken.

Sie haben sehr recht getan, lieber Freund, dass Sie zu Hause geblieben sind. Ihre Gesundheit, Ihr Wohlbefinden liegen mir mehr am Herzen als mein Vergnügen. Sicherlich machen Sie mir den Vorwurf der schlechten Laune und der Ungerechtigkeit. Aber dann sind Sie ungerecht! Doch das verzeihe ich Ihnen. Ich habe für Sie ein Gefühl, das die Wurzel und die Frucht folgender Tugenden ist: der Nachsicht, der Güte, der Großmut, des Vertrauens, der Selbstvergessenheit, der Verleugnung jedweden Eigennutzes. Ja, mein lieber Freund, alles das ist in mir, sobald ich überzeugt bin, dass Sie mich lieben. Nur der Zweifel verwandelt mich und macht mich toll. Und das Schrecklichste dabei ist: Dieser Zweifel befällt mich Tag für Tag!

Lieber Freund, die Grundregel, wenn man mit Punkten schreiben will, ist die: deutlich zu schreiben und genau zu zählen! Folgerung: Sie können nicht mit Punkten schreiben.

Eins sage ich Ihnen. Lassen wir die Zukunft Zukunft sein. Ich habe nur das Bedürfnis, gegenwärtig geliebt zu werden. Streichen wir in unserem Wörterbuche die Worte: ewig und nimmermehr. So weit reicht mein Herz nicht.

Lesen Sie die beiliegenden beiden Seiten aus Seneca; ich finde sie wundervoll. Damit Sie sie lesen sollen, habe ich sie abschreiben lassen. Der Marquis von Mora hatte dasselbe Gefühl; es hat ihn drei Jahre gegen den Tod gewappnet. Aber der Tod ist noch stärker als die Liebe.

Gute Nacht, ich werde melancholisch. Das Leben tut mir weh, und doch liebe ich Sie innig und leidenschaftlich. Ich habe Sie heute Morgen raten lassen, vor was ich Angst hätte. Sie nicht bei mir zu haben! Mein ganzes Leben lang treffen meine Befürchtungen immer ein. Aber morgen Abend werden Sie doch bei mir sein?

---

[110] Wahrscheinlich die Marquise Louise Charlotte de St.-Charmans (geb. 1731).

Sonntags, elf Uhr [Januar 1775]

Erst in diesem Augenblicke bin ich allein. Lieber Freund, wie albern sind doch Zerstreuungen! Wie reizlos ist die Gesellschaft für ein tiefes Gemüt! Wie selten ist ein Gespräch wert, dass man sein Heim verlässt! Das Geistreichsein ist mir geradezu widerlich geworden, und, wie Sie mir einmal gesagt haben, was einen nichts als klüger macht, das ist langweilig.

Ach, ich bin recht unglücklich! Was ich liebe, was mich tröstet, das spannt meine Seele durch Unrast und Reue auf die Folter. Ich habe das Bedürfnis, zu leiden, denn ich ertappe mich unaufhörlich bei dem Wunsche nach Dingen, die mir Leid bringen...

Aber, mein lieber Freund, das alles verstehen Sie nur, wenn Sie darüber nachdenken. Ich sollte also von etwas ganz anderem reden. Ich wollte Ihnen auch nur schreiben, um Sie zu bitten, mir den Band Montaigne zurückzuschicken, den Sie vor ein paar Tagen in Ihre Tasche gesteckt haben.

Ich werde Sie vor zwei Uhr abholen. Bestellen Sie ja keinen Wagen. Lieber Freund, es ist nur vornehm, recht und ehrenhaft, sich nach der Decke zu strecken. Ich kenne eine Menge reicher Leute, die zu ihrem Vergnügen zu Fuß laufen, und eine Menge alter und gebrechlicher Menschen, die gewöhnliche Droschken nehmen. Ich rede wie ein Wasserfall! Lieber Freund, das ist der Beweis meiner herzlichsten Fürsorge. Wenn Sie wüssten, wie wenig Wert für mich ein Vergnügen hat, das man für Geld haben kann! Du lieber Gott, meine jetzige Lage beweist ohnehin, dass ich Reichtümer verschmäht habe. Reich sein hat zweifellos seine Vorteile, aber gewisse Dinge in der Welt sind mehr wert!

Gute Nacht, mein Lieber. Was werden Sie in diesem Augenblick machen? Ich wette, dass Sie besser daran sind als ich. Ich sorge mich um meinen Liebsten. Halten Sie sich also vor zwei Uhr bereit!

Freitags [Januar 1775]

Nicht dass ich Sie für neugierig hielte, nein, aber ich muss Ihnen sagen, dass ich um ein Uhr ausgehe, bei Turgot zu Mittag esse, in den »Orpheus« gehe, nach der Oper bis Mitternacht bei Frau von Geoffrin bin und meinen Abend in der Rue des Capucines [bei Frau von Meulan][111] beschließe.

Wollen Sie nun, dass ich Sie abhole, um zusammen bei Turgot zu essen? Soll ich Sie mit in die Oper nehmen? Oder wollen Sie sich lieber in die Loge d'Angivillers setzen? Wenn Sie nach der Oper Frau Geoffrin einen Besuch

---

[111] Marguerite Jeanne de Meulan, geb. de Saint-Chamans.

machen wollen, nehmen wir Sie mit hin. Wenn Sie den Abend dort verbringen wollten, würden Sie sie entzücken. Überlegen Sie sich, was Sie von allem dem tun oder lassen wollen.

Ich möchte Sie immer um mich haben, ich freue mich immer, wenn ich Sie sehe, und durch eine wahre Bizarrerie meines närrischen Herzens bin ich doch hinterher immer betrübt.

Sind Sie gestern noch rechtzeitig gekommen, um Frau von M[ontsauge] den Arm zu reichen? Wenn die Ihre Ungeduld hätte sehen können, so wäre sie sehr befriedigt gewesen. Das verstehen Sie vortrefflich, die zu befriedigen, die Sie lieben, und besonders die, die Sie liebt!

Guten Morgen!

Ich möchte meinen »Konnetabel« wieder haben.

Sonnabends mittags [Januar 1775]

Ich war gestern Abend so abgestumpft, so durchkältet, weil Sie so spät gekommen waren, und weil ich Sie in den letzten Tagen so wenig gesehen hatte, dass ich vergessen habe, Ihnen die gewünschte Abschrift des Briefes der Frau Geoffrin einzuhändigen.

Wenn Sie liebenswürdig und vor allem vernünftig sein wollten, so könnten Sie Ihren morgigen Tag folgendermaßen einteilen: Sie essen im Temple[112], werden dort Frau von Boufflers sehen und kommen dann um sechs Uhr entweder in meine Loge in der Oper oder hierher. Das lasse ich Ihnen noch sagen. Ich habe nicht viel Lust, zum Mittagessen zum Grafen Crillon zu gehen. Roucher[113] wird wahrscheinlich da sein; Crillon hofft es wenigstens. Ich bewundere sein Talent von ganzer Seele, aber die Art, wie er es gebraucht, ist mir zuwider. Alle seine schönen Requisiten machen einem das Herz nicht warm. Ein einziges Wort dessen, den ich liebe, ja sein Traumbild bringt mehr Leben in meine Gedanken und meine Gefühle als sein ganzer phantastischer Reichtum.

Lieber Freund, ich möchte Sie heute sehen. Kommen Sie vor dem Abendessen. Ob ich Sie morgen in der Oper oder bei mir zu Hause erwarte, das lasse ich Ihnen noch sagen.

Hören Sie, nun ist es aus: Ich leihe Ihnen keine Manuskripte mehr, da Sie sie von Hand zu Hand gehen lassen. Auf Sie kann man sich wirklich gar nicht

---

[112] Im Palais des Prinzen Conti.

[113] Jean Antoine Roucher (1745–1794), dessen Gedicht »Die Monate«, gedruckt 1779, damals handschriftlich verbreitet und in den Salons bekannt war.

verlassen. Am Ende bleibt Ihnen ja ohngeachtet aller Ihrer Sünden die Zuversicht, wie Sie mir gestern selber gesagt haben, noch begehrt und geliebt zu sein, tausendmal mehr, als Sie es erwidern wollen und können.

Leben Sie wohl! Es ist unrichtig von mir, Ihnen zu schreiben. Nun kommen Sie erst recht nicht. Wie schade, so liebenswürdig zu sein und doch so wenig wert der Liebe! Nochmals, leben Sie wohl! Heute werde ich erst abends um neun ausgehen. Ich wette. Sie sind schon auf den Beinen. Drei Dinge gibt es, die Sie nicht zu schätzen verstehen und die Sie zum Fenster hinauswerfen: Ihre Zeit, Ihr Können und Ihr Geld. Mit allem übrigen sind Sie ein Geizhals.

Dienstags, vier Uhr morgens [Januar 1775]

Mein lieber Freund, wollen Sie Neues von mir wissen? Ich leide, ich kann nicht schlafen, ich habe Fieber. Ich glühe, in meinem Kopfe rast es. Was für eine Bürde ist mir das Leben in diesem Zustande! Wie qualvoll ist's! Lieber Freund, ich weiß nicht, welcher Dämon mir gerade in meiner Verzweiflung immer wieder das Bild Moras vor Augen führt! Ich möchte von Ihnen träumen, aber ein dunkler Drang reißt mich zu ihm hin. Mein Gott, warum haben Sie mir zu leben befohlen? Warum werfen Sie mir immer wieder Brocken süßer Liebe vor? Warum halten Sie mich? Warum soll ich am Scheidewege zwischen Leben und Tod stehen bleiben? Ach, lassen Sie mich ganz sterben oder machen Sie meine Seele so überreich, dass ich die grässliche Leere nicht mehr spüre, die Moras Verlust darin verursacht hat!

Mein lieber Freund, ich sollte Ihnen nicht mein ganzes Leid zeigen. Können Sie denn Mitleid mit mir haben? Ja, Sie haben es, weil Sie gut und feinfühlig sind. Sie bedauern mich, weil Sie wohl wissen, dass ich Sie liebe und dass ich nur ob dieses Gefühls noch am Leben hänge.

Mein lieber Freund, wenn ich Sie heute nicht zu sehen bekomme, werde ich ganz unglücklich sein. Körperliche Leiden sind darum so schlimm, weil sie die Seele schwach machen; sie vermehren die Sehnsucht nach dem Geliebten, – und doch wäre ich untröstlich, Ihnen auch nur eine Minute die Freiheit genommen oder Sie um die bloße Hoffnung auf ein Vergnügen gebracht zu haben! Tun Sie sich also keinen Zwang an, mein Lieber, bringen Sie nicht etwa gar ein Opfer. Ich werde Sie bei mir sehen, wenn Sie können, und Ihrer immer in Sehnsucht harren.

Leben Sie wohl!

Mittwochs, eine Stunde nach Mitternacht

Dreierlei Menschen, haben ein Recht auf das Mitleid und die Nachsicht der Vernünftigen: die Narren, die Kranken und die Elenden. Im Namen aller dieser drei vereinigten Titel bitte ich Sie, mir morgen früh durch den Überbringer dieses Briefes und dieser Briefmappe alle Briefe zurückzuschicken, die Sie von mir bekommen haben, sei es während Ihrer Reise, sei es vordem. Ich appelliere an Ihr Gewissen und an Ihre Ehre, dass Sie mir keine Zeile vorenthalten! Legen Sie sie in diese Briefmappe, und siegeln Sie den Schlüssel wieder so zu, wie Sie ihn finden! Sie sind so ritterlich, dass ich Sie wegen der Mühe, die ich Ihnen mache, nicht um Verzeihung zu bitten brauche. Wenn ich Ihnen sage, dass diese Vorsicht und dieser Beweis von Güte zu meiner Beruhigung nötig sind, so werden Sie nicht nach Vormunden suchen, sich zu weigern. Wenn ich das befürchtete, so würde ich mich nicht scheuen, meinen Wunsch in eine Form zu kleiden, die Sie von mir einmal in meinem Leben und nie wieder hörten: *Ich verlange, dass Sie mir alle meine Briefe auf der Stelle zurücksenden!*

Kommen Sie morgen nicht früh! Ich sehe mit Bedauern, dass ich keinen Augenblick Zeit für Sie hätte. Ich werde nur zwei Stunden zu Hause sein, von sieben bis neun Uhr. Aber erübrigen Sie sich die Zeit nicht gewaltsam! Am Freitag wäre mir Ihr Besuch viel lieber.

Die »Gracchen« sind wunderschön. Kritisches Nachdenken erhöht nur meine Bewunderung.

Donnerstags [Mitte Januar 1775]

Es wäre unwürdig und gemein von mir gehandelt, wenn ich Sie Ihrem Zorne überließe und der Meinung, ich hätte Sie beleidigen wollen. Lieber Freund, lernen Sie mich besser kennen, und seien Sie überzeugt, dass die Furcht, kompromittiert, wie Sie sich ausdrücken, oder gar verraten zu werden, mir ewig fremd bleiben wird. Denken Sie daran, dass ich den Tod nicht fürchte und sogar so weit davon entfernt bin, dass seit einem halben Jahre kein einziger Tag hingegangen ist, an dem ich nicht die Sehnsucht und den Mut, dem Tode zuvorzukommen, verspürt habe. Denken Sie daran, mein Freund, dass ich in dieser seelischen Stimmung nur für eine einzige Art von Furcht zugänglich sein kann, die mit meiner Zärtlichkeit für Sie eng verwandt ist: der Furcht, Ihnen Verdruss zu machen, der Furcht, Sie zu betrüben. Bei meiner Ehre, für mich selbst habe ich keine Furcht. Im Gegenteil, es gibt Augenblicke, wo ich wünsche, Sie stießen mich in die Verzweiflung zurück. Sagen Sie nun: Kann ich voll kleinlicher Befürchtungen sein, voll Befürchtungen, die ihren Ursprung nur in fader Eitelkeit hätten und in dem

Trachten nach unverdienter Achtung? Nein, lieber Freund, ich wiederhole es Ihnen, ich habe vor nichts auf der Welt Furcht als vor meinem Gewissen, und da ich es nicht beschwichtigen und meine Reue nicht ersticken kann, so möchte ich sterben. Mein einziger Schmerz beim Sterben wäre der Gedanke, Sie gekränkt zu haben.

Geben Sie nach diesem offenen Geständnis meiner Seelenstimmung Ihr Urteil ab! Prüfen Sie sich, ob Sie wirklich noch erbittert sein können über eine Äußerung, die zweifellos sträflich sein würde, wäre Sie nicht die Wirkung zweier Krankheiten, die an meinem Leben zehren und mir das Herz zerfleischen. Lieber Freund, ich habe es Ihnen schon so oft gesagt, Sie müssen unbedingt viel, sehr viel Nachsicht mit mir haben. Anders können Sie dem nicht entgehen, dass Ihr ganzes Leben von bitterer Reue getrübt wird. Verzeihen Sie mir also – nicht was ich gewollt und gefühlt habe, denn das bedarf gewiss keiner Verzeihung, höchstens weil es sich zu leidenschaftlich geäußert hat, – verzeihen Sie mir aber den Anfall von Wahnsinn, dessen ich nicht Herr werden konnte.

Ihr Brief ist bitter, er ist ungerecht, aber er raubt mir nicht die Hoffnung auf die Wiedereroberung Ihres Herzens. Sagen Sie mir, es sei ewig für mich verschlossen, und ich werde Ihnen Dank wissen. Denn mit diesen Worten zerrissen Sie das einzige Band, das mich an ein Leben voll von Kummer und Reue knüpft, an ein Dasein, das mir keinen anderen Reiz, keine andere Freude mehr verheißt als die, Sie zu lieben.

Seien Sie versichert, ich werde Ihr glückliches und vergnügliches Leben in keiner Weise stören, ich werde keine Minute Ihres Daseins in Anspruch nehmen, die Sie Ihrer Meinung nach besser verwerten könnten. Sie sollen frei sein und mich nur selten sehen, ohne Gefahr zu laufen, von mir Vorwürfe zu hören. Lieber Freund, sagen Sie mir noch einmal, dass Sie mich *nie wieder sehen* wollen. Die drei Worte zu vernehmen, danach dürstet meine Seele.

Wahrlich, ich habe nur vor dem Leben Furcht. Die ganze Welt ist mir vergällt. Ich fühle mich so stark und zu gleicher Zeit so schwach, dass ich Sie herzlichst bitte, vollenden Sie meinen Untergang oder retten Sie mich völlig! Leben Sie wohl, lieber Freund!

Ich lade Sie nicht ein, zu mir zu kommen, sondern teile Ihnen nur mit, dass ich alles, was ich mir vorgenommen hatte, unterlassen werde. Ich komme um fünf Uhr heim, und wenn ich wüsste, wo Sie zu Mittag äßen, würde ich Sie abholen, um Ihnen die Droschke zu sparen. Ich schicke zu Ihnen, aber Sie werden wohl nicht zu Hause sein. Für den Fall, dass Sie mir gnädigst Bescheid sagen lassen, ordne ich an, dass man mir Ihre Antwort zu Frau von Meulan, Rue des Capucines, nachbringt. Ich bin dort zu Tisch.

Donnerstags um Mitternacht, am 10. Februar 1775

Mein lieber Freund, es schlägt Mitternacht. Eine Erinnerung überkommt mich, bei der mir das Herz stehen bleibt. Am 10. Februar vorigen Jahres[114] war es, wo mich ein Gift berauscht hat, das ich noch heute verspüre. Noch in diesem Augenblicke stört es mein Blut in seinem Umlauf, drängt es gewaltsam zum Herzen und erfüllt es wieder mit qualvoller Reue.

Ach, welcher Dämon musste mir den höchsten und köstlichsten Genuss mit dem grässlichsten Elend mischen! In schmerzlich-süßer Erinnerung will ich Ihnen einen schrecklichen Traum erzählen.

Ich sah einen Jüngling auf mich zukommen. Seine Augen waren voll Liebe und Sehnsucht. Sein Gesicht sprach von Zärtlichkeit und Sanftmut. Leidenschaft schien seine Seele zu bewegen. Bei diesem Anblick durchzitterte mich Lust und Angst zugleich. Ich wagte meine Augen auf ihn zu richten und meine Blicke auf ihm verweilen zu lassen. Ich lief ihm entgegen. Da erstarrten meine Sinne und meine Seele: ihm voran schritt oder schwebte der Geist des Schmerzes in Trauergewändern. Der streckte die Arme aus, wollte mich zurückweisen, nicht näher lassen, aber ich fühlte mich durch einen dunklen Drang zu dem Jünglinge hingezogen. Verwirrt rief ich aus: »Wer bist du? Du, der du mir die Seele mit Wonne und Weh, Zauber und Zagen füllst? Was für Kunde bringst du mir?« – »Unglückliche!« antwortete er in dumpfem Ton und mit schmerzlicher Gebärde. »Ich bin dein Schicksal! In dieser Stunde stirbt der, der die Sonne deines Lebens war!«

Ach, mein lieber Freund, Sie waren diese Erscheinung. Unter Tränen verkündeten Sie mir jene unseligen Worte. Ich habe sie nur im Traume gehört, aber sie sind tief in mein Herz eingegraben. Noch bebt es davon, aber es liebt Sie!

Um Gottes willen: Kommen Sie morgen! Ich versinke in Traurigkeit und Trübsal. O Gott, vor einem Jahre um die nämliche Stunde sank Mora sterbend hin, und ich beging im selben Augenblick, dreihundert Meilen fern von ihm, eine grausamere Sünde als die rohen Barbaren, die ihn umgebracht haben. Ich sterbe vor Leid. Meine Augen und mein Herz sind tränenschwer. Lebe wohl, mein Freund, ich hätte Dich nie lieben sollen!

Elf Uhr [1775]

Seit zwei Stunden warte ich. Da ist endlich die Broschüre! Erinnern Sie sich einmal daran, dass Ihnen die »Lobschrift auf die Vernunft« erst gefallen hat.

---

[114] vgl. Einleitung.

Kehren Sie Ihr erstes Urteil nicht um, wie Sie das immer zu tun pflegen. Mein lieber Freund, Sie stellen sich schlechter als Sie wirklich sind.

Doch genug der Predigt! Ich möchte Ihnen sagen, dass ich mich freue, Sie zu sehen. Kommen Sie zeitig! Bedenken Sie, dass Sie acht Tage lang nicht da waren.

Merken Sie, wie entzückt ich über Ihr Briefchen bin?

Guten Tag! Kommen Sie zeitig! Ich schreibe, indem ich mit d'Alembert plaudre. Das ist unbequem.

Dienstags mittags [1775]

Ganz gewiss glaube ich, dass Sie niemals das Wesen und die Art eines anderen Menschen annehmen. Sie sind wie ein Gott, unendlich vollkommen und, ich glaube, auch zufrieden wie ein solcher. Wahrhaft große Menschen verlieren immer, wenn sie sich ändern. Alexander der Große war gewiss stolz auf seine Fehler. Behalten Sie also alles, mein lieber Freund: Ihre nette Galanterie, Ihre Nonchalance und vor allem Ihre Vergesslichkeit in allen Angelegenheiten, die der am Herzen liegen, die Sie angeblich lieben! Unter anderen hervorragenden Tugenden besitzen Sie ein exquisites Zartgefühl wie sonst niemand auf der Welt: Sie wollen sich bei mir nicht sehen lassen, weil es Ihnen gegen den Strich wäre, mich nicht ganz allein anzutreffen! Bei Gott, das ist rührend zart, umso mehr als es Ihnen freistünde, mich frühmorgens oder um vier Uhr zu besuchen. Das sind Zeiten, wo Sie mich fast sicherlich allein finden. Aber, mein Lieber, noch rücksichtsvoller ist es natürlich, gar nicht zu kommen. Und damit bin ich auch einverstanden, denn ich will ja gar kein Opfer von Ihnen; ich sehne mich nur nach Dingen, die Sie mir gern gewähren.

Guten Tag. Glauben Sie nicht, die Entfernung Ihrer Wohnung käme hierbei infrage. »Das Herz bringt alles zuwege!« sagt Lafontaine.

Adieu denn! Auf Donnerstag! Ich lebe unter den Menschen nur für Sie; Ihre Besuche sind mein alles. Das ist ganz in der Ordnung.

Halb ein Uhr, Montag, den 20. Februar 1775

Sofort lesen!

Man holt mich eben ab. Ich werde Sie also nicht sehen, ich werde nicht erfahren, ob Sie wollen, dass ich Sie abhole.

Wissen Sie, dass »Tom Jones«[115] und »Der falsche Zauber«[116] gegeben werden? Ich denke, das wird Ihnen Spaß machen, und Ihre Freude ist meine Freude. Schenken Sie also Ihren Abend der Frau von M[ontsauge] und die Komödie mir. Aber entscheiden Sie sich sofort, denn Ihr Platz ist vielumworben. Sie waren so gütig, mich in der vergangenen Woche zweier Abende zu berauben, auf die ich fest gerechnet hatte. Ich will feurige Kohlen auf Ihrem Haupte sammeln und Ihnen ohne Groll heute Abend die Freiheit lassen.

Noch fühle ich die Erschütterung des gestrigen Tages und Abends. Ich sehne mich nach Einsamkeit, nach Frieden, und in Ihrer Gesellschaft fände ich nur Unruhe. Verbringen Sie also Ihren Abend mit der, die Sie lieben, die Ihnen gefällt, die Sie liebt, und lassen Sie mich versinken, mich berauschen in einem Schmerz, der mehr wert ist als alle Freuden der Leute, mit denen Sie gestern Abend soupiert haben. Ach, selbst das Unvollkommene steht höher als diese Pappseelen und Hohlköpfe. Die Sünde empört, erschüttert, – aber jene Leute da blenden nur mit ihrem Getue und vernichten Geist, Herz und Können auf immerdar. Tun Sie Herrn Roucher nicht die Geschmacklosigkeit an, von diesem Kreis von Totgeborenen und Lebendiggestorbenen bekrittelt zu werden; sie verstehen ihn nicht und werden seine Seele durch die Unverschämtheit kränken, mit der sie über seine Armut spötteln. Es war sehr recht, ihnen vorzuhalten, dass ein Dichter mit seiner Phantasie reicher, größer und glücklicher ist als diese ganze Gesellschaft.

Sonnabends, halb elf Uhr [1775]

Ja, ich habe den ganzen Tag gehofft und geharrt. Meine Seele war voller Sehnsucht, aber eine tiefere Stimme sagte mir, dass Sie nicht kommen würden. Wenn ich diese Stimme alle Tage hörte, würde meine Seele verlöschen oder mein Leben wäre bald zu Ende ...

Ich kenne Sie so gut, ich fühle mich so schuldbeladen, dass Sie von mir keinen Vorwurf und keine Klage hören sollen.

Frau Geoffrin hat mir ein Bild für Sie gegeben. Ich lege Ihnen den Stich bei, damit Sie etwas eher zu Ihrem Genusse kommen. Die dargestellte Frau ist schön, aber in Wirklichkeit doch kalt wie Marmor.

Schicken Sie der Frau Geoffrin doch die bewusste Abschrift. Sie hat es eilig. Die ganz Jungen und die ganz Alten wollen rasch genießen.

---

[115] Komische Oper (1765) von Francois André Danican Philidor (1726–1795).
[116] »La fausse magie«, komische Oper von Grétcy (1742–1813), Text von Marmontel; Erstaufführung 1775.

Ich habe heute starke Schmerzen gehabt. Mein gewohntes Leben! Dauerndes Leid soll man nie bejammern; man hat genug, daran, es zu ertragen.

Leben Sie wohl! Auf dem Heimwege könnten Sie vielleicht Turgot besuchen.

Montags, sieben Uhr [1775]

Lieber Freund, gestern um dieselbe Stunde wartete ich aus Sie und litt, und heute ist meine Seele traurig und niedergeschlagen, weil ihr die tröstende Hoffnung fehlt, Sie zu sehen. Ein paar Verse kommen mir in den Sinn:

Ach dürft' ich seiner noch harren
Und fragen: Kommt er nicht doch?[117]

Lieber Freund, Sie tun mir leid, dass Sie mir diese Stimmung nicht nachfühlen können. Sie würden noch einmal glückselig sein, so glückselig, dass Sie eine Vorahnung vom Himmel bekämen und den Mut, ihn mit den Qualen der Hölle zu erkaufen!

Ach, ich hab's erfahren: Meine Seele ist nur für große Gefühle geschaffen. Nur ein klein wenig lieben, das ist mir unmöglich! Aber, wenn Ihr Herz nicht gleich stark antwortet, wenn meine Seele die Ihrige mit empor zu reißen nicht imstande ist, wenn Sie wollen, dass im Grunde jedes für sich lebt, wenn es Ihnen genügt, immer aufgeregt und niemals glücklich zu sein, – dann habe ich auch genug Kraft, ganz auf Sie zu verzichten und Sie völlig dem zu überlassen, das Ihnen bisher genug war.

Mein lieber Freund, Sie wissen doch, wenn man den Mut und den Wunsch hat, zu sterben, so kann man das Höchste fordern und verlangen. Man nimmt sich dann nicht die Zeit, langsam und mit gemächlichen Mitteln um das zu werben und zu dienen, was man auf der Stelle besitzen will. Ich werfe für Ihre Liebe zu mir in die Wagschale nicht mein Glück, sondern mein Leben. Und deshalb wäre es schändlich von Ihnen, mich zu betrügen, – und andererseits edelmütig, mir keine eitle Hoffnung zu lassen.

Von all dem wollte ich Ihnen kein Wort schreiben, als ich die Feder zur Hand nahm. Sehen Sie, so offen ist man, wenn die Seele in Aufruhr ist. Ich wollte Sie benachrichtigen, dass Sie morgen nicht vor mittags kommen möchten, da mir eingefallen ist, dass ich einen Coiffeur da habe, und es mir grässlich ist, in so unbequemer Situation Sie bei mir zu sehen. Ich bin ihn spätestens halb ein Uhr los.

Ärgern Sie sich, wenn Sie wollen: Ich hätte Ihnen nicht beschreiben können, wie glücklich ich war, als Sie heute früh gegangen waren. Zehn Minuten

---

[117] Verse aus Les Regrets (1771) von Laharpe.

später stand es sehr schlimm um mich. Herr von Magallon[118] ist zurück und hat mir einen Besuch gemacht. Nach seinem Weggang bekam ich heftige Krämpfe. Mein Körper kann keine seelischen Erregungen mehr vertragen. Ich bin nicht erschrocken darüber, auch nicht beunruhigt. Ich fürchte weder die Schmerzen noch ihr letztes Ende. Es ist mir nur unerklärlich, was mir inmitten von so maßlosem Elend immer wieder Kraft verleiht. Macht die Verzweiflung die Seele stark und groß? Dann muss ich mein Schicksal tragen, ohne zu klagen.

Man unterhält sich in meinem Zimmer. Ich nehme nicht selbst teil am Gespräche, aber es stört mich. Adieu, mein lieber Freund!

Sie haben heute Abend keine Sehnsucht nach mir gehabt, und ich den ganzen Tag nach Ihnen. Wie Sie sich auch vergnügt haben mögen, ich beneide Sie kein bisschen. Ich war in besserer Gesellschaft. Ich habe mich der »Lobschrift auf Catinat« [von Guibert][119] gewidmet. Ein Stück davon habe ich zweimal gelesen. Ich bin entzückt davon, so befriedigt, dass ich es Ihnen gar nicht sagen kann. Sicherlich, der Verfasser hat eine große Zukunft. Es genügt nicht, zu sagen, er habe Talent, Seele, Geist, Genie. Er besitzt, was selbst den Besten fast immer fehlt, jene warme Beredsamkeit, die mehr zum Herzen als zum Verstande spricht. Und gerade deshalb darf ich ihm Lob und Beifall zollen, ohne mir Geist und Geschmack anzumaßen. Ich verstehe von Erörterung und Kritik nichts, aber das Schöne trägt meine Seele empor, und dann irre ich mich nicht. Sie mögen dagegen sagen, was Sie wollen.

Adieu! Adieu denn!

Mittwochabends [1775]

Mein lieber Freund, wüsste ich nur, ob mein Sinnen und Sehnen Traurigkeit oder Erwartung sein soll? Was es auch sei, es wird in jedem Falle Ihnen geweiht sein. Ob Sie mir Freude nehmen oder geben, ich werde Sie zärtlich lieben.

Sie haben mir gar nicht erzählt, ob Sie im »Gustav [Wasa]«[120] gewesen sind. Soviel ich mich erinnere, ist es ein sehr schlechtes Stück, barbarisch geschrieben.

---

[118] Der Chevalier de Magallon war Legationssekretär an der spanischen Gesandtschaft in Paris. Offenbar hatte er Julie Nachrichten über Moras letzte Tage gebracht.

[119] Eloge du maréchal de Catinat. Paris 1772. Nachdruck: Edimbourg (Paris) 1775. Wieder gedruckt in: Eloges du maréchal du Catinat, du chancelier de l'hospital, de Thomas de l'academie francaise, snivis de l'éloge inédit de Claire-Francoise de Lespinasse ... Paris 1806.

[120] Tragödie von Piron.

Ahnen Sie, was ich Ihretwegen aufgebe? Ich könnte der Gegenwart, der Zukunft und der ganzen Welt entsagen für Sie. Nur meine Erinnerungen gehen mir über das Leben, ja über den Tod. Ohne sie könnte ich nicht auf ihn warten.

Suchen Sie meine beiden Briefe, die Sie aus Vorsicht in Ihren Schreibtisch eingeschlossen haben.

Guten Abend!

Donnerstags mittags

Wie dumm ist das! Wie unedel! Ach, mein Gott, Ihre Worte waren gemein, recht gemein! »Er ist zu groß. Sie werden ihn verlieren. Wollen Sie ihn bezahlen?« Ach, pfui! Schweigen Sie! Sie müssen sich zu Tode schämen. Aber damit Sie nicht erfrieren, wenn Sie zu Tisch gehen, sende ich ihn eiligst zurück. Hüten Sie sich, ihn nicht anzunehmen! Verwickeln Sie meinen Diener nicht in unseren Streit!

Lieber Freund, da Sie mir nicht gesagt haben: »Ich hoffe Sie zu sehen,« gebe ich mir Mühe, sehnsuchtslos zu sein, und ich sage mir: Ich werde ihn nicht zu sehen bekommen. Sie haben mehr zu tun als ein Schutzengel, denn Sie wachen über das Glück von zwei Menschen. Zunächst muss Frau von M[ontsauge] zufriedengestellt werden. Dann komme ich, aber nicht gleich. Das ist selbstverständlich. Ich könnte wohl sagen: »Ich begnüge mich mit den Brocken, die von meines Herrn Tische falle,« aber diese biblische Weisheit klingt mir zu dürftig. Damit kann sich höchstens ein blöder Christ bescheiden. Ich, die ich nicht auf den Himmel rechne, ich will mich hienieden auf keinen Fall von Brocken ernähren, die von jemandes Tische fallen.

Guten Tag! Wenn Sie mich besuchen, werde ich mich sehr freuen.

Sonnabends, abends zehn Uhr [1775]

Mein lieber Freund, wie gut sind Sie, wie liebenswürdig, dass Sie mich für das entschädigen wollten, was mir heute früh entgangen ist! Wenn Sie wüssten, wie ich auf Sie gewartet habe, wie ich alles ferngehalten, alles abgewiesen habe, was mein Glück hätte stören können! Wie mir jeder vorüberrollende Wagen erst Hoffnung und dann Herzeleid gebracht hat! Mein Gott, wie liebe ich Sie! Wie weh tut es mir, Sie gekränkt zu haben! Ach, mein lieber Freund, verzeihen Sie mir nicht, strafen Sie mich, machen Sie meinen Schmerz, meine Reue noch größer, wenn das möglich ist! Ach, Übermaß von Unglück macht einen kurzsichtig. Man wird toll, wirr, krank. Alles das musste zusammenkommen, damit ich Sie beleidigen konnte! Seit drei Tagen lastet nur das auf mir; ich wäre daran gestorben, wenn Sie mir nicht zu Hilfe gekommen wären. O mein Lieber, Sie haben Worte gebraucht, vor denen ich noch jetzt zusammenschauere, die mir das Herz zerreißen: »Ich öde Sie an. Sie müssen sich Zwang antun, mich zu empfangen!«

Ach, warum bin ich nicht verloschen, ehe ich solche Worte hören musste, die mir den Mut geben, in den bittersten Tod zu gehen! Sagen Sie mir nicht wieder, dass ich Sie eines Tages doch hassen werde! Lieber Freund, ich verwahre mich gegen diesen Spruch, und ich schwöre Ihnen bei meiner Liebe zu Ihnen, dass ich ein solches grässliches Gefühl keine Stunde überleben würde. Ich Sie hassen? Sehen Sie doch die Leidenschaft, die Zärtlichkeit meines Herzens! Wenn ich Sie eines Tages nicht mehr lieben sollte, mein Gott, wie süß wäre mir dann der Tod! Der Himmel ist mein Zeuge, dass Sie der Anker meines Lebens sind, dass all die Fürsorge, Güte, Freundschaft und Teilnahme, die andere an mich verschwenden, mir nicht einmal die Lebenskraft bis morgen verleihen könnte. Mora und Sie stehen mir immer unsichtbar zur Seite. Wenn ich diesen Schutz diese Hilfe verlöre, könnte ich nicht weiter existieren.

Sie müssen mehr im Grunde meiner Seele lesen, mehr und besser. Ich kann Ihnen das nicht so sagen. Kann man denn dem Ausdruck geben, was man fühlt, was einen beseelt, was einen atmen lässt, was einem nötiger, ja, viel nötiger als die Luft ist? Ich habe kein Begehren nach dem Leben, ich habe das Begehren Sie zu lieben.

Lieber Freund, wie fern stehen Sie mir. Gestern haben Sie mir gesagt: »Sie haben angefangen, mich zu kränken, und schließlich bin ich zu Stein geworden!« Und ich habe Ihnen geantwortet: »Sie haben mich gekränkt, Sie haben mich gedemütigt, Sie haben mich von sich gestoßen!« Und ich füge hinzu: »Sie könnten mich verachten, könnten mich hassen, und mein Herz wäre doch imstande, Sie leidenschaftlich zu lieben!« Ja, mein Lieber, ich wiederhole es Ihnen, ich denke zwanzigmal am Tage an den Tod, aber der Gedanke, Sie weniger zu lieben, den wage ich nie zu haben.

Lernen Sie mich also besser kennen! Beobachten Sie das Gift in meiner Seele, das mich verzehrt und das Sie nicht merken sollen. Dieses Gift ist nicht meine Reue, nicht mein Leid, wenn ich davon auch zuweilen rede und jammere. Es ist ein Übel, das an meiner Vernunft und an meiner Gesundheit frisst, ein Übel, das mich ungerecht und misstrauisch macht und mich Dinge aussprechen lässt, vor denen ich selber schaudre. Wie hätte ich es sonst über mich bringen können, Ihnen zu sagen, ich dächte schlecht von Ihnen! Das ist gegen die Natur! Das ist meinem Herzen so fremd! Kann man jemanden anbeten, jemandem Tempel errichten, der einem nicht wie ein Gott erscheint?

Mein lieber Freund, meine Sinne und meine Seele müssen in seltener, ganz ungewöhnlich starker Aufregung gewesen sein, dass ich diese Schuld auf mich laden konnte! Mein Gott, ich ward so geliebt, wie ich Sie liebe, und von dem idealsten Manne! Und dennoch haben Sie die Vermessenheit gehabt, mir zu sagen, ich hätte Sie nicht geliebt. Mein Fühlen sei Hass! Ja, in der Tat, es steckt Hass in mir, aber Hass gegen mich selber! Ob jenes unwiderstehlichen Dranges, der mich zu Ihnen hinreißt. Mein Lieber, machen Sie einmal die Augen recht auf: Wenn Sie auch zweifellos in Ihrem Leben viel geliebt worden sind, so hat Sie nie jemand ungestümer, inniger und leidenschaftlicher geliebt als ich.

Ich bitte Sie, heben Sie diesen Brief auf, und was auch sein Los sein mag, ich will mich nicht darüber beunruhigen, noch je darüber beklagen. Mein Schicksal ist von Ihnen verkündet worden, damals am 10. Februar des vergangenen Jahres; es lautet fortan: Sie lieben oder nicht mehr leben!

Sonnabends mitternachts [Februar 1775]

Mein lieber Freund, habe ich es Ihnen nicht vorher gesagt, ich würde Sie nicht sehen? Und ich habe Sie auch nicht gesehen. Mein Gott, wie ist es traurig, so richtig vorauszufühlen und jemandem etwas zu klagen, der keine Teilnahme daran hat!

Ich habe Sie schmerzlich vermisst. In meinem Zimmer war es heute Nachmittag so voll wie etwa in der »Iphigenie«[121]. Die großen und kleinen Logen alle besetzt. Ich bin ganz erschöpft vor Müdigkeit.

Dann war ich zunächst eine Stunde bei Turgot, eine zweite bei Frau von Châtillon[122]. Dieses viele Treppensteigen hat mich halbtot gemacht. Ich hatte eigentlich versprochen, den ganzen Abend im Heiligen-Joseph zu verbringen, aber schließlich blieb mir nicht die Kraft dazu. Ich werde dafür morgen hingehen, wenn mir der Weg vom Marais[123] bis dahin nicht zu schwer fällt. Vor Tisch will ich mir in der Rue de Cléry die Automaten ansehen, die wunderbar sein sollen. Man hat ihrer sattsam in der Gesellschaft, aber die in der Rue de Cléry sind interessanter.

---

[121] Glucks »Iphigenie in Aulis« (1774): Text von Leblanc du Roullet, Attaché der französischen Gesandtschaft in Wien, gearbeitet nach Racines »Iphigenie«.
[122] Die Herzogin de Châtillon wohnte wie Madame du Deffand im Josephs-Kloster.
[123] Vom Hotel de Boufflers.

Kommen Sie im Vorbeigehen mit hin? Dann sage ich Ihnen dort, ob ich die Loge des Herzogs d'Aumont habe. Morgen oder am Dienstag soll sie mir überlassen sein. Morgen wäre mir's lieber, weil wir am Dienstag Roucher erwarten. Kurzum, auf irgendeine Weise muss ich Sie morgen zu sehen bekommen, und ordentlich, sei es in der Oper oder bei mir.

Da fällt mir ein: Frau von Châtillon traut Ihnen eine bloße Vernachlässigung keineswegs zu. Sie hat mich heute gefragt, ob Sie dauernd grollten. Selbstverständlich habe ich nicht ermangelt, ihr zu antworten: ganz und gar! Die Frauen wollen einander nur den Rang ablaufen. Weiter wollen sie nichts. Keine hat wirkliches Liebesbedürfnis. Und das ist ein Glück, denn in Paris gedeiht die Liebe am allerwenigsten. Man spricht dreist von ihr, aber man ist kalt und hat tausend andere Dinge im Kopfe. Liebe und Leidenschaft? Die armen Leute! Ein rechtes Zwerggeschlecht! Sie sind sehr nett, sehr galant, sehr artig. Dabei hat es sein Bewenden.

Leben Sie wohl, mein Lieber! Dass Sie mir gestern Abend den Brief Ihrer Frau Mutter zu lesen gegeben haben, hat mich herzlich gefreut.

Dienstags, sechs Uhr früh

Erinnern Sie sich Ihrer letzten Worte? Erinnern Sie sich, wohin Sie mich gebracht und wo Sie mich zu lassen glaubten? Nun, ich muss Ihnen sagen, dass ich mein Selbstbewusstsein sehr bald wieder hatte. Ich habe mich erhoben, um keines Haares Breite tiefer zu stehen als vorher, wo ich so hoch auf der Höhe wandelte! Es gibt ein Übermaß von Leidenschaft, das einen gegen alle Anfechtungen feit, wenn die eigene Seele nur über dem Gemeinen und Ehrlosen steht. In dieser grenzenlosen Hingebung und Selbstverleugnung gibt es für mich nur ein einziges Unglück, das ich nicht ertragen könnte! Sie zu kränken oder Sie zu verlieren! Das würde ich nicht überleben.

Ich scheue mich nicht, mutig und laut zu bekennen, was für ein Gefühl mich seit einem Jahre leben und sterben lässt. Trotz Ihrer Worte fühle ich mich nicht gedemütigt, denn ich halte Sie für ritterlich und mich für unschuldig. Glauben Sie ja nicht, dass ich mich selber betrüge, oder dass ich mich zu rechtfertigen suche! Nein, mein lieber Freund, das Gefühl, das in mir lebt, verachtet die Hoffahrt und die Beschönigung, und wenn Sie mich anklagen, so will ich auf immerdar verdammt sein. Ihr Urteil, Ihre Achtung ist auch die meine und mir höher als diese.

Ich bin Ihres Edelmutes so sicher, ich kenne Ihr gutes Herz so sehr, dass ich überzeugt bin: Ehe Sie gestern eingeschlafen sind, haben Sie sich gelobt, mich heute zu besuchen. Ich danke Ihnen für diese Regung, aber ich bitte Sie, nicht zu kommen. Beweisen Sie damit Ihr Zartgefühl und Ihr Mitleid!

Ich muss meine Seele zur Ruhe kommen lassen. Sie haben mich in seelische Aufregungen gesetzt, wie ich sie noch nie erfahren hatte und wie ich sie selbst in der Phantasie für unmöglich gehalten hätte.

Mein Gott, wie furchtbar ist das wirkliche große Unglück! Es ist ohne Maß und ohne Grenzen. Ich bedarf der Ruhe. Lassen Sie mich zu Frieden kommen! Ich habe eben zwei Gramm Opium eingenommen. Indem mein Blut einschläft, fließen mir die Gedanken ineinander über; meine Seele kriecht zusammen, und so vergesse ich vielleicht.

Adieu, lieber Freund! Kommen Sie also nicht, und ich bitte Sie, nehmen Sie es nicht übel, wenn meine Türe verschlossen ist. Sie wird das für jedermann sein. Ich bin so schwach, und das Opium schläfert alle meine Fähigkeiten ein. Aber es nimmt für eine Zeit meine Schmerzen und mein Leid von mir; es löst den Teil meiner Existenz auf, der im Fühlen und Leiden beruht.

Leben Sie wohl! Ich trenne mich von Ihnen auf vierundzwanzig Stunden. Wenn ein unvorhersehbares Unglück den gestrigen Abend ... Nein, ich wage nicht weiter zu schreiben. Ich weiß ein Mittel, das alles wieder gut macht. Ich werde mir Strafe auferlegen. Ich verstehe zu leiden, und ich werde mich dazu verdammen, Ihnen nie laut zu sagen, was ich in diesem Augenblicke in zärtlichster Leidenschaft vor mich hinflüstere: Ich liebe Dich!

Mittwochs, elf Uhr

Sehen Sie: So unglücklich bin ich! Ich habe eine Todesangst gehabt, Ihren Brief zu öffnen. Hätte ich nicht befürchtet, Sie zu kränken, so hätte ich ihn Ihnen wieder zurückgesandt. Ich hatte das Gefühl in mir: Dieser Brief vergrößert Dein Leid. Ich wollte mich davor bewahren. Die fortwährenden körperlichen Schmerzen haben mir die Seele schwach gemacht. Dazu hatte ich Fieber, und ich kann nicht mehr schlafen. Ach, seien Sie barmherzig, lassen Sie mein Leben in Frieden verflackern!

Sie sollen frei sein. Gehen Sie zurück zu der, die Sie lieben, die Ihnen mehr gefällt, als Sie vielleicht selber glauben. Überlassen Sie mich meinem Schmerz, meiner Reue, meiner mir liebsten Erinnerung!

Ich wiederhole es: Ich verzeihe Ihnen – ohne den geringsten Hass. Nicht aus Edelmut verzeihe ich Ihnen und nicht aus Gutmütigkeit hasse ich Sie nicht, sondern weil meine Seele müde ist, weil sie vor Mattigkeit hinstirbt. Also: Lassen Sie mich! Lieben Sie mich nicht mehr!

Donnerstags, elf Uhr

Seien Sie ritterlich und hören Sie auf mich zu bestürmen. Ich habe nur noch einen Willen, nur noch eine Sehnsucht: Sie nicht mehr allein bei mir zu sehen. Ich kann zu Ihrem Glücke nichts beitragen, ich habe keinen Trost für Sie. Lassen Sie mich darum, und quälen Sie mich nicht immer mitleidsloser.

Ich mache Ihnen durchaus keine Vorwürfe. Sie leiden, ich bedaure Sie, und ich werde Ihnen nichts mehr von meinem Leid sagen. Aber im Namen dessen, das noch einige Macht über Sie hat: Im Namen der Ehre, im Namen der Ritterlichkeit, rechnen Sie nicht mehr auf mich! Lassen Sie mich! Wenn ich meinen Frieden wieder erringe, will ich weiter leben, aber wenn Sie so fortfahren, so werden Sie es bald zu bereuen haben, mir die Kraft zu einem Schritte der Verzweiflung gegeben zu haben. Ersparen Sie mir den Kummer und das peinliche Gefühl, Sie in den Stunden, wo ich allein bin, von meiner Türe zu weisen. Ich bitte Sie, und zwar zum letzten Male, nur in der Zeit von fünf bis neun Uhr zu mir zu kommen.

Wenn Frau von M[ontsauge] mir in die Seele blicken könnte, so seien Sie sicher, Sie würde mich nicht hassen. Sie würde mich höchstens bedauern. Sie beide, Sie haben mich die Qualen der Hölle erfahren lassen: Hass, Eifersucht, Reue, Gewissensbisse, Selbstverachtung und zuweilen Verachtung gegen Sie. Soll ich noch mehr sagen? Das tiefste Liebesunglück, aber nie etwas von dem, was eine ehrenhafte und empfindsame Seele beglückt. Das habe ich Ihnen zu danken, aber ich verzeihe Ihnen! Hinge ich am Leben, so wäre ich gewiss nicht so edelmütig, dann würde ich Ihnen den unversöhnlichsten Hass schwören! Aber bald werde ich vom Leben lassen, so wie ich von Ihnen lassen muss, und darum will ich meine Sehnsucht, meine Seele und mein bisschen Leben damit verbrauchen, das einzige Wesen zu lieben und anzubeten, das meiner Seele einen Inhalt gibt und das mir einst mehr Glückseligkeit und Erdenlust geschenkt hat, als sich andere kaum in der Phantasie erträumen können. Sie, Sie haben mich an jenem Manne zur Verbrecherin gemacht!

Ich möchte Ruhe haben, sonst sterbe ich. Noch einmal wiederhole ich Ihnen: Haben Sie Mitleid, lassen Sie mich! Das ist der letzte Aufschrei meiner Seele! Sonst möge die Reue über Sie kommen.

Dienstag, den 28. Februar 1775, um elf Uhr

Wenn man auf gutes Einvernehmen hält und ganz besonders, wenn man liebt, darf man nicht halsstarrig und ungerecht sein. Darum, mein lieber Freund, will ich Ihnen durchaus keine Vorwürfe machen und mich nicht beklagen. Sie sind frei von Schuld, und Sie haben mich heute ohne Absicht in die Stimmung der Verlassenheit versetzt. Vielleicht machen Sie sich einen Vorwurf, vielleicht sagt Ihnen Ihr gutes Herz: »Sie leidet, und ich bin schuld an ihrem Leid!« Lieber Freund, sollte Ihr Herz dieses Gefühl haben, so wäre das genug Strafe für Sie und genug Rache für mich. Werde ich nun morgen glücklicher sein? Werden wir zusammen zu Mittag essen? Oder werde ich Sie gar nicht zu sehen bekommen?

Ich gedenke Turgot am Donnerstag aufzusuchen. Ich habe Vaines den Vorschlag gemacht, mich mit nach Versailles zu nehmen und Sie auch, wenn Ihnen das recht wäre. Kommt das nicht zustande, so hat mir der pfälzische Gesandte [Freiherr von Sickingen] angeboten, mit ihm zu fahren. Wenn Sie wollen, können Sie auch hier einen Platz finden. Der gute Condorcet und der treffliche d'Alembert gehen morgen hin.

Lieber Freund, Sie werden mich mit dem vor Stolz platzenden Frosch im Märchen vergleichen, wenn ich Ihnen erzähle, dass mich Turgot gebeten hat, ihm meine köstlichen Reimereien mitzubringen, und dass ich ihm habe sagen lassen, dieses hohe Glück solle ihm nicht vorenthalten bleiben.

Wenn Sie heute gekommen wären, so hätte ich einen Tag hinter mir, so lieblich und friedsam wie in einem Geßnerschen Idyll. Ich habe eine Menge Briefe von Freunden erhalten, von Turgot, vom Grafen Schönberg. Ich habe zu Mittag gegessen allein mit einer, die unglücklich und schon deshalb interessant ist. Dann habe ich um drei Uhr einen Spaziergang im Tuileriengarten gemacht. Es war herrlich. Ein himmlisches Wetter. Die Luft, die ich einatmete, beseligte mich. Ich war verliebt, voll Trauer und voll Sehnsucht, aber alle diese Gefühle waren verklärt durch leise Melancholie.

O, mein Lieber, ein so sanftes Gefühlsleben hat mehr Reize als der Sturm lodernder Leidenschaft. Ich glaube, ich bin davon übersättigt. Ich will keine stürmische Liebe mehr, ich möchte eine sanfte, wenn auch keine schwächliche. Letzteres werden Sie nicht bezweifeln, da ich Sie liebe.

Halb fünf Uhr bin ich wieder heimgekommen, und bis sechs Uhr war ich allein. Wissen Sie, wie ich meine Erwartung beschwichtigt habe? Ich habe alle Ihre Briefe seit dem 1. Januar wieder durchgelesen. Ich wollte sie ordnen. Obgleich Sie nicht erschienen, waren Sie doch lebhaft und innigst um mich.

Dann kamen sechs oder sieben Personen, die mir ihre Fastnacht opferten. Sie waren der Amüsements müde und wollten sich an einer Plauderei erlaben, in Ruhe und Frieden. Und diesen Genuss haben wir gehabt, denn die leise Hoffnung auf Ihr Kommen erhielt mir die Spannkraft. Schließlich dachte ich, Sie würden nach dem »Barbier« erscheinen. Aber ach, als es neun schlug, dachte ich an den Tod, und mein Schweigsamwerden veranlasste alle Anwesenden, mich halb zehn zu verlassen.

Doch ich bin toll, nein blödsinnig, dass ich Sie damit langweile, Ihnen einen ganzen Tag zu schildern, von dem Sie keine einzige Minute haben besitzen wollen. Gute Nacht, mein Freund, teilen Sie mir mit, was Sie am Donnerstag tun wollen und können.

Ich weiß, Sie sind allzu sehr Weltkind, um auf den Fastnachtsball zu verzichten. Aber ich atme lieber die reine süße Luft des Tuileriengartens um die Stunde, wo es da einsam ist. Und warum? Weil mir meine Seele mehr zu geben imstande ist als Ihnen Ihr Geist und Ihr Talent! Aber gute Nacht!

Morgen ist Frau von Châtillon bei mir.

Dienstags, abends elf Uhr [1775]

Mein lieber Freund, Sie tragen immer wieder Unfrieden und Schmerz in meine aufgeregte Seele. Erinnern Sie sich aller Ihrer Worte? Und wie ungeduldig waren Sie, nur wieder fortzukommen! Wem zuliebe hatten Sie es so eilig!

Wie konnte ich da ruhig bleiben? Ich sehnte mich nach Ihnen, ich litt und ich machte mir Vorwürfe. Und so kam ich heute Vormittag zu Ihnen, in traurigster Stimmung. Sie waren da, und vor Freude darüber wich meine tiefe Schwermut ein wenig. Aber dann haben Sie mich mit Ihrer Wut verwirrt gemacht, und ich habe selber alles geglaubt, was Sie mir vorgeworfen haben. Da hörte ich Ihren Namen rufen. Alles, was Sie mir sagten, kam mir nun verächtlich vor. Wie konnte ich anders? Ich fürchtete. Sie zu belästigen, Sie abzuhalten, Sie zu bedrängen. Mein Herz lag auf der Folter.

Ach, mein lieber Freund, ich bitte Sie um Verzeihung, dass ich Sie in einem falschen Verdacht gehabt habe. Unglück und Misstrauen sind Geschwister. Ach, wie oft habe ich Ihnen meine Schmerzen und meine Tränen verheimlicht! Ich weiß nur zu gut, ein Herz, das einer anderen gehört, ist einem unwiederbringlich verloren. Das sage ich mir immer wieder, und zuweilen glaube ich, ich sei geheilt. Dann erscheinen Sie, und alles ist vorbei. Die Überlegung, meine Vorsätze, mein Leid, alles verliert seine Macht vor dem ersten Worte, das Sie aussprechen. So habe ich keine Zuflucht mehr als den Tod, und nie hat ein unglücklicher Mensch ihn heißer herbeigesehnt als ich.

Sie sind die Veranlassung, dass ich für Marmontel schwärme, nicht weil er Gutes von mir geredet hat, sondern weil er Ihnen gesagt hat, dass ich Sie liebe. Lieber Freund, es ist mein Unglück, dass Sie es nicht nötig haben, so geliebt zu werden, wie ich nun einmal liebe. Ich behalte mein halbes Herz zurück. Seine Glut, sein wildes Schlagen würde Sie nur belästigen und Sie ganz verjagen. Wen nicht friert, der braucht kein Feuer. Wenn Sie wüssten, wenn Sie erführen, welche Freude einst eine große und leidenschaftliche Seele am Genüsse meiner Liebe gehabt hat! Er verglich mich mit anderen und früheren Geliebten, und immer wieder sagte er mir: »Du bist eine Meisterin der Liebe. Deine Seele ist heiß wie die Sonne Limas. Im Vergleich zu dir scheinen mir meine Landsmänninnen auf dem Eise Lapplands geboren zu sein!« Das schrieb er mir noch aus Madrid. Das sollte keine Schmeichelei sein; er fühlte so. Und auch ich will mich keineswegs loben, wenn ich Ihnen sage, dass ich Ihnen in toller Liebe darbiete, was ich nicht für mich behalten kann.

Eben unterbricht mich ein Brief Vaines. Er beunruhigt mich. Er schreibt, d'Alembert solle vor acht Uhr bei ihm sein und seine Lobschrift auf den Abbé von Saint-Pierre[124] mitbringen. Er fügt hinzu: eine wichtige Sache. Ich vergehe vor Angst, dass man die Ruhe meines Freundes gefährden könne. Ich wäre untröstlich darüber. Lieber möchte ich selber noch mehr Leid tragen, als dass er leiden sollte. Hass und Heuchelei sind immer an der Arbeit. In grenzenloser Unruhe harre ich des Morgens, und ich fühle es, ich werde diese Nacht kein Auge zutun. Je mehr ich mein eigenes Glück verliere, umso teurer ist mir das meiner Freunde. Ich kann Ihnen meine herzliche Zuneigung zu dem guten Condorcet[125] und zu d'Alembert nicht anders schildern als mit den Worten: Sie sind eins mit mir. Ich habe beide nötig wie meine Lungen die Luft. Sie beunruhigen meine Seele nicht; sie füllen sie. Diese Zuneigung ist nichts anders denn Freundschaft. Bei Gott! Ich wäre sonst ein verworfenes Geschöpf. Ach, ich wünschte, es wäre schon morgen!

Ich habe den »September« von Roucher vorgelesen bekommen. Sehr schön, großartig, erhaben! Zu meinem vollen Genusse fehlten nur Sie, mein Lieber; Ihre Gegenwart vertieft mir jede Freude und bringt Leben und Wärme in sie. Zu jeder Zeit, in jeder Stimmung sehnt sich meine Seele nach Ihnen.

Ich bin erst halb acht Uhr zurückgekommen. Meine Freunde erwarteten mich. Roucher war dabei. Er ist nicht in Versailles gewesen.

Ich wünschte, es wäre schon morgen. Sehe ich Sie flüchtig? Ich werde wohl allein sein, denn Frau von Châtillon hütet ihr Zimmer. Sie möchte mich abends bei sich haben. Ach, du mein Gott, die Abende gehören Mora oder Ihnen. Der Abend ist mir das Liebste vom Tage. Gute Nacht!

---

[124] Sie wurde am 16. Februar 1775 vorgelesen, am Tage der Aufnahme von Malesherbes in die französische Akademie.

[125] Er nennt sich gelegentlich den »zweiten Sekretär der Lespinasse«, wobei er d'Alembert als »ersten« rechnet. (Oeuvres de Condorcet, I, p. 193).

Dienstags, elf Uhr abends

Mein lieber Freund, Sie haben keine Sehnsucht, mich zu sehen; vielleicht ist es Ihnen sogar lästig, meiner auch nur zu gedenken. Sie stoßen die Erinnerungen von sich, die Ihnen Ihre Lebenslust zu trüben drohen. Ach, ich bedaure Sie tief, dass Sie nicht imstande sind, völlig in dem aufzugehen, was Ihnen gefällt oder Sie liebt. Mit dieser Halbheit vernichten Sie den Zauber und den Genuss der Liebe. Sie muss jedes edle Herz verletzen. Aber ich will Ihnen keine Vorwürfe machen, ich beklage mich nicht. Nur meine Schwachheit betrübt mich. Vor Ihnen ist meine Eigenliebe wehrlos. Ich liebe Sie. Alles persönliche Interesse verstummt bei diesen Worten.

Sie und Ihr Glück, das gibt mir Mut und Großherzigkeit. Und ich will Sie der lassen, die Sie lieben. Für dieses Opfer aber darf ich verlangen, dass Sie keinen Versuch mehr machen, in meiner Seele ein Gefühl zu nähren, das mir Verzweiflung bringt. Werben Sie vor allem nicht mehr um Zärtlichkeiten, die mich nur demütigen, mein Herz entehren und mich hinterher in Reue und Bedauern stürzen.

Mein lieber Freund, ich weiß ja, Sie dürfen mich nicht lieben, aber ist es dann etwas Unmögliches, ehrlich zu sein? Ist das zu viel von Ihnen verlangt? Kränken Sie mich also nicht mehr, mich, die ich Sie liebe und Ihnen Ihren Geschmack, Ihre Gelüste, Ihren Willen lasse, mit einem Worte, Ihnen den Gegenstand meiner Liebe zum Opfer bringe. Nicht der Frau von M[ontsauge] gebe ich Sie zurück, sondern Ihnen selbst, Ihrem eigensten Wesen, denn ich bin überzeugt, es ist Ihnen schmerzlich, mit ihr im Widerstreit zu liegen, und Sie werden glücklich sein, wenn das nicht mehr der Fall ist.

Mein Gott, wie konnte ich nur glauben. Sie betrögen mich leichten Herzens! Wenn Sie nicht stark genug sind, mich glücklich zu machen, so bleiben Sie sicher wenigstens ritterlich genug, um über das mir zugefügte Leid betrübt zu sein. Mein lieber Freund, glauben Sie einem Herzen, das Ihnen ganz und gar gehört, das nur für Sie schlägt: Überlassen Sie sich widerstandslos Ihrer Neigung. Dann bleibt mir wenigstens der tröstliche Gedanke, ein wenig zu Ihrem Glücke beigetragen zu haben. Vorläufig muss ich mir das Gegenteil vorwerfen.

Befreien Sie mich und Sie von diesem Zwange! Seien Sie aufrichtig! Ich beschwöre Sie. Was soll ich tun, um die Wahrheit zu verdienen? Reden Sie! Nichts soll mir unmöglich sein. Hören Sie auf die laute Stimme Ihres Herzens, und Sie werden davon ablassen, das meine zu misshandeln!

Ach, ich bringe es fertig, des Geliebtseins zu entbehren, aber es ist mir schrecklich, an Ihnen zu zweifeln. Ihnen zu misstrauen. Zollen Sie mir so viel Achtung, dass Sie mich nicht betrügen! Ich schwöre Ihnen bei dem, was mir am teuersten ist, bei Ihnen, dass es mich nie gereuen soll; die Wahrheit verlangt zu haben. Ich werde Sie lieben ob der Schande, die Sie mir damit ersparen! Nie sollen Sie einen Vorwurf zu hören bekommen! Indem ich auf Sie verzichte, verzichte ich auch auf alles andere, selbst auf das Recht, mich zu beklagen.

Mein Lieber, bedenken Sie wohl. Sie würden sehr ungeschickt und sehr unritterlich sein, wenn Sie diese Gelegenheit an sich vorübergehen ließen, sich Ihre völlige Herzensfreiheit zu sichern. Bedenken Sie, dass Sie andernfalls fortan kein Recht mehr haben, mich in einem Wahne zu lassen. Sie haben dann keinen Vorwand mehr, mich zu betrügen. Wenn Sie mich missbrauchten, begingen Sie eine schwere Sünde. Lassen Sie mich niemals jenes grässliche Gefühl kennenlernen, das ich nicht wage beim Namen zu nennen, wenn ich an Sie denke ...

Mein lieber Freund, der Abbé von Boismont hat mich heute in Verlegenheit gesetzt, indem er von Ihnen sprach. Er behauptete, man habe ihm erzählt, ich sei in Sie vernarrt. So hat er sich wörtlich ausgedrückt und hinzugefügt: »Das ist nicht Bosheit von mir, auch keine Falle, noch eine Rache.«

Ich war ganz sprachlos, da meldete man mir im nämlichen Augenblick glücklicherweise den Erzbischof von Toulouse.

Was sagen Sie dazu?

Ich wage nicht, mich der angenehmen Hoffnung hinzugeben, morgen mit Ihnen zusammen zu Mittag zu essen, aber ich kann nicht umhin, es zu wünschen, wenn es auch vielleicht ein Wunsch gegen den Ihrigen ist.

Gute Nacht!

Ich fühle, der Abbé von Boismont hat recht, nur tut er Unrecht, es mir zu sagen. Ich habe heute zwanzig Leute bei mir zu Besuch gehabt, aber keiner hat es vermocht, mich von der Sehnsucht abzuziehen, die ich nach Ihrem Kommen hatte. Was haben Sie angefangen? Wo haben Sie zu Abend gegessen? Haben Sie daran gedacht, dass ich Sie liebe?

Aber: Leben Sie wohl!

Ich will nur die Wahrheit. Beherzigen Sie es nur dieses eine Mal noch, dass Sie sie mir rückhaltlos und ungeschminkt schulden!

Dienstags, elf Uhr [1775]

Das hatte ich nicht erwartet![126] Noch ist im Grunde meines Herzens der schmerzliche Eindruck jener grausamen Worte nicht verwischt: »Wir können uns nicht lieben!«, auf die ich Ihnen zur Antwort gegeben habe: »Dann kann ich nicht leben!«

Mein lieber Freund, ich bin nicht imstande. Ihnen zu sagen, was ich alles leide, was ich alles fühle. Es erscheint mir unmöglich, all dem nicht zu unterliegen. Mein Körper ist erschöpft, und mich dünkt, er hat gerade noch die Kraft, in den Tod zu gehen.

Jetzt, am Abend fühle ich mich wohler. Ich war drei Stunden im Bad. Hinterher war ich wie abgestorben. Die beständigen Brustschmerzen lassen aber nicht nach.

Gute Nacht. Ihre Sorgen, Ihre Unruhe reden mir – entgegen Ihren Worten – ein: Wir können uns lieben!

Auf morgen! Ich warte schon auf Sie.

Dienstags, elf Uhr abends [März 1775]

Ich habe es abgeschlagen, diesen Abend mit zwei Leuten zu verbringen, die sich einander lieben. Ich will lieber mit dem plaudern, den ich liebe, und mich ihm mit mehr Ruhe und Genuss widmen, als ich dies in Gesellschaft gekonnt hätte. Mich völlig abzulenken, wäre ihr nicht gelungen, aber dem Liebsten nur halb zu gehören, das ist ein Unglück. Die Einsamkeit hat für ein reiches Herz große Reize. Wenn man für alles tot ist, nur für ein Etwas nicht, das einem die Welt bedeutet, so lebt man umso stärker für dieses Eine, das sich gleichsam aller unserer Kräfte bemächtigt. Dann ist es nicht mehr möglich, woanders als in der Gegenwart zu leben.

Ich soll Ihnen sagen, ob ich Sie in drei Monaten noch lieben werde? Dinge des Verstandes haben nichts mit Dingen des Gefühls zu tun. Ich soll Ihnen wohl, wenn wir uns wieder sehen, wenn Ihre Gegenwart meine Sinne und meine Seele bezaubert, Rede und Antwort stehen, welche Wirkung Ihre Verheiratung auf mich machen wird? Mein lieber Freund, das weiß ich nicht, das weiß ich wirklich nicht. Wenn ich das überwinde, so will ich es Ihnen sagen, und Sie werden mich gerechterweise darob nicht tadeln. Ist das Gegenteil der Fall, verzweifelt meine Seele, so will ich darüber nicht klagen, und meine Leidenszeit wird nicht von langer Dauer sein. Dann aber seien Sie so feinfühlig und ritterlich, einen Entschluss zu billigen, der Ihnen einen

---

[126] Guibert hatte der Geliebten soeben seine bevorstehende Verheiratung mitgeteilt.

flüchtigen Kummer verursachen wird, über den Sie aber in Ihrer neuen Lebenslage schnell hinwegkommen werden. Ich versichere Ihnen, dieser Gedanke tröstet mich. Dabei fühle ich mich freier.

Fragen Sie mich also nicht wieder, was ich tun werde, wenn Sie mit einer anderen einen Bund fürs Leben eingegangen sind. Wenn ich nur Eigenliebe und Eitelkeit besäße, so wäre ich mir eher darüber klar. In Rechnungen der Eigenliebe macht man selten Fehler. Sie blickt weit. Die Leidenschaft kennt keine Zukunft. Wenn ich Ihnen also sage: Ich liebe Sie, so sage ich Ihnen alles, was ich weiß und was ich fühle. Ich setze gar keinen Wert auf jene Treue, die der Vernunft untertan ist oder noch häufiger kleinlichen Interessen der Gesellschaft oder der Eitelkeit. Die verachte ich mit ganzer Seele. Ebenso wenig achte ich jenen oberflächlichen Mut, der da leidet, wo es zu vermeiden wäre, und im Grunde nichts vollbringt, als dass er mithilfe des Verstandes ein warmes Gefühl zu einer frostigen Gewohnheit vergewaltigt. Alle diese Spiegelfechtereien, all diese Komödie zwischen Liebesleuten sind in meinen Augen nichts als Lug und Trug, nichts weiter als Hintertreppen des Egoismus und der Feigheit. Von allem dem werden Sie an mir nichts finden. Das ist nicht das Ergebnis der Überlegung, sondern so habe ich immer gelebt, so ist mein Charakter, so bin ich, so fühle ich, – mit einem Worte: Das ist mein Ich, an dem Verstellung und Unnatur unmögliche Dinge sind.

Mein lieber Freund, ich fühle mich zu allem fähig, nur beugen kann ich mich nicht. Ich hätte die Kraft zur Märtyrerin, die Kraft zu ... Soll ich es sagen? Ja, die Kraft, meine Leidenschaft oder die meines Geliebten durch ein Verbrechen zu befriedigen. Aber keine Kraft habe ich in mir, meine Leidenschaft zu opfern. Lieber gebe ich mein Leben dahin.

Sie werden sehen, dass das nicht Geschwätz eines überhitzten Hirnes ist. Und wäre es die Schwärmerei einer überspannten Seele, so wäre sie auch großer Taten fähig. Dazu gehört Seele, nicht bloß Verstand, armselige, vorsichtige, beschränkte Vernunft!

Lieber Freund, ich habe gar keine Vernunft. Vielleicht habe ich neben meiner Leidenschaftlichkeit mein lebelang gerade genug Instinkt gehabt, mich Gleichgültigen gegenüber dem Zwange der Konvenienz zu unterwerfen. All das Lob über meine Mäßigkeit, meine Vornehmheit, meine Selbstlosigkeit, meine angebliche Opferfreudigkeit zu Ehren meiner Mutter und des Hauses d'Albon, – alles das habe ich unverdient eingeheimst! So urteilt die Gesellschaft, so beobachtet sie! Narren und Toren, ich verdiene Euer Lob nicht! Meine Seele ist nicht geschaffen, an Eurem kleinlichen Interesse teilzuhaben. Nur geboren für das Glück zu lieben und geliebt zu werden, brauchte ich weder Kraft noch Moralität, um die Armut zu ertragen und die Gelüste der Eitelkeit zu verachten. Ich habe viel genossen, ich kenne den Wert des Lebens wohl, und wenn ich es noch einmal beginnen sollte, so wollte ich es unter denselben Bedingungen von Neuem anfangen: Lieben und Leiden, – Himmel und Hölle, – dem würde ich mich wiederum weihen, das ist die Welt meiner Gefühle, das ist die Luft, in der ich leben will, nicht in jener gemäßigten Zone, in der die Knechtsseelen und Automaten rings um uns zu existieren vermögen.

Als ich die Feder zur Hand nahm, wollte ich ein Porträt von Ihnen entwerfen, aber durch eine abscheuliche Eigenliebe habe ich ein anderes Modell genommen und mich selber gemalt. Wie im Wahnsinn gebe ich jeder Regung nach. Doch durch Sie bin ich, was ich bin, das heißt durch das innigste und zärtlichste Gefühl. Somit habe ich recht getan, jenem Drange zu willfahren.

Sonntags mitternachts

Welche Wonnen und Freuden kann die Seele im Rausche der Leidenschaft erfahren! Mein lieber Freund, ich weiß wohl, mein Leben hängt an meiner Torheit. Wäre ich wieder ruhig, wieder, bei Vernunft, so könnte ich keinen Tag länger leben. Wissen Sie, was mein erstes Bedürfnis ist, wenn meine Seele aufgewühlt ist von Lust oder Leid? Mit Mora plaudern!

Ich mache ihn mir wieder lebendig, ich rufe ihn ins Leben zurück. Mein Herz sucht Frieden in seinem Herzen, meine Seele versinkt in seiner Seele. Die Glut, der wilde Puls meines Blutes triumphiert über den Tod. Ich sehe den Verlorenen vor mir, er atmet, er hört mich ... Mein Hirn ist so heiß, so wirr, dass Illusion und Wirklichkeit in eins verschwimmen. Sie könnten nicht greifbarer vor mir stehen als seit einer Stunde Mora.

Er sagt mir, dass er mir verziehen hat und mich liebt.

Mein lieber Freund, was ich eben erlebt habe, das ist noch die Folge der seelischen Erschütterung von heute Nachmittag. Die Fähigkeit, die uns eine zweite Welt vorgaukelt, muss man lieben und hochhalten. Das ist ein Gnadengeschenk des Himmels, das zu preisen ich zu gering und schwach bin. Aber ich besitze noch genug Empfänglichkeit und Leidenschaft, um mich seiner voll Entzücken zu erfreuen und einen Nachklang jener Liebe daraus zu schöpfen, die mir einst der Inhalt meines Lebens war und noch immer meine Stütze.

Die Liebe, welche Glückseligkeit! Durch sie lebt und webt alles Schöne, Gute und Große in der Natur. Alle großen Dichter haben geliebt. Erst die große Leidenschaft trägt sie empor in ihr hehres Reich.

Aber, – leben Sie wohl, lieber Freund. Sie sind doch nicht auf den Ton meiner Seele gestimmt. Sie denken und ich fühle. Sie konzentrieren sich nicht, und Zerstreuung macht schlaff. Ich habe keine körperlichen Kräfte, aber die Begeisterung belebt mich. Ich weiß sonst nicht, woher ich die Kraft hätte, Ihnen so viel hinzukritzeln.

Leben Sie wohl!

Wenn Sie sich nicht wieder anders besonnen haben, so hole ich Sie morgen um fünf Uhr im Hause d'Argentals ab. Aber eins, mein lieber Freund, ist Bedingung: keine Gefälligkeit, kein Opfer! Das verdiene ich nicht, und das wissen Sie wohl.

Montags, 10 Uhr [Mai 1775]

Hat mich der Freund betrübt, so stillt er auch die Tränen ...[127]

Es sind Worte von Ihnen, die ich zitiere.

Man hat mir erzählt, dass man Sie heute Vormittag bei einem Miniaturenmaler gesehen hat. Sie sollen erstaunlich gut getroffen worden sein.

Die junge Dame ist der Zeit wert, die Sie ihr bei dem Maler geopfert haben.[128] Ich habe gefunden, sie ist reizend und wohl würdig des Interesses, das sie Ihnen einflößt. Ebenso ist das Wesen, das Gesicht und das Benehmen ihrer Mutter liebenswürdig und anziehend. Ja, Sie werden glücklich werden, und eines Tages wird selbst eine von Ihnen verlassene Geliebte, ich meine Frau von M[ontsauge], Ihnen sagen:

Niemals kann man erröten ob hingenommener Schande,
Wenn man am Täter sich rächt durch eine selbstlose Tat.

Montags, elf Uhr abends [Mai 1775]

Mein lieber Freund, gewiss habe ich Ihnen verziehen, aber da es nicht aus Großmut geschehen ist, so bin ich gestraft worden – durch Sie. Ist Letzteres gerecht?

Erzählen Sie mir Neuigkeiten von sich! Haben Sie Molken getrunken? Haben Sie gebadet? Haben Sie am Mittwoch Medizin eingenommen? Haben Sie endlich einmal gemacht, was Sie immer schon tun wollten? Ich habe Sie wieder nicht gesehen. Ich erwartete Sie, ich war in zärtlicher Stimmung, – da

---

[127] Der Vers ist aus Guiberts »Konnetabel von Bourbon«, I. Akt, 2. Auftritt: bereits genannt S. 117.

[128] Guiberts Braut. Vermutlich hatte Julie ihr Bildnis, gemalt von Greuze, gesehen.

kam der Fürst von Pignatelli.[129] Sein Erscheinen machte mich tot. Beim Klange seiner Stimme habe ich vom Scheitel bis zur Zehe gezittert. Rührung und Grauen durchschauerten mich abwechselnd. Kurzum, er regte mich so auf, dass ich vergaß, dass Sie kommen könnten. Erst um zehn Uhr ist er wieder gegangen, und seitdem bin ich einer Verzweiflung verfallen, der nur Sie mich entreißen könnten.

Mein Lieber, haben Sie auf den entzückenden Brief, den Sie gestern Vormittag geschrieben haben[130], schon Antwort erhalten? Was Sie auch dagegen sagen mögen. Sie wollen lieber gefallen als geliebt werden. Ich weiß das genau. Wie liebenswürdig waren sie einst! Welche Wonne versprach Ihre Liebe! Ach, was für ein Irrtum! Die Enttäuschung, die nachfolgte, wird erst mit dem letzten Atemzuge meines Lebens verfliegen.

Gestern habe ich ein herrliches Geschenk bekommen. Die Begleitzeilen sind so witzig und originell, dass ich sie Ihnen mitteilen will: »Ich überreiche Ihnen dieses Buch, das Ihnen so sehr gefallen hat. Behalten Sie es infolgedessen so lange, bis es Ihnen nicht mehr gefällt. Ich werde daraus ersehen, wie langer Zeit es bedarf, um bei Ihnen aus Gunst in Ungnade zu fallen.«

Wenn Ihnen diese Worte alltäglich vorkommen, dann weiß ich überhaupt nicht, was man unter Witz und Eigenart versteht. Ich selber bin mir zu dumm, um auf so etwas antworten zu können. Bedanken muss ich mich aber doch. Machen Sie mir die Antwort! Derartig, dass ich auf ewige Zeiten zur zweiten Frau von Sévigné werde. Das ist das erste Mal, dass es mir Spaß macht, mich mit fremden Federn zu schmücken. Lieber Freund, Scherz beiseite! Strengen Sie Ihren Geist für mich an! Sie wissen, ein Mann hat mir jenes Geschenk gemacht, einer, dem ich noch nie geschrieben habe, Vergleiche kann er also nicht anstellen. Gute Nacht!

Montags elf Uhr [Mai 1775]

Mein lieber Freund, was haben Sie mir angetan? Ich bin so tieftraurig, so unglücklich, so niedergedrückt von der Last des Lebens. An diesem schmerzlichen Zustande sind Sie schuld. Die Furcht, in die Sie mich versetzt, das Misstrauen, das Sie in mir erregt haben, diese beiden Seelenqualen martern mich unaufhörlich.

---

[129] Der Bruder Moras; in der Einleitung erwähnt. Voltaire rühmt gelegentlich eines Besuches, den ihm der junge Mann machte, seine »geistige Überlegenheit über seine Altersgenossen«. (Oeuvres, Bd. 66, S. 441.)

[130] Offenbar an Louise von Courcelles.

Das ist eine Pein, die allein schon genügen müsste, mich auf Ihre Liebe verzichten zu lassen oder vielmehr auf Ihre vorgebliche Liebe. Ich weiß nicht, was für ein Vergnügen Sie daran haben, mein Herz zu quälen. Nie bemühen Sie sich, mich ruhig zu machen, und selbst Ihren ehrlichsten Worten haftet der Klang der Lüge an.

Mein Gott, wie weh tut mir das Herz! Wie leidenschaftlich sehne ich mich darnach, von diesem Zustande befreit zu sein, gleichviel durch welches Mittel! Wenn Sie nur schon verheiratet wären! Ich warte darauf – wie eine Kranke, die sich einer Operation unterziehen muss und nur an die Heilung denkt und das gewaltsame Heilmittel ganz übersieht.

Ich wollte Ihnen nur mitteilen, heute nicht zu kommen. Das wird vermutlich auch gar nicht Ihre Absicht gewesen sein. Abends bin ich bei Bertin. Ich gehe in den »Orpheus«, und zwischen Oper und Abendessen will ich Frau von Châtillon aufsuchen, die immer noch krank ist. Morgen wollen Sie nicht bei mir zu Tisch sein; zweimal in einer Woche, haben Sie gesagt, sei zu viel. Und am Mittwoch? Dieselbe Ausrede? Nun, tun Sie, was Ihnen beliebt. Ich werde mich so gut wie möglich darein zu schicken wissen.

Lassen Sie sich's gut gehen!

Montags, nach Empfang Ihres Briefes

Wollen Sie mich durch ein süßes Gift neubeleben? Aber ist es denn eine Wohltat, wenn man ein bisschen Wonne und Glück geschenkt bekommt und keine Zeit mehr hat, es zu genießen? Wie grausam sind Sie gewesen? Sie haben mich ans Leben gekettet und wussten doch, dass ich so bald darauf nicht mehr für Sie leben sollte. Aber ich darf Ihnen keine Vorwürfe machen.

Sie überhäufen mich mit Lobsprüchen, und ich verdiene keine. Man soll mich nicht loben, man soll mich beklagen, dass mich ein Gefühl beseelt, stark genug, um Steine lebendig zu machen. Ich kann von meinem Geliebten nicht in kalten Wortes sprechen. Sein Glück und sein Ruhm liegen mir so am Herzen wie er selber.

Sie tun mir weh, wenn Sie mich loben. Glauben Sie, Sie vermöchten meine Seele zu trösten, wenn Sie meiner Eitelkeit schmeicheln? Ach, wenn Sie wüssten, dass es nichts auf der weiten Welt gibt, das mir Entschädigung oder Ersatz dafür gewähren kann, was ich mir bangend ersehne.

Sie verstehen mich, denn mein Herz ist Ihnen offen. Sie sehen seinen Inhalt, die belebenden Elemente und die Verzweiflung darin.

Leben Sie wohl, mein Lieber. Ihr Brief war sehr lieb; er hilft mir über diesen langen Tag hinweg.

Mittwochs, mitternachts [3. Mai 1775]

Mein Urteil ist also unterzeichnet![131] Gebe Gott, dass es ebenso sicher über Ihr Glück entscheidet wie über mein Leben.

Lieber Freund, ich vermag nicht mehr klar zu denken. Sie richten mich zugrunde. Ich muss Sie meiden, um die Kraft wieder zu finden, die Sie mir genommen haben.

Leben Sie wohl! Mögen Sie immer so viel Arbeit und so viel Glück haben, dass Sie meines Elends und meiner innigen Liebe gar nicht gedenken. Ach, tun Sie nichts mehr für mich! Ihre ritterlichen guten Absichten vermehren nur mein Leid. Lassen Sie mir meine Liebe und den Tod.

Donnerstags

Ihr Briefchen klingt so von oben herab. Ist das ein Widerhall Ihres Glückes? Dann darf ich mich nicht beklagen, aber Sie sollen doch wissen, dass ich gönnerhaftes Erbarmen nicht vertragen kann. Das ist für meine Seele zu niedrig. Ihr Mitleid würde meinem Unglück die Krone aufsetzen. Ersparen Sie mir das! Kommen Sie zu der Überzeugung, dass Sie mir nichts schulden und dass ich nicht mehr für Sie existiere. Mehr verlange ich nicht von Ihnen. Aber nur ja keine Rückfälle in jene Bejammerung, die den zu Tode kränkt und demütigt, dem sie gilt.

Wie geht es Ihnen? Gehen Sie nach Versailles?

Sonntag, den 14. Mai 1775

Sie tun mir weh, Sie betrüben mich, Sie quälen mich, und dann sagen Sie, dass ich dauernd zu grausam gegen Sie sei! Ach, mein Gott, ich »lasse Ihnen nichts durch«? Lieber Freund, wie können Sie diese Worte auszusprechen wagen? Aber ich verzeihe Ihnen.

Ich bin in Unruhe und Aufregung, in einer wahnsinnigen Wankelmütigkeit. Ich weiß nicht, ob das mein Kopf oder mein Leben länger aushalten wird. Einen so stürmischen Zustand kann man unmöglich ertragen. Wenn ich Ihnen alles sagte, würden Sie Angst bekommen und mich hassen. Ich leide so sehr. Ich bin so unglücklich! So voll Reue! Wie bangt mir vor der Zukunft!

Leben Sie wohl, lieber Freund! Mein Hirn und mein Herz sind wirr und wild. Ich finde keine Ruhe. Ich weiß nicht mehr, ob ich Sie liebe.

---

[131] Guiberts Ehevertrag.

Sonntag mitternachts, den 14. Mai 1775

Lassen Sie mir sagen, oder wenn Sie kräftig genug sind, schreiben Sie mir, wie Sie die Nacht verbracht haben. Hoffentlich ohne Fieber. Ich habe eben in meinen Büchern nachgeschlagen, dass Ihnen römische Kamillen nicht schädlich sein können. Sie wirken beruhigend; man wendet sie gegen Kolik an. Melden Sie mir doch gleich, ob sie Ihnen Linderung verschaffen.

Die Ehe wird Wunder an Ihnen tun. Die Fürsorge Ihrer Frau und Ihre ganze neue Umgebung wird Ihnen Ihre Gesundheit am besten wieder herstellen. Sie genießen ja bereits Vorfreuden der Häuslichkeit. Sie haben recht getan, sie der Oper wegen nicht zu verlassen. Sie war schrecklich öd. Farblose Musik! Mein lieber Grétry sollte beim lieblichen, sanften, sentimentalen Genre bleiben.[132] Zu mehr langt es nicht. Wenn man ein kleiner Kerl ist, so begibt man sich nur in Gefahr und macht sich obendrein noch lächerlich, wenn man auf hohen Stelzen herumspaziert. Man fällt auf die Nase, und die Vorübergehenden lachen einen aus. Damit widerspreche ich – wohlgemerkt! – meinem früheren Urteil durchaus nicht; im Gegenteil ich sage das, gerade weil mir »Zemira und Azor«[133], »Der Hausfreund«[134] und »Der falsche Zauber« überaus gefallen haben.

Heute habe ich zwei Briefe erhalten, die mich bestürzt und doch reich gemacht haben. Denken Sie, welche Daten: »Madrid, den 3. Mai 1774, beim Einsteigen in den Reisewagen, der mich zu Ihnen führt ...« und der andere: »Bordeaux, den 23. Mai 1774, eben halb tot angekommen.« Ich erhalte sie genau ein Jahr später! Das berührt mich wie etwas Wunderbares. Wie eine Mahnung! Es beunruhigt mich und macht mir Gedanken. Und dabei danke ich dem Himmel, dass er mich am Leben gelassen hat, um diese mir heiligen Blätter noch zu empfangen.

Sie hüten Ihr Zimmer; somit wird es Ihnen keine besondere Mühe machen, meine Briefe zusammenzusuchen. Gewähren Sie mir diese Gnade!

Ich habe die Absicht, morgen mittags auszugehen und um vier Uhr zurückzukommen, um dann zu Hause zu bleiben. Ich versage mir das Verlangen nach Ihrem Besuch. Über meine Freude geht Ihr Wohlergeh'n, Ihr Glück, Ihr Wille und selbst Ihre Laune. So bescheiden bin ich.

---

[132] Gemeint ist »Céphale et Procris«, Oper von Grétry, Text von Marmontel; Erstaufführung 1775.

[133] Oper von Grétry (1771).

[134] Oper von Grétry (1771).

Ohne Zeitangabe

Ich danke Ihnen für Ihre Zeilen. Ich bedurfte ihrer. Drei verschiedene Mittel hatte ich versucht, Nachricht über Sie zu bekommen, aber ohne Erfolg.

Wenn Sie mich heute Abend hätten sehen wollen, so wäre ich zu Ihnen gekommen. Ich bin wie jener Mann in der Bibel[135]: Ich warte. Man braucht mir nur zu sagen: »Komme!« So komme ich. Sagen Sie mir demgemäß, wollen Sie mich morgen um ein Uhr oder um fünf haben? Das wäre auf meinem Hinweg zu Vaines oder auf meinem Rückwege von ihm.

Gute Nacht! Wenn Sie heute Abend zu Haus geblieben sind, wie ich hoffe, so hätten Sie es mir eigentlich sagen lassen können. Aber offenbar hatten Sie keine Sehnsucht, mich das wissen zu lassen. Also ist's gut so.

D'Alembert hat einen Riesenerfolg in der Akademie gehabt.[136] Er hat seine Lobschrift auf Bossuet vorgelesen. Ich werde morgen um acht Uhr zu Ihnen schicken. D'Alembert wird um zehn oder um zwölf kommen. Ich selber komme nur, wenn Sie mir sagen lassen, dass ich kommen soll.

Gute Nacht! Schlafen Sie diese Nacht gut! Ruhen Sie sich aus und vergessen Sie alle die Leiden! Aber das ist wohl nicht erst nötig?

Montags, elf Uhr abends [15. Mai 1775]

Nein, ich bin nicht in die Akademie gegangen. Ich wollte Sie während der Sitzung besuchen, aber Sie haben mich nicht angenommen. Die Menschen kamen dann freudetrunken aus der Akademie, und ich war so tieftraurig. Ich hatte keine Ruhe. Sie litten und hatten keine Sehnsucht, mich zu sehen. Das war mein Fühlen, und ich hörte nichts von allem dem, was um mich herum gesprochen wurde.

D'Alembert wird Ihnen von seinem Erfolge berichten. Er wird Ihnen von seiner tiefen Befriedigung über den leidenschaftlichen Beifall des Erzbischofs von Toulouse erzählen. Der Erzbischof hat Tränen der Freude und Dankbarkeit geweint. Ich liebe solche Wallungen. Sicher war es einer der glücklichsten Augenblicke seines Lebens.

Ich freue mich sehr darüber, das heißt in Gedanken. Mein Herz leidet und ist der Freude nicht mehr zugänglich. Mein lieber Freund, Sie haben es mit dem Siegel des Schmerzes verschlossen. Aber ich will nicht von mir reden.

---

[135] Lazarus. (Johannes XI, 42.)

[136] Er hatte in seinem Eloge de Bossuet eine vergleichende Bemerkung über Loménie de Brienne gemacht. (Vgl. Oeuvres, Edition 1805, Bd. VII, p. 287.)

Erzählen Sie mir, wie war die Nacht! Ich hoffe, gut! Haben Sie wenigstens kein Fieber? Soll ich um ein Uhr oder um fünf zu Ihnen kommen? Sagen Sie! Aber zwingen Sie sich ja nicht!

Frau von M[ontsauge] ist wohl nach ihrem Gute gefahren?

Eine Stunde nach Mitternacht [Mai 1775]

Mein lieber Freund, ich will nicht schlafen gehen, ehe ich Sie nicht habe teilnehmen lassen an meiner Verehrung, Hochachtung und Begeisterung. Ich bin tief ergriffen und gehoben von dieser Gedenkschrift. Wie schön ist sie, wie edel, wie würdevoll! Ich bin voll Bewunderung für Mark Aurel und voll Verehrung für seine edlen Verherrlicher.[137] Lesen Sie, und ernüchtern Sie mich nicht durch kritische und stilistische Bemerkungen.

Der König muss die Schrift unbedingt lesen. Ich habe schon in diesem Sinne agitiert, und ich hoffe, mein Wunsch geht in Erfüllung. Offen gestanden wünsche ich das nicht wegen Thomas. Dieser Prachtmensch ist mit dem ideellen Erfolge völlig zufrieden. Selbstverständlich habe ich ihm bereits ein paar Worte über seine Lobschrift gesandt.

Lieber Freund, der Tod könnte morgen bestimmt kommen, und doch würde ich heute noch das Bedürfnis haben, die Talente und die Tugenden zu ehren und zu lieben. Schelten Sie mich meinetwegen ob meiner Tollheit! Dieselbe Art Tollheit war es ja, die in dem loderte, den ich acht Jahre lang angebetet habe!

Ach, mit wehem Herzen erfahre ich an mir jene Worte Montaignes: Wenn ich etwas allein genieße, so kommt es mir vor, als stehle ich dem Freund seinen Teil.

Gute Nacht! Auf Wiedersehen morgen um halb zwei Uhr oder später. Schicken Sie mir die beiliegende Lobschrift wieder zurück! Ich kann mich nicht von ihr trennen.

Dienstags, elf Uhr abends [23. Mai 1775]

In Gottes Namen, lassen Sie mich, gehen Sie Ihrer schlechten Laune nach, reisen Sie ab![138] Sie nehmen mir meinen Frieden. Ich ärgere mich über Sie.

---

[137] L'éloge de Marc-Aurèle von Thomas, gedruckt erschienen im Mai 1775.
[138] Die Abreise, von der hier die Rede ist, führte den Grafen Guibert nach dem Schloss Courcelles, wo seine Hochzeit am 1. Juni 1775 stattfand. Er hat seine damalige Stimmung in folgender Aufzeichnung festgehalten (Voyages de Guibert, Paris, 1806, S. 5 f.): »*1. Juni 1775. Mein Hochzeitstag. Beginn eines neuen Lebens. Während der Zeremonie habe ich gegen meinen Willen ge-*

Ich hasse mich selber. Ich habe Gewissensbisse. Ach, hätte ich Sie nie kennengelernt! Ich hätte dann nur *ein* Unglück zu ertragen oder vielmehr keins mehr! Ich wäre von einem Leben befreit, das ich verabscheue und an das ich nur durch ein Gefühl gefesselt bin, das meine Seele martert.

Was ich heute getan habe? Was ich gedacht? Was ich gefühlt? Ach, ich habe Sie nicht gesehen, somit habe ich nur Wehmut, Schmerz und Verzweiflung erfahren, Angst und Sehnsucht.

Leben Sie wohl! Kommen Sie nicht mehr. Mein Herz ist ohne Ruhe, und Sie besänftigen es nie. Sie verstehen sich weder auf jene zärtliche Teilnahme, die so tröstet und stärkt, noch auf jene gütige Natürlichkeit, die einem Vertrauen einflößt und Frieden über eine wunde, tief betrübte Seele bringt.

Sie tun mir weh! Ich möchte Sie nie wieder sehen. Wenn Sie ritterlich sind, so reisen Sie morgen Nachmittag ab. Wenn Sie mich am Vormittag besuchen, so ist das völlig genug.

Sonnabend, den 1. Juli 1775

Unruhe und Aufregung haben mir lange Zeit die Tätigkeit meiner Gedanken und meiner Gefühle unterbunden. Ich habe an mir erfahren, wie Rousseau das ausdrückt, dass es Lagen gibt, in denen man weder Worte noch Tränen hat. Acht Tage habe ich in Krämpfen und Verzweiflung hingebracht. Ich glaubte sterben zu müssen, ich wollte sterben; der Tod erschien mir freundlicher als der Verzicht auf meine Liebe zu Ihnen. Ich verbot mir Klagen und Vorwürfe. Es kam mir vor, als sei es kleinmütig und gewöhnlich, von meinem Unglück vor dem zu sprechen, der es mir absichtlich zugefügt hatte. Ihr Mitleid hätte mich gedemütigt, Ihre Teilnahmslosigkeit meine Seele empört. Kurzum, ich fühlte, zur Wahrung einer gewissen Haltung musste ich schweigen und abwarten. Vielleicht war ich im Irrtume, aber ich hatte nun einmal den Glauben, dass Sie mir unter den obwaltenden Umständen etwelche Sorglichkeit schuldeten, und ohne große Zärtlichkeit oder großes Interesse in Ihnen vorauszusetzen, rechnete ich eben nur auf das, was Ihnen Ihre Ritterlichkeit und mein Elend gebieten mussten.

---

zittert. *Meine Freiheit, mein ganzes Leben ward gebunden. Nie haben so viele Gefühle und Gedanken meine Seele gequält. Ach, das Menschenherz ist ein Chaos, ein Labyrinth. Im Wirrwarr des meinen finde ich mich selber nicht. Und doch klopft das Glück an meine Türe. Ich heirate eine junge hübsche sanfte empfindsame Frau, die mich liebt, die wie geschaffen ist für die Liebe und die ich bereits wiederliebe...«* Am 8. Juni 1775. »*Acht Jage sind vergangen wie ein Traum. Wahrlich, dieser neue Zustand ist ein Traum von Liebe, Freundschaft, Reinheit, Liebenswürdigkeit. Tag für Tag öffnet sich mir die Seele meiner jungen Frau mehr. Ich liebe sie, ich werde sie lieben. Ich bin fest überzeugt, dass ich glücklich werde. Ich verlasse sie mit Wehmut.«* Am 8. Juni musste Guibert zu seinem Regiment nach Livorno gehen.

Ich wartete also. Und nach Verlauf von mehr denn zehn Tagen der Trennung erhielt ich aus Courcelles[139] ein Briefchen, ein Meisterstück kühler Grausamkeit. Ich war entrüstet, mir graute vor Ihnen. Bald auch vor mir selber, als ich darüber nachzudenken begann, dass ich Ihretwegen, – verzeihen Sie mir das! – ja Ihretwegen bittere und unedle Gedanken gehegt und mich sündhaft an dem vergangen habe, der wie kein anderer der Liebe würdig war. Ich schauderte vor mir. Das Leben erschien mir nicht mehr erträglich; Hass und Reue zerfleischten mich, und in meiner Verzweiflung setzte, ich schon den Tag und die Stunde fest, in der ich mich der Bürde entledigen wollte, die mich zu Boden drückte. Ich blickte dem Tode fest in die Augen. Er sollte allem meinem Leid ein Ende machen. Meine Leidenschaft schlummerte ein. Dieser schreckliche Entschluss machte mich kalt und gefasst. Ich gelobte mir, keinen Brief von Ihnen mehr zu öffnen. Ich wollte des einstigen Geliebten nicht mehr gedenken. Meine letzten Lebenstage sollten der andächtigen Verehrung jenes Anderen geweiht sein, den ich verloren habe. Und in der Tat, Sie wichen aus meiner Gedankenwelt.

Und doch, wenn mich zuweilen ein kurzer Schlaf beglückte, schreckte mich der Klang jener grässlichen Worte auf: »Leben Sie! Leben Sie! Ich bin nicht wert, Sie in Leid zu versetzen!« – Nein, nein, rief ich laut auf, Sie waren es nicht wert, geliebt zu werden! Ich sollte mich nur sinnlos verlieben, um schuldig zu werden. Jetzt sehe ich Sie, wie Sie wirklich sind. Ich sehe, dass Sie um zwölftausend Franken Jahreszinsen eine gemeine Handlung begangen haben. Ich sehe, dass Sie mich skrupellos der Verzweiflung überlassen. Sie haben mich zum Lückenbüßer während der Zeit gemacht, in der Sie ein Verhältnis abbrechen mussten, das Ihren Heiratsplänen nicht dienlich war. Um Ihrem Verkehr mit Frau von M[ontsauge] das Mäntelchen einer gewissen Ehrbarkeit umzuhängen, war es Ihnen ein Geringes, mich zu erniedrigen und mir meinen einzigen Besitz zu nehmen: die Achtung vor mir selber.

Einst haben Sie grausamerweise mich dem Leben erhalten und mich an Sie gefesselt. Offenbar, um mich erst recht dem Tode zu weihen. Ach, wie hart und bös kommen Sie mir vor! Wie leicht wäre es mir damals gefallen, mich von Ihnen zu trennen und auf das Dasein zu verzichten. Aber wozu sterben?, fragte ich mich wieder zuweilen, wenn ich bei mir nachgrübelte und mich mitten unter Menschen sah, die mich liebten und mir Trost und Glück spenden wollten. Wozu soll ich in einem Manne den Glauben erwecken, dass ich ihn hasse und, ohne ihn zu lieben, nicht leben könne? Selbst durch meinen Tod vermöchte ich mich nicht, an ihm zu rächen, denn Reue ist ihm

---

[139] Das Schloss gehörte ehedem dem Dramatiker Dancourt. Im 19. Jahrhundert war es u. a. im Besitze des Marschalls Macdonald.

ebenso fremd wie Edelmut. Ich fühlte, wie meine Seele erstarkte und sich Ihnen abwandte.

In dieser Stimmung befand ich mich bei dem Eintreffen Ihres an Herrn von Vaines gerichteten Pakets. Das führte mich einer weicheren Regung zu. Ich musste es öffnen, da es ja Ihre »Lobschrift auf Catinat« enthielt. Ich weiß nicht, war es Schwäche oder Ehrgefühl, aber ich redete mir ein, ich dürfe mich, obgleich ich Ihnen gar nichts mehr zu danken hatte, doch der Fürsorge in einer Angelegenheit nicht entziehen, in der Sie auf mich rechneten. Ich sagte mir, dass ich keinesfalls aus Gefühlsrücksichten untätig bleiben dürfe, wo Ihr mir bekundetes Vertrauen mir das Gegenteil zur Pflicht machte. So öffnete ich Ihr Paket also aus Moralität. Ich fand darin Ihren offenen Begleitbrief. Ich las ihn. Er war ritterlich, aber kühl. Er hätte gefühlvoll sein können; dann hätte ich vielleicht für meinen Entschluss Kämpfe zu bestehen gehabt. Umso besser: Er bestärkte mich in meinem Vorsatze.

Ich nahm meine Agitation für Ihre Lobschrift[140] wieder auf und hatte einen gewissen Genuss an der freudigen Geschäftigkeit, die ich dabei in mir spürte. Nicht Ihretwegen, auch nicht, weil das meiner Liebe wohl tat, noch weil es meinen Stolz befriedigte. Ich sagte mir: Ich habe doch genug Kraft, um dem gefällig zu sein und dem zu dienen, den ich hasse und der mir Böses angetan hat. Und ich werde das derartig zuwege bringen, – des bin ich sicher, – dass er mir nicht verpflichtet sein soll!

Dieser Gedanke machte mich mutig! Ich fühlte mich Ihnen gegenüber so stark, dass ich Ihren Brief von Neuem las, und weit davon entfernt, dass meine Seele dabei weich ward, stählte er sie vielmehr, indem ich erkannte, wie wenig Sie Anteilnahme und Bedauern für mich an den Tag legten. Ich machte diese Beobachtung leidenschaftslos, ohne dass ich mich dabei gekränkt fühlte. Ich entnahm ihr lediglich den Beweis, dass ich den einzig vernünftigen und ehrenhaften Entschluss gefasst hatte. Ich setzte, wie gesagt, meine Agitation zugunsten Ihrer Angelegenheit fort, und zwar mit so reger Geschäftigkeit, dass Condorcet glaubt, ich interessierte mich lebhafter denn je für Sie.

Ihr Briefchen aus Bordeaux habe ich empfangen. Ich war der Meinung, keinen besonderen Eindruck befürchten zu brauchen; im Gegenteil, ich war

---

[140] Laharpe bestätigt die rührende Tätigkeit Julies um den literarischen Ruhm Guiberts (Correspondance littéraire I, 386): Nach einer Akademiesitzung, in der man die beiden Konkurrenzschriften um diesen Preis zum Vortrag gebracht hatte, die Guiberts und die meinige, machte Saint-Lambert einen Besuch bei Mademoiselle de Lespinasse, wobei er ihr nicht verhehlte, dass er meiner Schrift den Vorzug gebe. »*Werden Sie diese Ansicht auch in der Akademie öffentlich bekennen?*«, fragte sie mich. »*Gewiss, Mademoiselle, das ist meine Pflicht!*« Sie entgegnete nichts, aber ihre Augen füllten sich mit Tränen.

überzeugt, dass Sie mir nur erneuten Anlass bieten würden, Ihnen immer fremder zu werden. Ich erbrach es immerhin begierig. Es war kurz, aber bei aller Gefühlsarmut atmete es doch eine schmerzliche Stimmung, die auf Ihr Ehrgefühl hindeutete. Ich ward nicht gerührt, aber ruhiger. Umso besser, wenn er Ehrgefühl hat!, sagte ich bei mir. Je weniger er mir schuldig erscheint, umso geringer ist meine Schmach. Meine Seele hat kein Verlangen, ihn zu hassen; das war ihr eine Marter. Farblose Gefühle beruhigen mich, und eine gleichgültige Stimmung wird mich vielleicht in den Stand setzen, an den mir gebotenen Tröstungen eine Freude zu haben. Ich muss mich den Pflichten der Freundschaft widmen. Ich kann nun Leute empfangen, die ich sonst hätte abweisen müssen. Ich muss sie gewinnen, und diese Sorge wird mich von den Gedanken ablenken, die mein Gemüt so lange Zeit betrübt und bedrückt haben.

Diesen Überlegungen zufolge habe ich mir eine Lebensweise vorgeschrieben, der ich bis heute treu geblieben bin und die mir auch glückt. Ich führe ein sehr abwechselungsreiches Leben. Ich mache alles mit, was sich mir bietet. Ich bin dauernd von Leuten umgeben, die mich lieben und zu mir halten, nicht weil ich liebenswürdig wäre, sondern weil ich unglücklich bin. Sie tun mir die Ehre an, zu glauben, ich sei durch den erlittenen Verlust noch voll tiefsten Kummers. Sie freuen sich augenscheinlich darüber, dass ich mir Mühe gebe, zu überwinden. Sie danken mir meinen Mut, sie loben mich deshalb, sie kommen gern zu mir. Sie entführen mich sozusagen meinem Schmerze, indem Sie mich nicht einen Augenblick mir selber überlassen.

Ich sehe, das größte Gut, das einzige, ist, Liebe zu finden. Das allein ist der Trost eines wunden Herzens. Freilich, das fühle ich, nichts in der Welt vermag eine Liebe völlig auszulöschen, die so viele Jahre mein Alles war. Der Wille, mich von der Qual und der Reue zu befreien, deren Ursache Sie sind, dieser Wille wird mich nach Heilmitteln suchen lassen, die ich bisher verworfen habe. Kurzum, ich fühle es, ich hoffe es: Ein klarer Wille, ein fester Wille hat mehr Macht, als ich geglaubt habe. Zwanzigmal habe ich früher bereits die Regung gespürt, mich von Ihnen loszusagen, aber nie war ich dabei ehrlich zu mir selber. Ich wollte wohl meines Leids ledig werden, aber ich habe keinmal nach einem Heilmittel gegriffen. Jetzt haben Sie mir wirklich ein unfehlbares dargereicht. Ihre Verheiratung, die mich tief in Ihre Seele hat sehen lassen, hat mein Herz zurückgedrängt und verschlossen auf immerdar. Es hat eine Zeit gegeben, wo es mir lieber war, Sie seien unglücklich als verächtlich. Diese Zeit ist vorbei.

O glauben Sie ja nicht, ich folgte Ihrem Ratschlag und nähme mir die Romanheldinnen der Frau Riccoboni[141] zum Vorbild! Nein! Oberflächliche und lockere Frauen mögen sich in der Tat nach der Moral solcher Romane richten. Sie betrügen sich selber, sie halten sich für sanft und edel, wo sie doch nur kalt, gemein und verächtlich sind. Sie haben nie je geliebt; sie würden nie zu hassen wissen. Mit einem Worte, sie verstehen nur die galante Liebe; ihre Seele hat den Gipfel der Liebe und Leidenschaft nicht erreichen können. Und Frau Riccoboni selber hat sich niemals dazu aufschwingen können, nicht einmal in ihrer Phantasie.

Mein Gott, wie war ich verwundet, als Sie mein Unglück mit einer Romansituation verglichen! Wie kalt und unritterlich erschienen Sie mir da! Wie überlegen dünkte ich mich Ihnen, indem ich mich einer Leidenschaft fähig fühlte, die Sie nicht einmal abzuschätzen imstande waren!

Aber ich will diesen langen Brief beendigen. Er wird Ihnen Mittel an die Hand geben, meine Stimmung gesünder zu beurteilen. Ich habe Ihnen Rechenschaft abgelegt von allein, was ich durchgemacht habe. Ich habe dabei nur die Wahrheit sprechen lassen, die Wahrheit, die ich Ihnen gegenüber immer in Ehren gehalten habe. Und in der Folge dieser mir heiligen Wahrheit muss ich Ihnen auch sagen, dass ich weder Sehnsucht nach Ihrer Freundschaft habe, noch dass ich welche für Sie hege. Freundschaft kann ihren süßen Reiz nur dann haben, wenn Sie auf Achtung und Vertrauen gebaut ist. Dass mir dies beides aus Ihrem Gebaren und Ihrem Verhalten nicht erwachsen ist, das wissen Sie wohl selber.

Leben Sie wohl! Lassen Sie mir meine stolze Rache, die mir das Vergnügen bereitet, Ihnen zu sagen, dass ich Ihnen verzeihe.

Ich füge drei Briefe bei und bitte Sie, lesen Sie sie noch einmal. Das soll keine Anmaßung sein; ich will auch weder Bedauern noch neue Teilnahme in Ihnen erwecken. Nein, Sie sollen nur einmal vor all dem Leid schaudern, das Sie angerichtet haben. Möge Sie dieser Rückblick bessern!

Montagabends, den 3. Juli 1775

Bei Ankunft der Sonnabendspost war ich gerade mit meinem Riesenbriefe fertig. Ihr Brief hat manches geändert, nicht an meiner Art zu denken, doch aber an meinen Gefühlen: Trotzdem war ich betroffen, als ich las, Sie seien nur dem Anscheine nach an mir schuldig, und mein Unglück bedinge Ihre Nachsicht. Sie sprechen das gelassen aus, während ich über Ihre Hartherzigkeit und Ungerechtigkeit dem Tode nahe bin. Mein Gott, woher soll ich

---

[141] Modeschriftstellerin (1714–1792).

die Kraft nehmen, deren ich bedarf? Meine Seele hat keinen Halt mehr, keinen Hafen. Ich hasse Sie nicht, aber mein Leben lang verfluche ich Sie, leide ich, und schmähe ich das Leben, an das Sie mich geknebelt haben.

Ach, warum musste ich Sie kennenlernen? Warum haben Sie mich zu einer so unglücklichen Sünderin gemacht?

Kühl sprechen Sie es aus, ich sei unglücklich.

Nichts in Ihnen sagt Ihnen also, dass Sie mein Unglück unabänderlich gemacht haben? Dazu wagen Sie es, das Schweigen aus Verzweiflung, die mit dem Tode ringende Mutlosigkeit eine »abscheuliche Laune« zu schelten!

Ach, ich habe Sie voll Hingebung geliebt; meine Seele schwebte so hoch über jedwedem anderen Interesse, im Lande der Leidenschaft, dass es empörend ist, wenn Sie mein jetziges Mich-Abwenden von Ihnen eine »Laune« nennen. Ja, sprechen Sie denn eine ganz andere Gefühlssprache als ich? Im nämlichen Moment, wo Sie mich offenbar wieder zu sich ziehen wollen, verwunden Sie mir das Herz. Ihre Worte morden mir die Seele. Wenn Sie sich über mich beklagen, wo ich doch unter Ihren Kränkungen stöhne, so fehlt es Ihnen nicht bloß an Zartgefühl, sondern einfach an Moral.

Sie sagen, es sei weder Ärger auf der einen, noch Dankbarkeit auf der anderen Seite, was Sie veranlasse, mir wieder die Hand zu bieten; es sei das zärtlichste Gefühl. O, wenn das wahr wäre, so wäre das die Krone meines Unglücks! Aber nein, ich denke, Sie täuschen sich, denn, wenn Sie meine Art Liebe nicht erwidern, wenn Sie gar nicht das Bedürfnis haben, so geliebt zu werden, wie ich liebe, so muss Ihnen der Verzicht leicht fallen, das einzige und höchste Götterbild einer leidenschaftlich-regen Seele zu sein, die, wenn auch nicht Wärme, so doch Bewegung in Ihr Leben gebracht hat. Ich verstehe wohl, dass auch der zerstreuteste und viel beschäftigste Mensch eine gewisse Leere fühlt, wenn er der Liebe eines Herzens verlustig geht, das stark genug war, zu leiden, und weich genug, alles zu verzeihen. So großmütig oder so kalt war ich aber doch nicht, um Ihnen ein Leid zu verzeihen, das mich martert, nur habe ich genug Vernunft, um im Schweigen Beruhigung zu suchen. Mein Gemüt war so krank, dass ich hoffte, das Verlangen nach Frieden würde mich leise zur Gefühllosigkeit geleiten. Indem ich aufhörte, Sie zu sehen und mit Ihnen zu reden, hielt ich es nicht für unmöglich, dass Sie endlich die Macht einbüßen würden, die Ihnen innewohnt und mir den Verstand raubt und meiner Seele den Frieden. Du lieber Gott, was bringen Sie mit dieser Zauberkraft zuwege? Zweifellos das, dass Sie mir das Leben unglücklich machen und Ihnen – falls Sie ein Ehrenmann sind – das Ihrige zur Qual. Sie müssten eine grenzenlose Ehrsucht besitzen, wie ich sie in Ihnen nicht zu erwecken vermöchte, wenn Sie mir ein Gefühl erhalten wollten, das Sie zu teilen gar nicht imstande sind.

Sie wissen sehr gut, dass meine Seele nicht maßhalten kann. Ihnen von Neuem angehören wollen, das hieße sich also Höllenqualen aussetzen. Sie verlangen das Unmögliche, dass ich Sie wahnsinnig lieben und dass dabei meine Vernunft alle meine Regungen im Zaume halten soll. Gibt es in der Natur so etwas?

Sie wissen, dass ich nicht zu heucheln verstehe! Dass ich mir nie unrechtmäßigen Besitz anmaße! Und selbst wo es sich um mein Lebensglück handelt, will ich es nicht Umständen oder Berechnungen danken, die mit zärtlicher Liebe oder lodernder Leidenschaft in mir nichts zu tun hätten! Sie wissen es, sehen es: Ich vermag von meinen geistigen Fähigkeiten dem Geliebten gegenüber keinen Gebrauch zu machen.

Ich habe schon zuviel von mir gesprochen. Ich möchte etwas von Ihnen über alles das hören, wovon ich so lange Zeit nichts erfahren habe. Sie müssen mir Rechenschaft über Ihr Denken, Tun und Fühlen geben. Ich habe ein Recht dazu. Wie konnten Sie in Ihrem Briefe darin so zurückhaltend sein? Sie sagen ja selber, Ihr Herz und Ihr Geist seien übervoll! Wem wollen Sie es ausschütten? Gibt es auf der Welt jemanden, der Sie besser verstände als ich?

Was Sie mir über Ihren »Konnetabel«[142] schreiben, habe ich dem Marschall von Duras gegeben, der mir von Neuem erklärt hat, das Stück käme zur Aufführung. Sie sollen gegen Ende des Monats Urlaub erhalten und im September den Rest Ihrer Dienstzeit in Metz nachholen. Er hat Ihnen das alles mit der letzten Post selber geschrieben. Ich wiederhole es nur zu meiner eigenen Befriedigung.

---

[142] Pierre de Ségur sagt hierzu in seiner Guibert-Studie (Gens d'autrefois, Paris, bei Calmarn-Levy [1903], p. 235): Man sprach so viel vom ›Konnetabel‹, dass Marie-Antoinette, die seit wenigen Monaten Königin war, dieses Stück kennenzulernen wünschte. Sie befahl Guibert nach Versailles und ließ sich die Tragödie vorlesen. Ihr Lob war enthusiastisch; aber so schmeichelhaft das für Guibert war, so hatte es doch für ihn zwei recht verdrießliche Folgen. Zunächst zog es ihm die eifersüchtige Feindseligkeit Laharpes zu, der der Königin eben auch ein Stück von sich, den ›Menzikoff‹, vorgelesen hatte und die Konkurrenz eines Dilettanten in diesem Gebiete unerträglich fand. Er schrieb damals dem Großfürsten Paul (Corr. litt. I, p. 144): »Wie Sie wissen, habe ich meinen ›Menzikoff‹ der Königin vorgelesen. Graf Guibert hat nichts Eiligeres zu tun gehabt als dasselbe für seinen ›Konnetabel‹ zu erreichen, was keine leichte Sache war...« Eine weitere, nicht glücklichere Folge war die Aufführung des ›Konnetabel‹, die gelegentlich der Hochzeitsfeier der Schwester des Königs, Clotilde, mit dem Kronprinzen von Savoien auf ausdrücklichen Wunsch der Königin beschlossen wurde. Guibert bekam Urlaub, um die Proben, die im Théâtre francais abgehalten wurden, persönlich zu überwachen. Die Aufführung selbst fand am 26. August 1775 im großen Saale des Schlosses zu Versailles statt. Sie kostete die Kleinigkeit von 300 000 Franken, Lekain war aus England herbeigeholt worden, um die Titelrolle zu spielen; die Adelaide des Stückes wurde durch Madame Vestris dargestellt.

Zum Wettbewerb sind fünfzehn »Lobschriften auf Catinat« eingelaufen, aber nur eine bereitet mir Unruhe. Morgen soll ich sie zu lesen bekommen, und ich verspreche Ihnen meine Kritik. Wir wollen sehen, ob ich ebenso wie die Akademie urteile. Um zu einem gesunden Urteil zu gelangen, will ich Hass und Liebe völlig beiseitelassen; dann sollen Sie sehen, ob ich Verstand habe.

Lassen Sie die »Gracchen« ganz liegen? Wenn Ihr Ehrgeiz auch erloschen sein mag, versprechen Sie sich denn durch dieses Werk gar keine Vermehrung Ihres literarischen Ansehens?

Gestehen Sie mir doch, warum sagen Sie, für Sie gäbe es nichts mehr auf der Welt? Sollte das schon die Wirkung jener Alleinherrscherin sein, die es fertiggebracht hat, dass sich Graf Crillon glücklich dabei fühlt, nicht mehr zu sein als bloß der Gatte der Gräfin Crillon? Das ist zweifellos viel wert, aber geistvoller, froher und liebenswürdiger macht es ihn nicht. Was tut's? Crillon ist glücklich. Aber um dieses Glück beneide ich ihn nicht. Ist es übrigens wahr: In Livorno[143] soll es eine geistreiche Dame geben?

Wie lächerlich wären Sie, wenn Sie nicht der reizendste Mensch auf der Welt wären! Ihr Brief ist ein Mischmasch von Vertrauen auf meine Liebe und von Argwohn, dass ich Sie nicht geliebt hätte. Das ist sehr spaßig. Halb weltmännisch, halb vertrauungsvoll! Vielleicht lieben Sie mich gar? Zum Mindesten sind Sie ebenso voller Widersprüche wie ich. Sollte ich Sie angesteckt haben?

Mein lieber Freund ...

Da ist mir ein Wort entschlüpft, das ich mir in diesen Tagen mehrfach vorwerfen musste, wenn ich in Ihrer Angelegenheit für Sie warb. Freund? Kann man jemanden Freund nennen, den man über alles hasst? Was für Erinnerungen verführen mich dazu? Sollte mein Hass der erste Ring jener Kette sein, die eine dunkle Gewalt erbarmungslos um alle die Unglücklichen schweißt, die ihr einmal verfallen sind? Das verstehen Sie wohl nicht?

Mein lieber Freund, ja, mein liebster Herzensfreund, wollen wir wieder einig sein? Wollen wir einander verzeihen? Wir haben beide Anlass genug, nachsichtig zu sein. Erinnern Sie sich daran, dass ich krank, sehr krank bin. Wenn Sie wollen, dass ich lange lebe, so helfen Sie mir, stützen Sie mich, machen Sie alles Leid vergessen, das Sie mir angetan haben!

Antworten Sie mir. Ein ganzes Buch soll es sein!

Leben Sie wohl! Leben, Sie wohl!

Sind Sie nicht müde?

---

[143] Wo Guiberts Regiment stand.

Dienstag, den 4. Juli 1775

Mein lieber Freund, das betrübt mich sehr, aber warum verlangen Sie Unmögliches von mir? Geben Sie mir Gelegenheit, Ihnen förderlich zu sein, wo es angängig ist, so stehe ich Ihnen dafür, dass es sich machen lässt, auch wenn ich mich gar nicht hineinmenge. Sie brauchen nur zu reden.

Wenn Sie wüssten, wie schwer es mir fällt, Ihnen etwas zu verschweigen, was mir Freude bereiten würde, wenn meine Seele noch dafür empfänglich wäre! Aber soviel genieße ich noch, als meinem Verstande schmeichelt, meinem Ehrgefühl Freude macht. Mein Lieber, wenn Sie hier wären, dann wäre ich ehrvergessen, denn ich würde Ihnen ein Geheimnis verraten, das ich wahren soll.

Man mag meine Treue zu Ihnen ahnen, denn gleichzeitig mit dem wichtigen Geheimnis bekam ich zu hören: »Kein Mensch darf es erfahren, auch Graf Guibert nicht!« Ich habe zu dieser Bedingung gelacht und gesagt: »Rechnen Sie denn Herrn von Guibert nicht unter die Menschheit?« – »Ich schon, aber Sie?« gab man mir zur Antwort.

Sehr richtig! Keinem Menschen, nur Ihnen vertraue ich es an, dass ich vor Herzeleid vergehe, weil ich schweigen soll.

Ich habe die »Lobschrift auf Catinat« [von Laharpe] erhalten und will sie gleich lesen. Du mein Gott, die Leidenschaft hat eine wacklige Moral. Da sitze ich nun, dem Autor dankbar für seinen Beweis an Vertrauen, und wünsche, sein Werk sei gut, indessen mit der Einschränkung, dass Ihre Arbeit unbedingt besser sei.

Lieber Freund, ich werde ganz offen urteilen, wenn ich dabei natürlich auch nicht absolut wahr sein kann. Sie wissen ja, ich habe keinen geschulten Geschmack, nur ein wenig so genannten gesunden Menschenverstand. Nehmen Sie also meine Kritik für das, was sie ist!

Donnerstag, den 6. Juli 1775

Mein lieber Freund, ich habe gestern keinen Brief von Ihnen erhalten. Sie haben es satt, mit mir zu plaudern, und ich bin des allzu langen Schweigens müde. Hätte ich ein wenig mehr Mut gehabt, wie viel Schmerzen, wie viel Kämpfe hätte ich mir vielleicht erspart? Mein Gott, wenn Sie es wissen, sagen Sie mir: Wie werden meine Qualen enden? Wird mich der Hass, die Gleichgültigkeit oder der Tod davon erlösen?

Mein lieber Freund, ich will nicht nur halb großmütig vor Ihnen stehen. Ich bilde mir ein, Ihnen verziehen zu haben. Also will ich mit Ihnen plaudern, als ob ich zufrieden mit Ihnen wäre.

Passen Sie auf, und zittern Sie! Ich will jetzt zwei »Lobschriften auf Catinat« rezensieren, die beiden einzigen – meiner Einbildung nach, – die in der Akademie ernstlich infrage kommen. Die Verfasser dieser beiden Schriften sind die Herren von Guibert und von Laharpe. Guibert ist der Verfasser eines vorzüglichen Versuchs über die Taktik und einer Tragödie. Beide Werke haben ihn als Mann von viel Geschmack und Geist bekannt gemacht; sie verraten eine begeisterungsfähige kraftvolle Seele. Mit dieser Vorkenntnis und der günstigen Voreingenommenheit, die einem daraus erstehen muss, habe ich Guiberts »Lobschrift auf Catinat« gelesen und beurteilt. Laharpe kennen Sie besser als ich. Sie wissen, er ist ein hervorragender Schriftsteller, sehr geistreich, sehr gerecht und vor allem vom erlesensten Geschmack. Das muss ich ihm billigerweise vor der Lektüre seiner Schrift einräumen.

Laharpes Schrift ist mit der ihm eigenen Leichtigkeit geschrieben, aber doch mit einer Korrektheit, die er sich gern geschenkt hätte, wenn nicht Herr von Guibert Mitbewerber wäre. Sein Stil ist ebenso flüssig wie erhaben. Diese beiden Vorzüge finden sich so selten beieinander, dass ich beinahe sagen möchte, Laharpes Prosa wetteifert mit Racines Versen. Seine Lobschrift ist die Arbeit eines klugen und urteilsfähigen Kopfes, eines Gelehrten von sanfter, ehrlicher und hehrer Gemütsart. Es finden sich in der Schrift eine Menge glückliche Ausdrücke, treffende Bemerkungen, Gedankenfeinheiten, klar und vornehm ausgesprochen. Und doch ist sie nur das Werk eines vortrefflichen Schriftstellers, eines geistreichen Mannes, während die Schrift Guiberts die Arbeit eines höheren Menschen ist, der mehr als bloß Geist, der Genie hat.

Keiner von beiden ist Philosoph, der eine, weil er nicht nüchtern genug denkt, der andere, weil er nicht gründlich genug denkt. Indessen beurteilt Guibert die Menschen und Erscheinungen so sicher und so enthusiastisch, dass man sich lieber von ihm hinreißen als von einem Philosophen belehren lässt. Der kriegswissenschaftliche Teil ist bei Guibert so sachkundig behandelt, dass sich selbst der hierin laienhafteste Leser ein Urteil über Catinats Verdienst bilden kann. In dieser Beziehung ist Laharpe unverständlich, matt und sehr langweilig.

Wenn man Laharpe liest, wird man angenehm unterhalten, zuweilen gefesselt. Man bekommt Achtung vor dem Können des Verfassers. Wenn ich Guibert lese, fühle ich, wie sich meine Seele erweitert, wie sie reifer wird, lebhafter, kühner. Mitunter geht er freilich zu weit; sein Stil ist nicht immer von gleicher Klarheit und Schärfe; zuweilen fehlt es ihm an innerlicher Einheit. Auch finden sich bei ihm zu alltägliche und dann wieder zu gewagte Bilder.

In künstlerischer Beziehung, stilistisch und rednerisch gebührt meiner Ansicht nach der Schrift Laharpes der Preis. In Hinsicht aber auf seelischen Schwung, geistige Ausdruckskraft und tiefe Wirkung müsste man die von Guibert preiskrönen. Wenn ich die Verfasser persönlich nicht kennte, würde ich mich mein Leben lang danach sehnen, Guibert anzugehören, oder es tief bedauern, dass ich nicht die Seine sei. Ob Laharpe in Paris wohne, danach würde ich mich nicht einmal erkundigen.

Lieber Freund, ich vergehe vor Ungeduld zu erfahren, was Sie von meiner Kritik halten, aber ich fordere Ihr Ehrenwort, dass Sie keinem Menschen davon Mitteilung machen, selbst Ihrem besten Freunde nicht. Ich möchte nicht noch einmal die Entrüstung oder Verherrlichung erleben, die mir dereinst mein Urteil über die beiden Lobschriften auf Lafontaine eingetragen hat, das Sie übrigens mit Recht fad und abgeschmackt fanden.

Ihnen gegenüber kenne ich weder Eigenliebe noch Selbstüberschätzung. Da bin ich gern dumm, da rede ich, wie mir der Schnabel gewachsen ist. Aber vor den anderen, da – lege ich mir zwar auch keinen Zwang an, dazu habe ich keine Kraft mehr, aber da sage ich gar nichts. Ich begnüge mich, zu erklären: das ist gut, das ist schlecht, und das ist mittelmäßig! Ich hüte mich aber wohl, mich auf Begründung einzulassen. Sicherlich würde das mich ebenso langweilen wie meine Zuhörer. Was kann einem daran liegen, geistreich zu sein vor Leuten, die einem nicht ans Herz gewachsen sind?

Freitag, den 7. Juli

Kürzlich habe ich Ihnen erzählt, dass ich von meinen Freunden umschart sei, aber seit zwei Tagen herrscht eine allgemeine Flucht. Die Besichtigungen, die militärischen Übungen, der Landaufenthalt, die Badereisen haben mich einsam gemacht. Nur der neapolitanische Gesandte [Caraccioli] ist dageblieben; er besucht mich alle Tage, aber er ist mir zu lustig; er kreuzt meine Stimmung.

Der gute Condorcet ist wieder zurück.

Lieber Freund, ich werde Ihnen gelegentlich eine ärgerliche Geschichte erzählen, in die ich mich Ihretwegen eingelassen habe. Man hatte eigentlich nichts weiter gesagt als Dinge, die ich mir Ihnen vor acht Tagen selber zu schreiben erlaubt habe, aber es regte mich doch bis zur Wut auf. Ich habe grobe und beleidigende Worte gebraucht und habe mir Feinde gemacht. Aber was tut's? Ich habe mein Mütchen gekühlt, ich habe Sie verteidigt. Es dünkte mich maßlos ungerecht und dreist, dass man Sie zu richten wagte. Schlechtes von Ihnen zu denken, das soll *mein* Privilegium sein. Ich möchte, dass die anderen Sie so beurteilen, wie ich fühle, dass Sie sind: vornehm, genial, enthusiastisch. Aber niemand soll sagen: »Er ist liebenswürdig!« Was für ein albernes Lob! Es spricht jedem wahren Vorzuge Hohn! »Er ist liebenswürdig!« In die weltmännische Sprache übertragen, heißt das soviel wie: »Er ist frivol, ein ordinärer Kerl ohne Charakter!« Was sind die so genannten liebenswürdigen Leute bei uns zu Lande denn in der Tat mehr?

Sie machen sich über mich lustig, dass ich vor Ihnen ein Geheimnis bewahrt hätte, das sich bereits die Spatzen auf den Dächern pfiffen. Aber wenn Sie nicht ganz zum Kleinstädter geworden sind, so werden Sie wissen, dass bei einem Geheimnis der vorliegenden Art drei Tage von großer Bedeutung sein können. Übrigens hatte ich zu schweigen gelobt: Pflicht geht über Logik.

Hoffentlich erhalte ich morgen von Ihnen einen Brief. Er wird recht nüchtern und kühl sein, er wird mir nicht gefallen, und – wer weiß? – vielleicht gereut mich meine Rückkehr zu Ihnen bitterlich? Ich hätte Ihnen glauben sollen: Sie waren wirklich »des Leids nicht wert«, das Sie mir angetan haben. Diese Ihre Worte hätten mir die Tiefe der Seele erleuchten sollen und mir einen zehnjährigen Bund noch heller vor Augen führen! Sagt nicht Klarissa sterbend ähnliche Worte zu Belfort, dem Freunde ihres Lovelace?[144] Sah sie nicht bei diesem Gedanken im Tode eine tröstliche Notwendigkeit?

Richardson war ein Kenner der Menschen, der Liebe und der Leidenschaften. Frau Riccoboni dagegen kennt nur die Eigenliebe, den Hochmut und ein wenig Sentimentalität. Aber mehr nicht.

Montag, den 10. Juli 1775

Ach, brich mir doch mein Herze ganz!

Ich bin wirklich unglücklich! Ich habe keine Worte, ich bin außer mir. Mein Gott, welche Schmach für mich! Sie schreiben höflich-gefühllos, es genüge Ihnen, wenn Sie ein weißes Blatt bekämen, – und ich Unglückliche bin gerade dabei, während Sie mir Ihren Willen bekunden, Ihnen alles zu sagen, was ich denke und fühle. Ich bin schmerzerfüllt, seelenmüde, empört gegen den, der mir mein Herz verwundet hat. Ach, mein Freund, Sie wollen mich nicht hören, Sie wollen mir kaum antworten. Ich hasse Sie ebenso stark, wie ich mich Ihnen vordem schwach gezeigt habe. Hören Sie doch auf, mich zu martern. Das ist zu viel für mich und noch zu wenig! Vernichten Sie die Liebe ganz, die Sie verschmähen, die Sie nicht teilen können!

Mein Gott, ohne Ihre verfluchte »Lobschrift auf Catinat« wäre ich wieder gesund geworden. Ich wäre bewahrt geblieben vor Ihrem ruchlosen Brief

---

[144] In der »Clarissa Harlowe« von Samuel Richardson (1747). Die französische Übersetzung dieses Romans, von Letourneur, war 1751 erschienen.

aus Courcelles, bei dessen Erinnerung ich noch zittere vor Wut. Ich hätte nichts mehr von Ihnen erfahren, zumal in der stillen Einsamkeit hier um mich. Ich hätte die Kraft gehabt, zu genesen oder zu sterben. Es ist eine große Sünde von Ihnen, mir das Leben so grausam zu verleiden. Nachdem Sie mir gesagt haben, Sie wüssten, dass ich leide, fügen Sie hinzu, Sie hätten Geschmack am Landleben gefunden und würden von dieser Passion nicht so bald wieder lassen. Ach, Sie wissen, dass Sie mich zu Tode betrüben, und Sie denken nur an sich? Sie haben Lust, auf dem Lande zu bleiben, und keine, mich zu sehen? Ist das wahr? Und wenn es wahr wäre, warum sagen Sie mir das? Dinge, die meine Seele in Aufruhr bringen müssen, sollten Sie mir verschweigen. Ja, das wäre Ihre Pflicht. Glauben Sie ja nicht, dass es nur eine einzige Sorte von Pflichten gibt und dass man schon alle erfüllt habe, wenn man bloß denen nachgekommen ist, die sich um das eigene Wohl drehen, und etwa noch denen, die von der Gesellschaft herkömmlich gefordert werden. Gewiss genügt diese Art Pflichterfüllung den groben Alltagsgeistern, deren Vorstellung vom Glück Geldwert hat und die den Menschen nach der Achtung und Anerkennung der Toren um sich herum einschätzen. Ich aber appelliere hierin an Ihr Gewissen. Das meine wird Sie richten, wenn meine Leidenschaft stumm geworden ist!

Lieber Freund, Sie haben mir wehgetan. Ihre Briefe sind kalt, trübsinnig und selbstsüchtig. Kein Wort steht darin, das aus dem Herzen käme! Warum flutet denn mein Herz in das Ihrige über? Warum liebe ich Sie, wo ich so viele bedeutsame Gründe hätte, Sie nicht zu lieben? Weil ich Sie nicht liebe wie die meisten Frauen aus fader alberner Eitelkeit oder aus Langeweile?

Leere und Langeweile kenne ich nicht. Meine Seele hätte noch ein Jahrhundert lang zu tun mit meiner Liebe und meinem verlorenen Geliebten. Mein Leben hätte an tausend Dingen Anteil, wenn ich wollte. Ich muss mich dauernd vor tiefgehenden Einflüssen geradezu wehren. Sehen Sie also, es war ein ganz besonderer Unstern, der mich zu tödlicher Pein verurteilt hat. Und dabei sind Sie der kühle Zuschauer! Sie wollen kein Lebenszeichen von mir! Ein Blatt weißes Papier genügt für die paar Gedanken und Gefühle, die Sie für mich haben, mein Freund! Und ich schrieb Ihnen wahre Bücher von Briefen. Wie ungeschickt und töricht von mir! Ich bin außer mir, aber ich will mich ein wenig an Ihnen rächen, indem ich Ihnen sage: in Ihrem letzten Briefe, den ich eben beantworte, in dem vom 1. Juli, kommt eine gewisse Entgleisung vor. Das wäre an sich nichts weiter als eine Geschmacklosigkeit, aber in diesem Falle ist es ein gröberer Fehler, nicht bloß ein Verstoß gegen den feinen Geschmack und den guten Ton. Ich werde den Brief aufheben und Sie damit ärgern. Wenn Sie mich dann nicht hassen, dann müssen Sie ein sehr guter Junge sein.

Ach ja, gut und lieb sind Sie, ach, aber auch sehr schlecht, sehr hart, sehr wetterwendisch. Aber was alles aufhebt und alles übertrumpft, ist, dass Sie geliebt werden. Ich wage dieses Wort nicht immer wieder in meine Briefe zu setzen; es sähe so aus, als ob ich sagen wollte: Ich bin toll! Und Sie wären rasch dabei, es mir zu glauben. Narren machen einem immer Spaß. Aber ich will Sie quälen, ich will Sie tyrannisieren. Sie sollen einmal eine Stunde so leiden, wie ich mein ganzes Leben lang leide ...

Da fällt mir ein, ich habe Ihnen noch gar nicht von dem kleinen Ring erzählt, den Sie mir bei der Abreise geschenkt haben. Er ist so recht das Symbol aller unserer Erlebnisse! Ich steckte ihn an meinen Finger, und zwei Stunden später war er entzwei. Das ist durchaus kein Scherz; es war mir ein sehr betrübsames Vorzeichen. Wenn es der Koh-i-noor gewesen wäre, den ich verloren hätte, so wäre ich sicherlich nicht so betroffen gewesen. Kommen Sie, mein lieber Freund, bringen Sie mir einen Ring, so fest und unzerbrechlich wie meine Liebe. Der, den Sie mir geschenkt, der glich Ihrer Liebe. Er hielt nichts aus.

Ich habe Ihr Briefchen dem guten Condorcet vorgelesen. Es war ja so artig, wie es nur sein konnte. Da stand drin: Sie liebten nur noch Ihre Studien! Und dann wieder: Sie verachteten den Ruhm! Wahrlich, Sie sind ein großer Philosoph, wenn Sie schlechte Laune haben! Aber den kommenden Winter, da werden Sie so glücklich sein, so reich, so lustig, in tausend Zerstreuungen! Dann ist von Ihrer melancholischen Lebensweisheit keine Rede mehr. Warum auch nicht? Sie sind noch lange nicht alt; Ihr Kopf ist noch sehr jugendlich. Und Ihr Herz muss noch von mancherlei Schlacken geläutert werden.

Lieber Freund, ich bin recht unausstehlich, nicht wahr? Ich nörgle ewig an Ihnen herum, aber ich liebe Sie mehr als alle, die Ihnen immer schmeicheln.

Leben Sie wohl! Schreiben Sie mir also und ordentlich!

Dienstag, den 11. Juli 1775

Ich sende Ihnen eine zweite Kritik. Ich glaube, sie weicht von meiner ersten nicht viel ab, aber Unterschiede müssen schon bestehen. Mein erstes Urteil habe ich unmittelbar nach dem Studium der Laharpeschen Schrift niedergeschrieben, dieses hier, nachdem ich eben Ihre gelesen hatte. Prüfen Sie, ob ich ein richtiges Gefühl habe, ob ich mehr oder minder dumm bin. Verwerfen Sie meinetwegen meine Kritik, lieber Freund, aber sagen Sie nicht, ich widmete Ihnen meine Gedanken nicht bis zur Erschöpfung.

Gestern habe ich Ihnen einen Riesenbrief geschrieben. Morgen werde ich von Ihnen vier Zeilen erhalten, recht dürftige und vielleicht recht grausame.

Nun, wie sie auch ausfallen mögen, ich warte darauf mit mehr Ungeduld, als Sie einem Vergnügen entgegensehen. Ich habe eben auf das Hauptpostamt geschickt und den Befehl gegeben, dass man mir meine Briefe zu Frau Geoffrin nachbringen soll. Bis zu dem Augenblick, wo sie gebracht werden, werde ich wenig an der Unterhaltung beteiligt sein. Meine Augen und mein Herz sind nach der Tür gerichtet und auf die Hände jedes, der ins Zimmer tritt. Mein lieber Freund, so inniglich lebt man nur, wenn man leidet. Ist es nicht so? Ich habe noch eine andere Art starken Lebens gekannt. In schmerzlicher Wonne denke ich daran! Ich habe nach der Bretèche geschrieben, aber Sie sind nicht dort. Leben Sie wohl! Es ist mir unmöglich, von Ihnen zu lassen. Zerreißen Sie meine wertvolle Kritik nicht, und verlieren Sie sie nicht.

Mittwochabends, den 12. Juli 1775

Sagen Sie mir, kann es wirklich einen stichhaltigen Grund dafür geben, dass Sie mir mit dieser Post nicht geantwortet haben? Auf das, was ich Ihnen über Ihre Lobschrift mitgeteilt habe, mussten Sie antworten. Und dann mussten Sie ...

Ach was. Sie mussten gar nicht, wenn mein Schmerzensschrei Ihr Herz nicht berührt hat. Es war recht von Ihnen, dass Sie mir nicht geantwortet haben. Sie hätten mich gekränkt, und ich wäre darob nur traurig geworden.

Liegt die Schuld an Ihnen, so wären Sie das Leid nicht wert, das ich Ihnen widme; sind Sie nicht daran schuld, so bitte ich Sie um Verzeihung, dass ich Ihr Herz betrübt habe, indem ich Ihnen Unempfindlichkeit gegen mein Leid zutraute.

Ich muss nun auf den Sonnabend warten. Ob ich ihn herbeisehnen soll, das weiß ich nicht; vielleicht wird es der wichtigste Tag meines Lebens. Wenn er mir nur die eine Zuflucht lässt, gut! – dann vollziehen Sie ein grässliches Schicksal, und es dünkt mich, ich müsste Sie darum segnen. Ja, ich werde Sie darob lieben, denn ich kann nicht mehr, ich will Sie nicht mehr hassen. Dieses schreckliche Gefühl ist mir allzu fremd und für mein Herz zu stark. Ich dachte, ich müsse sterben, so hat es mir den ganzen Leib durchkämpft und durchbebt. Ich fand die Ruhe erst wieder nach einer Dosis Opium, die mich so schlaff gemacht hat, dass man von Stumpfsinn reden könnte.

Lieber Freund, bald werde ich die körperliche Kraft nicht mehr haben, Sie zu lieben. Die unaufhörlichen Erschütterungen, in die Sie meine Seele versetzen, haben meinen Körper entkräftet und zugrunde gerichtet. Wenn nur der Leidensweg kürzer wäre! Aber man kommt so langsam vorwärts, wenn man jeden Augenblick angestoßen wird. Ach, wie viel Stunden müssen vergehen von jetzt an bis Sonnabend zwei Uhr! Ich gebe mir alle Mühe, mich über diese lange Zeit hinwegzutäuschen. Für heute Nachmittag habe ich mich fünf- oder sechsfach verpflichtet, zu lauter Sachen, von denen mich nicht eine einzige auch nur ein wenig angeht, aber ich werde immer unter Leuten sein, die mich ein bisschen gern haben. Das wird meinen Mut heben. Morgen bin ich in Auteuil, am Freitag in Passy, um die berühmte Sängerin zu hören, die im vergangenen Jahre hier war, wissen Sie, die, der man eine so wundervolle Stimme und nebenbei Mordsdummheit nachrühmte. In ruhiger Stimmung würde ich Genuss daran haben können, aber für eine Seele, die leidet und liebt, hat das Leben keinerlei Reiz.

Mein lieber Freund, ich schreibe Ihnen im Hause des Grafen Crillon, wo ich mich seit zwei Tagen häuslich niedergelassen habe. Ich bin allein hier. Die Gräfin ist auf dem Lande und ihr Mann in Metz, um vier Wochen Dienst zu tun, – grausamsten Dienst, da er ihn von seiner Frau trennt. Vergebens habe ich alle Winkel dieser Wohnung durchsucht. Sie haben alles mitgenommen. Keine Spur von Glück ist dageblieben. Die Nacht habe ich, in einem steinharten Bett zugebracht; ich hatte acht Uhr früh noch kein Auge zugetan. Ich fühlte mich sehr angegriffen, sehr trübsinnig, und ich sagte mir:

Wie sind im selben Raum die Herzen so verschieden!

Aber wenn das Leid mehr Spuren hinterließe als die Lust und das Glück, so täte es mir leid. Die beiden fänden dann bei ihrer Rückkehr in diesem Bett alle die Gedanken und die Gefühle, die mich bedrückt haben.

Leben Sie wohl, lieber Freund! Es wäre nicht unmöglich, dass dies ein Lebewohl auf ewig wäre. Es steht allein bei Gott und bei Ihnen!

Sonnabend, am Abend, den 15. Juli 1775

Mein lieber Freund, ich lebe, ich werde weiter leben, und, welches Schicksal auch meiner warten mag, ich habe doch noch eine flüchtige Freude, ehe ich sterbe. Heute Morgen dachte ich nicht so. Meine Seele war im Banne des Grauens; ich erwartete mein Todesurteil. Es dünkte mich unselig, aber ich wollte es mutig ertragen. Ich wollte nicht jammern, ich konnte nicht mehr leiden. Ich hatte den heutigen Tag zum letzten meines Lebens bestimmt, wenn Sie sich nicht meiner erbarmt hätten. Sie sind gekommen, lieber Freund. Ihr Herz hat mich gehört. Es hat mir geantwortet, und fortan ist mir das Leben wieder erträglich.

Heute Vormittag überkam mich ein Anfall von Verzweiflung. D'Alembert war ganz erschrocken darüber, und ich hatte nicht Geistesgegenwart genug, ihn zu beruhigen. Seine Teilnahme schnitt mir ins Herz. Das beschwichtigte mich; ich brach darüber in Tränen aus. Sprechen konnte ich nicht, und – wie er mir hinterher erzählt hat – ich brachte nur zweimal die Worte heraus: »Ich will sterben, gehen Sie!« Diese Worte erschütterten ihn, er weinte, wollte meine Freunde holen und sagte: »Wie unglücklich bin ich, dass Herr von Guibert nicht hier ist! Er allein könnte Ihr Leid lindern. Seit seinem Weggange verfallen Sie Ihrem Unglück.«

Ach, mein lieber Freund, Ihr Name hat mich zur Vernunft zurückgebracht. Ich sah ein, dass ich mich beherrschen müsse, um diesem vortrefflichen Manne Ruhe und Lebenskraft wiederzugeben. Ich nahm mich auf das Äußerste zusammen und sagte ihm, dergleichen nervöse Anfälle ständen im engen Zusammenhange mit meinem Leiden. In der Tat waren mir ein Arm und eine Hand völlig gelähmt und verdreht. Ich nahm ein Beruhigungsmittel ein; nach dem Arzt hatte man bereits geschickt. Um ihn mir vom Hals zu schaffen, bot ich alle meine körperlichen und geistigen Kräfte auf, schloss mich in mein Zimmer ein und erwartete den Briefträger.

Er kam und brachte mir zwei Briefe von Ihnen. Meine Hände zitterten so stark, dass ich sie weder halten noch aufbrechen konnte. Zu meinem Glücke lautete das erste Wort, das ich verschwommen sah: »Meine liebe Freundin!« Mit meinen Lippen drückte ich mein Herz auf das Papier. Ich konnte nicht weiter lesen. Ich erkannte nur ein paar einzelne Worte. Ich las: »Ich atme auf. Sie geben mich dem Leben zurück!« Ach, mein Lieber, und Sie geben es mir! Ohne Ihre Liebe wäre ich tot. Nie, niemals habe ich ein ebenso zärtliches wie leidenschaftliches Gefühl an mir erfahren!

Endlich las ich, ich las zehnmal, zwanzigmal alle die Worte, die Trost in mein Herz brachten. Mein lieber Freund, Ihre Wiederkehr hat mich dem Leben erhalten. Ich liebe Sie mehr als Glück und Freude. Ohne beides will ich leben und Sie lieben. Ist mir das einmal nicht mehr genug, dann wird es Zeit sein zu sterben.

Eine reine Liebe soll uns einen. Das schwöre ich Ihnen, und dafür stehe ich. Ihr Glück und Ihre Pflicht sind mir heilig. Ich würde vor mir selber schaudern, wenn ich je in mir eine Regung entdeckte, die sie verletzen könnte. Lieber Freund, Sie sollen sich nichts vorzuwerfen haben. Sie sollen glücklich sein, und ich will Ihnen nie auch nur mit einem Wort verraten, wie unglücklich ich bin. Lieber Freund, Sie kennen die Leidenschaft, Sie wissen, welche Energie eine mit Leidenschaft erfüllte Seele hat. Gut! Ich gelobe Ihnen, zu dieser Kraft noch die zu gesellen, die mir der Wille zur Reinheit und die Verachtung des Todes gewähren, damit Ihr Frieden und Ihre Pflichten ewig unangetastet bleiben.

Ich bin tief in mich gegangen. Wenn Sie mich lieben, werde ich den Mut einer Märtyrerin haben; wenn ich aber Anlass habe, an Ihnen zu zweifeln, dann habe ich nur noch das bisschen Kraft, das dazu nötig ist, um sich einer unerträglichen Bürde zu entledigen. Aber die habe ich sicher. Das habe ich heute Morgen gespürt.

Sie glauben also, es gäbe keine Steigerung der Leidenschaft über die hinaus, die ich Ihnen geoffenbart habe. Kleingläubiger, ich stehe Ihnen dafür, dass Sie kein Herzenskenner, kein scharfer Beobachter sind. Die Sprache ist viel zu arm, um die Kraft einer Leidenschaft in Worte zu fassen, die sich von Tränen und Reue nährt und nur zwei Gebote kennt: Lieben oder Sterben! Davon steht allerdings nichts in den Romanen, mein lieber Freund. Ich habe einst mit Ihnen zusammen einen Abend erlebt, der überspannt erscheinen würde, wenn man ihn bei Prévost läse, diesem Weltmanne, der doch alles so auf das Genaueste kennt, was die Liebesleidenschaft an Wonnen und Qualen hat.

Meinen Stoß Briefe habe ich immer noch nicht. Ich werde nicht eher beruhigt sein, als bis ich sie erhalte. Ich kann mich der Befürchtung nicht erwehren, dass Sie irgendeine Unbesonnenheit begangen haben, Sie sind immer so impulsiv. Ich wäre beispielsweise verloren, wenn Vaines den Inhalt dieser Briefe erführe. Das wäre sehr unrecht von Ihnen, und ich würde höchst unglücklich sein, aber ich glaube, Vorwürfe würde ich Ihnen doch keine machen. Begreifen Sie, wie großmütig das wäre?

Mein lieber Freund, es ist mir ein Ding passiert, das mich ehedem höchlichst aufgebracht hätte. Frau du Deffand hat schwarzen Verrat an mir begangen. Sie hat mich in die große Klatscherei der Frau Necker[145] und der Frau von Marchais verwickelt. Sie hat mich vor Frau d'Anville bloßgestellt, obendrein in einer Weise, die noch alberner denn boshaft ist. Es muss zu Erklärungen kommen. Herr d'Angiviller spielt auch seine Rolle in dieser Teufelsfarce. Selbst der [neapolitanische] Gesandte ist dabei nicht unbeteiligt. D'Alembert ist wütend, ich, inmitten dieses Tanzes, teilnahmslos, kühl und ruhig wie eine marmorne Unschuld. Als man mir deshalb den Kopf waschen wollte, habe ich immer nur geantwortet: »Ruhig Blut!« Schließlich rühmte man meine Froschblütigkeit bei all dem Sturm.

Mein Gott, mir gingen ganz andere Dinge im Kopf herum. Für mich gab es nur eine einzige Sache von Bedeutung in der ganzen Welt: die nächste Post aus Bordeaux. Ich nehme es mit allen bösen Geistern auf, wenn ich nur mit

---

[145] Madame du Deffand erwähnt diese Geschichte, ohne den Anlass zu nennen. Die Gegnerin der Frau Necker, Madame de Marchais (1735–1808), stand in intimen Beziehungen mit dem Grafen d'Angiviller, der sie später geheiratet hat. Horace Walpole schildert sie als »reizend, die Verkörperung von Beredsamkeit und Anmut in einer Person«. Der in den nächsten Zeilen wieder erwähnte neapolitanische Gesandte, der Marquis de Caraccioli, war ein erklärter Freund der Julie de Lespinasse und d'Alemberts, nicht ohne auch zu Madame du Deffand zu halten. Brief 133, »der Begünstigte«: Den ersten Preis hatte Laharpe erhalten, einen zweiten der Abbe d'Espagnac (1753–1794).

Ihnen in Frieden bin. Darin liegt ja das Gute, das qualvoll Gute am Unglück, dass es all die kleinen Kleinlichkeiten aus dem Leben hinauswirft, die der Zeitvertreib der Kinder der Welt sind.

Doch genug davon.

Der Chevalier [von Chastellux] hat mir Neuigkeiten aus der Bretèche mitgebracht. Man [Madame de Montsauge] hat mit der letzten Post einen Brief von Ihnen bekommen; ich musste warten. Das ist nicht recht, denn wie gern sie auch Briefe von Ihnen liest, sicherlich hätte sie nicht so gelitten, wie ich gelitten habe, wenn sie zu meinen Gunsten einen Brief von Ihnen eine Post später bekommen hätte. Warum glaubt sie eigentlich, dass der »Konnetabel« nicht aufgeführt werde? Das ist mir unverständlich.

Lieber Freund, wenn ich mich einmal vor Ihnen recht erniedrigen will, so werde ich Ihnen einen Verdacht mitteilen, den ich mir gegen Sie zu hegen herausnehme. Warum untergraben Sie auch mein Vertrauen. Es wäre so wonnig, fest an Sie glauben zu dürfen. Es ist mir grässlich, Schlechtes von Ihnen zu denken.

Sie schreiben mir, Sie hätten sich die abscheulichen Injurien, die ich Ihnen gesagt hätte, hinters Ohr geschrieben. Mein Gott, was wollen Sie damit? Sie wissen doch sehr gut, dass ich das für ungültig erklärt habe. Ich lebe und liebe Sie. Mehr ist von meiner Verzweiflung und von meinem Hass nicht übrig geblieben.

Und dann sagen Sie, Sie wollten Ihren Verstand zusammennehmen, um mir zu antworten. Sie haben das nicht nötig, und ich, ich bin so vernünftig, wenn sich meine tollen Anwandlungen gelegt haben, dass es Eulen nach Athen tragen hieße, wenn Sie mir mit Vernunft und Vernünftelei aushelfen wollten. Indessen warte ich darauf voll reger Ungeduld. Wie lange Zeit ist es vom Sonnabend zum Mittwoch!

Ach, wie schleicht Unseligem die Stunde!

Gute Nacht, mein lieber Freund.

Sonntags mitternachts [16. Juli 1775]

Herr von Vaines hat mir eben das Paket von Ihnen überbracht. Dass Sie ihm geschrieben haben, hat mich sehr gefreut. Wem gilt denn das erste, das einzige Interesse meines Lebens?

Das große Unglück ist, dass Ihr Glück nicht eins ist mit meinem. Die Pflichten und die Tugend, das sind heilige Gebote, die man halten muss. Aber liegt darin Glück? Liegt darin Genuss?

Gute Nacht! Leib und Seele sind mir abgespannt. Ich habe Ruhe nötig, und Sie? Ihr Hauptbedürfnis ist ewige Unruhe.

Montags abends [17. Juli 1775]

Die große Klatscherei ist zu meinem größten Ruhme beigelegt. Man ist allgemein der festen Überzeugung, dass Frau du Deffand das boshafteste Geschöpf ist, das Gott oder der Teufel je geschaffen hat. Das Schiedsgericht, dem die Affäre unterbreitet worden ist, war zusammengesetzt aus der Herzogin d'Anville, dem Gesandten [Caraccioli], Herrn von Vaines und mir. Sie können sich vorstellen, dass die Sache nicht vonstattengegangen ist, ohne dass der Gesandte dabei vor Lachen halb erstickte. Trotzdem hat er sich der Sache bestens gewidmet. Ich bin ihm sehr verpflichtet. Im Übrigen habe ich für diese ganze Sache nur Interesse, dieweil ich mit Ihnen in Frieden bin.

Leben Sie wohl, lieber Freund, leben Sie wohl!

Sie tun mir weh, Sie quälen mich. Sie haben mich tief verwundet. Aber ich liebe Sie. Meine Liebe wird mir Balsam oder Gift sein, je nachdem Sie das wollen. Aber Adieu!

Montag, den 24. Juli 1775

Mein lieber Freund, ich möchte am liebsten immer dort weilen, wo Sie sind, Ihnen an allen Orten begegnen, unaufhörlich mit Ihnen reden, Sie alle Tage sehen und hören. Ich habe Ihnen nach Bordeaux geschrieben, nach Montauban und heute wiederum nach Bordeaux. Vielleicht war das alles vergeblich, denn Sie wollten ja am 1. hier sein und sind vielleicht bereits unterwegs, wenn meine Briefe ankommen. Umso besser, dann sage ich Ihnen alles mündlich. Ich denke, das wird mir sehr wohl tun. Sie sind mild, empfindsam, gütig. Vielleicht fühle ich nur diese Seiten an Ihnen.

Aber warum haben Sie mir mit der letzten Post nicht geschrieben? Man sollte immer soviel Zeit haben, um einem leidenden Herzen Trost zu spenden! Und ich leide doch und wie sehr.

Lieber Freund, kommen Sie! Ach, ich werde Sie selten genug sehen. Sie haben: eine Frau, eine Freundin, Ihre Tragödie, allerlei Pflichten. Was kann da für ein armseliges Geschöpf übrig bleiben, das nur da ist, um zu lieben und zu leiden?

Ja, es ist mein Schicksal, Sie zu lieben, solange ich atme. Bis der Schmerz meine Kräfte ganz verzehrt haben wird, werde ich Sie zärtlich lieben. Solange ich Leben in mir habe, solange meine Seele Kraft dazu hat, werde ich Sie leidenschaftlich lieben. Mein Lieber, der letzte Hauch meines Lebens wird ein Ausklang meiner Liebe sein.

Adieu! Wenn Sie diese Zeilen erhalten, geben Sie mir Antwort. Schreiben Sie mir, ehe Sie selbst kommen. Mein Lieber, besuchen Sie mich ja nicht zu einer Zeit, wo ich Leute bei mir habe.

Ich habe schreckliche Schmerzen.

Leben Sie wohl!

Ich liebe Sie und nicht etwa darum, weil ich Ihre Geliebte war.

Dienstag, den 1. August 1775

Ich habe eben Ihren »Catinat« zu Ende gelesen. Ich verstehe Ihre Schrift immer besser und fühle mich immer mehr in sie hinein. Ich zweifle nicht, dass die Akademie ihren Wert anerkennen wird. Was sich sonst mit darum bewirbt, das mag ja ganz trefflich sein, bleibt aber weit hinter Ihrer Arbeit zurück. Sie machen mir Befürchtungen wegen anderer meiner Bekannten; aber ich möchte sie nicht entmutigen.

Ach, mein Lieber, Sie haben mir gar nichts zu antworten gehabt? Bringen Sie mir wenigstens mein törichtes Geschreibsel zurück! Nötigenfalls werde ich Ihnen das heute Abend erläutern. Vielleicht haben Sie die Liebenswürdigkeit, zeitig zu kommen.

Guten Morgen! Ich habe gestern Worte ausgesprochen, bei denen mir das Herz stillstand. Ich habe Ihnen gesagt, ich sehnte mich nach Ihrer Abreise! Das ist geradeso, als ob ich gesagt hätte: Ich möchte tot sein! Und das wäre noch eher wahr. Sie waren also wohl in Verlegenheit, was Sie mir antworten sollten. Lassen Sie es gut sein. Ich weiß ein Geheimnis, das Sie Ihrer Verlegenheit entheben wird. Es wird Sie in mich verliebt machen und wie! Aber das grobe Geschütz soll man möglichst bis ganz zuletzt aufsparen.

Mein Buch! Geschwind!

Sonnabends abends [August 1775]

Ich bin so daran gewöhnt zu leiden und nichts als Schmerz zu empfinden, dass es mir zweifelhaft erscheint, ob ich mich so recht gefreut hätte, wenn Ihre Lobschrift von der Akademie preisgekrönt worden wäre. Es wäre mir nur gerecht erschienen, und ich hätte mich höchstens darüber ein wenig gefreut, dass Ihre Eigenliebe einen schmeichelhaften Triumph gehabt hätte. Aber ich gestehe, dass es mich immer wieder anwidert, mag sein, zu stark anwidert, dass Schulmeister den Bakel über Sie schwingen durften, als ob Schuljungen aufzumuntern und zu belohnen gewesen wären.

Wenn Ihnen nur der erste Preis entgangen wäre, so wäre das ein kränkender dummer Streich, aber zwei zweite Preise zu erteilen, das dünkt mich eine unverschämte Beleidigung, und ich bin gespannt, zu erfahren, mit welcher Einschränkung oder Klügelei man das in der öffentlichen Versammlung begründen wird. Wenn Voltaire Mitbewerber wäre und man hätte Ihnen den Nebenpreis zuerkannt, so fände ich das natürlich, aber unter Laharpe und neben einen zwanzigjährigen jungen Mann gestellt zu werden, das empört mich dermaßen, dass ich keine Worte finden und mich nicht zufriedengeben kann. Das verletzt meinen Stolz, das macht mich parteiisch und das tränkt meine Seele mit tiefem Hass gegen den Begünstigten.

Seien Sie gemäßigter als ich, wenn Sie das können. Es wäre ritterlich und edel von Ihnen, und vielleicht verachten Sie das Urteil im Bewusstsein Ihres starken Könnens. Die Akademiker der ganzen Welt wären nicht imstande, Ihnen die Vorzüge abzustreiten, mit denen die Natur Sie begnadet hat. Ich weiß das alles; ich sage es mir, aber ich kann den Ekel nicht überwinden, und mein Schmerz darüber ist stärker als die Erkenntnis.

Ich sehne mich nach Ihnen, ich möchte mit Ihnen beraten, wie Sie es mit der Drucklegung halten sollen. Ich schlage vor, die Schrift öffentlich zu verbreiten, ehe die von Laharpe bekannt werden kann, die erst am 25. gelesen und vor dem 28. oder 30. nicht zum Drucke kommt. Diese Meinung ist nicht lang überlegt; sehen Sie zu, ob Sie der Ihrigen entspricht.

Der Wahrheit und Gerechtigkeit bin ich es schuldig, Ihnen noch zu berichten, dass sich Suard, Arnaud und d'Alembert die größte Mühe gegeben haben, Ihnen den zweiten Preis zu erübrigen. Aber zehn Akademiker waren erfolgreich dagegen. Die Gebräuche und Satzungen der Akademie waren auf ihrer Seite. Nun hat man beschlossen, am Tage der öffentlichen Versammlung von Ihrer Arbeit mit der größten Anerkennung zu sprechen. Drei Stimmen sind für die Teilung des ersten Preises gewesen.

Das sind die Tatsachen. Ich berühre die Angelegenheit einmal und nie wieder.

Montags, abends elf Uhr [August 1775]

Der Kopf ist stets der Narr des Herzens!

Das ist ebenso wahr wie gerecht, wenn man es mit dem energielosesten, leichtsinnigsten und allen Eindrücken auf das Leichteste zugänglichen Menschen zu tun hat. Das sagte mir meine Erfahrung, aber mein Herz widersprach dem ganz leise und flüsterte: »Er kommt wieder!« Und jedes Atom von Gefühl in mir wiederholte mir: »Du siehst ihn wieder!«

Ach, mein Lieber, Sie verdienen wirklich nicht, was ich leide. Sie verdienen die Kämpfe nicht, die ich durchmache. Sie verdienen das Opfer nicht, das ich Ihnen gebracht habe: nicht allein mein Leben, sondern darüber hinaus. Sie verdienen vor allem nicht die Wirren, Verdrießlichkeiten und Entsagungen, die meine Liebe für Sie zum bedenklichsten Zustand meines Lebens gewandelt haben.

Mein Gott, das Leben hat mich müde gemacht; es hat zu viel Inhalt gehabt! Das Schicksal hat mich als eine Einsame in die Welt gestellt, geschaffen für den Schatten und den Frieden. Aber ich bin eine Beute aller Leidenschaften geworden. Kein Ungemach ist mir erspart geblieben. Ach, mit Ausnahme meiner Liebe zu Mora, habe ich von meinem Leben nichts als Schlimmes zu erzählen.

Lieber, ich wollte Ihnen nur ein paar Worte sagen, aber wider meinen Willen ist eine Herzensergießung daraus geworden. Meine Seele sucht die Ihre. Ich war so an Liebe gewöhnt, dass ich jetzt wandle wie durch eine Wüste. So komme ich zu Ihnen. Sie sind nicht er; ach Sie sind es nicht!

Mein Gott, wie mich diese Erinnerungen mutlos und untröstlich machen!

Wollen Sie morgen in die Gemäldeausstellung kommen? Morgen Vormittag um ein Viertel zwei Uhr? Es wird wohl Ihrer Ehre nichts antun, wenn ich Ihnen sage, dass Sie der Einzige sind, der zum Stelldichein nicht pünktlich da ist.

Sechs Briefe kommen mir zu, diesen eingerechnet. Ich will sechs Briefe haben, sonst sage ich Ihnen morgen keine vier Worte. Ich beeile mich, Ihnen drei Worte zu wiederholen, die Sie allzu oft hören: I.. l.... D...! Aber weniger wie erst, ja, weniger.

Davon habe ich einen bestimmten Beweis!

Den lieben wir, den wir bewundern müssen!

Heute bin ich wahrlich geistreich, geistreich wie Larochefoucauld.

D'Angiviller ist Ihr Freund, aber Sie sollten ihm sagen, er möge Frau von Marchais zum Schweigen bringen. Sie hat gesagt, die ersten beiden Akte des »Konnetabel« seien voll pursten Macchiavellismus. Der Konnetabel sei eine abscheuliche Rolle und die der Adelheid lächerlich, weil man mit achtzehn Jahren nichts von Politik, Gesetzen, Pflichten und dergleichen verstehe usw.

Gute Nacht, Geliebtester!

Donnerstags früh [August 1775]

Es liegt Ihnen also nichts daran, ob man Ihnen schreibt, weil Sie nichts darüber verlauten lassen, wie Sie erreichbar sind! Aber erfinderisch, wie ich bin, zum Mindesten hierin, beauftrage ich einen Diener Turgots, Sie überall zu suchen und Sie auf jeden Fall aufzuspüren.

Vergessen Sie nicht, mir sagen zu lassen, wie viel Plätze die Loge hat, die Sie mir bestellen.

Glauben Sie es mir gütigst, und wenn Sie auch sagen, das Wahre sähe manchmal unwahrscheinlich aus: Folgendes ist doch unbedingt wahr! Ich habe heute Ihre Frau Gemahlin gesehen. Ich habe bei ihr gestanden, habe mit ihr über Ihr Befinden gesprochen, über Ihr Können, über alles, was uns in den Sinn kam. Kurzum, ich schmeichle mir, Sie werden hören, dass ich sehr liebenswürdig sei, und werden es nicht glauben wollen. Ja, ich bin eine große Zauberin. Ich fürchte mich bereits vor meiner eigenen Vollkommenheit. Ich glaube, es geht mir wie den Schwänen. Ihr Sterbegesang ist am schönsten. Das ist immerhin etwas. So werden Sie einmal sagen: Sie ist allzu früh gestorben, wie schade!

Werde ich Sie bei mir sehen? Werden Sie das ermöglichen? Im Vorbeigehen, auf einen Husch? Ich bin Ihnen für jede Gabe dankbar. Ich will niemals, niemals klagen. Ich will ein braves Lämmchen sein. Eins, das nie fragen wird, ob Sie Briefe von Bordeaux bekommen haben. Eins, das nie trauern wird, weil Sie den Brief vergessen haben, den Sie am Sonntag erhalten und der sich wahrscheinlich in der Menge aller der anderen gleichgültigen Briefe verloren hat. So ein Lämmchen ist ja ein bisschen dumm. Man schert es bis auf die Haut, ohne dass es sich muckst. Man denkt schließlich gar nicht daran, dass es leidet, das arme Opferlamm. Das ist nun einmal so. Gute Nacht! Sind Sie zufrieden?

Sonntags, acht Uhr [August 1775]

Mein Lieber, ich bin's! Ich möchte Ihre Gedanken eine Minute in Anspruch nehmen. Habe ich Zutritt? Lassen Sie die andern Leute warten! Ich bin etwas Besonderes. Ich hasse Sie, ich liebe Sie. Ich beurteile Sie auf meine Weise. Ihre Triumphe, Ihre Fehler, Ihre Mängel, Ihre Sünden, alles das kenne ich wie kein anderer, und doch liebe ich Sie. Allzu sehr, wie ich bisweilen zu meiner Betrübnis merke.

Lieber Freund, ich möchte Sie morgen sehen. Was ich Ihnen sagen wollte: Wo bleibt meine »Lobschrift auf Catinat«? Und den »Konnetabel« soll ich mir nicht ansehen? Welche Freude haben Sie mir damit gemordet! Noch eine kleine Weile, und wir sind tot und glücklich. Meinetwegen!

Mein Lieber, ich möchte, Sie erinnerten sich ein einziges Mal, und zwar zwischen Mitternacht und sieben Uhr früh, des unglücklichsten Geschöpfes auf Erden, das in seiner Liebe zu Ihnen verzweifelt. Denken Sie daran!

Mittwochs, um zehn Uhr [August 1775]

Weder aus Hochmut noch aus Stolz weise ich Ihre Verzeihung zurück, sondern aus innigster und wahrster Überzeugung, dass ich gar nicht fähig bin, Sie zu beleidigen. Bedenken Sie doch: Wenn ich je, was unmöglich ist, dazu käme, Sie zu verachten, so müsste ich mich auf ewig selber verachten! Verlassen Sie sich also, nicht auf Ihre Tugenden, nicht auf mein Gerechtigkeitsgefühl, aber auf jedwede Art von menschenmöglicher Liebe. Selbst wenn ich Sie hasste, würde ich Sie doch noch hoch achten. Kurz und gut, Sie haben nicht das geringste Recht, die Verehrung, die ich zu Ihnen hege, je zu bezweifeln. Gerade sie ist das stärkste Gefühl in mir, die Grundlage und Entschuldigung aller anderen. In jenem Augenblicke, damals, wo Sie mich auf das Tiefste verwundeten, wo ich Ihrer entsagte, da flüchtete ich mich zu dieser meiner Verehrung. Unter allen den Briefen, die ich Ihnen geschrieben habe, gibt es keinen, in dem ich mein Unglück, mein Unrecht, meine Schwachheit, mein Vergehen mit mehr Ehrlichkeit und Wahrheit bekannt, eingestanden und mir vorgeworfen habe, als gerade in dem, den Sie erwähnen. Wenn dieser Brief kein aufrichtiges Bekenntnis meiner Hochachtung und meines grenzenlosen Vertrauens zu Ihrer Redlichkeit gewesen ist so diktieren Sie mir einen anderen. Ich will ihn mit meinem Blute unterzeichnen.

Sie haben mich nicht besucht, weil der Tag nur vierundzwanzig Stunden hat und weil diese alle von Ihren Geschäften und Vergnügungen ausgefüllt sind, die Ihnen mehr am Herzen liegen als ich Unglückliche. Ich beanspruche nichts, ich fordere nichts, und ich sage nur immer wieder, dass die Quelle meines Glücks und meiner Lust auf ewig versiegt ist.

Ich werde nicht in den »Konnetabel« gehen. Auf keinen Fall. Ich habe für derlei Vergnügen kein Verständnis mehr. Aber an Ihrem Erfolge werde ich den herzlichsten Anteil nehmen. Das wird mir genügen.

Leben Sie wohl!

Sonnabends, zwei Uhr nachmittags [26. August 1775][146]

Lieber Freund, tausend Dank! Sie sind ein guter Junge. Ich habe die Billetts der Loge erst heute Vormittag um neun Uhr erhalten, und ich fürchte, dass Sie inzwischen durch einen Boten belästigt worden sind. Die Damen waren in großer Unruhe, weil sie die Billetts nicht bereits gestern Abend hatten.

Aber kein guter Junge sind Sie, sondern ein sehr böses und ungerechtes Geschöpf, weil Sie geschrieben haben, ich machte Ihnen gerne die Hölle heiß. Du lieber Gott, was für ein sonderbares Vergnügen wäre das! Wenn Sie unter »die Hölle heißmachen« *offen und ehrlich sein* verstehen, dann ist Lieben und Geliebtwerden allerdings ein unnütz Ding. Nichts wäre hässlicher, als in der vertrauten Liebe eine ähnliche ewige Komödie zu spielen wie in der Gesellschaft.

Mein lieber Freund, um fünf Uhr, wenn der »Konnetabel« anfängt, werde ich es machen wie, ich weiß nicht welcher Prophet, der die Arme gen Himmel hob, während Josua in der Schlacht war. Meine Gedanken, meine Seele werden bei Ihnen sein. Wo ich selber währenddem sein werde, das tut nichts zur Sache. Ich werde auf einer Chaiselongue bei Frau von Saint-Chamans liegen. Sie ist immer noch krank.

Mein Lieber, ich hoffe, Sie kommen bereits in der Nacht [aus Versailles] zurück, sei es nun, dass Sie lorbeergekrönt sind, sei es niedergeschlagen von einem mittelmäßigen Erfolg.

In der letzten Nacht habe ich kein Auge zugetan. Ich hatte Schmerzen, war aber weniger unglücklich als in den beiden letzten Tagen. Da hatte mir das Herz wehgetan; ich hatte einen Anfall von Melancholie, der sechzig Stunden gedauert hat. Während dieser Zeit habe ich keinen Menschen angenommen, nicht einmal den [d'Alembert], von dem ich sicher wusste, es würde ihn erfreuen, mich zu sehen.

Mein Lieber, ich liebe Sie, aber unter so viel Ruhelosigkeit, mit so wenig Vertrauen, dass meine Liebe wahrlich fast immer ein großes Übel ist, während ich sie früher unaufhörlich als großen Genuss empfand.

Wenn Sie ruhmbedeckt sind, dann melden Sie mir es! Und sollten Sie nicht zufrieden sein, so müssen Sie es mir erst recht sagen, denn Ihr Leid ist mein Leid.

Adieu!

---

[146] d.h. am Tage der Erstaufführung von Guiberts »Konnetabel«.

Sonnabends, halb zwölf Uhr abends [26. August 1775]

Ich frage wie der Ritter Blaubart: Schwester Anna, siehst du niemanden kommen?

Auch d'Alembert ist noch nicht da.

Ich verlange nicht nach Einzelheiten, aber, ehe ich schlafen gehe, möchte ich gern die Worte hören:

»Nie hat es einen größeren Erfolg gegeben!«

Wenn ich diese himmlische Botschaft vernommen habe, dann will ich mit Wonne die Worte des heiligen Simeon ausrufen, als seine Augen den Heiland gesehen hatten.[147] Ja, es wäre süßer für mich, süßer als je etwas, wenn ich danach in den ewigen Schlaf hinüberschlummern könnte!

Ich bin ärgerlich. Man hatte mir angeboten, einen Eilboten zu senden mit der Botschaft »Riesenerfolg!« oder »Mäßige Aufnahme!« Ich habe diese gütige Aufmerksamkeit abgelehnt. Ich war kleinlich. Ich wollte niemandem übermäßig verpflichtet sein. Kurzum, ich war dumm, und nun habe ich die Strafe. Ich fürchtete, eine derartige eifrige Anteilnahme könnte ein allzu tiefes Interesse verraten ...

Ah, da kommt d'Alembert. Guten Abend!

»Ein beispielloser Erfolg! Und der bewussten Szene im dritten Akt hat man besonders applaudiert.« Ja, etwas Schöneres kann es auf der Bühne nicht geben! Dazu Lekain! Lekain![148]

Aber nun gute Nacht!

Sie werden mich für toll halten, mein Lieber. Mein heißester Herzenswunsch ist nicht etwa der, Sie zu sehen. Sie sollen erst alle anderen sehen, damit Sie Ihr Glück genießen. Kommen Sie in den nächsten Tagen nicht! Genießen Sie, und denken Sie nicht an die, die Sie nie hätten kennenlernen sollen! Ich bitte Sie, kommen Sie erst in der letzten Stunde vor Ihrer Abreise!

Dienstags mittags [12. September 1775]

Das grenzt an Narrheit und doch ist es grundvernünftig, denn es sorgt für mein Bestes.

---

[147] Lukas II, 29 f.: »Herr, nun lassest Du Deinen Diener in Frieden fahren, denn meine Augen haben den Heiland gesehen!«

[148] Henri Louis Lekain (1728–1778), Schauspieler, der auch »Denkwürdigkeiten« hinterlassen hat.

Eben fällt mir ein, dass ich Sie gebeten habe, Ihre Antwort und meine Briefe unter der Anschrift Vaines zu senden. Mein Lieber, führen Sie das nur zur Hälfte aus! Schicken Sie mir meine Briefe unter seiner Anschrift zurück, aber vergessen Sie um Gottes willen nicht, sie doppelt einzuschlagen, und da es eben eine Antwort sein soll, so muss sie auch recht lang sein. Die Post trifft am Sonnabend den 16. ein, und ich erinnere mich, dass Vaines am Sonnabend in Versailles ist. Dadurch würde sich für mich der Empfang dessen verzögern, worauf ich mit fiebernder Ungeduld warte.

Lieber Freund, richten Sie also keine Dummheit an: den Brief an mich, die Briefe, und zwar alle meine Briefe, an Herrn von Vaines!

Sonntag, den 17. September 1775

Ach Gott, ich bin nicht mehr glücklich genug, aber auch nicht so unglücklich, dass sich mir gewisse Erfahrungen nicht in Gift und Galle wandelten. Das ist Ihr Werk. So weit haben Sie mich gebracht! Sie haben mir die Seele gelähmt und damit zugleich ihre Fähigkeit unterbunden, ihren Gefühlen Ausdruck zu verleihen.

Ahnen Sie, hinter welches Geheimnis ich gekommen bin?[149] Es ist mir der Schlüssel zu tausend mir vordem unerklärlichen Dingen; es hat eine falsche Vorstellung in mir berichtigt, die ich mir nur aus Unkenntnis bilden konnte. Ich wähnte den Brief einer Siebzehnjährigen an einen Mann zu lesen, der seit ein paar Tagen ihr Gatte ist, stattdessen vernehme ich eine junge Frau, die einem Manne schreibt, in den sie seit zwei Jahren verliebt ist. Alles, was sie ihm sagt, ist somit der natürliche Niederschlag einer Leidenschaft, die seit Langem gehegt, eingestanden und erwidert worden ist.

Dieses Ihnen entfallene Geheimnis hat mir auch jene infamen Zeilen erklärt, die Sie mir aus Schloss Courcelles geschrieben haben. Aber eine Erklärung ist keine Rechtfertigung. Für eine solche Beschimpfung gibt es in der ganzen Welt keine Entschuldigung. Jedes Ihrer Worte musste eine ehrliebende Seele entrüsten und empören.

Mein Gott, ich habe Sie bei mir sehen, mit Ihnen plaudern können, und ich rede noch jetzt mit Ihnen! Ach, wie tief sinkt man, nachdem man die Stimme des Gewissens einmal überhört hat. Ich kann mir es wirklich nicht oft genug sagen: Ich bin vom Marquis von Mora geliebt worden, das will heißen, von der hehrsten Seele, dem idealsten Manne, der je gelebt hat. Dieser Gedanke gibt mir Halt, macht mir das Herz stark und stolz genug, um mich von Ihren

---

[149] Offenbar hatte Julie einen Brief der Gräfin Guibert in die Hände bekommen.

Demütigungen und Beleidigungen nicht zugrunde richten zu lassen. Ich habe Ihren kurz vor Ihrer Abreise geschriebenen Brief nicht beantwortet.

Ach, was hätte ich Ihnen zu antworten gehabt? Wenn ich nunmehr Liebesworte von Ihnen lese, so sagt mir die Vernunft: Ebenso schreibt er einer anderen, vielleicht mit noch mehr Schwung und Wärme. Der Unterschied zwischen dieser anderen und mir ist der, dass er alle Tatsachen seines Lebens gleichsam auf sie einstimmt, um ihr zu beweisen, dass er so fühlt, wie er zu ihr spricht. Ich hingegen? Es gibt kein äußeres noch inneres Erlebnis in seiner Existenz, das nicht im grellsten Widerspruche zu seinen Worten zu mir stünde.

Nach dieser ebenso berechtigten wie bitter begründeten Betrachtung sagen Sie mir, bitte, was soll ich Ihnen antworten? Ich appelliere bei dieser Frage an Ihr Gewissen. Glauben Sie wirklich, ich könnte dahin gelangen, von Ihnen zu meinen und zu fühlen, was Sie wünschen? Nein, ich habe die Kühnheit, Ihnen zu versichern: Wenn Sie mir in mein Gewissen schauen könnten, so würden Sie darin nur den Frevel wühlen sehen, den ich auf Ihre Veranlassung begangen habe. Ich habe nie einen Gedanken gehegt, nie ein Gefühl in mir bewahrt, das Ihre Hochachtung nicht verdient hätte; Sie müssten sie denn derjenigen versagen dürfen, die Ihnen ein Opfer gebracht hat, das mehr wert ist als die Ehre.

Sagen Sie mir, warum wollen Sie an mir Ihre Moral und Ehrbegriffe üben? Das ist Ihnen recht spät eingefallen! Und falls Sie mit diesem Unterfangen glauben, das Böse zu sühnen, das Sie mir angetan haben, so sind Sie da wiederum arg im Irrtume. Lassen Sie also das Trachten, mich zum Opfer Ihrer Moral zu machen, nachdem Sie mich zum Opfer Ihres Charakters und Ihrer Liebeleien gemacht haben. Ich versichere Ihnen, dass ich mir nicht anmaße, Ihnen Vorwürfe zu machen. Ich verzeihe Ihnen von ganzem Herzen, und was ich Ihnen eben gesagt habe, das musste ich Ihnen auf Ihren Brief antworten.

In Ihrem Sonnabendsbriefchen haben Sie von Ihrer Besorgnis gesprochen, Ihre angebliche unglückliche Stimmung könne auf Ihre Frau übergehen. Was soll ich dazu sagen? Ist nicht Ihre Besorgnis schon genug Abwehr des Gefürchteten? Liegt nicht schon in den Entsagungen, die Sie sich Ihrer Frau wegen auferlegen, in Ihrer Zeiteinteilung, in Ihrer Zuneigung, in Ihrem ureigensten Ich eine genügende Bürgschaft dafür? Was könnte noch fehlen? Dass ich in meine Wünsche aufnehme, es sei an dem? Kann ich mehr tun für jemanden, zu dem ich keine nahe Fühlung habe? Wohl kaum. Leute, die Sie nicht zusammen mit Ihrer Frau Gemahlin sehen, Leute, die nicht wissen wie ich, dass sie seit zwei Jahren eine Leidenschaft für Sie hegt, solche Leute meinen, Sie verwechselten Ehepflichten mit Knechtsfesseln. Man sagt, nur

Lakaien – die bei Hofe sind hier inbegriffen – seien an die Stunden gebunden. Man munkelt etwas vom Glockenschlag Elf, der streng wie eine Klosterordnung einzuhalten sei. Das ist natürlich dummes Geschwätz. Diese Leute kennen mein Geheimnis nicht. Ich, die ich eingeweiht bin, ich ... Nein, genug damit!

Graf Crillon hat gestern bei mir geweint. Seine Frau hat eine glückliche Entbindung gehabt, aber das Kind liegt im Sterben. Nicht wegen dieses Kindes hat er geweint, sondern wegen des Kummers, den sich seine Frau darüber machen wird, und unter der Qual, die er empfindet, weil er ihr den Zustand des Kindes verheimlichen muss. Also auch die glücklichen Menschen haben ihr Leid! Gewiss. Behaupten doch sogar Sie, welches zu haben.

Um meine Gesundheit steht es schlimmer denn je. Ich habe häufige Fieberanfälle, aber ich habe mir geschworen, mich nicht durch die Ärzte systematisch vergiften zu lassen.

Leben Sie wohl!

Ich fordere nichts von Ihrem Herzen noch von Ihrer Moral noch von Ihrer Tugend. Lasse ich Ihnen nicht alle Freiheit?

Sonnabend, den 23. September 1775, vier Uhr morgens

Wahrlich, man überlebt doch alles! Im tiefsten Grunde eines Unglücks findet man immer das Heilmittel. Mein Gott, ist denn wirklich der Augenblick gekommen, wo ich Ihnen sagen muss: Ich kann leben, ohne Sie zu lieben! – wobei ich ebenso wahr bin wie einst vor drei Monaten, als ich Ihnen gestand: Sie lieben oder sterben!

Meine Leidenschaft hat alle Stufen, alle Krisen einer schweren Krankheit durchgemacht. Erst war das Fieber chronisch, zuweilen erhöht und bis zu Delirien gesteigert, dann ließ es nach; noch ein paar heftige und plötzliche Rückfälle kamen, und schließlich sank es mehr und mehr. Die Gefahr war vorüber. Die Anfälle wurden immer seltener und schwächer. Dazwischen gab es bereits Momente von Fieberlosigkeit, die dem Zustande der Gesundheit glichen oder zum Mindesten Genesung verhießen. Nach einer gewissen Zeit war das Fieber gänzlich gewichen, und seit ein paar Tagen scheint es mir, als spürte ich nur noch jene nervöse Schwäche, Nachwirkung aller schweren und langwierigen Krankheiten.

Es ist mir, als hätte ich die Vorempfindung einer völligen Genesung, freilich nicht der Art, wie sie Saint-Lambert mit den Worten schildert:

Die Genesung, welche Wonne![150]

Diesen genussreichen Zustand wird meine Seele nicht mehr erleben, aber sie wird erleichtert sein. Ein grässlicher Schmerz lässt nach. Das ist genug. Befreit von dieser grausamen Qual, bleibt mir zwar immer noch eine andere, ältere, schmerzlichere, tiefere, peinvollere Wunde – und die wird sich niemals schließen! – aber sie wird nicht mehr gereizt und vergiftet werden durch endlosen Kummer und ewige Selbstvorwürfe. Ja vielleicht wird sie eine Linderung erfahren, und das ist die einzige Zuflucht für unheilbare Leiden.

Dies ist die Geschichte und der genaueste Bericht von meinem Seelenzustande. Kein Wort ist darin, keine Einzelheit, die nicht hergehörte. Ich habe Sie geliebt grenzenlos. Ich habe jeden Grad, alle Schattierungen des Unglücks und der Leidenschaft durchgemacht. Ich habe sterben wollen, ich glaubte dem Tode bereits die Hand zu reichen, ich bin durch Zauberbann zurückgehalten und an eine Leidenschaft gekettet worden, ach, an eine unselige Leidenschaft!

Dann begann ich nachzugrübeln. Lange war ich unschlüssig, immer noch litt ich. Mit einem Worte, ich weiß nicht, waren Sie es, war es Ihr Verhalten, war es die Notwendigkeit oder vielleicht das Übermaß meines Unglückes: Am Ende rang ich mich zu lichteren Stimmungen durch. Ich hielt Umschau, ich sah Freunde um mich, die mir bei all meinem Unglück und bei aller meiner Tollheit noch treu waren. Ich fand mich inmitten von Fürsorge, Güte, sichtlicher Teilnahme.

Angesichts von so viel Hilfe und Zuspruch geriet ich in einen wieder auflebenden Zustand, in so zarte selige Gefühle, dass schließlich Frieden und Trost in meine Seele eindringen mussten. Kann ich mehr und Besseres je beanspruchen? Bin ich nach einem schrecklichen Sturm, mit dem ich drei Jahre lang zu kämpfen hatte, nicht in den Hafen eingelaufen? Sehe ich nicht schon den Himmel offen?

Glauben Sie aber ja nicht, ich überschätzte den Stand meiner Genesung. Nein, ich sehe mich so, wie ich bin, ich fühle mich ein wenig ruhiger, ich halte mich für ein wenig empfänglicher für Tröstungen. Aber ich misstraue mir, meiner Veranlagung, meinen Schwächen, und infolgedessen wünsche ich aus tiefstem Herzen, dass Sie sich Ihren Launen, Ihren Vergnügungen, Ihren Neigungen, Ihren Liebeleien unumschränkt überließen, gleichgültig nach welcher Richtung, wenn Sie nur genügend in Anspruch genommen oder berauscht werden, sodass es für Sie nie wieder ein Zurück zu mir geben kann, das mir am Ende gar Herz und Hirn von Neuem verführte! Nun

---

[150] In *Les Saisons* (1769), I, 425.

wissen Sie, was ich von Ihnen erwarte. Das und nichts anderes will ich als Dank für so viel Tränen, so viel Leid, so viel Leidenschaft!

Zweifellos wäre mir damals das Sterben leichter gefallen, als jetzt diese Trennung von Ihnen. Ein rascher Tod war für meine Natur und Liebe das Geeignetste, aber Sie haben meine Seele gequält, bis ihr die Kraft dazu gebrochen ward und ihre Energie verloren ging. Jetzt kann ich das Leben nicht mehr lassen. Ich hätte in jenem Augenblicke sterben müssen, wo ich den verlor, der mich geliebt hat und den ich über alles in der Welt geliebt habe! Das ist der einzige Vorwurf, den ich mir erlauben werde, Ihnen zu machen: Warum haben Sie mich damals zurückgehalten? Geschah es, um mich einem langsameren, viel qualvolleren Tode zu weihen als dem, dem ich damals entging? Ach, könnte ich mein Gedächtnis vernichten oder die letzten, eben verflossenen Jahre meines Lebens auslöschen! Die diesen vorangegangenen Zeiten sollen die Lust und das Leid meines Herzens auf immerdar bleiben. Sind sechs Jahre voll Freude, voll himmlischer Glückseligkeit nicht genug, um das ganze Erdendasein als ein großes Gnadengeschenk zu betrachten, für das man selbst im tiefsten Elend den Göttern noch danken muss?

Wenn ich meinen Seelenfrieden wieder fände, so gestalten sich die paar Tage, die mir zu leben übrig bleiben, vielleicht doch erträglich. Ich will versuchen, meinen Trost in Dingen zu finden, die einem andern Freude und Glück bringen. Ich will aus Dankbarkeit den [d'Alembert] lieben, der für seine mir bezeigte warme und rege Freundschaft wahrlich größerer Liebe wert wäre. Ich muss mir den Vorwurf machen, seit drei Monaten die Äußerungen einer innigen Neigung mit unhöflicher Härte von mir gewiesen zu haben, trotzdem ich deutliche Beweise von ihr habe. Und Sie wissen, dass ich mich darin nicht leicht täuschen lasse!

Zweifellos setzt Sie dies in Erstaunen. Sie werden meinen, ich erzählte Ihnen einen Traum. Und doch ist jedes Wort wahr. Ja, ja, das Wahre sieht manchmal unwahrscheinlich aus![151] Mir kommt es selber ganz wundersam vor. Ich bin betroffen, dass es jemanden in der Welt geben kann, der von dem unglücklichsten, so gar nicht verführerischen Geschöpfe auf Erden Freude und Glück für sich zu erhoffen imstande ist. Sollte maßloses Leid doch gewisse Seelen anziehen?

Glauben Sie, man könne eitel sein, auf einen feinfühligen und ehrbaren Mann Eindruck zu machen? Ach nein, eitel bin ich darob nicht; ich bin viel zu unglücklich, viel zu tief unglücklich, um den Freuden und Torheiten der Eitelkeit zugänglich zu sein. Ich habe Ihnen von alledem noch gar nichts

---

[151] Anspielung auf eine Stelle bei Boileau, Art poétique, Kap. III.

mitgeteilt; ich fürchtete, dass, wenn ich davon spräche, es allzu vag klingen würde. Ich wollte selber nicht daran denken.

In den ersten Tagen meiner Verzweiflung, damals, als Sie meinem Leben das Todesurteil verkündet hatten, da wies ich voller Abscheu alles von mir, was mich von Ihnen hätte abziehen können. Ich wollte lieber sterben als davon lassen. Ich hoffte über Ihre mir feindselige Entscheidung zur Ruhe zu gelangen. Ich glaubte, Sie sehen, werde mir gut tun. Sie sollten mir sagen, was mir nottue, und mir den mir zugefügten Schlag überwinden helfen.

Es ist ganz anders gekommen. Ohne dass ich mich dazu verstieg, mich zu beklagen oder Ihnen einen Vorwurf zu machen, ward ich gefestigt, und zwar dermaßen, dass Ihre Heirat eigentlich unser Verhältnis auf immerdar brechen musste, dass ich nur noch Abscheu und Furcht davor empfinden konnte, dass ich Ihnen geradezu hassenswert hätte erscheinen müssen. Im ersten Augenblick, als Sie mir den Dolch ins Herz gestoßen hatten, da glaubte ich, nicht mehr leben zu können, ohne Sie zu hassen. Aber diese entsetzliche Regung konnte in einem Herzen voller Leidenschaft und Zärtlichkeit nicht lange herrschen. Es folgten ihr alle Ängste, alle Stürme des Schmerzes, und am Ende befand ich mich in einem Zustande, den ich für Ruhe hielt und der vielleicht nichts weiter war als Erschöpfung und Mattigkeit.

Bis hierher hatte ich die Bestätigung zu jenem Ausspruch Larochefoucaulds geliefert, der da lautet: Der Verstand dient den meisten Frauen eher dazu, ihre tollen Ideen noch mehr zu stützen, als sie zur Vernunft zu bringen. Wie wahr ist das! Ich sterbe vor Beschämung, wenn ich daran zurückdenke, welche Anmaßungen ich einst hegte. Ach, ich bin so maßlos überspannt, ja geradezu verrückt gewesen, dass ich an die Möglichkeit geglaubt habe, Ihnen alles zu sein. In meiner Tollheit[152] habe ich genug plausible Gründe gefunden, um meine Leidenschaft zu nähren. Erkennen Sie, bitte, zu welch ungeheuerlicher Illusion ich verführt worden bin! Und dabei schwöre ich Ihnen, dass die Eigenliebe bei diesem Wahn nicht mit im Spiele war. Im Gegenteil, sie war es, die mir geholfen hat, zur Wirklichkeit und zur Vernunft zurückzukehren. Sie ist es, die mich jetzt grausamer verurteilt, als Sie es je getan haben. Es hat alles so kommen müssen! Glauben Sie indessen nicht, dass ich Sie in Ihrem Verhalten mir gegenüber für einen gerechten, guten und ritterlichen Mann halte. Nein. Heute spricht allein noch mein Verstand. Mag ich noch so schwach, noch so schuldbeladen, noch so wahnwitzig gewesen sein, alles das rechtfertigt das Weh und Leid nicht, das Sie mir angetan haben. Aber ich verzeihe Ihnen von ganzem Herzen. Vielleicht tröstet man sich

---

[152] Da uns durchaus nicht alle Briefe Julies überliefert sind und obendrein die wirkliche Reihenfolge der uns erhaltenen nicht mehr festzustellen ist, so kann man nicht sagen, welchen Brief sie hier meint.

niemals über tiefe Schmach, aber ich hoffe, die Zeit wird ihre Spur verwischen. Möge Ihre Heirat Sie ebenso glücklich machen, wie sie mich unglücklich gemacht hat. Seien Sie überzeugt: so aufrichtig dieser Wunsch auch ist, weiter können Edelmut und Gutmütigkeit nicht gehen.

Ich habe auf einen Brief, den ich Ihnen vor acht Tagen geschrieben habe, keine Antwort bekommen. Ich beschwere mich nicht darüber; ich teile es Ihnen nur mit, weil es mir nicht lieb wäre, wenn er verloren gegangen wäre. Ich bitte Sie, ehe Sie auf das Land gehen, mir die drei Ihnen nach Metz gesandten Briefe zurückzuschicken. Falls Sie auch den nach Bordeaux gerichteten empfangen haben, fügen Sie ihn gütigst hinzu!

Wenn wir jemals über das sprechen sollten, was wir am besten vergäßen, so will ich Ihnen meine letzte Tollheit, die ich am Donnerstag begangen habe, indem ich Ihnen schrieb, erklären. Ich werde Ihnen erzählen, was mich auf diesen Gipfel von Zärtlichkeit und Schwäche verlockt hat. Wahrlich, man macht mich verrückt. Ich weiß nicht mehr, was mich trostloser macht: das Böse, was Sie mir zufügen, oder das Gute, das andere an mir tun wollen. Es ist mein Tod. Ich möchte in die Abgeschiedenheit fliehen, um mich auszuruhen.

Wie bedaure ich Sie ob der unerträglichen Länge dieses Briefes! Aber ich bin so krank, so niedergeschlagen, dass ich keine Kraft habe, kurz und bündig zu sein und Überflüssiges wegzulassen. Ich weiß es wohl. Die ewigen Schmerzen ermatten die Seele und stumpfen die Sinne ab. Aber wenn ich mir einmal erlaube, so redselig zu sein, so ist es deshalb, um nie wieder darauf zurückzukommen. Es gibt Dinge, auf die man nicht zurückkommen kann.

Wenn Sie in Paris weilten, so würde ich mich wohl hüten, Ihnen diesen Riesenbrief zu senden. Sie würden ihn nicht lesen. Ich habe Beweise, dass Sie Briefe von mir nicht gelesen haben. Ganz natürlich. Weil ich sie Ihnen an einen Ort geschickt habe, wo Sie auf viel verlockendere Dinge zu sehen und zu hören hatten als auf mich und meine Briefe. Ich verpflichte mich, nie wieder so ungelegen zu kommen.

Leben Sie wohl, mein lieber Freund! Ich nenne Sie zum letzten Male so. Vergessen Sie, dass mein Herz Sie so genannt hat. Vergessen Sie mich! Vergessen Sie, was ich gelitten habe! Lassen Sie mich bei dem Glauben, es sei ein Glück, geliebt worden zu sein, bei dem Glauben, Dankbarkeit sei genug Inhalt für mein Herz! Kurzum, lassen Sie mich! Ich bin nicht mehr die Ihre. Leben Sie wohl!

Sonntag, den 24. September 1775, abends

Ich will Ihre falsche Rechnung nicht umstoßen. Sie könnten argwöhnen, ich machte es aus schlechter Laune, absichtlich, gar aus Eigensinn. Das wäre unverzeihlich. Die Vernunft ist gerecht und leidenschaftslos, und es ist Zeit, dass ich mich zu ihr bekehre. Geben Sie mir gütigst niemals Erklärungen von Taten, die selbst der liebe Gott nicht mehr zu ändern vermöchte. Man muss sich an die Resultate halten.

Sie sind verheiratet. Sie haben geliebt. Sie lieben oder Sie werden lieben, und zwar ein Wesen, das Sie schon seit Langem durch die Lebhaftigkeit und Macht seiner Leidenschaft gefesselt hat. Das ist völlig in der Ordnung, das ist eine Naturnotwendigkeit. Folglich wäre es dumm, töricht und verlogen zugleich, wollte man Bedingungen und Einschränkungen drum- und dranhängen, die Sie nur unglücklich machten und mir meine Qualen verlängerten. Kein Wort mehr davon. Lassen wir die Einzelheiten. Wenn der Faden einmal abgerissen ist, so soll man ihn nicht wieder anknüpfen. Da kommt nie etwas Gutes dabei heraus. Ich habe zu jeder Zeit, unter allen Umständen die Wahrheit gesagt. Somit kann ich niemals in Verwirrung oder Verlegenheit geraten. Solange ich lebe, habe ich mir nie den Vorwurf zugezogen, irgendwen in der Welt getäuscht zu haben. Zweifellos habe ich viel gesündigt, aber ich kann sagen, die Wahrheit ist mir immer heilig gewesen, und ich wiederhole es, Sie wären noch glücklicher als Sie es so sind, wenn Sie denselben Grundsatz beherzigt hätten.

Romanverhältnisse wie die meinen sind unentwirrbar, oder vielmehr, in keinem Roman gibt es so hoffnungsloses Unglück, wie es mit meinem Leben verknüpft ist. Andererseits bin ich überzeugt, dass der Roman, dessen Held Sie sind, in Freude und Glück enden wird. Ich wünsche es von ganzem Herzen. Was mich anbetrifft, so gehörte ich höchstens in einen der Romane des Abbé Prévost. Sagen Sie selber, was sollte ich zum Beispiel in der »Asträa«?[153]

Herrn von Saint-Chamans geht es seit zwei Tagen wieder besser; er lässt Ihnen tausendmal danken. D'Alembert ist sehr gerührt, dass Sie seiner gedacht haben. Graf Crillon ist wieder im Himmel; Mutter und Kind sind kreuzfidel. Frau von Châtillon ist eben gekommen; sie spaziert im Zimmer umher. Ich hoffe, Herr d'Anlezi[154] kommt in etlichen Tagen zurück.

Ich habe kein Fieber mehr.

Leben Sie wohl!

---

[153] Der ehedem berühmte Hirtenroman von Honoré d'Urfé (1610 ff).

[154] Jeanne Pierre de Damas, Graf d'Anlezi (1734–1800), Offizier, verheiratet mit einer Nichte der Herzogin de Châtillon.

Freitag, den 6. Oktober 1775, um vier Uhr

Mein lieber Freund, ich habe Ihren Willen nicht erfüllt. Ich bitte Sie deshalb um Verzeihung, aber es ging über meine Kräfte, Ihnen dorthin zu schreiben, wo Sie waren. Trotzdem bin ich nicht so ungerecht. Ihnen nicht zu gönnen, dass Sie dort – vielleicht sogar mit Lust und Liebe – sind. Ich bin uneins mit mir selber, schwach und unglücklich; das ist alles. Ertragen Sie mich so, wie ich bin, und ich will Sie bis zur Tollheit lieben, so wie Sie sind.

Es war wirklich liebenswürdig von Ihnen, dass Sie mir vor Ihrer Abreise jene paar Worte geschrieben haben! Sie haben meine trübe Seele einen Augenblick durchsonnt. Ach, mein lieber Freund, wie schwer ist mir das Leben! Allein Ihre Gegenwart macht mir meinen Verlust erträglich. Alles andere erinnert mich daran, dass es für mein Unglück keine Heilung und Hilfe gibt. Alle meine Freunde, alle ihre Aufmerksamkeiten lassen mich fühlen, dass mein Herz für immer unzugänglich geworden ist. Mora und meine Liebe zu ihm, das waren mir die Quellen des Lebens. Mit ihm sind sie versiegt. Nur Sie habe ich noch. Die ganze Natur ist tot für mich; mag sie es bleiben! Nur möchte ich auch mich vernichten. Zu was ist diese matte Schmerzensexistenz nütze? Lassen Sie mich ganz sterben! Geben Sie sich keine Mühe, in einer Seele, die in Lust und Leid verlodert ist, noch ein paar Lebensfunken anzufachen. Es ist lieb und liebenswert von Ihnen, dass Sie sich das Feuer in mir zurückwünschen. Aber es ist verloschen. Sie müssen sich in einem jungen, warmen, lebens- und leidenschaftsvollen Herzen wieder finden. Mein Herz ist das alles nicht mehr; in ihm wohnt nur noch zärtliche Sehnsucht. Sie gilt Ihnen, und in jeder Minute meines Daseins ist es mir eine Wonne, Ihnen Beweise davon zu geben.

Ich bin sehr spät zu Bett gegangen. Geschlafen habe ich gar nicht, und um sechs Uhr habe ich Opium eingenommen, aber ganz wenig. Es drängte mich darnach. Am liebsten hätte ich gleich hundert Gramm davon eingenommen. Es hat mir in der Tat die Heftigkeit und das Quälende meines Schmerzes beschwichtigt. Ich leide, aber ich fühle doch, dass ich Sie liebe.

Ich denke, dass ich Sie am Sonntagvormittag bei mir sehe. Vielleicht erhalte ich morgen ein paar Zeilen von Ihnen. Wenn nicht, dann werde ich auf Sie warten, ohne zu klagen, und Sie darum nicht weniger lieben.

Leben Sie wohl! Ich liebe Sie von ganzem Herzen, aber das ist nicht genug: Sie verdienen mehr. Wenn ich Nachricht von Ihnen bekomme, werde ich Ihnen dankbar sein. Dann sende ich Ihnen diesen Brief, damit Sie ihn bei Ihrer Rückkehr vorfinden.

Leben Sie wohl!

Sonnabend, den 7. Oktober, nach dem Eingange der Post

Nein, Sie irren sich nicht. Sie kennen meine Seele, und Sie schauen mir in das Herz. Sie wissen, dass es Ihnen gehört; Sie sehen seine Kämpfe, seine Gewissensbisse, sein Leid. Ich lebe. Brauche ich Ihnen also zu sagen, dass ich Sie liebe, dass ich Ihrer harre? Die Reste meiner Kraft verzehren sich in Sehnsucht nach Ihnen, in der Angst, dass Sie fern bleiben könnten, im Glauben, das nicht ertragen zu können.

Mein Lieber, Ihr Brief ist liebenswürdig wie Sie selbst, recht voll Leben und Teilnahme. Ich hatte ihn nötig. Ach wie habe ich in der letzten Nacht gelitten! Ich kann nicht mehr. Aber ich liebe Sie!

Bringen Sie mir den Brief wieder, und verzeihen Sie mir diese Bitte! Ich kann mich der Furcht nicht erwehren.

Sonntag, den 15. Oktober 1775, am Abend

Lieber Freund, Sie haben mir nichts, gar nichts zu sagen, wenn ich nichts sage? Ach, wenn nicht immer jemand hinter Ihnen stände und Ihnen über die Schultern guckte, dann wollte ich Ihnen Bände schreiben. Ich würde Ihnen meine ganze Seele ausschütten, ich würde mein lebelang nichts tun als mich beklagen. Ihnen verzeihen und Sie lieben. Aber woher nehme ich die Kraft, die Sie mir genommen? Der Schlag, mit dem Sie mich getroffen haben, hat meine Seele verwundet, und mein Körper erliegt; ich spüre es.

Ich will Sie weder erschrecken noch für mich einnehmen, aber ich fühle, dass ich daran sterbe. Es gibt keine natürliche Rettung mehr für mich, und selbst das Unmögliche vorausgesetzt, dass Sie wieder frei wären und mir das würden, was ich mir ersehne, selbst dann wäre es zu spät. Die Grundlagen meines Lebens sind untergraben, und ich erkenne es ohne Bedauern, ohne Angst. Mein Lieber, Sie haben mich einst daran gehindert, mich zu töten, und mich dann langsam hinsterben lassen. Welcher Widerspruch! Aber ich verzeihe Ihnen. Binnen Kurzem wird alles ausgeglichen sein! Ich will Ihnen keinen Vorwurf machen. Ich wünschte, Sie könnten mir in die Seele schauen. Sie ist weit entfernt davon, Sie zu kränken, Ihnen auch nur eine Stunde Ihres Lebens zu trüben.

Im Gegenteil, an der äußersten Grenze des Leids, als Märtyrerin meiner Liebe, ebenso sehr Sünderin wie Unglückliche, trage ich nichts im Herzen als den sehnlichen Wunsch: Werden Sie recht glücklich! Ihrem Wohl gilt der letzte Gedanke meines verlöschenden Lebens.

Gute Nacht, mein Lieber!

Schreiben Sie mir, berichten Sie mir, was Sie angeben, sagen Sie mir, ob Sie zufrieden sind, ob sich alles nach Wunsch erledigt hat!

Zum Schluss: Finden Sie, wenn möglich, ein bisschen Seligkeit darin, einem tief verwundeten Herzen, das Ihnen trotz alledem so ganz und gar gehört, ein paar frohe Augenblicke zu gönnen! Ich werde Ihnen alle Abende schreiben, aber wenn Sie von Fontainebleau zurückkommen, müssen Sie mir alle meine Briefe zurückgeben. Nennen Sie das nicht Misstrauen! Es ist ja nur edle Sorge um Ihren Frieden.

Montag, den 16. Oktober 1775, vier Uhr nachmittags

Mein lieber Freund, ich schreibe Ihnen heute zeitig, weil ich fürchte, es am Abend nicht zu können. Gestern hatte ich bereits gehöriges Fieber, aber heute Nacht um zwei Uhr bekam ich einen Hustenanfall und dann eine Atemnot, dass ich dachte, sterben zu müssen. Der Tod stand leibhaftig an meinem Bett. Das entsetzte und verzerrte Gesicht meiner Kammerfrau verriet mir dies auf das Deutlichste. Als ich wieder sprechen konnte, fragte ich sie nach dem Grunde ihres Schreckens. Sie vermochte nichts herauszubringen als die Worte: »Ich dachte, Sie stürben!« Und sie ist doch wahrlich daran gewöhnt, mich leiden zu sehen.

Ich liege noch in meinem Bett; abgesehen von meinen gewöhnlichen Schmerzen ist eine geringe Beklemmung zurückgeblieben.

Sind Sie in Montigny oder gehen Sie nicht hin? Haben Sie sich nicht mit Frau von Boufflers dorthin verabredet? Sie ist heute mit dem Abbé Morellet hingefahren und kehrt am Donnerstag zurück. Der Erzbischof von Toulouse soll heute Abend dort eintreffen.

Jemand, der Frau von Boufflers sehr gut kennt, hat mir gestern gesagt: »Sie macht sich lächerlich. Je mehr sie ihm nachrennt, desto mehr verliert sie ihn. Ich wette, sie bietet alles auf, um – nicht an der Tafel der Könige wie Candida in Venedig, aber – am Mittagstisch der Minister in Montigny[155] zu erscheinen.« Heute habe ich von eben derselben Person folgende Zeilen erhalten: »Glauben Sie mir nun, dass ich die Menschen kenne? Gestern haben Sie mich ausgelacht! Sie ist heute früh abgereist, um Leuten ins Haus zu fallen, die sie kaum kennt. Ja, die liebe Einbildung!«

Mein Lieber, wenn sie so etwas tut, um mit Ihnen zusammenzukommen, so tut sie recht daran. Sagen Sie mir doch, mein Lieber, wer wird nach Ihrer

---

[155] Beratung über den Nachfolger des Kriegsministers Grafen du Muy. Ernannt ward am 25. Oktober 1775 der Graf de Saint-Germain. Zwei Tage darauf war Guibert in das Kriegsministerium versetzt.

Meinung Kriegsminister? Man sagt, der Baron von Breteuil[156], der sein lebelang mit den auswärtigen Angelegenheiten zu tun gehabt hat.

Haben Sie schon die Quellenstudien für Ihr neues Werk begonnen? Sie haben dazu erst acht Tage Zeit gehabt, aber Sie lesen ja so rasch[157], dass Sie in acht Tagen das bewältigen, was andere nicht in acht Monaten fertigbringen.

Haben Sie Turgot gesehen? Die Arbeit, die Sie für ihn gemacht haben, kann ihm gerade im Augenblicke von großem Nutzen sein. Sie werden ihn in Montigny treffen. Ich möchte, Sie plauderten mit ihm, und Sie werden sehen, dass er den Leuten bedeutend überlegen ist, die ihn mit leidenschaftlichem Vorurteil bekritteln und auch Sie beeinflussen.

Vor etlichen Tagen haben Sie mir geschrieben, zweifellos um mich in den siebenten Himmel zu versetzen: »Von hier aus, wo ich verehrt werde, wo ich zu arbeiten habe, wo ich glücklich bin, sage ich Ihnen, dass ich Sie liebe ...«

Ach, mein Lieber, wie stolziert man durch die Straßen, wenn man jung ist, wenn man ein hübsches Lärvchen hat, wenn man gefallen will und manierlich ist und vor allem bis in die kleinste Handlung verrät, dass man sich an nichts ordentlich bindet! Und warum sollten Sie nicht geliebt werden? Werden es doch Gecken und Narren! Pikant aber und etwas Seltenes, ja fast Wunderbares ist es, – denken Sie an Diana von Poitiers[158], an Frau von Maintenon[159], an Fräulein Clairon! – wenn man sagen darf, obgleich man alt ist, trübsinnig, krank und von Leid verzehrt: Ich werde geliebt! Noch mehr, wenn man sagen kann: Ich werde geliebt von einem liebenswürdigen ritterlichen Manne in den besten Jahren seines Lebens, wo Männer am allerwählerischsten und verwöhntesten sind, wo sie sich zu den größten Eroberungen und den höchsten Gnadenbeweisen berechtigt glauben.

Mein Lieber, das ist wirklich der Rede wert, denn es ist etwas Wunderschönes! Dagegen vor Eitelkeit zu platzen, wenn man bloß von seiner eigenen Frau geliebt wird, weil man nett ist und ihr vom Morgen bis zum Abend und vom Abend bis zum Morgen vorredet und dartut, dass man leidenschaftlich in sie verliebt ist, – pfui, das ist gewöhnlich! Graf Crillon macht es so.

---

[156] (1730–1807), bis 1758 Offizier, dann Gesandter in Köln, Petersburg, Stockholm, Neapel, Wien (Letzteres 1776–1783).

[157] Im Espion anglais, 1799 (II, p. 279), heißt es vom Grafen Guibert: »Er liest fünf Zeilen der Zeitung mit einem Blicke. Sie können sich danach einen Begriff machen, wie belesen er sein muss.« Ähnliches berichtet Grimm in seiner Correspondance. Vgl. auch Ségur, Gens d'autrefoes, p. 208.

[158] In der »Prinzessin von Cleve«, dem Roman der Madame de Lafayette (1678).

[159] Die Geliebte Ludwigs XIV. (1635–1719).

Glauben Sie, es gäbe ein Geschöpf, und sei es noch so verlassen, das Anwandlungen spürte, den dritten im Bunde abzugeben und die abfallenden Brotsamen dieser – großen Leidenschaft aufzulesen?

Ich weiß nicht, warum ich Ihnen das alles vorschwatze. Wenn ich Fieber hätte, so könnte mir kaum tolleres Zeug in den Sinn kommen. Aber ich habe meine Freude, mit Ihnen zu plaudern, und ich rede ins Blaue hinein. Schreiben Sie mir doch! Ich sehne mich nach Trost und Halt. Meine Seele und mein Körper sind in jämmerlichem Zustande. Mein Lieber, Sie sind vierzehn Wegstunden fern. Das ist sehr weit und wäre doch so nahe, wenn ...

Doch, leben Sie wohl!

Dienstag, den 17. Oktober 1775, vier Uhr

Ich habe auf den Briefträger gelauert, ich erwartete einen Brief von Ihnen, aber Sie haben nicht geschrieben. Auf einem der Briefe erkannte ich den Stempel »Fontainebleau«; die Brust schwellte sich mir schon vor Freude, da merkte ich meinen Irrtum. Ach, der Brief war nicht von Ihnen.

Du mein Gott, wie toll und ungerecht bin ich und vor allem wie unglücklich! Lieber Freund, wenn ich Sie nicht liebte, wenn ich einen lieben könnte, den ich nicht liebe, dann wäre ich vielleicht die Qual los, die mir Leib und Seele foltert.

Heute geht es mir besser. Ich habe eine große Dosis Ipekakuanha eingenommen; das hat mich zunächst zu Tode ermattet, aber es scheint mir, als habe es meine Lunge gestärkt. Gestern konnte ich kaum atmen. Mein Lieber, warum spreche ich denn eigentlich von meinem Zustande? Wenn Sie bei mir sind, rede ich niemals davon, aber dann spüre ich mein Leid auch nicht mehr.

Warum liebt man? Oder warum liebt man nicht?

Wer ist der Tor oder Mensch aus Stein, der je eine Antwort darauf geben könnte?

Ich sende diesen Brief an Herrn von Vaines. Zweifellos sind Sie mit ihm in Montigny. Mein Lieber, sind Ort, Leute und Dinge samt und sonders so berückend, dass Sie vergessen haben, mir zu schreiben? Sie sind am Sonntag in Fontainebleau angekommen. Wenn Sie mir am Montagvormittag geschrieben hätten, so hätte ich ihren Brief heute bekommen. Aber Sie müssen ja erst die Königin, Herrn von Duras, die Minister, Ihre Freunde und Bekannten und solche, die es nicht sind, und wer weiß, wen noch alles sehen. Na, einmal werden Sie schließlich alles gesehen, alles gehört und alles erfahren haben. Man hat zu tun, man macht seine Sache schlecht und recht, man sieht eine Menge großer Leute, man ist selber wunder was – und wenn man sich's zu guter Letzt besieht, dann ist man so klug als wie zuvor. Man hat die niedliche nette Tätigkeit eines Eichhörnchens im Drehkäfig ausgeübt!

Wie war es süß, für einen Menschen zu leben und zu lieben, der alles kennengelernt hatte, sich über alles klar war, alles hinter sich hatte und schließlich bei der uralten Weisheit angelangt war, dass alles eitel ist! Nur lieben noch wollten sein Herz und seine Seele!

Ich will Ihnen noch mehr Bewegung machen. Ich bitte Sie, suchen Sie bei den Bücherhändlern das »Gespräch zwischen einem Bischof und einem Pfarrer über die Ehe der Protestanten«[160]. Es soll ausgezeichnet sein. Lesen Sie es und schicken Sie es mir durch Herrn von Vaines! Ich habe es hier nicht bekommen können. Legen Sie, bitte, der Broschüre keinen Brief bei, weil Sie die Sendung nicht siegeln können.

Wissen Sie, was schlimm an Ihnen ist? Ihre Gleichgültigkeit gegen jedwedes Ungemach, selbst gegen unglückliche Umstände, die sie durch Ihre Art und Weise selber verschuldet haben. Sagen Sie dagegen, was Sie wollen! Ihre Sorglosigkeit grenzt an Charakterlosigkeit.

Leben Sie wohl, mein Lieber! Ich liebe Sie. Ich komme mir recht dumm vor, und es scheint mir eine große Geschmacksverirrung von Ihnen zu sein, sich von einem so dummen Dinge lieben zu lassen. Was denken Sie darüber?

Wenn ich heute Abend in der »Clarissa [Harlowe]« lese, werde ich darin weder Liebe noch Leidenschaft entdecken. Mein Gott, kann man tiefer sinken?

Ich liebe Fontainebleau gar nicht. Ob das so ist, weil Sie dort sind? Mein Lieber, wenn Sie die Wahl hätten, würden Sie lieber mich in Montigny haben wollen oder die Gräfin Boufflers?

Ich habe noch nie das Glück gehabt, mit jemandem, den ich über alles in der Welt liebe, auf dem Lande zu verweilen.

Mittwoch, den 18. Oktober 1775, abends

Mein vierter Brief nach Fontainebleau!

Endlich sind Sie in Fontainebleau. Ich dachte, Sie würden bereits am Sonntag den 15. hinkommen. Ich habe Ihnen täglich dahin geschrieben. Lassen Sie sich die drei Briefe aushändigen, und wäre es auch nur, um sie ins Feuer zu werfen. Ich bitte Sie darum. Teilen Sie mir, sobald Sie das wissen, den

---

[160] Dem Abbé Louis Guidi zugeschrieben: 1775 erschienen.

Tag mit, an dem Sie zurückzukommen gedenken, damit ich mich danach richte und Sie nicht noch in Fontainebleau vermute, während Sie schon abgereist sind. Ich folge Ihnen gern, möchte aber nicht hinter Ihnen her sein, denn Sie haben so viel zu tun, dass es Ihnen kaum einfallen wird, sich umzuschauen.

Sie haben mir recht knapp geschrieben, mein Lieber, aber es war trotzdem sehr lieb von Ihnen. Wenn Sie mir auch das Bewusstsein meines Unglücks nicht nehmen können, so doch wenigstens den Hang, mich darüber zu beklagen. Wie wonnig wäre es für mich, wenn ich Ihnen den Trost meines Lebens zu danken hätte! Wenn ich durch Sie nichts als Freude erfahren hätte! Aber ich verdiente es nicht.

Nun gibt es keine Rettung mehr für mich. Ich muss mein grässliches Geschick tragen: Ich muss leiden, Sie lieben und bald sterben.

Mein Lieber, ach, ich will Ihnen das Herz nicht mehr schwer machen. Ich will es nicht mehr ermüden. Es ist feig und grausam, sein Unglück auf jemanden abzuwälzen, der doch nicht mehr helfen kann! Ich muss mein Leid tragen, und dieses Muss soll mich großmütig machen. Ihr Glück und Ihr Friede, lieber Freund, sollen, wenn es mir möglich ist, mein einziges Streben sein. Aber dafür einstehen kann ich nicht. Dauerndes Leid macht einen so schwach! Und wenn man auch auf das eigene Glück gänzlich verzichtet hat, wähnt man doch oft, diese Resignation sei dumm oder töricht. Kurz und gut, ich werde tun, was ich kann, und Sie werden sich mit ein wenig Pflichtgefühl und viel Güte in das Übel schicken, das Ihnen aus Ihrer eigenen Untat an mir erstanden ist. Wenn es Ihnen an Mut und Geduld dazu fehlen sollte, so denken Sie nur daran, dass ich am Ende stehe und Sie am Anfange einer Laufbahn, die Ihnen Glück verheißt und Freuden bringt. Ja wahrlich, mein Freund: Wenn ich mich recht prüfe, mich sehr genau betrachte und mich dabei über das befrage, was ich in der Welt noch will, was für mich noch übrig bleibt, so finde ich keine andere Antwort als die: was sich ein todmüder Wanderer ersehnt, – eine Ruhestätte! Und ich sehe die meine im Friedhof Saint-Sulpice![161]

Donnerstag, den 19. Oktober 1775, abends

Mein lieber Freund, Ihre Vorwürfe würden mich schwer treffen, wenn ich ihnen aus eigenem Entschluss nicht zuvorgekommen wäre. Ich habe mich gestern angeklagt und Ihnen gesagt, es sei feig und grausam, jemanden an einem Unglück mitleiden zu lassen, für das es doch keine Hilfe gibt. Man

---

[161] Der Friedhof, in dem Julie ein halbes Jahr später ihr Grab gefunden hat.

muss damit leben oder daran sterben! Und eher will ich sterben als Sie kränken.

Warum sind Sie mein Freund geworden? Sie mussten schon damals wissen, dass Sie mich nicht genug liebten, um eine große Aufgabe darin zu finden, meinem Leben Trost und Frieden zu bringen. Hier liegt die Quelle und der Ursprung all meines Leids! Als ich schuldig ward, da hat meine Seele ihre Kraft verloren. Seit ich mich in Sie verliebt habe, vermag ich nichts Großes und Edles mehr zu vollbringen. Ich bin in einem ewigen Kampfe mit mir selber. Meine Seele empört sich gegen Ihre Tat, aber mein Herz ist voller Zärtlichkeit zu Ihnen. Wohl sind Sie wert, geliebt zu werden, aber Sie haben mich zu tödlich beleidigt, als dass ich mich nicht tief gedemütigt fühlen müsste. Mein Lieber, wie oft habe ich es Ihnen schon gesagt: Dieser Zustand ist mir unerträglich. Es muss eine Katastrophe kommen, mag sie nun durch die Natur oder durch die Leidenschaft herbeigeführt werden. Ich weiß es nicht. Wir wollen warten und schweigen.

Freitag, den 20. Oktober 1775, mittags

Ich bin hastig, als ob Sie dadurch meinen Brief eher bekämen!

Mein lieber Freund, Sie sind ein Tor! Sie haben sich Herrn von Vaines gegenüber ungünstig über Turgot ausgesprochen. Damit gefährden Sie mich und meine Pläne! Sie sind wirklich ein Querkopf, aber doch ein guter lieber Mensch. Nur irren Sie sich, wenn Sie glauben, dass Armut oder Wohlhabenheit, also äußerliche Dinge, Einfluss auf mein Glück oder Unglück hätten.

Mein Lieber, weder Turgot noch Vaines noch der König noch irgendeine irdische Macht vermögen etwas für mein Glück zu tun. Alle diese können mir den Seelenfrieden nicht geben, die Qualen meines Herzens nicht verscheuchen, mir keinen Balsam in mein Blut träufeln. O Gott, Sie hätten mich lieben müssen! Stattdessen bringen Sie es fertig, einen Minister zu reizen und zu hassen, weil er so anständig ist, mir keine Vorteile zuzuschieben.[162]

Nicht Gold und auch nicht Größe macht uns glücklich![163]

Ich kann nicht sagen, wie wahr das für gewisse Seelen ist. Für das, was ich ersehnte, habe ich keine Entschädigung, nichts Gleichwertiges gefunden. Die Leidenschaft ist einzig in ihrer Art. Bloße Galanterie schmiegt sich den Umständen an. Ich habe stets nur das eine begehrt und geliebt, und zwar mit so eherner Hartnäckigkeit, wie man sie in einem Wirbelkopfe wie dem

---

[162] Es handelt sich hier wohl um eine Pension, die von Julies Freunden für sie angestrebt wurde.
[163] Der Vers ist aus »Philemon und Baucis« von Lafontaine.

meinen kaum vermutet. Mein Verhalten bei den verschiedenen Gelegenheiten, wo ich mich hätte bereichern und mein Ansehen vermehren oder, richtiger gesagt, mir ein Ansehen – im Sinne der Schelme, die es einem zuerkennen, und der Hampelmänner, die nach ihrer Pfeife tanzen – hätte verschaffen können, bereue ich nicht.

Leben Sie wohl. Bester! Ich erwarte den Grafen Saint-Chamans. Wenn der Briefträger da gewesen ist, will ich fortfahren. Ich hoffe, ja, ich glaube, dass er mir einen Brief von Ihnen bringen wird. Nachdem Sie gestern den ganzen Tag mit gleichgültigen Leuten zu tun gehabt haben, werden Sie sich abends beim Nachhausekommen sicherlich gesagt haben: »Ich muss der ein bisschen Freude machen, die mich so lieb hat!«

Freitags, vier Uhr, nach dem Eintreffen der Post

Keinen Brief von Ihnen! Ahnen Sie, wie ungerecht mich das macht? Nun hasse ich die anderen Briefe, die gekommen sind. Was nützen sie mir? Mein Sinnen und Sehnen hat nur einen Mittelpunkt. Es ist für mich gar nichts Wunderbares dabei, dass sich Newton dreißig Jahre lang mit einer und derselben Sache beschäftigt hat. Mein Bester, Lieben ist das höchste Glück; geliebt werden vom Geliebten, das ist glücklicher sein als Gott! Sie haben mir einmal erzählt, Luzifer hätte sich angemaßt, Gott gleich zu stehen. Nun, ich war noch kühner. Es hat Zeiten in meinem Leben gegeben, wo ich mit keinem Gotte getauscht hätte. Aber ach, wie bin ich gesunken!

Ich habe keinen Brief von Ihnen erhalten. Es wird meine Schuld sein. Herr von Vaines wird Ihnen den meinen, den er vermitteln sollte, verspätet eingehändigt haben.

Mein Lieber, Ihren gestrigen Brief habe ich dreimal hintereinander gelesen. Was Sie da sagen von dem Unterschied zwischen Talent und Genie, ist inhaltlich vortrefflich und in der Form großartig. Der Vergleich ist genial. Aber ich bin nicht Ihrer Ansicht, dass Herrscher leidenschaftliche Menschen sein müssen. Charakter brauchen sie, keine Leidenschaft. Wenn sie kluge Verstandesmenschen sind, so ist das genug, ja, vielleicht das Beste für eine Monarchie, wo Ordnung und Gleichmäßigkeit herrschen und wo behagliches Glück, nicht Ehrsucht, das Ideal sein soll. Aus diesem Grunde bin ich der Meinung, dass ein französischer Staatsmann weder Leidenschaft noch Genie nötig hat.

Mein lieber Freund, Sie werden diesen Brief am Sonnabend erhalten. Wahrscheinlich wird es der letzte vor Ihrer Abreise sein, die wohl am Sonntag stattfindet. Hier folgt mein Tagesbefehl:

Packen Sie alle meine Briefe in ein Paket, schreiben Sie meine Anschrift darauf, und überreichen Sie es eigenhändig Herrn von Vaines, der Ihnen den Empfang dieses wertvollen Gutes persönlich bestätigen soll. Legen Sie keinen Brief bei, sondern schicken Sie den mit der Post! Dann können Sie abreisen.

Ich möchte die Stunde, den Augenblick wissen, wo Sie Fontainebleau verlassen werden. Ich habe ein Interesse daran! Oder soll man das nicht haben, wenn man liebt?

Ich habe Ihnen zwar gesagt, ich will mich nicht mehr beklagen, will die Last meines Leides nicht auf Sie wälzen, aber erinnern Sie sich recht, ich habe mich nicht zu einem tadellosen ewiggleichen Verhalten verpflichtet. Das wird schon auch noch kommen. Gleichgültigkeit wird meinem Herzen nicht immer etwas Unmögliches sein.

Leben Sie wohl, mein lieber Freund! Mir ist zumute, als trennte ich mich auf recht lange Zeit von Ihnen. Und diese Trennung tut mir weher, als wenn Sie gekommen wären und hätten persönlich von mir Abschied genommen. Ich bin so traurig und mutlos. Ich habe Sie nicht. Ich habe keinen Brief von Ihnen. Ich sehe eine lange Reihe von ähnlichen Tagen vor mir, eine wie lange, lange Reihe!

Leben Sie wohl!

Dienstag, den 24. Oktober, abends

Mein letzter Brief ist vom Freitagnachmittag. Ich hatte mir ausgerechnet, dass Sie sonntags oder montags abreisen würden. Heute bilde ich mir ein, Sie werden wohl bis zur Ankunft des Grafen von Saint-Germain bleiben, den man am Mittwoch oder Donnerstag erwartet. Mein Lieber, ich sehe Sie nahe daran, Dummheiten zu sagen und zu machen. Folgen Sie meinem Rat, wenn noch Zeit dazu ist; halten Sie ein!

Saint-Germain ist ein Mann von Verdiensten, ein Selfmademan. Er ist ohne Parteiintrigen hochgekommen. Man muss überzeugt sein, dass er das Beste will. Wenn er Reformen und Änderungen plant, so besitzt er von vornherein das Vertrauen der Militärs, denn man weiß, dass er Kenntnisse und eine große Erfahrung hat. Niemand könnte beispielsweise die Arbeit, die Sie Turgot gegeben haben, besser in die Praxis umsetzen.

Und dann müssen Sie auch an sich selber und an Ihre Karriere denken. Er kann Ihre Fähigkeiten verwenden, Ihnen ein Arbeitsfeld eröffnen. Sie sagen selbst, er habe ein großes Interesse für Sie an den Tag gelegt. Warum wollen Sie denn Ihr Glück mit den Füßen treten? Bei Gott, Sie sind ein Querkopf!

Ihre Briefe vom Freitag und Sonntag habe ich erhalten. Wenig und kurz! Aber, mein Lieber, ich beklage mich nicht. Sie haben so vielerlei Dinge im Kopfe und so manche Sorge, dass ich nicht fasse, wie Sie dem genügen können. Aber sagen Sie nicht wieder, ich müsse mir Mühe geben, mich in Ihre Verhältnisse zu schicken! Mein Lieber, diese Worte: »mir Mühe geben müssen«, die sind ebenso hart wie unsinnig, wo es sich um Gefühl und Leidenschaft handelt. Wenn es sich um Benehmen, Geschäfte, Vorteile handelt, dann kann man sich in der Tat Mühe geben, sich anstrengen, denn Maßregeln und Handlungen sind oder sollten von der Überlegung geleitet werden. Es wäre Dummheit oder Leichtsinn, sich andauernd in Widerspruch mit seinen eigenen Plänen und Absichten zu setzen. Aber ich, ich sollte mir Mühe geben, mir Zwang anlegen! Warum? Habe ich bestimmte Absichten?

Nein, nein, mein Lieber, ich habe mein Leben verfehlt, ich habe keine Pläne mehr für mich. Ich werde schweigen, aber ohne dass ich mir dabei Mühe gebe. Es wird mir schon gelingen, nachdem ich so viel erfahren, so viel durchschaut habe, und ganz besonders, wo ich das Ende nun so nahe vor mir sehe. Ich hoffe, das mildert meine letzte Leidenszeit. Gegen das Ende einer Reise pflegt man alles zu ertragen. Ich will Ihr Leben nicht mit Reue belasten, ich möchte, dass ich Ihnen nicht einmal ein Gefühl des Bedauerns koste; ich mag auch nach meinem Tode keine Tränen. Nur um Nachsicht und Güte bitte ich Sie, wie man sie den Kranken und Unglücklichen gönnt.

Leben Sie wohl, mein Lieber! Ich habe einen schlimmen Tag gehabt. Ich bin am Husten fast gestorben. Abends ist Fieber aufgetreten. Trotzdem muss ich noch ein paar Zeilen an Herrn von Vaines richten. An seine Adresse soll dieser Brief gehen.

Donnerstag, den 26. Oktober 1775, sechs Uhr abends

Sie sollen morgen früh ein paar Worte von mir haben. Ich bin im Besitze Ihres Briefes; es ist das erste Mal, dass ich einen Brief am Tage nach seinem Abgange erhalte. Gewöhnlich bekomme ich ihn erst am dritten Tage. Doch wie Sie immer sagen, man muss die Dinge nehmen, wie sie sind. Denn sie ändern sich doch nicht. Nur sollten auch Sie nichts Besonderes daran finden, Sie, der ewig nicht weiß, was er beginnen wird und wo er sein wird, wenn einmal nicht alles klappt. Ich habe Ihnen gestern geschrieben, nein, am Dienstagabend, und zwar durch den Kurier Turgots.

Mein Gott, sind Sie denn toll, sich beim Grafen Crillon nach meinem Befinden zu erkundigen? Der wird nur einmal etwas von mir wissen: wenn ich gestorben bin. Alles andere ist für ihn, als ereigne es sich in China. Er bildet sich etwas darauf ein, dass er seine Frau liebt, und er fühlt sich als reicher

Mann. Das sind die beiden Themata, das beschwöre ich Ihnen, über die sich sein Gespräch nicht erhebt, solange er lebt.

Ich fühle mich gar nicht wohl. Ich habe einen krampfhaften Husten, der mich nicht einen Augenblick in Ruhe lässt.

Adieu! Ist es wirklich wahr, dass Sie sich nach meiner Liebe sehnen? Ein zartes Gefühl verrät das nicht, eher Löwenhunger und Nimmersattwerden. Ich werde Ihnen durch Turgots Kurier schreiben; lassen Sie meinen Brief morgen, am Freitag, um sechs Uhr bei Vaines abholen! Und um des Himmels willen, schreiben Sie Ihren Brief an mich vor neun Uhr abends! Die Post geht zu diesem Zeitpunkt ab, und Sie wissen, wie traurig es ist, einen Brief zu erhalten, der drei Tage alt ist, wo man sich doch nur vierzehn Wegstunden einander fern wohnt. Das verrät so viel Gleichgültigkeit, so viel Leichtherzigkeit! Einen Brief, der abends vor neun geschrieben worden ist, muss man anderen Tags früh um neun Uhr haben. Sie mögen sagen, was Sie wollen: Sorglichkeit und Aufmerksamkeit beweisen doch etwas.

Donnerstag, den 26. Oktober 1775, mitternachts

Wir haben kaum erst zusammen geplaudert, aber doch haben Sie inzwischen Zeit gehabt, zu verschnaufen. Für mich ist das etwas Unmögliches.

Sie haben mir gar nichts mehr von der bewussten Angelegenheit erzählt. Was soll das heißen? Ist sie erledigt, so wie Sie sich's wünschten? Haben Sie ebenso viel Eifer daran verwandt wie der Marschall von Duras[164] Leichtfertigkeit? Ja, ja, es geht nichts über treffliche Unterhändler!

Herr von Vaines[165] schwärmt von Ihnen, in ehrlichster Weise. Aus seinem Lob spricht seine Gesinnung. Ich sage Ihnen das, um Ihnen zu beweisen, dass er damals nichts übel genommen hat, als Sie mit ihm über mich sprachen. Übrigens, jetzt würde ich es übel nehmen, wenn Sie ihn noch einmal in dieser Sache angingen. Lieber Freund, das erste Gebot der Freundschaft lautet: Diene dem Freunde nur so, wie er gedient haben will! Und wäre es der verschrobenste Kauz unter der Sonne, man muss das Feingefühl haben, sich seinem Willen, seiner Eigenheit anpassen zu können. Meine Eigenart oder Unart – wie Sie wollen – ist es nun, niemandes Dienst anzunehmen. Mir genügt der gute Wille, wo andere auf Taten rechnen. Lassen Sie also Ihre Betätigung! Widmen Sie sich anderen Dingen, denn, ich wiederhole es Ihnen nochmals, Sie würden mich beleidigen, wenn Sie sich je wieder mit

---

[164] (1715–1789), bereits S. 229 erwähnt, Pair von Frankreich. Es handelt sich hier vermutlich um die Aufführung des »Konnetable«.

[165] In der Angelegenheit der Pension für Julie.

dieser Angelegenheit beschäftigten. Denken Sie nur daran, dass ich nicht arm geblieben wäre, wenn ich es nicht gewollt hätte. Somit dürfen Sie meine Armut nicht als der Übel größtes für mich ansehen. Mein Lieber, glauben Sie mir, ich spreche immer die Wahrheit, und ich weiß wohl, was ich will.

Sie haben mir auch gar nichts vom Theater erzählt. Sie sagen mir kein Wort von dem, was Sie tun. Sie haben so gar kein Bedürfnis, mit mir zu plaudern. Sie haben weiter kein Bedürfnis, als überall dabei zu sein und alles zu sehen. Ich wünschte, der liebe Gott verliehe Ihnen etwas von seiner Allgegenwart. Mich würde eine derartige Eigenschaft todunglücklich machen. Ich sehne mich vielmehr nach dem Nirwana. Mein Gott, ich möchte den Glauben haben wie Frau von Muy, Sie ist überzeugt, dass sie ihren verstorbenen Gatten dereinst wieder sehen wird. Welch ein Trost für ein unglückliches Herz!

Es ist vier Jahre her, da bekam ich regelmäßig jeden Tag zwei Briefe aus Fontainebleau. Die Abwesenheit [Moras] währte zehn Tage, und ich erhielt zweiundzwanzig Briefe. Und warum so viele? Weil er inmitten aller Hoffestlichkeiten, obgleich er in der allgemeinen Gunst stand und der Liebling der schönsten Frauen war, nur einen Gedanken, nur eine Freude hegte: mein Dasein zu durchsonnen! Und wahrlich, ich erinnere mich, in jenen zehn Tagen bin ich nicht ein einziges Mal ausgegangen. Ich wartete auf Briefe oder schrieb welche. Ach, diese Erinnerungen morden mich! Und doch möchte ich alles das noch einmal erleben, unter noch grausameren Bedingungen, nämlich denen: Sie nie kennengelernt zu haben und am 2. Juni 1774 an Gift gestorben zu sein! Was für Leid bliebe mir dann erspart! Ich leide unerträglich.

Was ist die Welt? Der Strudel der Gesellschaft? Eine ewige Komödie. Die einen spielen sie, die anderen dichten sie. Endlose Auftritte voll sentimentaler Tränen, voll Pein und Leid von früh bis abends. Auf der einen Seite jammernde Eigenliebe, auf der andern schrankenlose Eitelkeit.

Ach, in der ganzen Welt gibt es kein Glück!

Leben Sie wohl! Ich liebe Sie überall, wo ich bin, aber nicht überall, wo Sie sind.

Freitag, den 27. Oktober 1775

Mein lieber Freund, Sie haben am Mittwoch früh versprochen, mir am Abend zu schreiben, aber Sie haben bis zu diesem Augenblick nicht an mich gedacht. Sagen Sie mir doch wenigstens, ob Sie durch Vaines meine zwei Briefe erhalten haben und dazu einen durch die Post, einen vom Dienstag und zwei von gestern, vom Donnerstag.

Ich habe aus Fontainebleau drei Briefe bekommen, alle vom 26. Als ich ihrer ansichtig wurde, war ich nicht im Zweifel, dass von Ihnen kein einziger darunter sei. Wie ungerecht haben Sie mich gemacht! Diese Briefe aus Fontainebleau nehme ich nur mit Widerwillen in die Hände, da sie mir Hoffnungen zuschanden gemacht haben.

Nein, nein. Es ist gar kein Muss, dass man Sie liebt. Sie sind von einer Unruhe und Flüchtigkeit des Wesens, die es unmöglich macht, auf Sie zu bauen. Ich will Sie nicht kritisieren, aber ich verwünsche mich mit meinem letzten bisschen Kraft und Vernunft.

Die Erzbischöfe von Aix und von Toulouse sind heute Vormittag nach Fontainebleau abgereist. Mein Lieber, Sie beurteilen den Gesundheitszustand des Letzteren mit einem ähnlich tiefen Interesse wie etwa Graf Crillon, wenn er Ihnen berichtet, mir ginge es ausgezeichnet. Es geht ihm gar nicht gut. Sein Zustand macht mich sehr besorgt. Er hält sich vorzüglich, aber ich fürchte nur, das genügt nicht, um ihn gesund zu machen. Er ist heiter und ohne alle Unruhe. Er hängt wenig am Leben, obgleich er wohl nie erfahren hat, was Unglück ist.

Ich bewundere die Gerechtigkeit, mit der Sie die Ministerwahl tadeln.[166] Der Vorschlag geht nicht mehr von Turgot, sondern von Malesherbes aus. Aber ganz wie Sie wollen.

Ich liebe alle beide; nein, das ist nicht das richtige Wort: Ich verehre und schätze sie aus innerstem Herzen. Zu Turgot halte ich nicht bloß aus Dankbarkeit. Wenn er vergäße, dass ich auf der Welt bin, so wüsste ich doch immer noch, was er bedeutet.

Leben Sie wohl, mein Lieber! Sie haben mir nicht geschrieben, und doch rede ich mit Ihnen. Da liegen noch drei Briefe und keinen beantworte ich. Das ist noch schlimmer als wie in der Bibel, wo es heißt: Die Ersten sollen die Letzten sein!

Frau von Martinville ist in Martigny. Sie prozessiert um eine Abfindung von 22000 Franken Jahresrente. So überspannt es Ihnen klingen mag, mein Lieber, so muss ich Ihnen doch sagen, ich hasse, ich verachte das Geld, wenn ich bedenke, dass man alles in der Welt dafür haben kann. Pfui!

Montags, elf Uhr [November 1775]

Ich rechnete darauf, Sie zu sehen, ich sehnte mich nach Ihnen. Ich weiß nichts mehr zu schreiben, ich fürchte mich, mit Ihnen zu plaudern. Meine

---

[166] Es handelt sich um den Erzbischof von Toulouse.

Seele liegt auf der Folter. Alle meine Gedanken vermengen sich. Ich weiß nicht mehr, hat das Böse oder das Gute das Leid in die Welt gebracht? Ich weiß nicht, was schmerzlicher ist, Reue oder Sehnsucht. Kurzum, ich versinke in allzu viel Wirren und Weh. Ich lebe, aber ich wiederhole es Ihnen, nur der Glaube erhält mich dem Dasein, dass ich geliebt werde.

In den Viertelstunden, in denen Sie bei mir sind, gibt es für mich nur uns beide auf der ganzen Welt. Sie löschen Vergangenheit und Zukunft aus. Dann sind Sie nicht mehr schuldbeladen und ich nicht mehr unglücklich ...

Nun, etwas anderes: Ich möchte mich einmal in Ihre Schneiderangelegenheiten hineinmengen. Mein Lieber, ich möchte, dass Sie sich einen braunen Rock machen ließen, einen schönen braunen, die Stickerei silbern mit nicht zu großen Goldblättchen, mit umstickten Knopflöchern, dazu eine gelbe Weste; geradeso soll der Rock gefüttert sein. Sie werden denken, ich sei toll. Es ist das erste Mal, dass ich solche Phantastereien habe. Folgen Sie mir, wenn Sie recht liebenswürdig sein wollen.

Bitte, schreiben Sie doch nach Bordeaux, und reklamieren Sie meine beiden Briefe, oder haben Sie sie heute bekommen? Ach, wie leichtsinnig sind Sie! Wie angebracht ist Ihnen gegenüber die Vorsicht!

Ich werde morgen nicht nach Tivoli fahren; ich habe eben an Herrn Boutin[167] geschrieben. Ich werde den Abend bei Frau von Meulan verbringen.

Dienstag, den 7. November 1775, um die Zeit der Post

In zwei Dritteln ihres Lebens ist die vernünftigste Frau toll oder kindisch. Ist es nicht kindisch oder toll, wenn ich dem Drang, Ihnen zu schreiben, nachgebe, wo ich doch sicher bin, dass ich meinen Brief nicht abschicke? Aber, mein Lieber, mich mit Ihnen beschäftigen in greifbarerer Art als bloß in Gedanken, das hilft mich trösten, das erfrischt mich innerlich. Das gibt meiner Seele, die gelähmt war, ihre ganze Spannkraft wieder. Wenn ich Ihnen damit nicht diene, tue ich schließlich etwas für die große Leidenschaft, die mein Leben tyrannisiert.

Ihr Briefchen vom Sonntag habe ich zehnmal gelesen. Haben Sie es für besonders herzlich und eindringlich gehalten? Dann dürften Sie sich gewaltig geirrt haben, denn es war sehr kühl, und es hat den Eindruck, den es machen soll, ganz und gar nicht gemacht. Ach, Sie sind weder in Aufregung noch in Verzweiflung! Höchstens geht Ihnen ein wenig die Selbstzufriedenheit verloren, wenn der Briefträger kommt. Eine Viertelstunde später ist das

---

[167] Charles Robert Boutin (gest. 1794), hoher Finanzbeamter, später Staatsrat. Über sein damals viel gerühmtes »Tivoli« vgl. Madame Bigée Lebrun, Souvenirs, II, p. 260.

vorüber. Ach, mein Bester, in Ihnen ist nichts tief, nichts von Dauer! An gewissen Tagen würde selbst die Nachricht von meinem Tode kaum Eindruck auf Sie machen. Gestehen Sie, dass ich Sie gut kenne! Vielleicht aber haben Sie flüchtige Augenblicke, wo Sie über meinen Tod erschüttert wären.

Erinnern Sie sich, dass ich Ihnen vor langer Zeit schon einmal gesagt habe, dass die Eindrücke, die man auf Sie macht, so rasch wieder vergehen, dass man sie nicht Gefühle nennen kann. Sie sind nichts als Nuancen, trunkene Momente, Träume der Eigenliebe. Mehr ist auch Ihre Liebe nicht, denn Sie haben weder jene Teilnahme, kraft der man sich über die Leiden des Geliebten beunruhigt, noch jenen blinden Drang, an allem teilzuhaben, was den Freund begeistert. Ihnen fehlt die Zärtlichkeit, eine kranke Seele zu trösten, und ebenso das gute Herz, das jedem Schmerze vorbeugt. Ich sage es Ihnen immer wieder: Ihre Liebe ist keine Liebe!

Sie sind wohl einer jener Weltmänner, in deren Gesellschaft sich eine der Leidenschaft preisgegebene Frau am allerleichtesten Illusionen machen kann hinsichtlich dessen, was nun einmal das erste und einzige Interesse eines Weibes ist. Sie sind liebenswürdig und lebhaft; jede Ihrer Regungen ist impulsiv und warm wie die Leidenschaft. Im vertrautesten Verkehr erscheinen Sie so außerordentlich reizend und ungezwungen, dass man eine ziemliche Menschenkenntnis haben muss, um sich zu sagen: Das entquillt alles einem angeborenen Instinkt, keineswegs dem tiefen Gefühl. Und doch ist diese Erkenntnis so wahr, dass Sie selbst da, wo Sie scheinbar ganz selbstvergessen sind, unfähig wären, einer Geliebten ein wirkliches Opfer zu bringen. Und stünde der Seelenfriede oder gar das Leben derjenigen in Gefahr, die sich Ihnen hingegeben hat, so würden Sie doch keinen einzigen Ihrer ehrsüchtigen Pläne, nichts von Ihrem realen Glück hingeben. In Entscheidungsstunden stehen Sie einsam da, allein mit Ihrem Egoismus.

Erinnern Sie sich, dass ich Ihnen in der ersten Zeit unserer Bekanntschaft, ohne Taten von Ihnen als Beweise zu kennen, mehrfach gesagt habe, ich hielte Sie für grenzenlos selbstsüchtig. Sie waren betroffen, und es fiel Ihnen damals nicht schwer, sich zu verteidigen. Heute liegen die Dinge anders. Ich kann Ihnen vernichtende Exempel und Beweise bringen und, um Sie ganz zu entwaffnen, brauche ich bloß zu sagen: Sie kannten die Echtheit meiner Leidenschaft, Sie kannten die Energie meines Charakters. Sie entschlossen sich zu einer Heirat, ohne damit Ihre Laufbahn oder Ihr Vermögen irgendwie besonders zu fördern. Sie wussten, dass mich die Verwirklichung dieses Entschlusses entweder unverzüglich töten oder in Schmerzen hinsiechen lassen musste. Und doch haben Sie geheiratet und zwei Tage darauf die Grausamkeit begangen, mir einen so infamen Brief zu schreiben, dass ihn jeder, dem die Situation klar gemacht würde, einfach für unecht oder unglaublich halten müsste.

So erlauben Sie mir wohl, dass ich Sie für den hartherzigsten und frivolsten aller Männer halte. Mir erscheint es als Gipfel alles Unglücks, das einer leidenschaftlichen lebensvollen Frauenseele widerfahren kann: sich Ihnen in Liebe zu überlassen. Mein Gott, alles, was ich gelitten habe, alles, was ich leide, ist das nicht genug schmerzensreiche Sühne für meine Schwachheit und Verfehlung? Sollen denn die paar Tage, die mir zu leben übrig bleiben, auch noch beladen sein mit Aufregung, Reue und Leid?

Jawohl, mein Bester, Sie haben mich aufs Herz geschlagen. Daran werde ich sterben, und zwar in grausamster Weise: nach und nach. Aber in den verzweiflungsvollen Zuckungen, unter denen mein Leben verblutet, noch im letzten Seufzer, der sich mir entwindet, werde ich Ihnen immer wieder sagen: Warum haben Sie mich nicht für Herrn von Mora sterben lassen? Ich hätte meiner Liebe Genüge getan und meinen Fehltritt gesühnt!

Sie wollten mir offenbar zeigen, dass es noch viel schlimmeres Unglück gäbe. Wie gut ist Ihnen dies gelungen! Ich habe Augenblicke, ich habe Tage, wo ich ganz davon überzeugt bin, dass ich das Unglück erst mit der Liebe zu Ihnen kennenlernte.

Ein grässliches Schicksal! Vor der schändlichsten Tat meines Lebens versinkt mir mein ganzes übriges Dasein. Mein Schuldbewusstsein raubt mir oft sogar die Erinnerung an die Leidenschaft, die mich acht Jahre lang beseelt hat. Ach, was wissen Sie von den Extremen des Leids und der Leidenschaft! Sie verstehen nicht einmal so recht die Herzen, die Sie erobern. Ich gehöre mir selber nicht mehr an, wenn ich Sie vor mir habe. Ihre Gegenwart verzaubert all mein Leid und Weh. Mit Ihnen kommt und geht dieser Fieberrausch, und wenn Sie da sind, weiß ich kaum mehr, wie unglücklich ich eben war. Mein Liebster, wenn ich Sie sehe, habe ich keine andere Sehnsucht als nach Ihrer Liebe. Dann ist selige Sonne in meiner Seele. Ich habe kein Maß für Ihr Herz; ich vergesse, dass Sie schlecht sind: Ich liebe Sie.

Aber solche Erschütterungen sind allzu heftig für meinen jetzigen Zustand. Wenn Sie weg sind, bin ich ganz erschöpft. Ich habe keine schmerzensfreie Stunde, ich habe alle Tage Fieber.

Ich werde nicht wieder gesund, aber das will ich auch gar nicht; ich möchte nur meinen Frieden finden und ein wenig Ruhe, etwas von der Ruhe, die mir die Natur bald ganz gewähren wird. Der Gedanke daran ist mein ewiger Trost. Ich habe keine Kraft mehr zur Leidenschaft; meine Seele ermattet und quält mich. Nichts hält mich aufrecht; Hoffnung und Sehnsucht sind mir erstorben. Die langen schlaflosen Nächte haben mich halb wahnsinnig gemacht. Es ist mir unverständlich, dass mir nicht schon zwanzigmal vor anderen Leuten Worte entschlüpft sind, die das Geheimnis meines Lebens und meines Herzens verraten. Zuweilen übermannen mich mitten in der Gesellschaft die Tränen, und ich muss hinweg fliehen.

Ach, wenn ich Ihnen meine grenzenlose Verlassenheit noch so genau vormale, ich vermag Sie doch nicht zu rühren, denn Sie werden diese Zeilen wohl niemals lesen.

Alle Welt glaubt, es wäre der Verlust Moras, der mich tötet. Mein Lieber, wenn man wüsste, dass Sie es sind, dass mir Ihre Heirat den Todesstoß versetzt hat! Wie würde man mich ehren und Sie verachten! Aber alle diese Anklagen wären nicht so laut und schwer wie die meines Gewissens. So vielen schmerzlichen Gedanken unterliege ich. Nur wenn ich mein Herz ausschütte, spüre ich ein wenig Erleichterung.

Mittwoch, den 8. November 1775

Meine Briefe vermissen Sie, aber meiner Gegenwart bedürfen Sie nicht. Sie haben fünf Tage in Paris verweilt, wobei Sie mir und ebenso sich selbst jede Minute vorgerechnet haben. Dann waren Sie vierzehn Tage in Fontainebleau, und es ist kein Tag vergangen, der Ihnen nicht Gelegenheit geboten hätte, bequem her- und zurückzufahren. Sie wussten, dass ich krank bin und welche Schuld Sie daran tragen. Schließlich schrieben Sie mir, – und das sollte ich mit Jubel und Dankbarkeit aufnehmen! – »Wenn Sie nach Paris gekommen wären, so wäre das einzig und allein meinetwegen gewesen«. Aber gekommen sind Sie nicht! Und: »Wenn mich das nicht zufrieden stimmte, so müsste ich sehr launisch und ungerecht geworden sein.«

Mein Gott, wie quälen Sie mir das Herz, indem sie mir einreden wollen, es müsse mit dem Ihrigen zufrieden sein! Ich will mich ja niemals beklagen, aber Sie zwingen mich häufig, laut aufzuschreien, – so viel glühendes Weh tun Sie mir an.

Mein Lieber, ich bin geliebt worden; ich werde geliebt; aber ich sterbe vor Kummer, wenn ich daran denke: nicht von Ihnen! Was nützt es mir, wenn ich mir sage: Ich habe das ersehnte Glück nicht verdient! Meine Eigenliebe verstummt vor meinem Herzen. Es raunt mir zu: Wenn ich je geliebt werden sollte, so muss es von dem sein, der mich so bezaubert hat, dass ich Mora betrogen habe, und dem zuliebe ich am Leben geblieben bin, nachdem ich jenen verloren hatte. Doch, wird man je von dem geliebt, den man selber liebt! Kümmert sich dieses tyrannische und unfreiwillige Gefühl um Gerechtigkeit und Gründe?

Donnerstag, den 9. November 1775

Ich schreibe Ihnen Tag für Tag. Aber heute rede ich wirklich mit Ihnen. Sie wissen, was ich vor allem will: Ihnen die Wahrheit sagen, auf die Gefahr hin, dass Sie für Unsinn halten, was ich sage.

Ich missbillige die großen Änderungen, die Sie am »Konnetabel« vorgenommen haben, und zwar aus folgenden Gründen. Ich bezweifle, dass Sie das Stück dadurch in eine Form gebracht haben, die allen künstlerischen Anforderungen, beispielsweise im Sinne Voltaires, voll entspricht. Und dann hat die Rolle der Adelheid ihre Einheit verloren. Wenn ihr Tod motiviert sein soll, müsste sie mehr einer Zulima und nicht einer Römerin Corneilles ähneln. Sie haben genug Geist und Begabung, um einen stolzen und erhabenen Charakter in eine zärtliche und leidenschaftliche Seele umzumodeln. Aber das ist es eigentlich nicht, was mir Bedenken verursacht.

Bedenken Sie einmal, dass Ihr Stück, nachdem Sie es derartig ändern und umkrempeln, von Neuem beurteilt wird, und zwar – mit Fug und Recht – strenger als in seiner ersten Fassung. Damals haben Sie einem Wunsche der Königin nachgegeben. Sie hatten von vornherein erklärt, es sei kein Bühnendrama. Das war ein Appell an die Nachsicht. Das klang bescheiden und verriet keine Autoreneitelkeit. Man hat die Schönheiten, die Ihr Stück reichlich aufweist, dankbar anerkannt; man hat Ihr Können gepriesen, und wenn man gewisse Einzelheiten, sei es am Inhalt, sei es an der Technik Ihres Werkes, bemängelt hat, so hat man immer hinzugefügt: Es ist nicht für die Bühne geschrieben.

Nunmehr aber, mein lieber Freund, ist das ganz anders geworden. Jetzt stehen Sie allen möglichen Forderungen gegenüber. Die haben Sie zu erfüllen, denn Sie haben Ihr Stück für die Bühne umgearbeitet. Kein Mensch wird daran zweifeln, dass Sie die Königin um eine Neueinstudierung gebeten haben, um die neue Fassung zu veröffentlichen, von der Sie sich einen großen Erfolg versprechen. Wird Ihnen dieser Erfolg aber sicher sein, selbst vorausgesetzt, dass Sie ihn verdienen? Glauben Sie, die lobende Kritik des Herrn von Saint-Germain und die allergnädigste Anerkennung der Königin hätten Ihnen keine Neider erstehen lassen?

Schon höre ich die Schlangen zischen. Nichts in der ganzen Welt könnte mich bewegen, mich zu dieser zweiten Aufführung einzufinden, die ich in tiefster Seele missbillige. Wenn sie, wie Sie sagen, unvermeidlich ist, so müsste man unbedingt den Schein wahren, das Stück werde genau so gegeben, wie es die Königin bei der Erstaufführung gesehen hat.

Eine einzige Änderung wäre Ihnen erlaubt. Sie sollten alle Ihre Zeit dazu verwenden, um den Stil in Hinsicht auf Klarheit, Eleganz und Adel zu erhöhen. Alle Welt müsste sich beim Schlusse des Stückes sagen: »Ich hätte nicht gedacht, dass das Stück so gut geschrieben ist. Durchaus tadellose Form. Wundervolle Verse. Schade, dass es eigentlich nicht für die Bühne gemacht ist! Aber sonst ein Meisterwerk. Wie von Voltaire. Guibert hat sehr klug getan, es noch einmal aufführen zu lassen. Die stilistischen Reize sind uns bei der Erstaufführung entgangen.«

Das, mein Lieber, das möchte ich sagen hören! Stattdessen wird es eine hässliche Ablehnung geben. Wie Ihre Umarbeitung auch ausfallen mag, ich stehe Ihnen dafür, dass Sie die wahren Schönheiten Ihres Werkes zerstören. Man wird nicht die Rolle der Adelheid bekritteln, sondern die Kühnheit des Dichters, der das Urteil des Publikums geradezu von Neuem herausfordert.

Ich werde todunglücklich sein, wenn es sich herausstellt, dass ich recht gehabt habe. Wenn ich Ihnen etwas sage, so ist das etwas ganz anderes, als wenn Ihnen irgendeine Dame, die nichts versteht, als zu schmeicheln, vorschwärmt: »Wundervoll! Das Stück hat durch die Umarbeitung viel gewonnen! Es wird einen riesigen Erfolg haben!« Ich dagegen, ich wiederhole Ihnen hundertmal: »Nein, es wird keinen Erfolg haben, gerade weil Sie es umgeändert haben!«

Genug, ich will schweigen. Ich wette, so etwas hören Sie gar nicht gern. Sie haben sich Mühe gegeben, Sie stehen im Schönheitsrausch Ihres eigenen Werkes. Die alte Fassung erscheint Ihnen abscheulich. Sie wollen das törichte Publikum zwingen, Ihnen gerecht zu werden. Sie glauben, das Talent müsse über den Neid triumphieren.

Gut! Seien Sie ein Tor, wenn es Ihnen Spaß macht!

Donnerstag, den 9. November, elf Uhr abends

Mein lieber Freund, ich habe Ihnen heute Vormittag vier Seiten geschrieben, aber ich will den Tag nicht beschließen, ohne Ihnen noch einmal zu sagen, dass ich Sie liebe. Eben war der bei mir, der mich über alles liebt, und das hat mir so recht fühlbar gemacht, wie sehr ich Sie liebe. Wären Sie nach einer dreimonatigen Abwesenheit unverhofft bei mir eingetreten, so hätte ich von Kopf bis Fuß gebebt. Und auch nicht ein Wort wüsste ich jetzt von dem, was ich zu Ihnen gesagt oder von Ihnen vernommen hätte!

Mein Lieber, man muss lieben, um zu erfahren, was für Reichtümer und Freuden die Natur den Menschen gewährt hat. Geliebt werden ist süß, aber ist es darum Glück? Die Zuneigung eines liebenswürdigen Mannes zu erkennen und zu erfahren, elementare Wallungen mit Artigkeiten zu beantworten, abwechselnd Melancholie und Missmut in den Zügen dessen zu beobachten, der einen so gern glücklich machen möchte, – das mag der Eitelkeit eines albernen Weibes schmeicheln. Ein ehrliches und feinfühliges Frauenherz betrübt es tief.

Wie können Sie es aushalten, von mir keine Nachricht zu haben? Ist dann Ihr Dasein nicht leer? Sind Sie so in Tätigkeit oder in einem Rausche, dass Sie nicht abwechselnd Arbeitslust und müde Sehnsucht fühlen? Lebe ich nicht in Ihren Gedanken, wenn ich Ihnen fern bin?

Ach, Liebster, alle diese Fragen schildern Ihnen nur einen ganz geringen Teil meiner Gefühle. Ich sterbe vor Traurigkeit.

Meine Freunde denken, meine Leiden stimmten mich trübe. Gerade heute Abend waren d'Anlezi und Schönberg so gütig zu mir. Mein Husten erschreckte sie. Sie sprachen mir zu und trösteten mich, diese trefflichen Menschen. Sie ahnen all mein Elend nicht. Und ich verdiene nicht, bemitleidet zu werden; nicht einmal von Ihnen! Ich bin ja wahnsinnig. Ich liebe Sie bis zur Tollheit, wie eine Wahnsinnige.

Verstehen Sie das? Leben Sie wohl!

Montag, den 20. November 1775, drei Uhr nachmittags

Mein lieber Freund, wie liebenswürdig sind Sie! Meine grenzenlose Verblendung, mein endloses Leid ist gerechtfertigt. Ach, alles, was ich gelitten habe, und alles, was mir noch droht, nichts würde mich hindern und dagegen wappnen können, mich in Sie zu verlieben, wenn ich Sie noch nicht liebte! Es gibt Dinge im Leben, die mich zur Fatalistin machen. Es war mir bestimmt, noch einen Moment für Sie zu leben und dann daran zu sterben. So habe ich Sie geliebt, mein Freund; ich will mich nicht mehr beklagen.

Lassen Sie mich mein Schicksal tragen und verschlimmern Sie mein Unglück ja nicht, indem Sie mir gerade dann das Leben lieb und wert machen, wann ich es verlassen muss, wenn ich bereits fühle, wie es mir entgleitet. Ach, mein Lieber, lassen Sie mich aus Güte, aus Erbarmen bei meinem Glauben, dass mir der Tod eine schwere Bürde abnimmt. Lassen Sie mich verweilen, lassen Sie meine Gedanken diesem heiß ersehnten, lange erwarteten Augenblick entgegenträumen! Ich fühle sein Herannahen mit einer gewissen Seligkeit, wenn ich an mein Todesurteil zurückdenke, das Sie am ersten Mai 1775 unterzeichnet haben.

Und doch, als Sie gestern bei mir waren, als ich Ihrem Plaudern zuhörte, da dachte ich mit Rührung daran, dass ich Ihnen bald auf ewig Lebewohl sagen werde. Ich prüfte mich im Geiste, ich hätte mich gern nicht für krank erklärt; es tat mir leid, keine Hoffnung mehr haben zu dürfen. Mein Lieber, da füllte sich meine Seele voll Zärtlichkeit für Sie, und ich war nicht mehr imstande, jenen Wunsch zu hegen, dessen Ziel die ewige Trennung von Ihnen ist. Mit einem Male ward es mir entsetzlich klar, dass der Tod ein Übel, ein großes Übel ist.

Sie werden sich niemals eine Vorstellung von der Todesmarter und der Herzensangst machen können, die ich in den letzten drei Wochen durchgemacht habe. Nicht die Abnahme meiner Kräfte, nicht meine Abmagerung, nicht meine außerordentliche Veränderung verwundern mich, nein, viel rätselhafter dünkt es mich, dass ich diese Folterqualen aushalte.

Aber da sind Sie! Wie einst sind Sie wieder gütig und feinfühlig. Sie haben meine Seele beschwichtigt, mir Balsam in mein Blut gegossen. In der vergangenen Nacht waren meine Schmerzen erträglicher. Geschlafen habe ich zwar nicht, ich hatte Fieber, ich habe gehustet, aber doch war ich nicht unglücklich, denn ich träumte von Ihnen süß und sehnsüchtig. Ich überlegte mir, was ich Ihnen schreiben wollte. Wohl wagte ich nicht, auf eine Antwort von Ihnen zu hoffen, aber selbst das schien mir nicht unmöglich.

Malen Sie sich die Glückseligkeit aus, die mich ergriff, als jemand in mein Zimmer eintrat und mir sagte: »Von Herrn von Guibert!« Mein Liebster, diese Worte haben mir einen guten Tag geschenkt. Ihren Brief in den Händen, habe ich keine Angst mehr vor dem Fieber. Er hat mehr Gewalt über mich, als meine Krankheit.

O mein Freund, ich liebe Sie mit jedem Atom meiner Seele und meines Geistes, mit jedem Atemzuge, den ich tue. Kurzum, ich liebe Sie, da ich lebe, und ich lebe nur, weil ich Sie liebe!

Wenn ich Sie nicht morgen, Dienstags, am Vormittag sehe, so schreiben Sie mir ein paar Worte; dass Sie zu mir kommen, daran zweifle ich nicht. Wenn Sie vormittags nicht kommen und mir den Abend nicht widmen können, so wissen Sie, dass ich von vier bis halb sechs Uhr allein bin. Somit stehen Ihnen drei verschiedene Gelegenheiten, mich zu sehen, zur freien Wahl. Ergreifen Sie eine davon, mein Lieber, denn ich habe Sehnsucht nach Ihnen.

Ich bin unbescheiden! Ach, du lieber Gott, ich habe stumm so viel gelitten! Liebster, glauben Sie, dass je irgendwer auf Erden das Gute an Ihnen besser erkennt und inniger an Sie denkt? Glauben Sie, dass es eine noch zärtlichere Leidenschaft geben kann, als die in mir? Im Pochen meines Herzens, im Schlage meines Pulses, in jedem Atemzuge lebt meine Liebe deutlicher, fühlbarer als je. Nicht, dass sie stärker geworden wäre, nein, sie ist im Verglimmen. Sie ist wie eine Flamme, die noch einmal heftig auflodert, ehe sie auf ewig verlischt ...

Leben Sie wohl, mein Bester; ich liebe Sie!

Dienstag, den 21. November 1775, um drei Uhr

Liebstes, bestes, herrlichstes, trefflichstes und geliebtestes aller Erdenkinder! Es ist weder Ihre Schuld noch die meine, wenn Sie in Versailles keinen Brief von mir bekommen haben. Ich habe Ihre Zeilen heute Vormittag um elf erhalten. Um nach Versailles zu antworten, war das zu spät. Und da ich mir einbilde, dass Sie doch erst nach Hause gehen, ehe Sie zu mir kommen, so beeile ich mich, Ihnen für Ihre so liebenswürdige und überaus gütige Aufmerksamkeit zu danken.

Ihre Sorglichkeit rührt mich so tief, dass ich untröstlich bin, sie nicht belohnen zu können, etwa indem ich Ihnen sagte, dass es mir besser gehe. Aber daran ist kein Gedanke. Gestern bin ich vor Husten fast umgekommen, und diese Nacht habe ich so starkes Fieber gehabt, dass es mir im Kopfe wüster und wilder zugeht als je. Heute Vormittag um elf war mein Arzt bei mir; er hat höhere Temperatur als gewöhnlich um die nämliche Stunde festgestellt. Dieses Fieber hat seine Ursache in einer inneren Entzündung; meine Lunge und meine Därme sind noch heißer und aufgeregter als meine Seele.

Aber, mein Bester, ich liebe Sie, und wenn Sie mich wiederliebten, so hätte ich die Kraft einer Märtyrerin. Ich würde leiden, aber ich würde meine Schmerzen um kein Glück der Welt hergeben.

Eben erhalte ich ein sehr liebes Briefchen vom Erzbischof von Toulouse. Es beunruhigt mich. Er selber macht sich keine Sorgen, aber ich fürchte, es nimmt ein schlimmes Ende.

Ach, wie fern und fremd ist Ihnen alles, was mir lieb ist, was mich interessiert, was mir Sorge macht! Lieber Freund, wenn es Ihnen nur gut geht! Quälen Sie mich nicht mehr, und tun Sie mir nicht mehr weh! Aber fallen Sie auch nicht mehr ins andere Extrem; machen Sie mir nicht weis, mein Leben sei Ihnen unentbehrlich. Das würde mir unendlich leidtun, denn ich fühle Todessehnsucht.

Viele Grüße, lieber Freund! Kommen Sie, kommen Sie! Sie haben mehr Gewalt über mich als Logistila über Roland[168], mehr als das Opium über den Schmerz, und wahrlich, ich glaube, Sie sind stärker als der Tod!

Freitags, halb zwölf Uhr abends [November 1775]

Kein Herr von Guibert und auch kein Brief von ihm! Das ist recht öde. Mein Bester, ich liebe Sie gewiss tausendmal mehr als Berenike den Titus geliebt

---

[168] In Ariosts »Rasendem Roland«.

hat,[169] aber unglücklicherweise kann ich meine Zeit nicht so anwenden wie sie, nämlich nicht nur dazu, Ihrer zu harren. Im Ernst. Beispielsweise habe ich heute, in der Hoffnung, Sie würden kommen, einen meiner Freunde wieder hinauskomplimentiert. Solange ich Sie erwartete, war es mir verdrießlich; jetzt beunruhigt es mich, denn selbst Freunde können schnell verloren gehen. Es gibt so mannigfache Zerstreuungen und Beziehungen, dass schon viel Liebenswürdigkeit dazu gehört, wenn mir jemand einen Abend schenken will.

Gute Nacht! Ich habe viel ausgestanden, ich kenne nichts mehr als Schmerzen, und trotzdem sagen Sie, man müsse das Leben lieben.

Sonnabends, elf Uhr morgens

Ich habe Ihren Brief erhalten, mein Lieber. Ich danke Ihnen dafür, dass Sie mich nicht länger in Ungewissheit lassen; das heißt, in Hinsicht auf Ihre Rückkehr bin ich es nach wie vor. Das ist schlimm genug. Sie sagen nur so leichthin, dass Sie heute kämen.

Überhaupt ist Ihr Briefchen etwas kühl gehalten, und doch ist es ein Zeichen Ihrer Güte und Aufmerksamkeit. Ich muss also zufrieden sein.

Viele Grüße, mein Lieber!

Ich will diesen Brief in Ihre Wohnung schicken, damit Sie ihn bei Ihrer Rückkehr vorfinden. Wenn Sie heute Abend nicht zu mir kommen, so erhoffe ich von Ihnen morgen frühzeitig eine Nachricht. Schreiben Sie mir gleich nach dem Aufstehen oder noch heute vor dem Zubettgehen.

Mittwochs, sechs Uhr früh [November 1775]

Ich kann nicht sagen, Sie seien heute mein erster Gedanke, denn ich habe noch gar nicht geschlafen. Aber Sie sind in allen meinen Träumereien, und das möchte ich Ihnen gern noch sagen, ehe mich ein kurzer Schlaf diesem Genusse entzieht.

Mein Lieber, ich bin sehr trübsinnig zu Bett gegangen. Lange, lange hatte ich auf Sie gewartet, und dieses Hoffen hatte meiner Seele Leben und Halt gegeben. Aber, als die Stunde der letzten Hoffnung vorüber war, da sank ich tief in mich zusammen. Mein Körper war gänzlich erschöpft.

Es war viel Gesellschaft um mich, aber einsamer hätte ich in der Wüste nicht sein können. »Du guter Gott«, sagte ich mir jedes Mal, wenn irgendjemand

---

[169] In der »Bérénice« von Racine.

angemeldet wurde, den ich gar nicht erwartete, »was man nicht erhofft, das trifft ein, bar und pünktlich. Es ist grässlich, nur einem Interesse zu leben, nur ein Ideal, eine Sehnsucht, einen Gedanken zu haben!«

Mein Lieber, derlei Aufregungen sind sicher kein Mittel gegen das Fieber, und trotzdem habe ich es heute geringer als in der vergangenen Nacht. Ich spüre weder den Durst noch die Glut noch Anzeichen von Delirium.

Stellen Sie sich vor: Eine Zeitlang war es mir unmöglich, an Sie zu denken. Meine Phantasie verlor sich ins Weite. Diese Machtlosigkeit über mein Denken erregte mich noch mehr und erhöhte mein Fieber. Jetzt bin ich ruhig; ich leide, aber in erträglicher Weise.

Sind Sie in Paris? Werde ich Sie heute Vormittag bei mir sehen? Ich wünsche Ihnen das höchste und größte Glück, Erfolge in jeder Beziehung. Wie unglückselig, an einen Mann gefesselt zu sein, der so vielen anderen Dingen angehört! Da Herr von Saint-Germain Sie in Beschlag nimmt, werden Sie ununterbrochen in Versailles weilen. Die Proben Ihres Stückes locken Sie auch in einem fort dahin. Dann Ihre Frau, Ihre Familie, Ihre Liebhabereien, die gesellschaftlichen Zerstreuungen.

Mein Lieber, ich beklage mich keineswegs, aber, sagen Sie mir aufrichtig, ist es nicht unsagbar wenig, was Sie in all diesem Kunterbunt für mich übrig haben? Ja, ja! Aber wie jene Römerin Arria will ich sagen: »Paetus, ich weine ja nicht, ich sterbe bloß!«[170]

Ich weiß nicht, ob es mit meinem Fieber zusammenhängt, aber seit einiger Zeit sind mir die Tränen versiegt und vertrocknet. Es kommen keine mehr. Nun hat mein Schmerz auch diese Erleichterung verloren.

Aber, Bester, ich wollte doch von Ihnen reden. Gestern sind Sie also sehr spät zurückgekommen, denn sicherlich hätte ich sonst von Ihnen zu hören bekommen. Inzwischen habe ich Ihnen zweimal geschrieben. Wenn Sie wüssten, welche für Sie schlimme Entdeckung ich wieder gemacht habe! Aber, um mich Ihnen nicht verhasst zu machen, muss ich Ihnen verheimlichen, was ich unter Ihrem Leichtsinn zu leiden habe. Ja, ja, ich muss mein letztes bisschen Kraft tüchtig zusammennehmen, um Ihnen zu verbergen, wie schlecht Sie gegen mich sind.

Guten Morgen, mein Lieber! Wenn ich Sie ausschelten wollte, würden Sie ungern zu mir kommen. Ach, Sie können mich morden wollen und schon gemordet haben, – ich liebe Sie!

---

[170] vgl. Plinius, Episteln, III, 16; Martial, Epigramme, I, 14.

Mittwochs, mitternachts

Mein lieber Freund, Sie haben nicht auf mich gewartet, nicht wahr? Sie hatten keine Zeit, an mich zu denken, und es wäre kindisch und albern, wenn ich mit Vorwürfen und Sie mit Entschuldigungen kämen.

Untreue gibt's nur, wo es Liebe gibt!

Wahrhaftig, trotz meines guten Willens und meiner Sehnsucht konnte ich Ihnen nicht schreiben. Seit vier Uhr bis jetzt bin ich nicht eine einzige Minute für mich allein gewesen. Sie wünschen, ich soll von mir sprechen. Was soll ich Ihnen denn erzählen? Zwei Worte genügen, um Ihnen jederzeit meine körperliche und seelische Verfassung zu schildern: Ich leide, ich liebe! Seit etlicher Zeit ist diese Reihenfolge die richtige.

Ja, ich leide viel. Ich habe Fieber gehabt und habe noch welches, sodass ich ahne, wie abscheulich die Nacht werden wird. Ich vergehe vor Durst, ich habe Brustschmerzen, und die Eingeweide brennen mir. Die Nacht wird schlimm werden, aber der Tag war erträglich. Es waren so nette Leute bei mir, die Unterhaltung war so reizend, dass ich zu Ihrem Vergnügen den Wunsch hatte, Sie wären zugegen. Ob das Gespräch um mich herum gut, mäßig oder schlecht ist, meine Sehnsucht, Sie zu sehen, bleibt immer gleich. Meine Seele bedarf Ihrer wie meine Lunge der Luft.

Wie gern möchte ich diesen Drang eindämmen oder zunichte machen! Er ist zu heftig im Verhältnis zur Schwäche meines Körpers, und es ist mir nötiger als je, mich daran zu gewöhnen, Sie selten zu sehen. Ach, mein Gott, alles ist gegen uns, lieber Freund, während einst alles am Werke war, mich einem Manne zuzuführen, der dreihundert Meilen weit von meiner Heimat geboren war. Doch, ich will nicht klagen. Sie gewähren mir ja genug!

Nun, mein Lieber, haben Sie Ihre Pläne verwirklicht? Haben Sie tüchtig gearbeitet? Ich glaube nicht daran. Folgendes werden Ihre Taten sein: zu Mittag gegessen, hinterher geplaudert, um fünf Uhr nach dem Temple geschlendert, dort die Änderungen am »Konnetabel« vorgelesen. Man wird Sie dafür in den Himmel gehoben haben. Und bei so süßen Reden fließen die Stunden schnell dahin. Kurz vor neun Uhr werden Sie nach Haus gekommen sein. Es ist so gemütlich, im Kreise der Familie zu vegetieren und sich bis halb oder um zwölf anbeten zu lassen. Genug! Das Weitere schildere ich in der Manier, mit der Timanthe seinen Agamemnon gemalt hat. Ich schweige still. Gute Nacht!

Ich weiß nicht, welche Stunde Sie mir für morgen in Aussicht gestellt hatten. Sie haben vom Abend gesprochen, aber Ihnen gehen so viele Dinge im Kopfe durcheinander, dass ich Ihr Sich-ansagen nie als bindend betrachte. Sie werden mir schon geben, was Sie können. Nur kommen Sie nicht um vier!

Um diese Stunde habe ich mir jemanden bestellt, in der sicheren Annahme, dass Sie sich diese Zeit nicht aussuchen werden.

Ich mache mir Vorwürfe, Sie so lange in Anspruch zu nehmen. Sie sind ja umlagert wie ein Minister.

Mittwochs, elf Uhr abends

Ich habe viel nachgedacht. Wenn Sie nicht glücklich, nicht sehr glücklich sind, dann kann es überhaupt kein Glück geben. Dann gibt es so etwas Ähnliches auf der ganzen Welt nicht. Denn Sie sind ganz besonders dazu geschaffen, viel zu genießen und wenig zu leiden.

Alles ist Ihnen dienstbar, Ihre Fehler wie Ihre guten Eigenschaften, Ihre Empfänglichkeit wie Ihr Leichtsinn. Sie haben Liebhabereien, aber keine Passionen. Sie haben Gemüt, aber keinen Charakter. Mit einem Worte, die Natur hat es meisterlich verstanden, die Elemente so zu mengen, dass Sie der glücklichste und liebenswürdigste Mensch unter der Sonne geworden sind. Sie werden mich fragen, worauf das hinausgehe? Wenn Sie das nicht selber merken, so glauben Sie nur getrost, ich schwatze ins Blaue hinein.

Mein Lieber, ich hatte zwar nur ganz heimlich gehofft, dass Sie heute Abend kämen, und doch hatte ich Mühe, mich um zehn Uhr von zu Hause loszureißen, um noch ein Stündchen mit Herrn d'Anlezi zu Herrn von Saint-Chamans zu gehen, dessen Zustand mir Sorge macht.

Wann werde ich Sie sehen? Haben Sie wirklich die Kraft, sich mir drei Tage lang zu versagen, Sie, der Sie aller Welt so leicht nachgeben? Mein Lieber, bedenken Sie: Was sind drei Tage auf der langen Strecke Ihres Lebens, aber mein Leben ist nur noch kurz. Sie sind fest mit dem Leben verbunden, ich nur noch durch einen schwachen Faden.

Meine Briefe, lieber Freund!

Sonntags, sechs Uhr

Alles, was Sie wollen, nur das Beiwort »ungerecht« nicht! Ich kann nie und nimmer glauben, dass man eine Ungerechtigkeit begehe, wenn man sich beklagt, nachdem man einen tödlichen Keulenschlag empfangen hat, ohne dass man freilich daran gestorben ist. Ebenso wenig ungerecht ist es nach meinem Dafürhalten, dass man sich für gekränkt und beschimpft hält, wenn einer, ohne dass die geringste Notwendigkeit vorliegt, Einzelheiten und Tatsachen aufzählt, die für den demütigend sind, dem man sie vorhält, und die dem zum Mindesten peinlich sein sollten, der sie erzählt, wenn er – nicht gerade zartfühlend, aber doch ritterlich und taktvoll ist.

Kurz und gut, sagen Sie nicht wieder, ich sei ungerecht, denn das ist nicht wahr. Sagen Sie, ich sei unglücklich, werfen Sie mir vor, dass ich lebe, und ich will an dem Leid sterben, das Sie mir angetan haben. Das ist die Wahrheit, der es nicht an tatsächlichen Beweisen mangelt.

Was die Gelegenheit anbetrifft, bei der ich mich über das beklagt habe, was mich bedrückt, so habe ich da nicht besonders gewählt. Ich verfahre längst nach dem Grundsatz, es mir nicht anmerken zulassen, wenn Sie mich kränken. An und für sich ist das ein vernünftiger und edler Entschluss, aber in gewissen Momenten ist das Leid stärker als ich selber. Ich bin schwach, ich unterliege und komme nicht wieder auf. Genug. Ich klage Sie durchaus nicht an, auch will ich mich nicht rechtfertigen, denn, bei meiner Ehre, mein Gewissen hat sich – zum Mindesten Ihnen gegenüber – nichts vorzuwerfen. Meine Schuld ist eine gänzlich andere, und ich fühle mich grausam bestraft.

Ich danke Ihnen für das Interesse, das Sie mir bezeigen. Ich huste, als ob ich in Stücke gehen sollte, ich habe viel ausgestanden, und ich fühle mich todmatt nach alldem, was ich heute getan habe. Jetzt ist ein einziger Besuch da. Er meint, ich schriebe recht lange. Und noch dazu ist es an jemanden, dem mein Brief weniger Freude machen wird, als diesem Besucher da meine Plauderei. Es ist so, zweifellos, aber ich wollte Ihnen antworten, obgleich ich zur Genüge weiß, dass Sie nie einen Brief von mir richtig zu Ende lesen.

Guten Abend!

Donnerstag, elf Uhr abends [Dezember 1775]

Sie sind nicht gekommen, mein Freund. Ich liebe Sie. Wann werde ich Sie sehen? Das ist das Leitmotiv der Vergangenheit, der Gegenwart und der Zukunft, wenn es für mich eine gibt. Ach, Liebster, was habe ich gelitten, was leide ich! Meine Schmerzen sind grässlich, aber ich fühle, dass ich Sie liebe.

Einen schönen Gruß, mein lieber Freund. Wenn es der letzte wäre, er könnte nicht mehr Zärtlichkeit und Wehmut enthalten. Aber verzeihen Sie! Ich soll ja weder von meinem Leid noch von meinen Hoffnungen zu Ihnen reden.

Freitags, am Abend [Dezember 1775]

Sind Sie noch immer zufrieden? Ist Ihr Eifer noch nicht erkaltet? Haben Sie keine von all Ihren Hoffnungen und Erwartungen aufzugeben? Kurz, mein

Lieber, sind Sie zufrieden? Haben Sie die endgültigen Anordnungen für den »Konnetabel« getroffen? Haben Sie Ihre Logen? Ihre Billetts? Bleibt es morgen Vormittag bei der Probe? Werden Sie bei dieser Menge Dinge einen Augenblick mir schenken?

Die Antwort auf diese letzte Frage ist mir nicht das Unwichtigste. Ich sehne mich nach Ihnen. Mein Herz verschmachtet.

Denken Sie sich, mein Lieber, der Glanzpunkt dieses Tages war ein köstliches Diner, von dem ich allerdings heimgegangen bin, gequält von Vorwürfen und Reue, dass ich zu schwach und doch auch zu stark gewesen war. Sie kennen meine Vorliebe für Tafelfreuden, die bis zur Leidenschaft geht. Ach, ich habe genug davon auf zehn bis vierzehn Tage. Die Ärzte, diese Ignoranten oder Barbaren, behaupten, das wäre ein schlechtes Zeichen für meine Lunge. Wenn ich ein Mittel gegen den Husten hätte, wollte ich mich wenig um ihr Prognostikum scheren.

Geistreiche Menschen habe ich bei diesem Festmahle nicht bemerkt. Sie waren alle ebenso neugierig wie töricht. Selbst der Gesandte [der Marquis Caraccioli] hat sich im Genre des Langweiligen produziert. Stellen Sie sich vor: eine geschlagene Stunde lang hat er italienische Verse vorgelesen. Na, man hat mich gehörig angeödet, aber ich habe mich genau so missliebig gemacht. Ich habe ununterbrochen gehustet.

Gute Nacht, mein Lieber! Ich erinnere mich, dass ich Sie liebe, aber ich fühle es nicht.

Apropos. In allem Ernst. Ich muss mir eine andere Wohnung suchen. Seit heute früh weiß ich, dass ich diese nicht behalten kann, selbst wenn ich wollte. Sehen Sie sich also mal um!

Sonntags sieben Uhr abends [Dezember 1775]

Ein paar Worte sollen Sie haben und nicht mehr! Ich habe Besuch. Gewiss machen Sie ebenfalls Besuche. Das ist ungeheuer wichtig. Zweifellos. Ach, wenn wir uns liebten, wie fad würde uns alles das erscheinen. Aber so ...

Hinsichtlich der [neuen] Wohnung muss ich mich, bis Mittwoch früh entscheiden. Dann sind Sie Ihrer Güte und Fürsorge enthoben. Ich werde morgen erst um neun Uhr abends ausgehen. Zu Mittag esse ich zu Haus. Ich habe den Baron nicht gesehen. Stattdessen habe ich anderthalb Stunde auf der Chaiselongue eines reizenden Geschöpfes gelegen. Also können Sie sich denken, welcher Reiz für mich dabei sein muss, wenn mich dies Beisammensein kein bisschen bedrückt. Sie wissen zur Genüge, dass ich nicht lügen kann. Was die Wahrung eines gewissen Geheimnisses anbelangt, so war mir dies schlechterdings unmöglich. Ich weiß wohl, man verfehlt oft gegen die Moral, aber es muss Zerstreuung oder Gewinn bringen, sonst wäre es sinnlos.

...

Guten Abend!

In der vergangenen Woche hätte ich dreimal mit Ihnen zusammen zu Mittag essen können, aber Sie haben es nicht gewollt. Auch hätten Sie mich alle Tage besuchen können. Der Gesandte, die Herren von Schönberg, d'Anlezi usw. wohnen genau so weit weg wie Sie, aber sie hängen nicht so an tausend Menschen und Dingen wie Sie, sie tragen keine selbst gewählten Ketten, weshalb sie sie auch hie und da abwerfen können. Aber jeder nach seinem Geschmack! Und deshalb schreibe ich Ihnen doch.

Ach, sorgen Sie sich nicht mehr um meine Gesundheit! Ihre Teilnahme rührt mich, aber ich fürchte, es bringt Ihnen Leid.

Dienstags, fünf Uhr früh [Dezember 1775]

Ich kann nicht schlafen. Mein Leib, mein Kopf, meine Seele, keins lässt mich schlafen, und jedes quält mich auf seine Art. Um mir meine Schmerzen zu versüßen, will ich mit Ihnen plaudern.

Sie sehen wohl ein, mein lieber Freund, dass ich in diesem Zustande unmöglich zu Tisch zu Herrn Boutin kommen kann. Ich habe Ihnen bereits sagen lassen, dass ich mich bei ihm entschuldigt habe. Wahrlich, es ginge über meine Kräfte. Ausgenommen Sie, werde ich mit niemandem sprechen und niemanden anhören. Ich war allzu aufgeregt und bin augenblicklich noch viel zu unruhig. Das Herz weint mir, aber nicht nur wegen Herrn von Saint-Chamans.

Warum lassen Sie meine Seele nicht los? Welche Saite in mir auch vor Schmerz anklingen mag, Sie sind mit im Spiele, immer Sie! Meine Klagen, meine Sorgen, meine Reue, alles redet von Ihnen. Und es muss ja auch so sein! Ich existiere nur durch Sie und für Sie!

Ach, mein Gott, Sie haben gesagt, ich verwürfe, ich stieße alles von mir weg, was Sie für mich tun. Erklären Sie mir doch, was habe ich, das mich an ein schmerzensreiches Leben fesseln und ketten könnte, an ein Leben, das ich in der Stunde hätte verlassen sollen, wo ich den verlor, der mich den hohen Wert des Daseins hatte erkennen lassen? Damals habe ich das Leben vergöttert!

Wer hat mich in jener Stunde zurückgehalten, wer hält mich noch zurück, trotzdem er mich ins Herz sticht?

Sie wissen so gut wie ich, dass ich Sie liebe. Und Sie wissen auch: Wenn ich sage, ich hasse Sie, so heißt das doch nur, dass ich Sie liebe. Wenn ich schweigsam oder kühl oder ärgerlich bin, so beweist Ihnen das alles, dass es keine zärtlichere und stärkere Leidenschaft auf Erden gibt als die meine. Ich habe sie bekämpft, verabscheut, aber sie ist immer mächtiger geblieben als mein Wille und meine Vernunft!

Lieber Freund, schicken Sie flink hin, und sagen Sie bei Herrn Boutin für heute Mittag ab! Kommen Sie dafür gütigst morgen, am Mittwoch, mit zur Frau Geoffrin. Ich hoffe imstande zu sein, dahin zu gehen, wenn wir heute neue Nachrichten bekommen.

Ihren Brief aus Versailles erhielt ich, als ich nach Haus kam. Er war mitternachts angekommen. Ich kann Ihnen gar nicht sagen, wie sehr mich diese mitfühlende Güte gerührt hat.

Guten Morgen, oder vielmehr gute Nacht, mein Lieber, denn für mich soll die Nacht beginnen. Es ist zu wonnig, vor dem Einschlafen mit Ihnen zu plaudern. Aber um Sie lieben und noch eine Weile leiden zu können, brauche ich doch wohl Schlaf. Denn zum Lieben muss man leben, und gewiss lebe ich nur, um Sie zu lieben.

Adieu, Liebster und Teuerster auf der ganzen Welt! Ich verzeihe. Aber vergessen? Ach, mein Liebster!

Dienstags um Mitternacht [Dezember 1775]

Ihr seid alle von Eis, Ihr glücklichen Menschen, Ihr Weltleute! Eure Seelen sind den tiefen lebenswarmen Eindrücken unzugänglich. Ich danke dem Himmel für das Unglück, das mich zu Boden drückt und mich zu Gründe richtet, weil es mich mit jener wonnigen Empfänglichkeit und jener unendlichen Leidenschaft begnadet hat, die einem die geheime Sprache aller derer verstehen lässt, die da leiden, die da wissen, was Schmerz ist, die da geplagt werden von dem Leid und der Lust der Liebe. J,, mein Lieber, Sie sind glücklicher als ich, aber ich kenne mehr Freuden als Sie.

Eben habe ich den letzten Band des »*Paysan perverti*«[171] zu Ende gelesen. Der Schluss hat Sie nicht entzückt? Sie spürten nicht den Drang, mit mir darüber zu sprechen? Ihn mir vorzulesen? Eisseele! Das ist Glückseligkeit, das ist die Sprache des Himmels. Der Tod der Manon, ihre Liebe, ihre Reue, ihre schmerzlich-leidenschaftlichen Worte! Mein Gott, wir haben gestern Abend

---

[171] Sentimental-erotischer Roman von Rétif de la Bretonne (1734–1806), erschienen 1776 in 4 Bänden. In der Gestalt des Edmund schildert sich der Verfasser selber. Der Roman ist übrigens das Vorbild von Ludwig Tiecks Jugendwerk »William Lovell«.

zusammen geplaudert. Das Buch lag da, Sie hatten es bereits gelesen, und Sie haben es mit keiner Silbe erwähnt!

Mein Lieber, in Ihrer Seele gibt es ein Winkelchen, das einen – Ihnen jedenfalls nicht zusagenden – Vergleich zulässt, ohne dass man dabei in Torheit und Ungerechtigkeit verfällt. Jawohl, in Ihrer Art und Weise steckt ein klein wenig von der Edmunds. *En face* gleichen Sie ihm gar nicht, aber ein bisschen im Profil. Mein Lieber, dieses Buch, dieses elendigliche Buch, dem es an gutem Geschmack, an Feinheit, sogar an gesundem Menschenverstand fehlt, dieses Buch ist, wenn ich mich nicht stark irre, entstanden aus der ersterbenden Glut der Leidenschaft, die in Saint-Preux und in Julie[172] gelodert hat. Es stehen köstliche Worte darin.

Jean-Jacques, wenn das nicht die letzten Funken Deines Genies sind, nicht die noch glimmende Asche Deiner leidenschaftlichen Seele, so lies diesen Roman, ich bitte Dich inständig darum! Dein Herz wird sich für den Dichter erwärmen, der sein Werk schlecht entworfen und schlecht ausgeführt hat, aber sicherlich fähig ist, Besseres zu schaffen.

Dies zu Ihrer Strafe, mein Lieber. Ich ärgere Sie, aber Sie werden sich wie gewöhnlich aus der Affäre ziehen, indem Sie das Buch Buch sein lassen.

Wenn ich der Herausgeber des Romans gewesen wäre, so hätte ich folgende Briefstelle daraus als Motto auf das Titelblatt gesetzt: »Wie kann man die nämlichen Gefühle verschiedenen Dingen und Menschen zuteilwerden lassen? Die Gesellschaft ist ein gefährlicher Tummelplatz für jeden, der ein Herz wie Edmund hat. Edmund an Manon.«

Mittwochs, früh halb neun Uhr

Schicken Sie mir mein Buch und meine Briefe zurück! Sie werden mir gewiss berichten, dass Sie heute Nachmittag mehr Zerstreuung als Arbeit gehabt haben: die Oper, Besuche, Besorgungen, allerhand weltmännische frivole Dinge, geniale Träumereien, Ruhmgelüste ... Ein wunderbares Durcheinander!

Ach, was für ein schreckliches Unglück ist es, einem Manne nahe zu stehen, der noch gefährlicher als liebenswert ist!

---

[172] Die bekannten Helden in der »Neuen Heloise«. In der Tat ist Rétif de la Bretonne stark von Rousseau beeinflusst worden. Seine pathologisch interessante wunderliche Selbstbiographie, der 16bändige »Monsieur Nicolas« (1796), wäre ohne Rousseaus Confessions (1789) niemals entstanden.

Mein Lieber, ich habe zum Entsetzen aller, die um mich sind, starken Husten. Ich kann nicht mehr. Ach, wahrlich, Ihr müsst mich lieben, denn viel Zeit habt Ihr nicht mehr dazu. Ich fühle es.

Eine Loge mit vier Sitzen für Damen und drei Parkettplätze! Denken Sie daran; tun Sie der, die Sie liebt, diesen Gefallen!

Ich werde nicht ausgehen; ich habe Fieber und unaufhörlichen Husten.

Freitags, vier Uhr [Dezember 1775]

Mein lieber Freund, ich bin krank, sehr leidend, aber auch toll. Seit zwei Tagen weiß ich nicht, was mit meiner Seele geschehen ist. Sie ist wüst und leer. Ich finde weder Liebe noch Leidenschaft darin, nur qualvolle Reue, tiefes Leid, Verwunderung, noch zu existieren, wirre Sehnsucht wie unmittelbar damals, als mir der mitleidslose Tod den Einzigen genommen hatte, um dessentwillen mir das Leben teuer war. Ach, warum haben Sie mich damals nur daran gehindert, ihm zu folgen? Warum haben Sie mich zu einem so langsamen und schmerzensreichen Tode verdammt?

Mein Lieber, das sind die Gedanken, die mein Dasein seit Dienstagabend erfüllen. Das hat mich kränker gemacht. Einmal habe ich mich nachts gar nicht schlafen gelegt, ich habe keinmal zu Mittag gegessen, ja, ich muss gestehen, selbst der »Konnetabel«[173] ist mir nur selten in den Sinn gekommen, und ich glaube sogar: Wenn Sie mir nicht geschrieben hätten, dann hätte ich keine Kraft gehabt, Ihnen darzutun, wie tieftraurig und niedergeschlagen ich bin.

Nach Versailles werde ich nicht gehen. Gottbewahre! Erstens bin ich zu krank, und dann säße ich während der Aufführung wie auf Nadeln. Ihr Interesse liegt mir viel empfindlicher am Herzen als Ihnen selber. Wenn das Stück, wie ich hoffe, abermals einen großen Erfolg hat, so möchte ich mich erst recht nicht aufregen. Meine Seele ist zu ermattet. Sie müsste mehr Ruhe und Frieden haben. Und überdies gestehe ich Ihnen, es ist gar nicht nach meinem Geschmack, gar nicht nach meinem Herzen, dass man in Ihnen einen Bühnendichter sieht. Das möchte ich nur, wenn Sie Voltaire und Racine überträfen. Dann brächte es Ihnen neuen Ruhm!

Man hat schon dreimal nach den Logenbilletts zu mir geschickt. Das belästigt mich tödlich. Ich habe mir geschworen, mich nie wieder in die Vergnü-

---

[173] Die zweite Aufführung fand am 30. Dezember im Versailler Hoftheater statt. Julies Befürchtungen (vgl. S. 244 ff.) bewahrheiteten sich in vollem Maße. Das umgearbeitete Stück erlebte einen Misserfolg. Guibert hat daraufhin verzichtet, je eines seiner Stücke wieder auf der Bühne zu sehen.

gensangelegenheiten anderer Leute zu mengen. Allen diesen Menschen ist das ja die Hauptsache im Leben, während ich gar nicht daran denke, mich zerstreuen zu wollen. Ich fühle schon den Tod in der Seele.

Sie haben mir meine Briefe nicht zurückgebracht. Wenn ich zu Ihnen danach schickte, bekäme ich sie sicherlich.

Am Mittwoch hatten Sie es recht eilig. Die alte Geschichte: Bewegung ist Ihnen lieber als Betätigung. Das klingt recht spitzfindig, aber denken Sie einmal darüber nach, und Sie werden einsehen, wie Recht ich habe.

Mein Lieber, ich danke Ihnen sehr für die Fürsorge, die Sie um meine neue Wohnung haben. Ach, am liebsten hätte ich eine im [Friedhof von] Saint-Sulpice! Schrecklich, ich belaste den, der mich liebt, mit meinem Unglück! Sie sind es nicht, den ich meine.

Sie sollten am Sonntag bei der Herzogin d'Anville zu Mittag essen.

Ich erwarte heute Abend von Ihnen ein paar Zeilen und bilde mir zu meiner Freude ein, dass das Logenbillett dabei liegen wird.

Verzeihen Sie mir, dass ich Sie in Anspruch nehme und Sie abhalte, und vor allem, dass ich nicht die Energie habe, Ihnen mein Leid zu verheimlichen.

Freitags, zehn Uhr abends [Dezember 1775]

Ich habe mir ein Vergnügen verschafft! Bei Gott, Sie hätten Herrn von Laharpe Ihre Meinung auch nicht besser und kräftiger sagen können! Ich habe ihn behandelt, wie er es verdient hat. Wir hatten fünf bis sechs Zuhörer, die ganz starr waren und mäuschenstill, was mich aber erst recht nicht verstummen ließ, sondern nur noch kühner machte.

Die Einzelheiten werde ich Ihnen noch erzählen, mein lieber Freund. Sie sind glänzend gerächt! Nie hat die Gerechtigkeit rüstiger gewaltet. Der gute Condorcet und Herr von Saint-Chamans werden es nötigenfalls bezeugen. Tun Sie nichts dazu, das wäre nur für Laharpe nützlich. Wir sprechen noch darüber, aber seien Sie zufrieden: Sie sind gerächt, und der Gestrafte spürt es bis ins Mark.

Ich habe vergessen, Ihnen zu sagen, dass Sie rechtzeitig daran denken, sich die Loge zu sichern, um die ich Sie gebeten habe. Und dann möchte ich vier Parkettplätze. Ich bitte, vergessen Sie mich nicht!

Ich hatte Sie um den »Merkur« gebeten, weil ich hoffte, Sie würden mich verstehen, dass das Ihnen bedeuten sollte, mir ein paar Worte vor Ihrer Wegfahrt zu schreiben, aber Sie haben mich nicht verstanden. Was hätten Sie mir auch zu sagen gehabt? Selbst als Sie heute Morgen in meinem Zimmer waren, da waren Sie doch nicht bei mir! Über jeden Beliebigen, der eintrat, waren Sie entzückt. Das raubte mir die Kraft, Sie bei mir zurückzuhalten. Mein Lieber, waren es Arbeiten oder Abenteuer, die Sie der so rasch entführten, die Sie über alles in der Welt liebt. Frau von M[ontsauge] behandeln Sie gewiss besser, und das ist wahrlich auch mein Wunsch. Nur ich darf Ihretwillen leiden, denn nur ich liebe Sie genug, um Sie leidend zu lieben.

Lieber Freund, gestern habe ich keinmal gehustet. Das grenzt ans Wunderbare.

Heute habe ich eine neue Bekanntschaft gemacht, die der entzückendsten Frau, der ich in meinem Leben begegnet bin. Wenn ich noch einmal zum Leben käme und könnte mir beliebig Gesicht, Gestalt, Stimme und Wesen wählen, so würde ich sagen, ohne Zaudern und ohne an alles das zu denken, was man gerühmt, gefeiert und gefabelt hat, solange es Frauen gibt: Man gebe mir die Gestalt und die Reize dieser Frau, nur mit der einen Bedingung: ohne jede Zutat. Sie ist so recht mein Geschmack, und wenn es ihr recht wäre, würde ich sie bis zur Tollheit lieben, die paar Tage hindurch, die mir noch bleiben. Aber sie wird vernünftigerweise wohl Besseres zu tun haben.

Mein Lieber, wäre das Ihre Gattin, so stürbe ich vor Eifersucht oder ich würde sie anbeten, denn sie ist schlicht, natürlich und bescheiden. Ich habe sie heute Nachmittag zum ersten Male gesehen, aber es ist mir, als kennte ich sie schon ewig, so nett haben wir uns unterhalten. Wir waren fast allein und fühlten uns sehr wohl.

Aber ich bin töricht, und Sie werden gegen das liebenswürdigste und verführerischste Geschöpf ein Vorurteil hegen. Ich werde mich auch hüten, sie Ihnen vorher mit Namen zu nennen. Sie sollen ihr bei mir begegnen.

Mein Lieber, Sie werden keine Zeit haben, sich mein verliebtes Geschwätz anzuhören, und es ist dumm von mir, Ihnen Dinge zu erzählen, die Ihnen missfallen. Sie werden denken, ich wäre überspannt. Ach, die Kranken und Unglücklichen kennen kein Maß. Aber tadeln Sie mich nicht, wenn ich einmal einen Funken des Feuers fange, das einstmals in mir loderte! Es war ja gerade mein reges Gefühl für die Vorzüge anderer Menschen, das ihnen den Glauben eingab, ich sei liebenswürdig. Seit Langem trage ich nur tödliche Langeweile in die Gesellschaft. Allein durch Sie fühle ich noch, dass ich da bin, sei es in Lust, sei es in Leid.

Ich habe ein wenig Fieber, aber es geht mir leidlich.

Gute Nacht!

Meine Freude an dieser Frau hat mich nicht gehindert, daran zu denken, dass Sie heute Nachmittag ganz in meiner Nähe waren. An Ihrer Stelle wäre ich hergekommen.

Aber Sie sind nicht ich!

Mittwochs nach Mitternacht [Dezember 1775]

Mein teurer Edmund[174], Sie wollen Neues von mir hören? Von mir? Wirklich von mir? Wollen Sie einer der Glücklichen sein, die, von einem starken und klaren Gefühle geleitet, all ihr Träumen und Trachten einem einzigen Gegenstande widmen? Ohne es mir anzumaßen und ohne es zu verdienen, müsste ich natürlich den Vorzug haben, denn es will mir scheinen, die Abschiedsstunde sei nahe. Die dem Tode Geweihten muss man lieben!

Lieber Freund, es sei dem, wie es sei, Sie wünschen, dass ich Ihnen schreibe, und so schreibe ich Ihnen! Offen gestanden ist das ein Gewaltakt. Ich bin todmatt, und zwar durch einen entsetzlich angreifenden Husten, der dreißig Stunden lang gedauert hat; dazu kommt die Wirkung von drei bis vier Gramm Opium. So viel davon macht einen ruhig, etwa so ruhig wie das Haupt der Meduse: regungslos, starr wie Stein. Alle Funktionen in mir setzen aus. Die Außenwelt erscheint mir wie Bilder einer Laterna magica; tatsächlich, heute Nachmittag war ich zwei Stunden hindurch nicht fähig, die Namen zu den Gesichtern um mich herum zu finden. Das war ein ganz wunderlicher Zustand. Ich kam mir vor wie ein Gestorbener mitten im Leben. Ich erinnerte mich meiner Leiden, ich wusste, dass Sie mir dieses Weh angetan haben. Aber, lieber Freund, alles das fühlte ich in einer grenzenlosen Gutmütigkeit, einer viel größeren als die jenes braven Lämmchens, von dem ich Ihnen kürzlich erzählt habe. Ich wusste nicht mehr, dass es böse Menschen gibt, dass die guten dazu da sind, um zu dulden und sich zu opfern; noch weniger wusste ich, dass es anständige Menschen gibt, die diejenigen knechten und hinsterben lassen, von denen sie geliebt werden. Alles das hatte ich vergessen. Ist der Opiumrausch nicht viel schöner als der lichte Verstand?

Mein Lieber, ich fühle mich so abgespannt, meine körperlichen und geistigen Kräfte sind dermaßen erschöpft, dass es mich dünkt, mein Leben hänge nur noch an Ihrer Gegenwart. Ja, ich bin überzeugt: Hätten Sie Ihre Reise um einen Monat verlängert, so wäre ich inzwischen gestorben. Warum sind Sie zurückgekehrt? Warum sind Sie nicht so gütig und mitleidig gewesen, die-

---

[174] Scherzhafte Anspielung auf den Helden des *Paysan perverti*.

sem langsamen Zugrundegehen, diesem langwierigen Todeskampfe durch geschicktes Fernbleiben ein rasches Ende zu setzen?

Ach, mein teurer Edmund, kommen Sie nun wenigstens! Ich warte auf Sie, ich sehne mich nach Ihnen; meine Seele, meine Gedanken sind allerorts bei Ihnen und um Sie. Oft auch ist mein Herz ganz kalt, wenn die körperlichen Schmerzen mich überwältigen; möchte bei Ihnen weilen, aber sie sind stärker als ich und als Sie. Ach, das allerschrecklichste ist der Zerfall der körperlichen Maschine.

Mein Lieber, wann bekomme ich einen Brief von Ihnen? Wann erfahre ich Ihre Rückkehr? Sie werden mich im Bett finden.

Lieber Edmund, ich werde Ihnen nicht wie die reizende Frau Parangon [im »*Paysan perverti*«] Reden über Religion und Unsterblichkeit halten. Ich bin mit Ihrem Glauben zufrieden, deren Gott Sie selber sind. Ich erkenne ihn auch an, und so sind Sie mein Gott und Prophet.

Glauben Sie nicht, ich irrte mich! Sie haben mir meine Briefe nicht zurückgeschickt, ganz einfach, weil Sie gar nicht wissen, wo sie liegen. Welche Sorglosigkeit! Welcher Leichtsinn! Ich versichere Ihnen, in gewisser Hinsicht sind Sie jünger, als es Ihre Jahre angeben. Und in sechzig Jahren sind Sie darin immer noch ein Kind.

Gute Nacht und guten Morgen, mein Lieber, denn der Morgen dämmert schon.

Donnerstags elf Uhr abends [Dezember 1776]

Sie morden mich! Ach, lassen Sie mich sterben oder machen Sie mich gesund! Keine Entschuldigungen! Nur wenn Sie selber tot wären oder wenn Sie jemandem das Leben hätten retten müssen, nur dann gäbe es eine Entschuldigung.

Ach, ich sterbe. Mein Seele ist fassungslos. Sie haben mich heute Morgen aufgeregt und mich dann verlassen!

Lieber Freund, ich sehe es kommen. Sie werden mich zwingen, Ihnen eines Tages einen großen Kummer zu bereiten. Vielleicht auch eine Erleichterung! Dieser Gedanke gibt mir Mut. Aber wenn ich Sie von mir erlöse, wer wird Sie von Ihrer Reue erlösen?

Gute Nacht! Schlafen Sie gut und träumen Sie genau so viel Schönes, als Sie mir Angst und Qual bereitet haben.

Kommen Sie morgen Vormittag nicht.

Freitags [Dezember 1775]

Was soll ich Ihnen nun schreiben? Das, was ich denke, das würde Sie kränken und mich betrüben. Lügen kann ich nicht. So muss ich also schweigen. Frau von M[ontsauge] würde sich beklagen, aber ich, ich bleibe stumm. Das muss Ihnen angenehm sein.

Sie sind nicht glücklich, sind unruhig und aufgeregt. Und diese Ihre Stimmung ist für mich eine Marter, die mir die Seele erschöpft. Statt mich in meinem Elend zu trösten, fügen Sie nur Qualen hinzu. Sie entziehen mich meinen Schmerzen, indem Sie mir viel grässlichere bereiten, und das in einer Art und Weise, die ich abscheulich finde, weil dabei immer die Eigenliebe mitspricht.

Ich will mich in keine weiteren Erklärungen einlassen. Sie sind unnütz. Ich rede ein andermal davon. Ich verdamme mich mehr als Sie. Ich hätte Sie durchschauen sollen, ich hätte ein Gift, das in vierundzwanzig Stunden wirkt, dem von Ihnen gereichten vorziehen sollen, das nun mein Leben durch Kummer, Reue und Gewissensbisse langsam verzehrt.

Sollten Sie auf diese Zeilen hin den Drang haben, zu mir zu kommen, so gehen Sie erst am Montag nach Versailles. Ich glaube, zu dem, was Sie dort zu tun haben, kommen Sie auch am Montag noch zurecht. Indessen, wie Sie wollen!

Dienstags, abends elf Uhr [Dezember 1775]

Mein lieber Freund, seit wir uns nicht gesehen haben, ist allerlei Gesellschaft bei mir gewesen. Man hat von dem geplaudert, was jetzt das Hauptthema bildet, und ich habe ordentlich darauf gehört, denn es waren Leute, die über die Sache unterrichtet waren. Ich habe daraus geschlossen, dass diese törichte, unselige Sorte Menschen schwer zu lenken ist, zumal wenn man ihr Bestes will. Überdies habe ich auch erkannt, dass Herr von Saint-Germain Ihnen nicht alles sagt, und ich wünsche nur, er wahrt Ihr Geheimnis so gut wie die von anderen.

Ich möchte gern, dass Sie morgen zu mir zu Tisch kämen, aber ich wage es nicht, Sie dazu besonders aufzufordern. Erstens weil das, was Ihnen lieb ist, meinem eigenen Vergnügen nachsteht. Nehmen Sie das aber nicht etwa für reinste Wahrheit. Mit Gefühlsäußerungen ist es so wie mit Aphorismen und Wortspielen; man darf sie nicht unter die Lupe nehmen.

Da seh' ich eben, dass da ein »erstens« noch auf ein »zweitens« wartet. Hier ist es. Wenn ich Sie nicht besonders auffordere, so bin ich umso glücklicher, wenn Sie von selbst kommen, und überdies hole ich mir keinen Korb. Man muss auf seiner Hut sein, wenn man so schwächlich ist wie ich. Wenn Sie wüssten, wie sehr ich wieder gehustet habe!

Mein Lieber, ich bin am Donnerstag zum Mittagessen im Palais de Larochefoucauld. Ich würde mich herzlich freuen, wenn ich Sie da träfe, aber Versailles ...

Ich habe noch zehn Briefe gut. Frist: bis zu Ihrer Abreise. Wenn ich die nicht erhalte, – Drohungen muss man schließlich anwenden, wo Bitten nichts ausrichten! – dann schreibe ich Ihnen in den nächsten vier Wochen nicht eine Zeile. Doch, was machen Sie sich aus Drohungen und aus meinen Entschlüssen. Wenn Sie mich nicht für das wortbrüchigste Geschöpf auf Gottes Erdboden halten, so müssen Sie mich das schwächste und gutmütigste heißen.

Gute Nacht, mein lieber Freund! Um mit Ihnen ein paar Augenblicke plaudern zu können, habe ich eben jemanden weggeschickt, der nicht einschläft wie Sie, der sich bei mir nicht langweilt wie Sie. Aber schließlich wollte ich doch lieber mit Ihnen plaudern.

Eigentlich schreibe ich Ihnen gar nicht gerne, wenn Sie hier in Paris sind. Sie haben nie Zeit; Ihre Antworten sind dürftig und mangelhaft. Selbst wenn ich bei Ihnen bin, sind Sie wer weiß wo. Kurz und gut, Sie sind so recht ein Mensch, der ganz nett ist, den man aber nicht liebt. Ich hätte die größte Lust, mich danach zu richten. Das wird wohl schließlich das Mittel sein, das ich anwenden muss, um mein Herz zu heilen.

Eben in diesem Moment habe ich wieder starke Schmerzen.

Donnerstags, 11 Uhr abends [Dezember 1775]

In aller meiner Trübsal habe ich mich doch lebhaft gefreut, von Ihnen abends um fünf Uhr Antwort auf einen Brief zu haben, den ich Ihnen fünf Uhr früh geschrieben hatte. Das ist es, warum ich die Großstädte und ganz besonders Paris so liebe. Man hat alle erdenklichen Bequemlichkeiten und nützlichen Einrichtungen.

Sie haben mir nicht gesagt, wohin ich schreiben soll. So droht die Gefahr, dass mein Brief in die Irre oder gar verloren geht. Aber Ihr Wirt in Versailles ist hoffentlich findig.

Mein Lieber, Sie geben mir wirklich einen vortrefflichen Rat. Gleichgültig, ob er seine Quelle in Ihrer tiefinnersten Teilnahme oder in Ihrem Überdruss an meinem Elend hat, kann ich nichts Besseres tun als ihn erproben. Sie legen meinem Husten, meiner Abmagerung, meinem ruinierten Magen, meiner Schlaflosigkeit, meiner Darmentzündung, kurz meiner vollendeten Zerrüttung nicht mehr Bedeutung bei, als Sie den Liebhabereien irgendeiner beliebigen Schönen beimessen, die Ihnen von Ihren Straußenfedern, ihren Modefrisuren, ihren Riesenstöckelabsätzen, kurzum von ihren Firlefanzereien erzählt. Sie geben mir gesundheitliche Ratschläge genau so, wie Sie dort meinen, Sie könnten jene von ihren Dummheiten abbringen.

Mein Lieber, Sie sind sehr jung. Hier haben wir den Beweis. Sonst müsste ich sagen, Sie wären kalt und gänzlich teilnahmslos. Sehen Sie denn nicht, dass der Tod bereits neben mir steht, dass es sich für mich nur noch um eine Galgenfrist handelt? Glauben Sie mir, nichts in der Welt kann mich noch retten. Selbst die Wiederauferstehung Moras, der mir das Höchste im Leben war, könnte mein Schicksal nicht mehr wenden. Wenn sich dieses Wunder vollzöge, wäre mir der Tod nur umso schrecklicher. Mora hat mich gekannt, als ich daseinsfreudig und lebenslustig war.

Aber nein, ich habe mir vorzuwerfen, dass ich mich nicht genug beherrsche; ich verdrieße Sie. Mein Unglück, mein Leid lastet auf Ihrer Seele. Sie sollen aber von mir nicht mehr erfahren, was ich leide. Wenn ich Ihnen nichts mehr davon sage, wird Ihre Empfindlichkeit nicht mehr in schmerzlicher Weise in Anspruch genommen, und Sie werden glauben, Ihr Rat sei befolgt worden. Sie werden mein Aussehen besser und, was noch wichtiger ist, mich weniger langweilig finden. Gut, ich werde mich zusammennehmen. Ob ich's dabei bis zur Heiterkeit bringe, das kann ich nicht versprechen. Das ginge über meine Kraft. Heute habe ich weniger gehustet, und wenn die kommende Nacht wieder so gut ist, so werde ich den Aderlass auf schlechtere Tage verschieben.

Graf Crillon hat Ihnen nichts übel genommen; er hat mir freimütig gesagt, an Ihrer Stelle hätte er es genau so gemacht. Aber wenn Ihnen daran liegt, dass wieder alles beim Alten sei, dann kommen Sie am Sonntag zu Tisch zu ihm. Das würde mir die Kraft leihen, auszugehen.

Sie wollen die Toren und Bösewichte allesamt mit Stumpf und Stil ausrotten! Mein Lieber, Ihr Ehrgeiz geht nicht so weit wie der Alexanders des Großen, aber er ist ebenso aussichtslos. Ein bisschen Ähnlichkeit existiert also doch zwischen dem Grafen Guibert und Edmund! Wie süß wäre es, wenn sie zwischen Ihnen und Gonzalvo [Mora] bestünde! Die Schätze Perus, ein Weltreich hätte er ausgeschlagen, wenn er damit eine Viertelstunde Frieden der verschafft hätte, die Sie – lieben.

Adieu! Adieu! Sie haben so wenig Zeit und so viel zu tun. Es wäre rücksichtslos von mir, Sie abzuhalten.

Wie gern wüsste ich, ob Sie morgen zurückkommen! Wie gern möchte ich Sie sehen! Wie gern hätte ich ... Unmögliches!

Dienstags, sechs Uhr abends [Januar 1776]

Mein lieber Freund, ich möchte nicht, dass unter den wenigen Tagen, die mir zu leben übrig bleiben, auch nur einer sei, an dem Sie nicht das Bewusstsein hätten, dass Sie von dem unglücklichsten Geschöpf auf der ganzen Welt bis zur Tollheit geliebt werden. Ja, mein lieber Freund, ich liebe Sie! Ich möchte, dass diese wehmütige Wahrheit Sie allerwegen verfolge und einen Schatten auf Ihr Glück werfe. Das Gift, das mir das Leben erst verlängert, dann verzehrt und am Ende vernichtet hat, soll in Ihre Seele zurückfließen und sie mit einer bitteren Sehnsucht erfüllen, die Sie wenigstens dazu stimmt, die zu bedauern, die Sie in zärtlichster Leidenschaft geliebt hat.

Leben Sie wohl, mein Lieber, lieben Sie mich nicht, denn das wäre gegen Ihre Pflicht und wider Ihren Willen, aber dulden Sie, dass ich Sie liebe und dass ich es Ihnen hundertmal sage und tausendmal, aber immer als Widerhall meines tiefsten Gefühles.

Lieber Freund, kommen Sie morgen mit zu Tisch zu Frau Geoffrin! Meine Tage sind gezählt, und so hat nichts, was Sie etwa noch für mich tun, eine Folge für Sie in der Zukunft. Mein Gott, die Zukunft! Wehe denen, die in Liebe zu Ihnen von ihr viel erwarten!

Aber leben Sie wohl! Es kommt Besuch. Wie qualvoll ist es, in der großen Welt zu leben, wenn man nur einen Gedanken hat!

Mittwochs, mittags [4. Januar 1776]

Ich verstehe nicht, was das bedeuten soll. Sie sprechen von dem Hauswirte [meiner neuen Wohnung] und sagen, nie sei Ihnen etwas Schwierigeres vorgekommen. Wieso? Warum? Das begreife ich nicht. Aber da Sie sich nun die Mühe machen, den Mietsvertrag ausfertigen zu lassen, so bitte ich, bloß nicht am Freitag! Das ist ein schauderhafter Tag für mich. Wenn es Ihnen gleich ist, nehmen Sie den Sonnabend dazu. Gut, ich werde ihn am Sonnabend unterschreiben. Verzeihen Sie mir alle diese Belästigungen!

Nein, ich werde nicht wieder zu Ihnen schicken, ich werde Sie nicht wieder nötigen, mir Ihre Zeit zu widmen. Offenbar tue ich etwas Widernatürliches, wenn ich uns beide näherzubringen suche. Wir können einander nie ganz nahe kommen, denn es trennt uns allzu viel: unsre Charaktere, unsre Lebensumstände, unsre Geschmacksrichtungen, unsre Jahre! Wir müssen uns also dem fügen, das stärker ist als der Wille, stärker sogar als die Liebe: dem Unabänderlichen! Sie sind verheiratet, damit sind Ihnen Ihre Hauptpflicht, Ihr Wirkungskreis, Ihr Vergnügen bestimmt. Bleiben Sie dem treu, und bedenken Sie, dass eine empfindsame Seele sich nicht mit dem begnügen kann, was nebenbei vielleicht für sie abfiele. Jede Teilung ist schmählich, und es ist besser, ganz zu verzichten. Lassen Sie mir meine trübselige Zukunft, lassen Sie mich in jenem Frieden sterben, den ehrenhafte Resignation gewährt!

Aus Entkräftung und Erschöpfung meines ganzen Ichs muss ich die wilden Kämpfe der Leidenschaft meiden. Ich möchte mich ausruhen, wieder zu Atem kommen und als Trost nichts als ein bisschen zärtliche Freundschaft. Gewähren Sie das. Nehmen Sie mir nicht den letzten Trost, die letzte Linderung! Lassen Sie mich und widmen Sie sich ganz Ihren Neigungen, Ihren Pflichten und Ihrem Ehrgeiz. Mehr brauchen Sie nicht, um Ihrem Leben einen vollen Inhalt zu geben.

Kommen Sie heute Abend nicht! Sie finden anderswo mehr Erholung und herrlichere Freuden als bei mir. Übrigens bin ich gestern Abend zu Haus geblieben, und ich kann nicht zwei Tage vergehen lassen, ohne nicht Frau von Saint-Chamans zu besuchen, die krank ist. Wenn Sie wollen, sehe ich Sie morgen. Ich bin morgen zu Tisch beim [neapolitanischen] Gesandten [Caraccioli] und werde abends nicht ausgehen. Heute bin ich mittags bei Frau Geoffrin.

Viele Grüße!

Von allen, die ich kenne, von allen, die ich lieb habe, sehe ich Sie am wenigsten. Ich beklage mich nicht darüber, im Gegenteil, ich sage mir, das ist nicht anders möglich, und denke rasch nicht mehr an das, was ich doch nicht ändern kann.

Ich bitte Sie um meine Briefe. Ich möchte sie aus einem ganz bestimmten Grunde dieser Tage haben.

Anbei Ihr Buch!

Donnerstags abends elf Uhr [5. Januar 1776]

Guten Abend, lieber Freund! Wie geht es Ihnen geistig und körperlich? Ich hoffe, Graf von Saint-Germain wird Ihr Seelenarzt sein; weit mehr beunruhigt mich Ihre Erkältung. Was mich anbelangt, ich habe mich zum Gesandten hingeschleppt. Das ist der richtige Ausdruck. Die ganze Nacht vorher hatte ich Fieber gehabt. Mein Husten hat die vierundzwanzig Personen, die mit zu Tisch saßen, halbtaub gemacht. Zu Hause hatte ich dann so heftige Krämpfe, dass vom Mittagessen nicht ein bisschen im Magen verblieben ist. Ich hatte bei diesem Erbrechen unbeschreibliche Beklemmungen. Seit dieser Erschütterung habe ich Fieber, und zwar viel heftiger als gestern, wenigstens nach Feststellung meiner beiden Ärzte d'Anlezi und Larochefoucauld, die eben wieder weggegangen sind. Übrigens brauchte man es mir nicht erst zu sagen, ich wusste von selber, dass ich Fieber habe.

D'Alembert schickt Ihnen beiliegenden Brief. Er will den schwierigen Herrn[175] noch einmal aufsuchen. Die viele Mühe, die Sie sich in dieser Angelegenheit machen, beschämt mich. Ich bitte Sie dessen ungeachtet, mich bis zur Unterzeichnung des Mietvertrags nicht im Stiche zu lassen.[176] Lassen Sie alle Bedingungen und Klauseln darin aufnehmen, die ich haben will, und sehen Sie mit Pedanterie darauf, dass alles ausgeführt wird.

Alle meine Umständlichkeit hierin beweist keineswegs, dass ich mich nur für mich interessiere. Ach du mein Gott, wenn man geliebt hat, und hat den verloren, der einen liebte, kann einem dann noch viel an sich selber liegen? Ich habe nur noch ein Streben im Leben: allem auszuweichen, was mir Leid bringt, und deshalb sehne ich mich danach, von dem Hauptübel befreit zu werden, denn es ist für Unglückliche eine schwere Bürde.

Mein Lieber, ich habe Ihnen gestern wehgetan, indem ich Ihnen sagte und darlegte, wie sehr ich mir die Verleumdungen und Verdächtigungen zu Herzen nehme, die man Ihnen anhängt. Ich habe Ihnen wehgetan, indem ich Ihnen bewies, dass Sie der Güter höchstes genießen könnten, wenn Sie nur geruhen wollten, die Hände danach auszustrecken. Ich meine: grenzenlos geliebt zu werden von einer empfindsamen und leidenschaftlichen Seele. Das betrübt mich tief und, bei Gott, lediglich Ihretwegen, denn ich habe von mir und meinem eigenen Glück bereits Abschied genommen. Und ebenso tief betrübt es mich, Sie gegenüber der öffentlichen Meinung so empfindlich zu sehen, nachdem Sie sie so offensichtlich verachtet haben. Seien Sie heute so stark wie dereinst! Hier ist das mehr am Platze als damals.

Gewisse Dinge möchte ich aus meinem Leben tilgen, aus meinem Gedächtnisse löschen, just alles das, was ich für Sie getan habe, und alles das, was Sie wider mich getan haben. Mit mehr Galanterie als Liebe haben Sie zu mir gesagt, als wir vom Mietvertrag sprachen: »Sie unterzeichnen einen Vertrag mit Ihrem Glücke!« Mein Lieber, wer imstande war, mein Todesurteil vom 1. Mai zu unterschreiben, der sollte nicht mehr über mein Glück scherzen!

Adieu! Bemühen Sie sich nicht, morgen früh zu mir zu kommen.

Ich bitte, bringen Sie mir meine Briefe. Ist das zu viel verlangt? Ich will mich nur vor Schande wahren und Ihnen den Frieden sichern.

---

[175] Der neue Hauswirt in der Rue Grammont.

[176] Guibert hatte in Julies Auftrag eine neue Wohnung in der Rue de Grammont gesucht. Sie unterzeichnete den Mietvertrag am 14. Januar 1776. Da sie aber zu krank war, kam es nicht zum Umzug. Übrigens wohnte auch Guibert damals in dieser Straße, in einem Hause, das seinem Schwiegervater gehörte.

Freitags, Januar 1776

Mein lieber Freund, Sie sind sehr liebenswürdig. Wenn ich Sie sehe, so höre und fühle ich nichts, nur Sie. Aber mir selber überlassen, kenne ich nur die Gefühle des Schmerzes, der Reue und der Sehnsucht. Alle erdenklichen Seelenqualen ohne absolute Vernichtung, – das ist das Schicksal, zu dem Sie mich verdammt haben.

Wenn Sie mir Nachrichten von sich zukommen lassen wollten, wäre ich Ihnen dafür dankbar.

So reisen Sie doch ab! Sie kommen immer zu spät.

Montags mitternachts, Januar 1776

Mein lieber Freund, wenn ich am Leben bleibe, muss ich mich noch mehr von Ihnen losmachen. Sie sind allzu sehr ein Mann der Öffentlichkeit. Alle die Misslichkeiten eines Staatsmannes umdrängen Sie. Ihre übrige Zeit gehört der Gesellschaft, und selbst in den flüchtigen Augenblicken, die Sie Ihren Freunden gönnen, sogar in den traulichsten Stunden, hat man Sie nicht völlig. Ihre Gedanken fliegen immer wieder zurück zu Ihren Geschäften.

Diese Bemerkung ist durchaus keine Kritik. Ihre Fähigkeiten, Ihr Geist sollen Ihrem Leben in der Tat einen Inhalt geben. Sie sind allzu tatenlustig und viel zu empfänglich, um sich mit einem Alltagsleben zu begnügen. Sie müssen unbedingt eine tätige Rolle spielen, nicht bloß die eines müßigen Zuschauers.

Ich habe mein Leben lang Ehrgeiz und Streberei verachtet. Dieser Abscheu in mir war so ehrlich und stark, dass ein ehrgeiziger Mann noch so liebenswert hätte sein können, noch so reizvoll, ich wäre vor seiner Verführung gefeit gewesen. Aus Ekel vor den öffentlichen Angelegenheiten, hätte ich ihm eine nüchterne Seele und viel Eitelkeit zugetraut.

Mein Lieber, ich werde Sie von Ihren Plänen ganz gewiss nicht abhalten, aber ich sage Ihnen offen, mehr Freuden als eben die des Ehrgeizes werden Sie nicht haben. Zweifellos glauben Sie sich von einem idealen Drang getrieben. Täuschen Sie sich hierbei nur nicht! Es ist der Egoismus, die Sucht, die große Masse zu überragen. Meinetwegen, erhabener ausgedrückt, es ist ein edler Stolz, das Kraftgefühl, an der Spitze der Menschheit marschieren zu wollen. Vielleicht führt Sie Ihr neuer Weg zu etwas anderem. Sie werden gehasst und verleumdet werden. Im Anfang verursacht das einem Verdruss, dann überwindet man den Hass, wie es manchem mit der Liebe geht. Man steht schließlich über der öffentlichen Meinung; man ist sozusagen stark geworden.

Also gut. Sie sind ehrgeizig geworden, weil Sie von der Natur dazu bestimmt sind. Sicherlich werden Sie alle Ihre Kräfte darein setzen. Und ich? Was habe ich dabei zu erhoffen? Ihren Ruhm werde ich nicht mehr erleben. Eine Weile werde ich betrübt sein, dass Sie einen andern Weg eingeschlagen haben, um Ihrem Ziele zuzustreben, aber dann werde ich meinen Pfad tapfer weiter wandern, und ich weiß bestimmt, dass meiner eher zu Ende geht als der Ihre, und einmal am Ziele angelangt, werde ich mich gewiss nicht umblicken, sondern Gott dafür danken.

Lieber Freund, haben wir uns denn nicht gestern wieder versöhnt? Eben war es mir, als seien wir tausend Meilen voneinander getrennt. Ich war tief unglücklich darüber. Ihr Name klang mir durchs Herz, eine Vorahnung von Glück ergriff mich, und dann erschien vor mir ein blasierter Weltmann, voll Ungeduld, mich wieder zu verlassen. Mein Gott, und Sie sagten mir, Sie liebten mich? Vergessen Sie diese Worte, sprechen Sie sie nie wieder aus! Sie hallen zu schmerzlich in mir wider und machen mir mein Unglück nur umso fühlbarer.

Gute Nacht, mein Lieber! Ich werde Sie morgen nicht sehen, das ahne ich. Heute haben Sie Ihre Arbeiten, morgen Ihre Frau, dann wieder Geschäfte, Pflichten bei Hofe, was weiß ich ... So viel ist sicher, Sie haben immer recht, aber dabei lassen Sie mich hinsterben. Ist das nicht wahr? Sie haben keine Zeit, mir zu antworten.

Ach, warum Sie und kein andrer? Doch das ist nun zu spät! Mir schaudert dabei vor dem Tode, der bereits an meiner Türe klopft.

Sonntags früh [Januar 1776]

Ich friere, ich zittre, ich sterbe vor Kälte. Ich bin schweißgebadet. Sie hauchen dem Teil an mir, der am kränksten ist, noch ein wenig Leben ein: meinem Herzen. Es ist starr vor Kälte und Schmerz. Wie die Tolle von Bedlam möchte ich ausrufen: Es zerspringt vor vielem Leid!

Mein lieber Freund, es kommt mir vor, als wäre seit gestern Vormittag ein Jahrhundert vergangen, und ich fürchte, ich werde den heutigen Abend nicht mehr erleben. Sie werden mich besuchen, also mir mein Leid durchsonnen! Großer Gott, ich bin meinem Innenleben nicht mehr gewachsen; es geht über meine Kraft, es überwältigt mich!

Guten Morgen, mein Freund! Ich liebe Sie mehr und inniger als je! Ich habe Husten und Schmerzen, aber ich werde Sie sehen. Sie werden den ganzen

Tag über, bis zum Abend, viel vorhaben, und ich, ich habe nur einen einzigen Gedanken. Immer wieder sage ich mir:

Wie langsam schleicht Unglücklichen die Stunde!

Mein lieber Freund, richten Sie es ein, dass Sie morgen oder am Montag beim Grafen Crillon mit mir zusammen zu Tisch sind. Wählen Sie den Tag! Mir wäre der Montag lieber, aber Ihr Wille soll mir maßgebend sein.

Sonnabends, ein Uhr [Januar 1776]

Ach, wenn noch ein wenig Güte in Ihnen ist, dann bedauern Sie mich! Ich kann Ihnen nicht mehr antworten. Leib und Seele sind gebrochen. Meinen Mietvertrag? Zerreißen Sie ihn, schließen Sie ihn ab, ganz wie es Ihnen gut dünkt. Er ist mir mehr als gleichgültig.

Ach Gott, ich kenne mich nicht mehr!

Halb zehn Uhr [Januar 1776]

Ich weiß wohl, Sie schreiben entzückende kleine Briefe, aber sterben lassen Sie mich doch. Mich friert, mich friert so sehr, dass ich in mir eine Kälte verspüre, zwanzig Grad tiefer als die des Thermometers. Dieses Übermaß von Frost, dieser Zustand endloser Qual, das wirft mich in eine so völlige Mutlosigkeit, dass ich nicht einmal mehr die Kraft habe, mir einen besseren Zustand zu wünschen? Was sollte ich auch wünschen? Was für Gefühle mir da noch übrig bleiben, ach, die sind auch nicht besser als die ich jetzt habe.

Mein Ende muss bald da sein! Ich stoße weder Ihr Mitleid noch Ihren Großmut zurück. Ich könnte Ihnen wehe tun, wenn ich mich dem verschlösse. Sie sollen den schönen Wahn behalten, mir Trost gespendet zu haben. Dergleichen darf man selbst seinem Feinde nicht versagen!

Ich bin von Menschen umgeben.

Halb ein Uhr nachts [Januar 1776]

Ich bin eben erst diesen Augenblick allein. Somit konnte ich Ihren Diener nicht warten lassen. Ich bin so traurig, so tief im Elend, dass – so viel Anlass ich auch hätte, Ihnen nicht zu glauben – ich nicht zweifle, dass Sie Kummer haben und dass Ihre Frau Gemahlin krank ist. Sie scheint mir eine sehr zarte Gesundheit zu haben. Ein Grund mehr, sich ihr zu widmen.

Ich habe d'Alembert gebeten, sich bei Ihnen persönlich über Ihr Befinden zu erkundigen, weil ich fürchtete, nicht dazu zu kommen, Ihnen zu schreiben.

Er wird mir berichten, ob Sie nach Versailles gehen. Ich glaube, es ist nicht sehr klug. Weiter kann ich nichts sagen. Sie werden doch nur tun, was sein muss.

Es ist schon recht spät, um Sie noch mit meinem Leid zu behelligen. Vergessen Sie seine Ursache, und machen Sie sich keine Sorgen um die Folgen. Alles, um was ich Sie bitte, liegt in Ihrer Hand und ist leicht zu erfüllen.

Elf Uhr abends [Januar 1776]

Eben im Augenblick erhalte ich Ihr Briefchen. Es hat beim Pförtner gelegen, ich weiß nicht, seit wann. Ich bin in jeder Hinsicht unglücklich. Selten kommt die Freude zu mir, und dann auch noch so langsam!

Heute habe ich mein Bett nicht verlassen. Ich habe niemanden empfangen. Gestern bin ich unter Fieber und schrecklichen Kopfschmerzen schlafen gegangen; heute früh war ich noch mehr leidend und hatte hohes Fieber.

Meine Seele ist traurig und stumpf. Am liebsten möchte ich morgen nicht wieder aufwachen. Ich liebe Sie, und doch habe ich mich heute zwanzigmal bei dem Wunsche ertappt, Sie möchten mir endlich noch so viel Leid antun, dass ich zu dem Entschlusse käme, mich von den Gewissensbissen und dem Kummer, die mich verzehren, loszumachen. Ich sterbe stückweise.

Ist Ténon doch ein gescheiter Mensch! Heute früh sagte er zu mir, nachdem er mir den Puls gefühlt hatte: »Es muss Ihnen etwas zugestoßen sein. Sie haben einen Kummer gehabt. Sie sind gegen gestern früh ganz verändert. Da liegt ein Einfluss von außen vor. Ich sehe mit Betrübnis, dass hier Arzt und Arznei nicht oder nicht viel helfen können. Für die Seele habe ich kein Opium!«

Sehen Sie, mein Lieber, so viel Macht hat das Unglück. Es rührt einen Mann, der dem menschlichen Leid gefühllos gegenüberstehen sollte.

Aber Sie, Sie sollten sich wegwenden von diesem Leid, Sie sollten mich ganz im Stiche lassen. Ich möchte nur zwei Tage ohne Ihren Zuspruch sein. Ich würde mich nicht beklagen, ich würde Sie segnen, ich würde Sie lieben. Sie würden alles Schlechte wieder gut machen, ja, ich wage zu sagen, Sie würden den Frevel sühnen, den Sie an mir begangen haben, damals als Sie mich zurückhielten. Ach, es ist eine große Grausamkeit, eine Unglückliche so lange auf der Folter liegen zu lassen! Es wäre edel und gut, ihr den Gnadenstoß zu geben.

Verlassen Sie ja Ihre Arbeiten nicht, um mich zu besuchen! Schreiben Sie mir ein paar Zeilen, und seien Sie überzeugt, unter allen den Menschen, die Sie lieben, gibt es niemanden, der weniger von Ihnen verlangt und zu wünschen wagt, als ich. Ihr Glück, Ihr Wohlsein, selbst Ihr Vergnügen gehen über mein Ich. Das versichere ich Ihnen aus tiefstem Herzensgrunde.

Mittwochs, vier Uhr [Februar 1776]

Mein lieber Freund, ich, ich bin unglücklich! Sie sind bloß krank, aber ich, ich bin des süßesten Trostes beraubt: Sie zu sehen. Und wenn Ihr Fuß wieder heil sein wird, dann müssen Sie abreisen.

Wie toll von Ihnen, nicht im ersten Augenblick den geschicktesten Arzt holen zu lassen! Bei einiger Pflege wären Sie in vier Tagen wieder hergestellt worden. Nun dürfen Sie wenigstens nicht mit Gewalt gesund werden wollen.

Ich trinke zweimal täglich Milch. Sie bekommt mir, aber ich habe den ganzen Tag einen Nachgeschmack. Das ist abscheulich und verrät keine gute Verdauung.

Ach ja, ich möchte schon in meine neue Wohnung am Boulevard, selbst auf die Gefahr hin, vom Straßenlärm halb taub zu werden. Aber ich darf gar nicht daran denken, mich dorthin schaffen zu lassen, wo es mir schon vom Bett zu meinem Lehnstuhl zu weit ist. Sie haben keine Ahnung, wie schwach ich bin. Es ist eine Mühsal für mich, Ihnen zu schreiben. Es saust mir in den Ohren, als ob es mich betäuben wollte.

Viele Grüße, mein Lieber!

Sonntags, sehr spät [Februar 1776]

Sehen Sie wohl, ich wusste es. Wenn ich auch ein wenig daran zweifelte, so habe ich Ihnen doch vorausgesagt, dass Sie nicht kommen würden. Der Moment hat Sie verführt, und ich freue mich darüber. Sie werden sich amüsiert haben, und ich, ach ich war durchaus nicht verdrossen. Ich habe zwar das Unbehagen gehabt, auf Sie zu warten, indessen vermelde ich das bloß, ohne mich im Geringsten zu beklagen.

So habe ich eben heute jemanden zu sehen bekommen, der zwei Tage lang nicht da war. Mein Lieber, Sie lieben mich wohl, aber Sie haben heute Vormittag keine von all den Fragen getan, mit denen mich die andern überhäufen. Ob ich Fieber gehabt hätte? Ob ich gut geschlafen habe? Wie viel Hustenanfälle ich in den letzten vierundzwanzig Stunden gehabt? Und so weiter! Und so weiter!

Lieber Freund, erklären Sie mir, wenn Sie imstande sind, wie es nur möglich ist, dass man Sie auch nur ein wenig lieb behalten kann, wenn man sich überzeugen muss, und zwar ganz augenscheinlich überzeugen muss, dass Ihre angebliche Liebe völlig bar ist von Anteilnahme, Rücksicht, Aufmerksamkeit, Freundschaft, kurzum von all den Dingen, nach denen sich eine zärtlich Liebende sehnt?

Ich glaube wohl, wenn Sie Zeit dazu hätten und ab und zu darüber nachdächten, wie viel man Ihnen darbringt und wie wenig Sie dafür geben, so müssten Sie die von Ihnen Betrogenen entweder tief bemitleiden oder arg verachten.

Sagen Sie, wem gehört der heutige Abend? Der Arbeit oder Frau von M[ontsauge] oder wem? Es gehört unbedingt eine sehr glückliche Natur dazu, nie recht zu wissen, was man tun soll. Ich gestehe allerdings, dass ich für meine Person andre Begriffe vom Glück habe. Wenn ich mein Leben noch einmal beginnen sollte, so hätte ich nach dieser Sorte Glück kein Verlangen. Es ist mehr dazu geschaffen, die Eitelkeit als das Innenleben zu befriedigen. Aber jeder nach seinem Geschmack! Der Ihre ist vielleicht besser als jeder andre, denn Sie sind recht zufrieden, und dazu beglückwünsche ich Sie von ganzem Herzen.

Gestern habe ich eine sehr wonnige herzliche Freude erlebt. Ich habe Herrn von Saint-Chamans umarmen dürfen. Es geht ihm besser, aber gesund ist er nicht, und sein schlechter Zustand stimmt ihn sehr traurig, weil er gern lange leben möchte.

Das Tauwetter hat mich wieder etwas auf die Beine gebracht. Heute war mein Zimmer den ganzen Tag voller Besuche. Das macht mir weder Vergnügen noch Verdruss. Ich bin still geblieben. Mein Husten war geringer. Frau von Durtal hat mir liebenswürdigst einen Saft gebracht, der mir gestern und heute als Linderungsmittel gedient hat. Seit drei Monaten lebe ich vom Opium. Man hat mich beredet, darauf zu verzichten.

Gute Nacht!

Sie sehen: So lasse ich mich zur Plauderei mit Ihnen verführen, während ich doch in meinem Bette liegen sollte. Es geht mir nicht so wie Ihnen, der Sie mich auch heute Morgen so rasch wieder verlassen haben.

Dienstags, elf Uhr [Februar 1776]

Sie sind noch nicht da. Mein Gott, Ihre Besuche bringen meiner Seele Freude und Trost. Ich habe das so nötig. Ich bin traurig und mutlos, ich leide, ich habe heute wieder mehr Fieber, weil meine Schmerzen stärker sind. Mein Lieber, gestern Abend ist es mir sehr schlecht gegangen. Mein Körper und meine Seele waren in Krämpfen. Ich habe dabei immer an Sie gedacht. Welche Wonne ist doch in dem Weh, das Sie mir bereiten!

Sagen Sie, wann sehe ich Sie? Erinnern Sie sich, dass Sie mir versprochen haben, zu Tisch zu der herrlichen Frau [Geoffrin] zu gehen,[177] die nur noch am Leben hängt, um den schönen Wahlspruch zu betätigen: Geben und Vergeben! Ich liebe sie herzlich. Bester, lieben wir sie alle beide! Ihnen vermehrt sie Ihr Glück, und mir mildert sie mein Leid.

Gute Nacht!

Freitags [Februar 1776]

Ach was. Sie irren sich! Ich fehle Ihnen nicht. Aber gleichwohl, da Sie es wollen, so werde ich Sie erwarten und den Abend mit Ihnen verbringen. Offen gestanden heißt das: Ihnen meine Ruhe opfern! Das tut mir leid, weil es zu Ihrem Vergnügen doch nichts beiträgt. Es gibt zwei Dinge in der Welt, die kein Mittelmaß vertragen! Ich verabscheue die Mittelstraße, ich bin nicht dafür geschaffen, und Sie führen mich auf sie! Ach, warum habe ich Sie kennengelernt! Ich hätte die Reue nie gespürt und existierte längst nicht mehr. Was haben Sie in mein Leben hineingebracht?

Ich will Ihnen keine Vorwürfe machen, denn ich weiß ja genau, Sie haben das nicht in sich, was das Glück einer sehnsüchtigen Seele ausmacht. Ich will Ihnen nur das tiefe Bedauern ausdrücken, das mir mein schrecklicher Fehlgriff bereitet.

Bringen Sie mir den Brief der Frau von Boufflers und die von mir zurück!

Herr von Vaines wird heute Abend nicht kommen; er war gestern bis elf Uhr bei mir. Er hat mich gebeten, Sie an den Montag zu erinnern, da er nicht weiß, wo Sie wohnen.

Besten Gruß! Also auf Wiedersehen heute Abend, aber kommen Sie nicht allzu spät! Das wäre sehr liebenswürdig von Ihnen.

Dienstag [Februar 1776]

Ich schicke Herrn von Larochefoucauld fort, um Ihnen zu antworten. Ihre Güte, Ihre rege Anteilnahme rührt mich tief. Aber, mein Lieber, wenn Ihre Liebe schwermütig und schmerzlich ist, so muss ich wünschen, dass sie erkalte, denn es ist mir schrecklich, Ihnen wehzutun. Ach, wir müssen alle

---

[177] Julie pflegte jeden Mittwoch bei ihr zu Tisch zu sein.

beide dasselbe Bedauern empfinden! Der Tag, der uns zusammengeführt hat, war ein rechter Unglückstag. Wäre ich doch am Tage vorher gestorben!

Den ganzen Tag habe ich Schmerzen gehabt und dabei, was außergewöhnlich ist, eine Mattigkeit, wie ich sie im Verein mit der Heftigkeit der Schmerzen nicht für möglich gehalten hätte.

Mein Wiedersehen mit Frau Geoffrin war wonnig-wehmütig.[178] Es schmerzte mich. Ich hatte ihr Ende näher als das meine gesehen. Ich vermochte meiner Tränen nicht Herr zu werden; sie übermannten mich, als ich sie sah. Ich war tief erschüttert. Ach, die Bande des Lebens sind allzu stark; sie sind mir tief ins Herz hineingewachsen. Ich wähne nichts als Leid und Reue in mir zu haben, und doch finde ich oft meine Seele so voll von Liebe und allerlei Anteilnahme, dass mir das Herz brechen will.

Wenn Sie sich weiterhin über meinen schlechten Zustand aufregen, so machen Sie ihn mir schließlich unerträglich. Ich kenne Sie genau, mein Lieber. Mein Todeskampf wird Ihnen ein Leid sein, mein Tod eine Erleichterung. Und die rasche Beweglichkeit Ihrer Gedankenwelt bürgt mir dafür, dass Sie Ihr ganzes Leben lang vor großem Herzeleid bewahrt bleiben. Ich bin froh darüber. Ich bin dem Himmel dafür innig dankbar.

Morgen ist Ihr Donnerstag. Bleiben Sie ihm treu! Doch, ich weiß nicht, was ich sage. Morgen ist ja erst Mittwoch. Kommen Sie also, mein Lieber, wenn Sie so mutig und gut sind, denn es gehört Mut dazu, den Anblick von Schmerzen und Mutlosigkeit zu ertragen.

Gute Nacht! Ich will mich in mein Bett legen, das ich eigentlich gar nicht verlassen sollte.

Mitternachts [März 1776]

Sie müssen mir schreiben!

So sagen Sie. Wahrlich, ebenso gut könnten Sie sagen: Klettern Sie auf den Mond!

Mein lieber Freund, ich will es tun. Es tut mir nur leid, dass ich es nicht lediglich auf Ihre Bitte hin tue. Ein andrer [d'Alembert] hat mich dazu genötigt, Tränen in den Augen. Verzeihen Sie mir das!

Aber ich finde mich nicht. Warum bin ich so heftig erbittert auf mein Leben? Hat sich je jemand besser auf die Liebe verstanden als ich? Du lieber Gott, dieser Ruhm ist mit dreißig Jahren Leids, und zu guter Letzt mit dem Tode,

---

[178] Sie war fast ein ganzes Jahr lang schwerkrank gewesen und ist am 6. Oktober 1777 gestorben, hat also ihre Freundin nur um 1/2 Jahr überlebt.

genug bezahlt. Ich glaube nicht, dass mich die Kinder der Welt darum beneiden.

Gute Nacht, mein Lieber! Schreiben Sie mir!

Mittwochs, elf Uhr [März 1776]

Warum argwöhnen Sie, ich hegte ein hässliches Gefühl? Sehen Sie mich doch genauer an. Hätte ich Kraft dazu, selbst wenn ich Lust dazu verspürte? Und dann gehörte doch ebensoviel Unart wie Ungeschicklichkeit dazu, Empfindlichkeit an den Tag zu legen, wenn man wie ich an einem Punkte angelangt ist, wo man keine Abwehr und keine Rache mehr begehrt. Lieber Freund, ich sterbe. Damit ist alles andere abgetan!

Aber wissen Sie, Ihnen wäre die schreckliche Stimmung, die Sie in mir argwöhnen, dienlich. Als Gegenmittel zu der Ihrigen. Die Gefahr, in der ich schwebe, hat ein altes Gefühl in Ihnen wieder etwas auflodern lassen. Das müssen Sie wieder ersticken. Seien Sie kalt und hart, meiden Sie ein Geschöpf, das nur noch Trübsal und Grauen um sich verbreitet. Kurz, Sie müssen sich in eine Stimmung bringen, in der Sie gegen alles Leid gefeit sind, wenn das Ende vom Liede da ist.

Diesen Rat gibt Ihnen mein Edelmut und meine Fürsorge um Ihren Seelenfrieden. Er kommt mir aus tiefstem Herzen. Widersetzen Sie sich nicht aus moralischen Gründen, mein Lieber. Man ist dem nichts mehr schuldig, der auf alles verzichtet hat. Sie sehen es. Meine Seele ist keinem Trost mehr zugänglich. Kaum wage ich, mir etliche Augenblicke der Linderung meiner körperlichen Leiden zu versprechen. Ich halte sie für ebenso unheilbar wie die meines Herzens.

Gute Nacht!

Ich habe viel auszustehen. Ich wünsche, dass Sie nicht das Gleiche von sich sagen können. Würde es Ihnen viel Mühe machen, die fünfzehn bis achtzehn Briefe zusammenzusuchen, die Sie noch von mir haben? Der Gedanke, es könnte jemand Drittes darüber verfügen, befällt mich häufig, und bei meinem Zustande ist mir das schmerzlich.

Denken Sie daran, dass morgen Ihr Donnerstag ist! Sie vergessen es, aber ich muss mich dessen erinnern.

Freitags, zehneinhalb Uhr [März 1776]

Um acht, als ich Ihren Brief erhielt, konnte ich weder lesen noch schreiben noch diktieren. Ich hatte einen heftigen Anfall von Husten und Schmerzen, sodass ich erst eine Stunde darauf Ihren Brief aufmachen konnte.

Heute Morgen waren meine Schmerzen so stark, dass eine Entzündung drohte. Ich habe alles getan, um mir Linderung zu verschaffen, und Sie sehen gewiss ein, in diesem Zustande musste ich meine Türe verschlossen halten. Der Erzbischof von Aix und zwei andere Besucher waren geraume Zeit vor Ihnen da. Aus welchem andern Grunde sollte ich Sie sonst nicht vorlassen? Weil Sie gestern nicht gekommen sind? Nein, solche Gefühle und Gedanken hat man nur, wenn man sich geliebt weiß, und vornehmlich, wenn man Freude erhofft. Aber in meinem Zustande gibt es davon nichts mehr. Ich schmachte nur nach Erleichterung.

Gute Nacht nun! Ich will mich zu Bett legen. Kommen Sie nicht morgen Vormittag. Meine Tür wird bis vier Uhr ausnahmslos für jedermann verschlossen sein. Ich bin nicht mehr Herrin meiner Leiden; sie beherrschen mich, und ich muss mich ihnen fügen. Glauben Sie ja nicht, ich hätte kein Verlangen, Sie zu sehen. Ich bin nur tieftraurig, dass Sie den Abend in so trübseliger Art hier verbringen sollen, während Ihrer anderswo allerlei Fröhlichkeit harrt. Kein Opfer mir zuliebe, bester Freund!

Freitags, sechs Uhr abends [März 1776]

Ach ja, ich verstehe schon Ihre Großmut. Sie möchten, ein andrer soll mich wieder an das Leben fesseln oder mich wenigstens dem Tod entreißen, dem Sie mich geweiht haben.

Wie dankbar muss ich Ihnen sein! Der Hass könnte nicht besser für mein Glück und meinen Frieden gesorgt haben, der Hass, mit dem Sie damals – hätte es der Himmel nur gefügt! – mein schamloses Entgegenkommen hätten beantworten sollen, statt mit dem unheilvollen Gefühl, das Sie verleitet hat, mir das Leben zu retten!

Doch das wollte ich Ihnen nicht sagen; ich wollte mich bei Ihnen dafür bedanken, dass Sie mir Nachricht gegeben und von mir welche erbeten haben. Sie lauten über mich schlechter denn je, aber immer noch zu gut.

Freitags, zehn Uhr abends [April 1776]

Freundschaft tut Wunder! Es handelt sich um Folgendes: Herr von Saint-Chamans hat ein Urlaubsgesuch eingereicht. Wenn es ihm nicht bewilligt wird und er nach Monaco [seiner Garnison][179] gehen muss, so ist er ein verlorener Mann. Das hat er in zwei vergangenen Jahren genug verhängnisvoll erfahren. Ich will damit nicht gesagt haben, Sie sollen seine Verabschiedung betreiben, das wäre vielleicht nicht das, was nottut. Aber halten Sie ihm seinen schlimmen Zustand vor, sprechen Sie von der Gefahr, in die er rennt, einmal, indem er das nicht macht, was man ihm zur Wiederherstellung verschrieben hat, und dann, indem er sich einem Klima aussetzen will, das ihm tödlich wäre. Kurzum, mein lieber Freund, seien Sie der Anwalt seines Lebens! Damit wenden Sie von dem, was mir zu dulden noch übrig bleibt, eine große Trübsal ab. Sagen Sie dem Baron[180], er soll Sie dabei unterstützen, dem jungen Manne die Gefährlichkeit des Seeklimas vorzuhalten.

Ich erwarte von Ihnen Nachricht. Sie haben mir welche versprochen. Ich denke doch, es ist natürlich und süß mit einer zu plaudern, die Ihnen ihr Leben geweiht hat. Jemandem, der im Begriffe steht, es zu verlieren, hat man freilich nicht mehr viel zu sagen.

Wahrlich, ich kann nicht mehr. Gute Nacht!

Mittwoch [April 1776]

Gestern war ich dem Nichts nahe. Ich war derartig erschöpft, dass mein Zustand dem Tode glich. Aber leider war er es nicht.

Um sechs Uhr kam ich auf den Gedanken, Sie könnten mir vielleicht nahe sein, aber vielleicht auch im Geiste sehr fern. Ist man sich nicht selbst im nämlichen Gemach oft unendlich fern! Lieber Freund, kommen Sie doch nicht mehr um zehn Uhr abends. Kommen Sie früher, und kommen Sie im Mantel und in hohen Stiefeln, kurzum so, dass Sie sich auf keinen Fall erkälten können. Ihre Straße, die Rue de Grammont, liegt ziemlich weit weg. Sie sollten im Wagen kommen und können ihn ja wegschicken.

Herrn von Saint-Chamans geht es nicht schlimmer. Aber das ist auch alles. Sein Zustand macht mir große Sorge für die Zukunft. Sie sind ein guter und überaus liebenswürdiger Mensch, weil Sie sich meiner Angelegenheit annehmen wollen. Herr von Vaines hat mir gestern allerlei von Ihnen erzählt. Ich bin nicht allein. Das stört mich beim Schreiben. Auf Wiedersehen heute Abend, lieber Freund! Lassen Sie kein andres Verlangen aufkommen. Noch eine Bitte: Bringen Sie mir das Tagebuch Ihrer Reise nach Preußen und

---

[179] Dem Standort des Obersten Vicomte de Saint-Chamans.
[180] Vielleicht der Baron von Holbach.

Wien[181] mit. So wie es ist. Wenn Sie mir das abschlagen, sind wir geschiedene Leute.

Montags, zehn Uhr abends [April 1776]

Mein lieber Freund, Sie haben mich sehr schwach, sehr unglücklich gesehen. Gewöhnlich bannt Ihre Gegenwart meine Leiden und gebietet meinen Tränen. Heute haben sie mich überwältigt. Ich weiß nicht, ist es das Leid meiner Seele oder das meines Körpers, das mir mehr Schmerzen bereitet? Das Übel ist so tief, dass ich soeben tröstende Freunde abgewiesen habe. Ich will lieber allein bleiben, Ihnen diese Worte schreiben und mich dann niederlegen.

Ich erinnere mich, dass Sie mir gesagt haben, Sie blieben die Dienstage und Donnerstage am liebsten zu Haus. Ich gebe Ihnen Ihr Wort zurück. Mein Lieber, niemals habe ich weniger gewünscht, dass Sie mir Opfer brächten! Ach, Sie sehen ja, ob ich fähig bin, an irgendetwas Genuss zu haben! Ich rufe Ihnen nur laut zu: Reißen Sie mir meine Wunde nicht auf! Damit sind alle meine Wünsche zu Ende.

Mein lieber Freund, wenn Sie morgen zu mir kommen, bringen Sie mir den Rest Ihres Reisetagebuches mit, meine Briefe und mein blaues Heft. Wenn Sie es gerade bei der Hand haben, geben Sie es meinem Groom.

Mein Lieber, haben Sie mein Briefchen dem Hauswirt gegeben? Ach Gott, es tut mir so leid, dass ich Ihnen mit dieser neuen Wohnung so viel Mühe mache.

Auf Wiederseh'n!

Ich habe wirklich nicht die Kraft, meine Feder zu halten. Ich kann nichts mehr als leiden. Ich bin an der Station meines Lebens angelangt, wo es fast ebenso schmerzlich ist, zu leben als zu sterben. Ich habe Angst vor noch mehr Schmerz. Meine Seelenpein hat mich aller Kraft beraubt. Mein lieber Freund, stützen Sie mich, aber leiden Sie nicht auch, denn das wäre mir der Übel fühlbarstes.

Ich wiederhole Ihnen friedlich und schlicht, entziehen Sie den morgigen Abend nicht den Ihren!

Morgen ist Dienstag ...

---

[181] Später gedruckt als: Journal d'un Voyage en Allemagne, fait en 1773, ... par Guibert. Paris 1803, 2 Bände. Auch deutsch (gekürzt): Guibert, Reise durch Deutschland, Hamburg 1805.

[Mai 1776]

Ohne Maß! Ganz so, wie Sie selber sind. Zweimal in der Nacht zu schicken! Bester und leichtherzigster aller Menschen, beruhigen Sie sich, ich bitte Sie immer wieder darum! Sie verschlimmern nur meine Leiden. Wenn auch Sie noch leiden, tut mir das nur weh.

Ich habe eben ein Linderungsmittel eingenommen. Erleichterung spüre ich noch nicht. Ich liege im Bett, und immer wieder denke ich unter Schmerzen daran, dass Sie leiden.

Kommen Sie nicht vor Mittag!

Leben Sie wohl!

Sonnabends, vier Uhr [18. Mai 1776]

Mein lieber Freund, Sie sind zu gut, zu liebreich. Sie möchten ein Herz, das endlich unter der harten Last seines Leids zusammenbricht, wieder aufleben lassen. Ich fühle den ganzen Wert Ihres Wollens, aber ich verdiene es nicht mehr.

Es hat eine Zeit gegeben, wo mir von Ihnen geliebt zu werden keinen andern Wunsch übrig gelassen hätte. Ja, in dieser Liebe wäre vielleicht meine Reue erloschen. Mindestens hätte sich ihre Bitternis in Wonne gewandelt. Da hätte ich leben mögen. Jetzt will ich nur noch sterben. Ich habe keinen Ersatz, keinen süßen Trost für das gefunden, was ich verloren hatte. Ich hätte Mora nicht überleben sollen.

Mein Lieber, das ist das einzige herbe Gefühl, das ich in meiner Seele gegen Sie finde. Es war ein unseliges Geschick, das Sie einst zu mir geführt! Es hat mich Tränen und Schmerzen gekostet, und schließlich bin ich daran zugrunde gegangen. Ich möchte Ihr ferneres Schicksal gern kennen. Ich möchte, dass Sie, Ihrer Veranlagung gemäß, glücklich würden. Ihr Charakter und Ihre Gefühlsart werden Sie niemals tiefunglücklich werden lassen.

Ihren Brief habe ich um ein Uhr erhalten. Ich lag gerade in glühendem Fieber. Wie viel Mühe und Zeit ich dazu brauchte, um ihn zu lesen, das kann ich Ihnen nicht sagen. Aber ich wollte ihn nicht liegen lassen. Dies mühselige Lesen hat mich fast ins Delirium gebracht.

Ich erhoffe Nachrichten von Ihnen heute Abend.

Leben Sie wohl, mein lieber Freund! Sollte mir das Leben noch einmal geschenkt werden, so möchte ich es von Neuem dem weihen: Sie zu lieben. Aber es ist vorbei.

Dienstags, vier Uhr [21. Mai 1776]

Mein lieber Freund, ich liebe Sie. Das ist die einzige Arznei für meine Leiden. Nur Sie könnten das in Gift verwandeln, und von allen Giften wäre dies das rascheste und stärkste.

Ach, es fällt mir so schwer, zu leben, dass ich Sie beinahe flehentlich bitten möchte, mir diese Arznei mitleidig und großmütig zu reichen. Es würde meinem qualvollen Todeskampf, der Ihnen bald zur Seelenpein werden wird, ein Ende setzen.

Ach, mein lieber Freund, machen Sie es, dass ich Ihnen meinen letzten Frieden zu danken habe! Aus Edelmut! Seien Sie einmal grausam!

Ich vergehe.

Leben Sie wohl![182]

---

[182] Julies letzter Brief. Nachdem sie ihn mit zittriger Hand geschrieben und versiegelt hatte, ließ sie d'Alembert zu sich bitten. Mit kaum noch hörbaren Worten dankte sie ihm demütiglich für alle seine Güte und Treue und bat ihn um Vergebung für ihre Undankbarkeit. Ergriffen, hatte er nicht die Kraft, sie zu fragen, was sie damit meine. Beide weinten. Als es dunkelte, fiel Julie in eine lange Ohnmacht. Durch ein herzstärkendes Mittel wieder erwachend, flüsterte sie erstaunt: »Lebe ich noch?« Das waren ihre letzten Worte. Zwei Stunden nach Mitternacht, also Mittwoch den 22. Mai 1776, hörte sie auf zu atmen.

Am folgenden Tage fand die schlichte Totenfeier in der Saint-Sulpice-Kirche statt. Ihrem Wunsche gemäß (Testament vom 11. Februar 1776) wurde sie »wie die Armen« begraben. Hinter dem Sarge schritten als Erste d'Alembert und Condorcet, ihre beiden besten Freunde. Guibert folgte in aufrichtiger Trauer mitten im Zuge der zahlreichen anderen.

Einen Denkstein auf ihrem Grabe hat sich Julie verbeten.

I.
Der Graf Guibert

Gezeichnet von Julie de Lespinasse

Guibert sieht vornehm aus, ohne auffallend zu sein. Seine Züge sind regelmäßig und fast immer dieselben; ein sanfter versonnener Ausdruck ist ihnen eigen. Seine Haltung ist nachlässig. Sein Lachen völlig natürlich, geradezu kindlich. Seine unendliche Fülle an Geist offenbart sich in der mannigfaltigsten Weise. Es ist nicht Anmut, was dabei zumeist vorherrscht; ja seine Art ist sogar ein wenig schroff. Drei Eigenschaften aber treten bis zur höchsten Vollkommenheit ausgeprägt daraus hervor: Beweglichkeit, Gedankenschärfe und Gründlichkeit. Für Philosophie, Literatur, Regierungs- und Verwaltungsangelegenheiten, zu allem sei er gleich geeignet, behaupten Leute, die ein Urteil darüber haben; in allem gleich gut unterrichtet, wisse er die Dinge immer umfassend zu betrachten und über alles etwas Brauchbares zu sagen. Die, die ihn nicht mögen, finden ihn unbeholfen und pedantisch; doch diese Meinung ist gewiss ebenso verstiegen wie falsch. Es ist wohl wahr, dass er kurz und bestimmt zu sprechen pflegt; vielleicht auch beeinträchtigt diese gerade Art die Leichtigkeit und Grazie der Unterhaltung. Sein Wissen äußert sich mehr mit Würde denn mit Witz. Doch keineswegs ist er ein Feind des Frohsinns; im Gegenteil, wie gern ist er dort, wo Fröhliche sind.

Man hält ihn für hochmütig; er selbst vermeint nur schüchtern zu sein, und ich neige dazu, beides für richtig zu halten. Im Anerkennen ist er zögernd; er lobt selten. Er ist in seinem Vertrauen vorsichtig und wenig herzlich, selbst zu Menschen, die er liebt. So kommt es, dass die meisten seiner Freunde ihm fremd bleiben und er ihnen. Man wirft ihm vor, sehr eingenommen von sich selbst zu sein, und es ist kaum zu leugnen; doch ist dies wohl nur eine Äußerung seines gerechten Sinnes, der sich selbst genau so beurteilt wie jeden anderen. Irgendwer hat von ihm gesagt, doch ist dies spitzfindiger als zutreffend, dass seine sichtliche Verlegenheit und Schüchternheit der steten Furcht zuzuschreiben seien, das, was er sagen wolle, könne sich nicht mit seiner eigenen Wertschätzung decken. Nach all dem wird man nicht erstaunt sein, dass sein zurückhaltendes, ernstes und gewiss auch etwas stolzes Wesen ihm viele Feinde eingetragen hat, zumal unter seinen Kameraden, die ihn sowieso aus Eifersucht hassen. Andrerseits haben ihm die Grundeigenschaften seines Geistes und seines Herzens sehr eifrige Freunde zugeführt, und was hierbei an Zahl fehlt, ersetzt ihm ihre große Anhänglichkeit. Er steht sozusagen an der Spitze eines Kreises geistvoller Menschen, deren wahrer Abgott er ist. Seine Anhänger und Freunde haben eine so hohe Meinung von seinen Fähigkeiten und seinen Verdiensten, dass etliche unter ihnen sich glücklich preisen, seine Zeitgenossen zu sein. Vielleicht wird manchem diese Hochschätzung übertrieben erscheinen, mir keinesfalls, die ich Guibert kenne und liebe. Es wäre auch sonderbar, wenn jemand einen so begeisternden Eindruck erweckte, ohne dessen durch hervorragende Eigenschaften in der Tat würdig zu sein. Und bei Guibert findet man solche in reichstem Maße. Keines Menschen Seele ist ritterlicher und mannhafter; niemand hat ehrlichere Grundsätze bei seinen Worten wie Werken, mehr Hang zum Guten, zur Menschlichkeit und mehr Kraft, dies auch zu betätigen.

Die ihn nicht kennen, finden ihn kalt, und doch ist er sehr leidenschaftlich; aber seine Leidenschaften sind wie sein Äußeres maßvoll und immer in seiner Gewalt. Er ist ehrgeizig; doch ist sein Ehrgeiz still und innerlich. Wohl sehnt er sich darnach, vorwärtszukommen, indessen ohne es fortwährend zu betreiben, vor allem ohne irgendwelche niedrige Mittel zu verwenden, um dieses Ziel zu erreichen. Er fühlt sich zu guten Taten berufen, und ein hoher Rang ist ihm nur begehrlich, weil er die Gelegenheit dazu am meisten bietet. Ist solcher Ehrgeiz nicht lobenswert? Ohne dieses hohe Ideal würde er sich der Einsamkeit und den Wissenschaften hingeben. Niemand hat schönere, großartigere und erstaunlichere Phantasie. Sein Urteil über alle eindrucksvollen und rührenden Werke ist unvergleichlich sicher und richtig. Es ist ein unsagbarer Genuss, mit ihm zu plaudern. Ich glaube, dass er ebenso empfindsam wie geistreich ist, und meiner Meinung nach ist dies das höchste Lob. Wägt man dies alles, so darf man wohl sagen, dass die Bewunderung für Guibert weiter geht als die Liebe zu ihm, wenigstens bei seinen Freunden, ebenso bei seiner Geliebten; denn es ist undenkbar, dass er keine haben sollte.

Ich fasse das Gesagte noch einmal zusammen: Guibert ist ein Mensch mit allen Tugenden, mit überragendem Geist und außergewöhnlichem Verdienst! Man muss danach trachten, seine Schätzung zu gewinnen, wenn man nicht das Glück hat, auf seine Freundschaft hoffen zu dürfen.

II.
Fünfzehn Briefe
des Grafen Hippolyte Guibert
an Julie von Lespinasse

Donnerstags [7. Juli 1774]

Liebe Freundin!

Ein paar Tage bin ich Ihnen schon manchmal fern gewesen, aber was sind zwei, drei Tage gegen ein Vierteljahr? Das bekümmert mich. Ich verfalle trüben Gedanken, und der Ort hier vermag sie nicht zu verscheuchen. Immer denke ich daran, dass Sie nicht glücklich sind, dass Ihre Gesundheit nicht fest ist. Kaum dem Leben wiedergegeben, weihen Sie es einem Gefühl, dem ganz anzugehören, Sie nie gewagt. Ihre Bedenken unterdrücken es einigermaßen, und die Trennung vernichtet es vielleicht ganz. Sie in solcher Verfassung zu verlassen, beunruhigt mich, aber mein Vater erwartet mich. Eigentlich hätte ich schon vor vierzehn Tagen abreisen sollen. Die Zeit drängt. Da ich unterwegs hier und dort verweilen muss und ich Ende Oktober zurück sein will, bleiben mir höchstens acht Wochen für den alten Herrn. Eine lange Zeit für mich Ruhlosen. Ich sorge mich um Sie. Ich sehne mich, von Ihnen zu hören. Sind Ihnen meine Briefe ebenso nötig? Wenn es so ist, will ich Ihnen häufig schreiben. Das wird mir die schreckliche Leere ausfüllen, die in mir sein wird, wenn mir Ihre Gegenwart fehlt, die Plauderei mit Ihnen, die liebe Gewohnheit, Sie beinahe alle Tage zu sehen. Diese Beziehungen und meine Studien sind der Inhalt meines Daseins. Mein ehemaliger Ehrgeiz ist erstorben. Durch Sie haben sich meine Begriffe von Ruhe, Ruhm, Glück völlig gewandelt. Bleiben Sie leben, liebste Freundin! Sie sind mir unersetzlich. Noch nie war meine Existenz so fest einer andern verbunden. Wohl habe ich schon stärker, ungestümer empfunden, aber noch nie dieses süße geruhsame Glück.

Genug jetzt. Abends mehr! Es geht heute keine Post hier ab, und so werde ich diesen Brief von dem Gute abschicken, wo ich heute zu Abend essen werde.

Wir sehen uns erst am Sonnabend wieder. Und am Montag reise ich! Du mein Gott, wie mich der Gedanke daran verfolgt und betrübt!

Graf Guibert

[Schloss La Bretèche] Freitag früh [8. Juli 1774]

Ich habe Ihnen gestern Abend nicht schreiben können. Es war spät, als ich schlafen ging. Frau von [Montsauge] wollte nochmals die »Lobrede auf den Marschall von Catinat« hören. Sie steckte in einem Umschlag, der Ihre Anschrift trägt. Sie sah es, und nun gerieten wir in eine endlose Auseinandersetzung. Sie beklagte sich bitter über meine Untreue, über meine Leichtlebigkeit, über die ewigen Liebeleien, die ich immer wieder hätte – zu ihrem

Nachteile. So nennt sie auch unsre Freundschaft, von der sie nicht weiß, warum sie so lebhaft ist. Sie hat erfahren, dass ich Sie alle Tage besuche, dass ich Ihnen alle meine Abende widme. Die Vorwürfe, die sie mir macht, beruhen nicht auf Leidenschaft, wohl aber auf Eifersucht. Sie hatte sich auf meine treue Kameradschaft verlassen, die ihres Herzens Frieden und ihres Lebensabends Sonne sein sollte. Und nun sieht sie, dass ich ihr entrinne. Sie war sehr zärtlich, sehr empfänglich, sehr mitteilsam. Dabei ist weder von meiner noch von ihrer Seite im Geringsten daran gerührt worden, wie vertraut wir einander gewesen.

Sie erzählte mir von ihrem Tun und Treiben, ihren Plänen, ihren Torheiten, ihren gegenwärtigen und ehemaligen Freunden, und wie sie ihr weiteres Leben zu gestalten gedenkt. In alledem war viel Vernunft, Lebensweisheit, Geist. Sie hätten sie hören sollen! Dass ich alle Fragen nach Ihnen so beantwortet habe, als stünden Sie hinter mir, dies brauche ich Ihnen nicht erst zu sagen. Ich habe ihr gebeichtet, dass ich eine unsagbare Freundschaft für Sie hege, dass ich mich dem Zauber Ihrer Persönlichkeit unmöglich entziehen kann, und dass dieses Interesse dadurch erhöht wird, dass in Ihrem Salon die erlesenste Gesellschaft ein und ausgeht und dass man nirgends vortrefflicher plaudern hört als dort. Kurz und gut, liebe Freundin, wenn Sie mich gehört hätten, wären Sie höchst zufrieden mit mir. Aber dieses Gespräch hat meine Melancholie nicht vermindert. Am Montag scheiden wir voneinander! Und auf drei Monate!

Über die Abreise bin ich mir noch nicht klar. Der Chevalier d'Aguesseau will mich abholen. Lässt er mich im Stich, so bin ich in Verlegenheit. Indessen, ich komme auf jeden Fall.

Ich muss Sie sehen, mit Ihnen plaudern!

Graf Guibert

Rochambeau, Dienstag, den 17. August [1774]

Liebste Freundin!

Ich bin gestern hier angekommen, gesund und munter. Seien Sie also ganz ohne Sorge! Herr von Rochambeau ist nicht zu Hause. Er hat in Paris zu tun, und er kommt erst morgen zurück. Infolgedessen werde ich zu meinem Leidwesen erst am Donnerstag in Chanteloup sein. Das ist ein verlorener Tag, weil ich sowieso wenig bei den Meinen bin. Warum aber klagte ich nicht ebenso, als ich wegen meiner Erkältung die Abreise von Paris aufschieben musste? Weil ich Sie hatte! Weil das Glück darüber größer war als die Sehnsucht nach meiner Familie! Erst das Vergnügen, dann die Pflicht; erst die Geliebte, dann die Familie! Ausgenommen große Familienereignisse.

Also am Donnerstagabend bin ich in Chanteloup. Das ersehnte Ziel ist das noch nicht, denn Nachrichten von Ihnen finde ich erst in Bordeaux. Es wäre grausam von Ihnen, wenn Sie mir nicht dorthin schrieben. Wie dankbar wäre ich Ihnen, wenn Sie sich dazu aufrafften, selbst wenn Ihre Zeilen von nichts anderem sprächen, denn von Mora. Sie wissen, liebste Freundin, dass ich Ihren Schmerz achte. Weinen Sie, wenn das Ihnen eine Erleichterung ist!

Mir wird es in dieser Unglücksstadt ebenso ergehen, denn auch für mich birgt Bordeaux trübselige Erinnerungen. Vor fünf Jahren kam ich zum ersten Male dahin, voller Leid, zum Sterben elend. Jetzt ist eine neue Liebe in das damals verzweifelnde Herz eingezogen. Damals stand ich an der Pforte des Todes; es ward mir nicht aufgetan. Ich sollte weiter leben und noch einmal lieben! Wahrlich, ich habe seitdem gelebt. Und mein Leid vergessen!

Wie kläglich schwach ist die menschliche Natur! Wie untreu und unbeständig! Immer kommt der Tag, an dem uns alles, was wir heute lieben und was uns heute wert ist, in nichts zerfällt, während wir leben bleiben und weiter leben!

Ach, lieber sterben, als sich noch einmal trösten zu sollen!

Was für ein Brief, Liebste! Er wird Ihre Seele mit Trübsal füllen, und gerade davon wollte ich Sie doch abhalten.

Leben Sie wohl! Ich will spazieren gehen, um, wenn es mir möglich ist, sonnigere Gedanken zu finden. Die Landschaft hier ist ganz eigenartig. Auf der einen Seite die grässlichste Einöde, herabhängende Felsen über dem Schlosse (ein Teil des Gebäudes ist daraus erbaut), Wälder, die reine Thebäis. Auf der andern Seite eine reizende Aussicht, der Lauf der Loire, Hügel mit Dörfern. Dahin will ich wandern. Unsere Phantasie ist so wandelbar, dass die Gegenstände der Außenwelt, ja selbst die seelischen Vorstellungen sie beeinträchtigen und ewig verändern. Ist das gut? Ist es schlecht? Ach, beides! Alles geht dahin, und wir auch. Das ist das Leben!

Ich bin zurück. Ich lese diesen Brief nochmals durch. Ich zögere, ihn abzuschicken. Doch, Sie sollen ihn bekommen! Warum sollte ich Ihnen eine Wallung meiner Seele verbergen? Und wäre es eine, über die man sich gewöhnlich selber täuscht.

Mein Spaziergang hat mich beruhigt. Andere Dinge beschäftigen mich. Ich habe wunderschön an Sie gedacht. Mir war, unsre Freundschaft hätte nie ein Ende. Ich habe dabei lächeln müssen. Ja, Sie werden mir immer lieb und wert sein. Und ich Ihnen. Tausend Dinge einen uns.

Leben Sie wohl! Schreiben Sie mir! Ich werde es aus Chanteloup tun.

Graf Guibert

Fontneuve, Sonnabend, den 10. September 1774

Ihr Brief erschreckt mich und stimmt mich traurig. Ich erhoffte von ihm Trost und Erheiterung. Sie schmähen mich mit beispielloser Härte. Sie sprechen von Hass, und in der Tat, Ihr Brief atmet ihn aus. Ich wäre niemals empfindsam gewesen, sagen Sie, niemals ein höherer Mensch. Ich sei falsch; ich hätte Sie betrogen.

Wenn ich Sie je wieder sehe, wenn Ihre Ungerechtigkeit uns nicht eine ewige Trennung schafft, wie müssten Sie beim Wiederlesen Ihres Briefes erröten! Ich verbrenne ihn nicht. Ich werde ihn nicht vernichten, wie ich dies sonst tue. Ich werde ihn aufheben. Nicht um ihn jener zu zeigen, die mir so teuer ist und der ich so zärtlich nahe gestanden habe, sondern um ihn Ihnen vorzuhalten, die mir dies war, aber nicht mehr ist, und die mir nur noch so wenig sein will.

Graf Crillon hat Ihnen erzählt, wie ich mich über Frau von M[ontsauge] geäußert habe. Er fragte mich, ob ich sie noch immer liebe, und da ich nie mit ihm vertraut gestanden habe, schuldete ich ihm da Rechenschaft? Sollte ich ihm mein Herz offenbaren? Was für Augenblicke wählen Sie, um mich so schmachvoll zu behandeln! Gerade den, wo meine Seele der Ihren näher stand denn je, wo ich so fest auf Ihre Freundschaft baute wie noch nie!

Leben Sie wohl! Sie haben mich das Bedauern kennenlernen lassen, aber nicht die Reue.

Wahrscheinlich haben Sie mir zum letzten Male geschrieben. Wahrlich, es ist besser, Sie verlassen mich ganz, als dass Sie mich kränken und mir sagen, Sie hassten mich!

Ich werde mich an Ihre Freunde wenden, um zu erfahren, wie es um Ihre Gesundheit steht.

Hippolyte

Fontneuve bei Montauban, Sonnabend, den 8. Oktober 1774

Liebe Freundin!

Herzlich gern will ich alle meine Briefe damit anfangen, Ihnen den Empfang und die Daten Ihrer Briefe anzuzeigen. Es ist Ihr volles Recht, von mir die größte Genauigkeit zu fordern. Ihre lieben gütigen inhaltsreichen Briefe machen mir zweimal in der Woche weniger fühlbar, dass ich so fern von Ihnen lebe. Die Mittwoche und Freitage sind in meinem Dasein dasselbe, was Ihnen die Mittwoche und Sonnabende sind. Die beiden letzten Nachrichten von Ihnen waren vom Freitagabend und vom Sonnabend nach dem Eintreffen der Post. Sie sind unruhig und besorgt. Es tut mir sehr leid, dass ich der Anlass dazu bin. Mein Gott, warum habe ich das bisschen Fieber erwähnt! Und doch wäre es nicht gut, wenn ich Sie in Unkenntnis davon gelassen hätte. Dies Fieber war eine Folge meiner seelischen Verfassung. Ihr Schweigen hatte mich erregt, der Gedanke, dass Sie mir grollen könnten. Den Beweis, dass es mit meiner Stimmung zusammenhing, habe ich darin, dass es am Tage nach dem Empfang Ihres Briefes weg war. Liebe Freundin, im Grunde sind Sie selber schuld an Ihrem Leiden. Ich bedaure Sie, und der Brief am Mittwoch hat mich tief bewegt. Ich habe den Eindruck, den der Brief von Herrn de Fuentes auf Sie gemacht, lebhaft mitempfunden. Sie haben recht: In keinem Roman könnte etwas Rührenderes und Edleres stehen wie die Bitte dieses ehrwürdigen Vaters. Hoffentlich entspricht ihr d'Alembert.

Aber warum verschlimmern Sie Ihr Leid, indem Sie sich einbilden, Sie hätten Moras Tod beschleunigt? Er trug ihn bereits seit zwei Jahren in sich. In Spanien war er zweimal nahe daran zu sterben; todkrank ist er abgereist. Der Konsul von Bordeaux hat mir gesagt, der Arzt habe ihm versichert, Mora hätte an und für sich unbedingt sterben müssen. Ihr Unglück ist schon groß genug, als dass Sie nach Umständen suchen dürften, es noch zu vergrößern. Weinen Sie, liebe Freundin, aber sagen Sie nicht, Sie hätten nun niemanden mehr, der Sie liebte. Sehen Sie nun nicht im Leben etwas Hassenswertes und im Lieben etwas Grässliches! Das Dasein bietet Ihnen doch noch Trost, Anregung, Teilnahme. Was schmähen Sie die Liebe? Ich segne sie tausendmal. Die Liebe hat Sie am Leben erhalten! Ihr verdanke ich es, dass ich Sie habe. Nie hat sie mir Kostbareres geschenkt. Sie durchströmt meine Freundschaft und verleiht ihr Leben und Leidenschaft. Hätte ich fieberkrank sein können, wenn es sich um das Stillschweigen und das Wohlergehen eines nicht geliebten Menschen handelte? Hätte ich Fieber bekommen, wenn mir irgendein gleichgültiges Wesen grollte? Hätte mich irgendwelcher andre Brief sofort geheilt? Bei einer derartigen gegenseitigen Anteilnahme leben wir, lieben wir gewiss in einer höheren Welt als drei Viertel der gesamten Menschheit. Seien wir darum nicht so unzufrieden mit unsern Herzen, und hoffen wir noch auf manche glückselige Stunde! (Nachschrift.) Ich soll Ihre Briefe verbrennen. Ich will gehorchen. Im nächsten Briefe werde ich Ihnen vermelden, dass es geschehen ist, und Sie können es mir wirklich glauben. Aber meinen Sie, dass es mir leicht fällt? Ich werde mich überwinden; ich bitte nur um ein paar Tage Frist. Ich möchte sie noch einmal lesen.

Verstehen Sie tatsächlich nicht, wie sehr ich an ihnen hänge? Ihnen geht es mit meinen Briefen nicht so – und Sie lieben mich? Wie bringen Sie dies zuwege? Aber wäre es nicht besser, ich brächte Ihnen die Briefe persönlich? Sie verbrennen sie dann selber. Die, die ich Ihnen schon gebracht, haben gewiss bereits dies Geschick erlitten. Wenn noch nicht, dann bitte ich um Gnade! Wir wollen sie alle vereinen, und sie bleiben in Ihren Händen. Geben Sie mir hierüber Bescheid! Erteilen Sie mir das Recht, sie bis zu meiner Rückkehr aufbewahren zu dürfen. Andernfalls werde ich seufzend gehorchen, aber ich gehorche.

Auf Wiederseh'n, liebe Freundin! Ich schreibe Ihnen mit dem nächsten Kurier. Ich liebe Sie von ganzer Seele, und Sie? Sagen Sie mir es, sagen Sie es mir immer wieder: Besitze ich die Ihre noch?

Fontneuve, Mittwochmittag [den 19. Oktober 1774]

Liebe Freundin!

Es geht besser; es geht gut! Ich bin ruhig. Jetzt bedaure ich, dass ich Ihnen meine Erregung mitgeteilt habe. Sie werden drei Tage in Unruhe gewesen sein. Sehen Sie, ich wusste ja nicht, dass Sie meine Sorgen teilen! Aber durfte ich daran zweifeln? Sie sind das edelmütigste, liebenswürdigste, vollkommenste Geschöpf, das es gibt!

Reden wir aber von holden trostreichen Dingen! Von Ihren Briefen! Ich habe deren zwei während der Krankheit meiner Mutter erhalten, und einen heute. Ich will nicht auf alles eingehen, was darin steht. Heute antworte ich Ihnen nur mit den drei Worten: Ich liebe Dich! Täglich erwirbt sich Ihre Freundschaft neue Rechte auf mich. Doch nein, Liebste, das ist nicht richtig: Sie erwirbt nichts dazu! Sie war von Anfang an wie sie heute ist. Unendlich wie das Weltmeer, das immerdar Zufuhr erhält und doch nie größer aussieht. Leben Sie wohl! Ich will die Post nicht versäumen. Ihre Briefe lese ich immer wieder. Ich möchte Ihnen noch tausenderlei darauf sagen. Eines indes will ich nicht aufschieben: Ihnen zu berichten, dass sich meine Abreise nur noch drei bis vier Tage hinziehen kann. Bei meinem Regiment bleibe ich auch nur drei oder vier Tage. In Bordeaux nur so lange wie nötig; in Chanteloup und in Ruffec ganz flüchtig. Ich brenne vor Sehnsucht, wieder in Paris zu sein, Sie wieder zu sehen, immer und immer wieder zu sehen und dessen nie müde zu werden.

Nochmals: auf Wiedersehen, liebe Freundin!

Hippolyte

Fontneuve, sonnabendabends [am 22. Oktober 1774]

Liebe Freundin!

Ich habe auf Ihre Briefe vom 9. und vom 14. zu antworten. Auch wenn ich Ihnen nichts zu erwidern hätte, würde ich schreiben. Ich antworte nicht bloß, weil Sie mir geschrieben haben. Solch oberflächliches Hin- und Herschreiben, wie es in der Welt gang und gäbe ist, soll nie und nimmermehr zwischen uns bestehen! Meine Briefe sind Ihnen ein Bedürfnis; ich versichere Ihnen: Es soll nie ungestillt bleiben. Es macht mir Freude, und die Freude, ist das nicht das Leitmotiv, das Hauptband aller Zuneigung?

Ich liebe Sie, aber nicht aus Pflichtgefühl, Ehrsinn und Dankbarkeit. Mein Gefühl ist völlig ursprünglich, und ich glaube, sogar unabhängig von dem Ihrigen. Sie machen mich überglücklich, indem Sie sagen, meine Liebe sei das wirksamste Mittel, Ihre Schmerzen zu lindern. Es soll Ihnen niemals fehlen! Es soll Ihnen immer zu Gebote stehen! Und es wird vor allem nie die hässlichen Folgen haben, die dies abscheuliche Opium hat, das Ihre Leiden nur fortzaubert, um sie dann umso schlimmer zu machen. Können Sie mir zuliebe nicht darauf verzichten? Liebe Freundin, das Opium ist nur für Menschen, die das Vertrauen zu sich selber verloren haben, die niemanden haben, auf dessen Herz sie sich verlassen können! Ist das bei Ihnen der Fall? Haben Sie nicht Freunde, deren Glück innigst mit Ihrem Dasein verwoben ist? Haben Sie insbesondere nicht mich? Fühlen Sie nicht, dass ich immerdar bei Ihnen bin? Selbst in diesem Augenblick, da uns dreißig Meilen trennen, müssen Sie es spüren, denn alle meine Gedanken umspinnen Sie!

Ich rate Ihnen die Musik. Ich begreife nicht, wie ich so lange habe leben können, ohne sie zu lieben; vor allem, dass ich sie nicht geliebt habe, als ich unglücklich war. Der Grund ist, dass ich immer nur unsere französische Singerei gehört hatte, die nie einen Nachhall in meiner Seele fand. Gluck, mit seiner »Iphigenie«, mit seinem »Orpheus«, hat mir einen neuen Sinn erweckt! Diesen Winter werde ich diese Musik mit Entzücken genießen. Ich werde sie genießen in dem Zimmerchen, Julies Theaterloge, wo ich dem »Dorfwahrsager« [von Rousseau] so wenig Gehör geschenkt!

Liebe Freundin, wie hat sich übrigens der Chevalier von Chastellux an Ihre Vorliebe für den »Orpheus« gewöhnt, er, der diese Oper für noch hundertmal schlechter als die »Iphigenie« erklärt hat? Wahrscheinlich plaudern Sie mit ihm gar nicht darüber, und das machen Sie recht. Er versteht doch nichts vom seelischen Eindruck, der gute Chevalier!

Mein Vater kommt erst im Januar nach Paris. Er trägt sich mit dem Gedanken, mich zu verheiraten. Demzufolge soll ich in dieser Gegend Wurzeln schlagen. Ich erzähle Ihnen noch davon. Ich werde Ihnen meine Lage genau darlegen. Sie sollen mir einen Rat geben. Wenn ich gezwungen sein sollte, zu heiraten, so möchte ich, der Vorschlag ginge von Ihnen aus. Dann würde mich mein Schicksal Ihnen nicht entfremden. Alles in allem bin ich weit davon entfernt, in ruhiger Stimmung zu sein. Ich bin fern dem Glück, und ich sehe keinen Weg, der mich ihm näher bringt.

Sie können mir nicht mehr hierher schreiben. Schreiben Sie nach Bordeaux, wo ich einige Zeit verweilen werde. Nach Livorno zu meinem Regiment muss ich auch. Dann aber werde ich eilen, so sehr ich kann. Ich zähle die Tage. Liebste, Sie sind mir mehr als die Meinen. Immer wieder lese ich Ihre Briefe. Wie sind Sie gütig, wie liebenswert, und wie seelenvoll! Ihr Erfolg in der Gesellschaft, die Verehrung Ihrer Freunde, der Mylord Shelburne, alles das zählt für mich nicht zu Ihren Reizen. Ich liebe Sie keineswegs, weil es Mode ist, Sie zu lieben! Ich liebe Sie, weil es mich zu Ihnen zieht!

Leben Sie wohl, liebe Freundin! Grüßen Sie d'Alembert von mir, den Grafen Crillon, den Chevalier [von Chastellux], Herrn von Vaines und alle, die von mir sprechen!

Seit acht Tagen nun schon will ich an Frau von Boufflers schreiben. Ich komme bei ihr zu keinem Anfang – und bei Ihnen zu keinem Ende. Nochmals: Leben Sie wohl!

Hippolyte

Donnerstagmorgens [im Januar 1775]

Es liegt ganz in meiner Hand, in Ihrem Verhalten keine Achtung, kein Vertrauen, keine Freundschaft mehr zu finden, – mit einem Worte, keines der Gefühle, die Sie mir ehedem vergönnt, und gewiss könnte ich in Ihrem Briefe vergebens nach einem Ausdruck suchen, der mich in meinem Glauben nicht bestärkte. Aber ich will mich nicht ganz darein verlieren. Dann müsste ich auch aufhören, Sie zu lieben. Dann müsste ich annehmen, dass Sie eine Frau wären wie die anderen, nachdem mein Herz Sie so lange Zeit hoch über sie alle erhoben hat. Nein, ich glaube den Worten nicht, die Sie mir sagen, und ich hege zurzeit nur einen einzigen Wunsch: von Neuem ein Zeichen Ihrer Zuneigung zu erlangen!

Sagen Sie: Warum verhalten Sie sich mir gegenüber so unwürdig und gemein? Ja, unwürdig und gemein! Diese Bezeichnungen verdient Ihr Benehmen! Welches Misstrauen könnten Sie sonst haben? Ich habe Ihnen erklärt, dass ich Ihre Briefe in einer Schatulle verwahre. Die, die ich bei mir hatte, waren, wie Sie gesehen, in der Brieftasche, die Sie mir dazu geschenkt haben. Genug! Daran zu denken, empört mich. Es ist mir qualvoll.

Hier sind Ihre Briefe! Alle bis auf den einen, in dem Sie sie zurückverlangen. Es wird Ihnen jetzt ziemlich gleichgültig sein, zu wissen, wann wir uns wieder sehen. Es wird Ihnen genügen, Ihren Wunsch erfüllt zu wissen. Es wird nicht heute und nicht morgen sein, nicht eher, als bis das schreckliche Gefühl getilgt ist, das Ihr Verhalten ohne mein Zutun in mir erweckt hat. Ich fürchte, Sie haben mich für mein ganzes Leben tief gekränkt. Sie aber werden ruhig sein. Nicht wie in mir wird bei Ihnen das Einst ewig weiter leben. Und so wollten Sie es!

Graf Guibert

[Am 11. Februar 1775, früh]

Liebe Freundin!

Ich muss Ihnen zuvor kommen, denn Sie warten doch auf mich. In welcher Stimmung befinden Sie sich heute? Nimmt Ihr Herz zurück, was es mir gestern gewährt? Bereuen Sie? Quälen Sie sich? Seien Sie versichert, Sie sollen zum letzten Male von solchen Bedenken heimgesucht werden! Reue? Mein Gott, ist denn Liebe ein Verbrechen? Sollen Sie sich nur immer halb verschenken? Wollen Sie Ihr Leben verbringen, sich selber zerreißend? Nein, ich mag nicht, was Sie nicht ganz geben, was Ihnen Überwindung kostet, Ihnen Leiden bereitet, was Sie gefühllos gewähren! Das eine betrübt mich, wie mich das andre kränkt.

Ich begreife die leidenschaftliche Erregung nicht, die mich gestern Abend übermannt hat. Vergebens bemühe ich mich, sie mir zu erklären. Warum machen Sie mir nicht das gleiche Geständnis? Wissen Sie nicht, dass die Liebe wie das Feuer alles läutert? Nur wo keine Liebe ist, gibt es Ungeziemliches. Ich werde Sie heute Nachmittag sehen.

Seien Sie gegrüßt!

Noch ein Wort! Ich gebe Befehl, man soll warten, bis Sie aufgestanden sind. Ihre Antwort wird man mir zu meinem Maler bringen. Wie freue ich mich darauf! Sie wird mich wieder beleben. Bis dahin bin ich wie tot.

Nochmals: guten Morgen, Liebste!

Hippolyte

Neun Uhr abends [im Mai 1775]

Liebe Freundin!

Ich bin allein und kann zu Ihnen reden. Den ganzen Tag über habe ich nicht die Kraft dazu gehabt. Ich konnte nicht einmal, als Sie bei mir waren, ein Wort an Sie richten. Dieser lange, für Sie so missliche Besuch ist dahingegangen, ohne dass ich mit Ihnen geplaudert habe! Was für ein seltsames, was für ein mir rätselhaftes Wesen sind Sie doch! Eine unglaubliche Mischung des Hehrsten und des Ungerechtesten! Sie kommen zu mir, obgleich Sie wissen, wem Sie bei mir begegnen! Ich sage Ihnen, dass die Leute um sieben Uhr kommen werden, und Sie bleiben! Warum? Um mir Qualen zu bereiten, um Zeuge meiner Erregung zu sein, um sich dann in Hass zu verzehren und mir Vorwürfe zu machen?

Sie blieben und redeten die Sprache des Himmels. Der junge Mann wurde von Ihren Worten umschmeichelt. Er ist noch immer entzückt von Ihnen, von Ihrem Wesen. Und ich, ich war tausendmal nahe daran, vor Ihnen auf die Knie zu sinken ...

Und dann! Was für einen grausamen Brief haben Sie mir geschrieben! Er vergiftet alles, was Sie mir Liebes angetan haben. Er klagt mich an. Was wollen Sie? Was verlangen Sie? Sie malen von mir und meinem Verhalten ein Bild, das mich durchschauert. Sie stellen mich an die Seite des Lovelace und ähnlicher verbrecherischer Romanhelden. Ein barbarisches Unterfangen. Ich begreife nicht, wie Sie dies vermögen!

Ich betrachte mich, ich untersuche mein innerstes Herz. Es beruhigt mich. Nein, ich bin Ihnen gegenüber nicht so schuldig, wie Sie mir das vorwerfen. Ohne Grund legen Sie mir die Absicht unter, Sie zu quälen, Sie ins Unglück zu bringen, Sie zu einer Leidenschaft zu verführen, nur um meine Eitelkeit zu befriedigen. Sie sagen, ich hätte Ihnen den Dolch in die Wunden gestoßen und ihn um und um gedreht. Ist dieser empörende Vergleich die Wahrheit? Somit habe ich Genuss an Ihren Tränen, an Ihrem Leiden, an Ihren Todesgedanken, an den unseligen Selbstquälereien, die Ihnen das Dasein verbittern! Sie legen in mich die Seele eines Henkers. Ich, ich müsste empört, entrüstet sein; aber ich liebe Sie und verzeihe Ihnen!

Liebe Freundin, werden Sie wieder ruhig, werden Sie ruhig! Ich beschwöre Sie. Auch meine Seele, mein Körper bedürfen der Ruhe. Der heutige Tag hat mich furchtbar angegriffen. Ihr Brief, den ich nachts um zwei Uhr geöffnet habe, hat mich ganz krank gemacht. Ich habe den Schlaf nötig, um meine Kopfschmerzen zu betäuben und vor allem meine Gedanken, die nicht von

Ihnen lassen. Möge der Himmel uns allen beiden süßen Schlummer und ein glücklicheres Erwachen schenken!

Hippolyte

[Im März 1776]

Liebe Freundin, wenn ich Ihnen diesen Namen noch geben darf! Mehr denn je hat mich Ihr Zustand bis in die tiefste Seele mit Schmerz erfüllt! Der Gedanke daran verfolgt mich. Ich bin zu nichts fähig, vor Grauen wie erstarrt. Ich habe mit Ihnen geredet, bin vor Ihnen auf die Knie gesunken, habe Ihnen gesagt, dass ich Sie liebe, – und Sie waren wie eine Tote! Nicht ein Zeichen, dass dies Eindruck auf Sie machte! Sie leben und doch sind Sie nicht da. Beides in einem! Wie grässlich!

Ihre Abmagerung ist schrecklich; sie wird Tag um Tag schlimmer. Aber Ihre Magerkeit, Ihre bleiche Farbe haben mich nicht so erschüttert wie die grauenhafte Unempfindlichkeit, in der ich Sie gesehen.

Es ist klar: Sie lieben mich nicht mehr! Unter andern Umständen wäre diese Erkenntnis die qualvollste Marter. Aber Sie sterben und Sie wollen sterben! Das drückt mich so nieder und lässt kein andres Gefühl in mir aufkommen. Oh, meine liebe Freundin, Sie wollen sterben, und Sie wollen, ich solle die Schuld daran tragen! Sie wollen mein Leben vergiften durch solch unerträgliches Bewusstsein! Ich muss darunter zusammenbrechen.

Sie haben mir gestern nicht geglaubt, dass ich zwei Tage in Versailles war. Fragen Sie den Baron von Wimpffen, wenn Sie ihn sehen! Es ist entsetzlich, dass Ihnen mein Wort nicht mehr genügt. Wohl habe ich mir vorzuwerfen, vor Ihnen nicht immer die Wahrheit eingehalten zu haben, aber wenn dies zuweilen geschah, war es mir immer anzusehen. Sie mussten merken, dass es mir fremd war, dass es aus Zartgefühl getan ward, aus zwingender Notwendigkeit.

Ich habe Sie drei Tage lang nicht gesehen. Ich habe mehr denn Sie darunter gelitten, zumal Sie gegen alles tot sind, was von mir kommt, und ich voll am Leben bin. Jeden Abend hoffte ich, Versailles verlassen zu können. Noch vorgestern. Ich hatte alles zur Rückfahrt vorbereitet, um gegen neun Uhr bei Ihnen zu sein. Tausend Kleinigkeiten traten dazwischen, tausend Hindernisse, sodass ich erst halb elf in Paris anlangte. Und dann kam mir noch irgendwer in den Weg, zu dem ich mitgehen musste. Sie sind unerhört streng gegen mich! Sie wollen nicht einsehen, dass Arbeit und Beruf einen Teil meines Lebens völlig in Anspruch nehmen. Den andern möchte ich Ihnen weihen. Sie allein bewegen mich. An Ihnen nehme ich den größten Anteil.

Ich liebe Sie, und Sie wollen sterben! Um alles, was mir die Seele rührt: Geben Sie diesen barbarischen Entschluss auf!

Antworten Sie mir, liebe Freundin! Es wird Ihnen das Herz erleichtern, die Seele befreien! Die meine ist in Trübsal und Grauen versunken. Und in dieser Stimmung soll ich arbeiten! Ich muss zum Erzbischof von Toulouse, und dann zu Herrn Joly von Fleury. Es gibt nur einen Ort auf Erden, wo ich sein möchte: dort, wo Sie weilen!

Hippolyte

[Im März 1776]

Liebe Freundin!

Ich habe Ihnen eben geschrieben. Unsere Briefe kreuzen sich also nicht. Ach, mehr als Sie mir glauben gehen meine Gedanken den gleichen Weg! Unaufhörlich eilen Sie den Ihren entgegen, oft unter Hangen und Bangen. Gestern haben Sie mir schrecklich vor der Seele gestanden. Ihre Tränen, Ihre erloschenen und doch so vielsagenden Blicke werden mich noch lange nicht verlassen. Sie haben mich kaum angeblickt; sonst müssten Sie gesehen haben, wie erschüttert auch ich war. Ich litt an Ihrem Leid und ich weinte mit Ihren Tränen. O Gott, heute ist Donnerstag. Ich hatte nicht daran gedacht, hatte ganz vergessen, dass heute Gäste bei meiner Schwiegermutter sind, lediglich meinetwegen. Ich bin immer nur für Sie da, als ob Sie allein in der Welt da seien! Wahrlich, in dem Zustand, in dem Sie sind, fühle und sehe ich nichts denn Sie! Ach, man liebt doppelt, wenn man den Verlust fürchtet!

Es ist wirklich nicht zu meinem Vergnügen, auch nicht aus Ehrgeiz, wenn ich nach Versailles gehe. Der Drang zum Guten ist es, der mich hinführt, mein Pflichtgefühl, meine Dankbarkeit einem alten Manne gegenüber, der mir Freundschaft bewiesen und dem ich neue Kräfte zuführen möchte. Wie kann man in Frankreich ehrgeizig sein, wenn man sieht, dass man mit dreißig Jahren noch nichts erreicht hat und ein genialer Kopf mit sechzig auch noch nicht? Liebe Freundin, in diesem Augenblick hege ich nur ein Verlangen, einen Wunsch, einen Gedanken: Sie sollen am Leben bleiben, und meine Liebe möge Ihnen Ihre Leiden mildern! Wenn ich daran denke, dass Sie sterben könnten, und – wie Sie sagen – meinetwegen, so erlischt alles in mir, Pflichten, geistige Interessen, jedwede Neigung, die nicht Ihnen gilt! Nur Sie schweben noch vor mir, heute wie einst, Sie, ohne die ich nicht leben kann.

Anbei Ihr blaues Buch! Ich glaube, Sie haben alle meine Reiseaufzeichnungen mit Ausnahme von zwei kleinen Heften, die ich nicht finden kann. Was Ihre Briefe anbelangt, so werde ich sie Ihnen heute mitbringen.

Auf Wiederseh'n!

Sie haben mich nicht wissen lassen, ob Sie beim Zubettgehen Fieber gehabt haben.

Hippolyte

[1776]

Ich fühle es, ich sehe es: Liebe Freundin, ich habe nichts mehr von Ihnen zu erwarten! Verzweiflung und Todessehnsucht haben sich meiner Seele bemächtigt. Sie sind mir himmelweit fern! Für mich hat Ihr Mund kein zärtliches gütiges Wort mehr. Und trotz Ihrer Schwäche ist es Ihr Wille, der mich zu dieser Qual verdammt!

Gestern noch, da haben Sie zu mir gesagt, Sie wünschten mir Glück, und Sie fügten hinzu: »Soviel wie Sie mir Leid angetan haben!« Welch ein Wunsch! Die Rache der Hölle könnte ihn nicht in grausamere Form bringen. Und ich, ich liebe Sie inniger denn je. Jeder Hoffnungsschimmer, den Ihr Arzt ausspricht, macht mich freudetrunken. Unablässig denke ich Ihrer. Ich schreibe Ihnen fortwährend. Ich küsse die Schwelle Ihrer Tür. Weisen Sie mich nicht zurück! Ich würde dort sterben vor Schmerz. Meine liebe Freundin, ja, noch immer meine liebe Freundin, das Leid, das Sie mir seit drei Wochen bereiten, genügt, alle meine Vergehen zu tilgen. Schauen Sie mir in die Seele! Sie ist zerrissen von Schmerz und Reue.

Ich fahre nach Versailles. Wenn ich vor elf Uhr zurückkomme, werde ich noch zu Ihnen kommen. Ich muss Sie sehen.

Hippolyte

Neun Uhr abends

Aus Barmherzigkeit! Aus Liebe! Lesen Sie, lesen Sie!

Seit fünf Uhr unterwegs, komme ich eben heim. Ich habe die vier qualvollsten und verdrießlichsten Stunden meines ganzen Lebens hinter mir: zwei bei Herrn Sabourrain, den ich im Auftrage des Grafen Saint-Germain aufgesucht habe, und zwei bei Herrn Joly de Fleury, um die bekannte Verfügung der Kriegsschule zu besprechen, zu erörtern, zu erläutern. Noch nie habe ich meine Geduld und meinen Verstand so zusammennehmen müssen, um mich durch all den schwierigen Formelkram dieser Dienststelle durchzuwürgen. Ob etwas Leidliches zustande gekommen ist, weiß ich nicht. Meine Fähigkeiten waren dauernd durch den Gedanken an Sie verwirrt und abgelenkt. Ich bin beinahe gestorben vor Sehnsucht, wieder bei Ihnen zu sein, zu Ihnen zu eilen, um zu wissen, wie es Ihnen gehe.

Endlich bin ich zu Haus. Man gibt mir Ihren Brief. Sie bitten mich, ihn zu lesen. Grausames Geschöpf! Ich habe ihn gelesen, dreimal gelesen, ihn in meinen Tränen gebadet! Ihr letzter Wille! Allein die Überschrift hat mich durchschauert. Das ist der Schatten des Todes! Ich Armer, was habe ich Ihnen getan? Sie stürzen mich in Verzweiflung.

Nicht aus Mitleid, nicht aus Menschlichkeit beschwöre ich Sie: Bleiben Sie am Leben! Vielmehr aus Eigennutz. Sie sind der Preis, die Vorbedingung meines eigenen Lebens! Beste Freundin, ich liebe Sie, ich liebe Sie! Wären Sie bei mir, unter Tränen würden diese Worte aus tiefster Seele zu Ihnen dringen!

Abermals lese ich Ihren Brief. Ich bin zerschlagen. Aber so schuldig, wie Sie vermeinen, bin ich nicht! Ich habe Sie immer geliebt. Ich habe Sie geliebt vom ersten Augenblick an, seit ich Sie kenne. Ihretwegen habe ich am Leben gehangen. Nur Ihretwegen. Und ich muss es Ihnen sagen, denn wenn ich in den Grund meines Herzens hinabtauche, so finde ich das als meinen tiefsten Gedanken: wenn ich zu wählen hätte zwischen Ihrem Tode und dem Verluste von allem, was mir lieb und wert ist, ich würde nicht zögern. Nun sterben Sie, Grausame! Wollen Sie mich vernichten mit dem Vorwurf, ich sei es, der Sie töte? Ich habe nicht die Kraft, noch mehr zu sagen. Die Tränen überwältigen mich ...

Geben Sie mir Antwort, wenn Ihre Seele noch einigermaßen empfänglich ist! Schreiben Sie mir! Ich leide mehr denn Sie. Ich habe kein Opium, das mich berauscht oder mich beruhigt. Alle meine Sinne, meine volle Gesundheit, meine ganzen Kräfte vereinen sich, mir Ruhelosigkeit und Leid zu bereiten. Schreiben Sie mir ein einziges Wort!

Wie spät es auch sein wird, dass ich aus Versailles zurückkehre, ich komme noch zu Ihnen. Gewiss, und wenn es noch so spät sein sollte. Also auf Wiedersehen! Ach, Ihr Herz lauscht meiner nicht mehr! Es ist zu Eis erstarrt.

Ich bitte Sie um ein einziges Wort!

Hippolyte

Ohne Zeitangabe

Ich soll mich beruhigen – und Sie sterben!

Der heutige Tag war Ihnen schrecklich, die Nacht wird grauenvoll für Sie werden; für mich reich an Schmerzen und ohne Schlaf. Ich leide grässlich, mit Leib und Seele.

Ich will zu Bett gehen. Ach, unselige Vorstellungen bestürmen mich! Aus Mitleid, aus Liebe, beste Freundin, stoßen Sie mich in meiner Verzweiflung nicht zurück!

Schicken Sie nach einem Arzt. Trinken Sie Milch, zumal Sie die Empfindung haben, es könne Ihnen Linderung gewähren! Ich schicke nochmals zu Ihnen. Ich muss wissen, wie es Ihnen geht. Um halb elf oder um zwölf kann ich Ihre Antwort haben. Ich werde noch wach sein, in Tränen vielleicht. Wenn ich allein bin, kann ich sie nicht unterdrücken.

Morgen Vormittag bin ich bei Ihnen. Ach, liebe Freundin, dass Sie mir nicht in die Tiefe meiner Seele blicken können! Sie würden gerührt sein. Sie könnten sich unmöglich entschließen, zu sterben.

Leben Sie wohl!

Hippolyte

III.

Inliegend das Testament
des Fräuleins von Lespinasse,
zu öffnen nach ihrem Tode

Hier ist mein letzter Wille, im Namen des Vaters, des Sohnes und des Heiligen Geistes.

Ich will, dass ein Chirurg der Charité oder eines anderen Krankenhauses mir sechs Stunden nach meinem Tode den Schädel öffne.

Ich will so wie die Armen bestattet werden und keinen Denkstein haben. Ich bitte Herrn d'Alembert, im Namen der Freundschaft, Sorge dafür zu tragen, dass dieser mein letzter Wille befolgt werde.

Ich vermache Frau [Marie Collot, genannt] Joinville[183], einer armen Frau, die ich liebe, 300 Franken, im Ganzen auszahlbar, und ihrem Sohne [Philipp Gabriel Collot] ebenfalls 300 Franken, im Ganzen auszahlbar. Ich bitte darum, dies als Dringlichstes nach meinem Tode anzusehen, weil beide bedürftig sind.

Ich vermache Frau [Luise Agnes] Saint-Martin, meiner Kammerfrau, die lange bei mir in Diensten ist und mit der ich sehr zufrieden bin, meine ganze Garderobe, Kleider, Wäsche, Spitzen usw.; ich schenke ihr das Bett und alle Möbel in ihrer Stube.

Meinem Diener [Eligius Raimbault] vermache ich den vollen Lohn eines Jahres, seine Anzüge, seine Bettstelle samt Betten und Bettzeug.[184]

Herr Graf d'Anlezi hat mir erlaubt, ihm ein Zeichen meiner Freundschaft zu hinterlassen; ich bitte ihn, meine Molière-Ausgabe in Quart und den *Dictionnaire [historique]* von Moreri anzunehmen.

Herrn von Guibert bitte ich, alles anzunehmen, was ich an englischen Büchern und an französischen Werken in Quart besitze, und alle sonstigen guten Ausgaben.

Herrn von Saint-Chamans bitte ich, als Zeichen meiner zärtlichen Freundschaft alle meine Manuskripte anzunehmen, sowohl die gebundenen wie die ungebundenen.

Frau von Saint-Chamans bitte ich als Dank für die Güte und Freundschaft, die sie immer für mich gehabt, mein Salonschränkchen aus Rosenholz anzunehmen. Da ich es tagtäglich benutzt habe, so hoffe ich, dass es sie zuweilen an meine innige Zuneigung erinnere.

Herrn Suard bitte ich, aus Freundschaft zu mir mein Rollpult aus poliertem Holze anzunehmen.

---

[183] Die Wirtschafterin.

[184] Sein Jahreslohn (einschließlich Kost- und Bekleidungsgeld) betrug 700 Franken. Er bekam aber den doppelten Betrag auf eine »mündliche« Anordnung Juliens an d'Alembert hin. Julie hatte noch einen vierten Dienstboten, eine Köchin, die eben erst ihre Stellung angetreten hatte und daher im Testament nicht bedacht worden ist.

Ich hoffe, Herr von Condorcet wird gern ein Zeichen meiner Freundschaft annehmen: ich schenke ihm die Büste d'Alemberts [von Houdon], die Büste und die Statuette Voltaires, sowie von meinen Stichen alle, die ihm gefallen, seien es Bildnisse oder sonstige Darstellungen.

Ich bitte Frau Geoffrin, die mich mit so vielen Gunstbeweisen überschüttet hat und die ich so zärtlich liebe, meinen kleinen Marmorvogel auf goldnem Postament gütigst annehmen zu wollen.

Herrn Roux, von dem ich so viele Beweise von Sorglichkeit und Güte empfangen habe, bitte ich, als schlichten Beweis meiner Dankbarkeit meine Taschen- und meine Stutzuhr gütigst annehmen zu wollen. Augustin Roux (1726-1776), Julies Arzt, ein Freund des Barons von Holbach. Er starb an einem Versuche an sich selbst mit Arsenik. Die Stutzuhr hatte einen Wert von hundertfünfzig Franken.]

Ich hoffe, dass Herr d'Alembert als Zeichen meiner zärtlichen Freundschaft gern annehmen wird: meinen Schreibtisch aus Rosenholz mit einer Marmorplatte, einen großen Schrank aus Rosenholz, in dem meine Bücher stehen, ein Schränkchen aus Rosenholz mit neun Schubfächern. Letzteres wird er nehmen, weil er die Schubfächer liebt. Ich bitte ihn inständig, darüber zu wachen, dass mir kurz nach meinem Tode der Schädel geöffnet wird.

Ich bitte den Erzbischof von Toulouse, die Erlaubnis zu erteilen, dass sein Bildnis in den Besitz von Herrn von Vaines übergehen darf. Ich weiß, wie wert es diesem sein wird, und ich freue mich, ihm dadurch meine Freundschaft beweisen zu können. Ich bitte Herrn d'Alembert, von meinen noch nicht erhobenen Renten alle meine Schulden zu bezahlen. Sollten diese Schulden meine Außenstände nach dem Verkauf meines übrigen Mobiliars übersteigen, so bitte ich, eine Abschrift meines Testaments Herrn Marquis [Abel] von Vichy[185], meinem Neffen, zu übersenden. Er wird daraus ersehen, dass ich derart auf seine Ritterlichkeit halte, dass ich ihn bitte, den Rest meiner Schulden zu begleichen. Diese Summe wird ihm nicht schwerfallen. Ich beweise ihm meine Achtung und meine Freundschaft, indem ich ihm dadurch, dass ich mich an ihn wende, den Vorzug vor den Albons gebe, die mir hier eigentlich aushelfen müssten, nicht aus Edelmut, sondern vielmehr um mir das Legat wiederzuerstatten, das mir einst beim Tode unserer gemeinsamen Mutter gestohlen worden ist.[186] Sollte aber nach Bezahlung mei-

---

[185] Über den Marquis Abel de Vichy, Julies Neffen und zugleich Halbbruder, der sie noch in ihren letzten Tagen besuchte, vgl. Einleitung.

[186] Die boshafte alte Marquise du Deffand schreibt an Horace Walpole am 9. Juni 1776 (Correspondance du Mdme du Deffand, II, 560): »Das Fräulein Lespinasse hat ein wirklich höchst lächerliches eigenhändiges Testament hinterlassen. Mein Neffe [der Marquis Abel de Vichy], der hier ist, wollte es sehen. Er behauptete, er habe ein Recht, das zu fordern. Schließlich

ner Schulden etwas Geld übrig bleiben, so vermache ich es Frau Saint-Martin als weiteres Legat zu dem obigen.

Das ist mein Wille, der, wie ich hoffe, getreulich vollstreckt werden wird.

Geschehen zu Paris, am 11. Februar 1776.

Julie von Lespinasse

---

zeigte man es ihm. Sie hat ihn da am Schopfe genommen, indem sie ihn als ihren Neffen Vichy qualifiziert. Sie hat ihren Testamentsvollstrecker d'Alembert beauftragt, ihren ganzen Nachlass zu verkaufen und von dem Erlös ihre Schulden zu bezahlen. Wenn das nicht lange, so verlässt sie sich auf die Freundschaft und den Edelmut ihres Neffen Vichy, dass er das Nötige hinzulege. Auf die Albons wolle sie gar nicht rechnen. Denn, sagt sie, sie habe, obgleich ihre Abkunft anerkannt sei, von ihnen nicht nur keinerlei Wohltat erhalten, im Gegenteil, sie hätten ihr ein mütterliches Legat gestohlen. Dieses Testament hat sie mit Julie d'Albon unterzeichnet.« Ähnlich höhnisch schreibt der Baron Grimm (Correspondance IX, 82): »Ihre Möbel hat sie d'Alembert vermacht, jedem ihrer Freunde eine Haarlocke und die Bezahlung ihrer Schulden dem Erzbischof von Toulouse.«

Kodizill

Den 11. Februar 1776

Ich bitte Herrn d'Alembert, baldigst nach meinem Tode in meinen Taschen und meinen Schubkästen nach zwei Bildnissen des verstorbenen Herrn Marquis von Mora suchen zu wollen. Auch möge er mir den Haarring vom Finger ziehen, den ich immer getragen habe und von meiner Uhrkette die beiden kleinen Herzen abmachen; eins ist aus Haaren, eins aus Gold. Alle diese Dinge soll er in ein kleines Kästchen legen, dazu ein Kärtchen an die Frau Herzogin von Villa-Hermosa[187] mit einem Vermerk, dass ich ihn sterbend beauftragt habe, ihr dieses Kästchen sorgsam zuzustellen. Das kann durch Vermittlung des Herrn d'Aranda[188] geschehen.

Ferner bitte ich Herrn d'Alembert, gütigst in seiner Gegenwart alle die Papiere verbrennen zu lassen, auf die ich oben darauf geschrieben habe: Zu verbrennen! Das steht fast auf allen meinen Manuskripten mit Ausnahme derer, über die ich im Testament verfügt habe. Ich bitte ihn tausendmal um Verzeihung wegen all der Mühe, die ich ihm machen werde, aber ich bitte ihn, sich angelegentlichst um alle Einzelheiten zu kümmern.

Ich besitze ein kleines Täschchen aus rotem Leder mit goldnem Schlosse; ich möchte, dass es eingesiegelt dem Herrn Grafen von Schönberg zugesandt werde, ebenso einen kleinen Haarring mit der Inschrift: S.C.L.J.

Lespinasse

---

[187] Die Schwester des Marquis de Mora (vgl. Einleitung).
[188] Der spanische Gesandte in Paris.

IV.
Julies Abschiedsbrief an d'Alembert

Donnerstags, sechs Uhr früh [16. Mai 1776]

Ich verdanke Ihnen alles. Ich bin in Ihrer Freundschaft so geborgen, dass ich mein letztes bisschen Kraft dazu verwenden will, ein Leben weiter zu ertragen, von dem ich nichts mehr zu hoffen und nichts mehr zu fürchten habe. Für mein Unglück gibt es weder Heilung noch Trost, aber ich habe das Gefühl, als ob ich mir Ihretwegen alle Mühe geben müsse, meine Tage zu verlängern, so sehr mir davor graut. Aber da es trotz meines guten Willens doch recht hoffnungslos mit mir stehen könnte, so will ich Ihnen vorsichtigerweise doch schreiben und Sie bitten, alle die Papiere ungelesen zu verbrennen, die in der großen schwarzen Brieftasche sind. Ich selber habe nicht die Kraft, sie anzurühren. Ich würde sterben, wenn ich die Handschrift meines Freundes Mora wieder sähe. Ferner besitze ich eine rosafarbene Mappe, in der sich seine Briefe befinden, die ich Sie ebenfalls bitte zu verbrennen. Lesen Sie sie nicht, aber heben Sie sein Bildnis aus Liebe zu mir auf! Auch bitte ich Sie, das zu vollstrecken, um was ich in meinem Testament bitte, das bereits in Ihren Händen liegt. Ich hinterlasse nur tausend Franken und soviel schulde ich Ihnen. Aber ich habe mehr Außenstände als Schulden. Die Herren von Vaines und Matignon werden Ihnen behilflich sein, meine Forderungen einzuziehen. Herr von Laborde, der Herzog von Orléans und Herr d'Albon haben mir noch die letzten Vierteljahrsbeträge zu zahlen. Ich gehe auf diese Einzelheiten ein, weil ich betrübt wäre, wenn sich meine Schulden und die kleinen Legate, die ich ausgesetzt habe, nicht begleichen ließen. Ich erinnere mich nicht, ob ich über den Schreibtisch verfügt habe, in dem Sie diesen Brief finden werden. Sollte es nicht der Fall sein, so bitte ich Sie, ihn zu Herrn von Guibert zu schicken und ihn zu bitten, ihn als Zeichen meiner Freundschaft anzunehmen.[189]

Leben Sie wohl, mein lieber Freund! Trauern Sie nicht um mich! Denken Sie daran, dass ich mit dem Scheiden aus dem Leben den Frieden finde, den ich sonst nicht mehr erhoffen konnte. Bewahren Sie die Erinnerung an Herrn von Mora als den edelsten, feinfühligsten und unglücklichsten Mann, der je gelebt hat. Fragen Sie Herrn von Magallon[190], ob er meine Briefe [an den Marquis de Mora] zurückerlangen kann. Zweifellos hatte er sie in einer großen Brieftasche bei sich. Erkundigen Sie sich, was man in Bordeaux damit gemacht hat, und wenn Sie sie wiederbekommen können, so verbrennen Sie sie, ohne sie zu lesen.

---

[189] D'Alembert hat von Julies Verhältnis zu Guibert niemals etwas erfahren; vgl. Einleitung.

[190] Der spanische Legationssekretär in Paris, Chevalier Fernando Magallon, in Galianis Briefen oft erwähnt.

Nochmals: Vergessen Sie mich! Erhalten Sie sich! Das Leben muss noch Wert für Sie haben. Ihre Tugenden müssen Sie daran binden. Leben Sie wohl! Die Hoffnungslosigkeit hat mir Herz und Seele eingetrocknet. Ich kann Gefühle nicht mehr ausdrücken. Mein Tod ist nur ein Beweis, wie ich Herrn von Mora geliebt habe. Der seine hat es nur allzu sehr bewiesen, dass er meine innige Liebe erwidert hat, mehr als Sie es je gedacht haben! Sei es! Wenn Sie dies lesen, werde ich von der Bürde befreit sein, die mich bedrückt.

Leben Sie wohl, mein lieber Freund, leben Sie wohl!

Lespinasse.

Einen Gruß von mir an Frau Geoffrin; sie hat meinen Freund gern gehabt.

Ich will mit dem Ring begraben sein, den ich am Finger trage. Sorgen Sie, dass alle Pakete an ihre Adressen kommen.

Leben Sie wohl, mein lieber Freund, auf ewig!

V.
Bibliographisches

1. Erstausgabe der Lespinasse-Briefe: Lettres de Mademoiselle de Lespinasse, écrites depuis l'année 1773 jusqu'à l'année 1776, suivies de deux chaprites dans le genre du Voyage sentimental de Sterne par le même auteur. Paris, Leopold Collin, 1809, 2 Bände, 8°, VIII+320 und 322 Seiten.

Auf Veranlassung und unter Mitwirkung der Witwe Guiberts mit gewissen Kürzungen herausgegeben.

2. Endgültige französische Ausgabe: Correspondance entre Mademoiselle de Lespinasse et le comte de Guibert, publié pour la première fois d'après le texte original par le comte de Villeneuve-Guibert. Paris, Calmann-Levy, [1905], Großoktav, VI+536 Seiten.

Enthält 201 Briefe der Mademoiselle de Lespinasse an Guibert und 38 Briefe Guiberts an sie. Die vorliegende deutsche Übertragung schließt sich dem Text dieser Ausgabe an; nur an vereinzelten Stellen, wo offenbar geringe Textfehler vorliegen, ist der Wortlaut der Ausgabe von Eugène Asse (Paris, bei Charpentier, 1876) vorgezogen worden. Wie ein Vergleich der Übertragung mit dem Urtext leicht ergibt, sind etliche Kürzungen vorgenommen worden. So sind alle die politischen und literarischen Anspielungen und Erörterungen weggeblieben, die der Nachwelt nicht mehr ohne Weiteres verständlich sind.

3. Mademoiselle de Lespinasse et la Marquise du Deffand, suivi de documents inédits sur Mademoiselle de Lespinasse, publiés et annotés ... par Eugène Asse. Paris, Charpentier, 1877, 8°, 107 (108) Seiten.

4. Lettres inédites de Mademoiselle de Lespinasse à Condorcet, à d'Alembert, à Guibert, au comte de Crillon, publiées avec des lettres de ses amis, des documents nouveaux et une étude par M. Charles Henry. Paris, E. Dentu, 1887, 8°, VIII+408 Seiten.

5. Nouvelles lettres de Mademoiselle de Lespinasse, suivies du portrait de M. de Mora [richtiger: de Guibert] et d'autres opuscules inédits de l'auteur. Paris, Maradan, 1820.

Die Briefe dieser Ausgabe sind gefälscht. Echt ist das Portrait de M. de [Guibert] und wohl auch die Apologie d'une pauvre personne.

VI.
Anmerkungen

*Auszug aus Guiberts Tagebuch
während seines Aufenthalts in Sachsen (Juni 1773):*

2. Juni 1773. – vormittags in Leipzig angekommen. Die Stadt liegt nett, in einer weiten Ebene, in baumreicher Landschaft, ringsherum lachende Gärten. Leipzig ist schlecht befestigt; Mauern und Wälle sind in keinem verteidigungsfähigen Zustande. So müssten alle Handelsstädte sein, alle die Orte, die zu verteidigen die Macht des Landes nicht imstande ist. Dann würden sie in Kriegszeiten den Schrecken einer Belagerung entgehen. Leipzig ist keineswegs eine Großstadt, aber seine Straßen sind schön, seine Häuser hoch und gut gebaut. Architektonisch ist der holländische Stil bevorzugt; er hat sich in den Städten Deutschlands eingebürgert, vor allem in den Handelsstädten. Nebenbei bemerkt, der Handel übt selten einen guten Einfluss auf den künstlerischen Geschmack aus; im Gegenteil, die Häuser, die Gärten, ganz Leipzig ist in dieser Beziehung dürftig, überladen von Ornamenten, hässlichen Malereien, schlechten Bildsäulen. Man hatte mir in Frankfurt die Leipziger Gärten vorgelobt. Ich habe die besten besichtigt; sie würden in Frankreich und England als mittelmäßig gelten.

3. Juni. – Die Poststraße führt über Hubertusburg, das Jagdschloss des Kurfürsten von Sachsen. Der letzte Frieden ist dort abgeschlossen worden [1763]. Das Schloss ist hübsch gelegen, in waldiger Ebene. Es war der Lieblingssitz des verstorbenen Landesfürsten [Königs Friedrich August II., gestorben 1763], der es prächtig ausgestattet hatte. Im letzten [im Siebenjährigen] Kriege ist es vollständig geplündert worden, wie man sagt, auf ausdrücklichen Befehl des Königs von Preußen [Friedrichs des Großen]: kriegslustige Fürsten lieben die jagdfreundlichen nicht. Gegen Meißen zu wird die Gegend abwechselungsreicher, weniger ermüdend. Eine Stunde vor Meißen erblickt man die Elbe, an deren linkem Ufer man nunmehr hinfährt. Meißen ist ein Städtchen im Elbtale. Hier passiert man den Strom auf einer Brücke mit steinernen Bogen. Die Elbe fließt majestätisch dahin, zwischen malerischen Hügeln und flachen Ufern. Eine Wegstunde hinter Meißen brach die Nacht herein und raubte mir den Anblick der Landschaft bis Dresden. Es soll liebliches, bevölkertes und sehr fruchtbares Gelände sein. Mitternachts kam ich in Dresden an und nahm Quartier im Hotel de Pologne.

4. Juni. – Ich habe mir das Stadtbild von Westen, das mir gestern die Nacht vorenthalten hat, nachträglich angesehen. Dresden liegt reizend in einem weiten Kessel, rings umgeben von Hügelketten mit zahlreichen Landhäusern und Dörfern. Die Elbe fließt mitten durch die Stadt; eine prächtige steinerne Brücke, eine der schönsten Europas, geht darüber, mit neunzehn Bogen, ein sehr altes Bauwerk. Friedrich August II. hat es erneuern und mit

Fußsteigen versehen lassen sowie einem herrlichen eisernen Geländer, das Vasen, Trophäen und Laternen zieren. Dresden ist eine große, ziemlich frei liegende Stadt. Unter dem Bombardement während des letzten Krieges hat es stark gelitten; man sieht noch Spuren davon, aber es ist fast allenthalben wiederhergestellt und neu erbaut.

Um 9 Uhr vormittags habe ich mir die Wachtparade angesehen, an der 400 bis 500 Mann eines und desselben Regiments teilnahmen. Es ist Brauch, dass jedes Regiment der Garnison reihum den Wachtdienst ausübt. Vor dem Vorbeimarsch manövrierte die Wache eine Zeitlang. Schöne Soldaten, recht schmuck uniformiert, aber mäßig ausgebildet. Der Marsch schlecht, gar nicht flott und ausgiebig. Ruhe, aber bei Weitem keine stramme Unbeweglichkeit. Kein einziger Mann sah gerade aus. Nach der Wachtparade war ich beim Grafen du Buat, unserem Gesandten. Liebenswürdige Aufnahme. Er behielt mich zum Mittagessen bei sich. Ich verbrachte drei bis vier Stunden allein mit ihm. Die Empfehlungsbriefe, die ich an ihn mithabe, und mein Werk, [den Essai général de Tactique], das er gelesen hat, haben mir sofort hinsichtlich des Zweckes meiner Reise die Wege gebahnt. Er ist mir gegenüber auf alles das bis ins Einzelne eingegangen, so wie ich es mir nur wünschen konnte, insbesondere auf die gegenwärtigen Verhältnisse in Sachsen. Ich habe die Abschriften der dienstlichen Berichte zur Einsicht mitnehmen dürfen, die er an den [französischen] Hof geschickt hat. Dann habe ich mit ihm einen Besuch beim Chevalier de Sare, dem Feldmarschall der sächsischen Armee, einem Stiefbruder des Marschalls von Sachsen, gemacht. Gute Aufnahme. Darauf beim Grafen von Hagen, dem kurfürstlichen Minister der auswärtigen Angelegenheiten. Allein besucht habe ich dann den Grafen de Bellegarde, Oberstleutnant der Gardedukorps, einem Neffen des Feldmarschalls, und den Geniehauptmann Aster, an den ich Empfehlungen hatte. Beide Offiziere überhäuften mich mit Liebenswürdigkeiten.

Zu Hause habe ich mit Befriedigung die verschiedentlichen Schriftstücke des Grafen du Buat studiert und mir Auszüge gemacht. Diese Berichte zeugen ebenso wie seine persönliche Unterhaltung von einem klugen Manne, einem trefflichen Beobachter, einem gründlichen Kenner der deutschen Verhältnisse und Ansprüche, ebenso wie der kaiserlichen Interessen und derjenigen Frankreichs allen beiden gegenüber. Aber sein Stil ist breit und trocken; Einschachtelungen ohne Ende. Er hat die Politik Deutschlands studiert, sich die gründliche deutsche Art und Weise angeeignet, aber er ist auch selber schwerfällig wie alle Publizisten dieses Volkes.

5. Juni. – Ich hatte eine sehr lange Unterhaltung mit den Herren de Bellegarde und Aster und dem Generalleutnant von Gersdorff, einem verdienstvollen Manne, dem Inspekteur der Genietruppen. Offene, vertrauensselige Her-

ren, die mir alle möglichen Orders und Angaben über ihre Armee gegeben haben. Sie ist in kläglichem Zustande.

Nach der Wachtparade habe ich mir verschiedene Merkwürdigkeiten der Stadt angesehen: zunächst den Zwinger, eine Art öffentliche Promenade innerhalb eines Gebäudes. Man muss ihn als Vorhof zu einem projektierten Schlosse Friedrich Augusts II. auffassen. Ein Bauwerk, überladen an Ornamenten, übrigens dem Verfalle nahe. Im Innern die prächtige Kupferstichsammlung, eine der wertvollsten, die ich je gesehen habe. Man kann hier die gesamte Entwicklung des Kupferstiches von der Wiege dieser Kunst bis zu ihrer heutigen Vollkommenheit verfolgen. Dann die Gemäldegalerie, die mich im höchsten Maße gefesselt hat. Sie ist eine der wertvollsten und erlesensten von ganz Europa durch ihre große Zahl von Meisterwerken aller italienischen Schulen. Allein sieben Correggios; soviel besitzt nicht einmal Italien. Auch die Niederländer sind reich vertreten.

Der König von Preußen hat nach dem Friedensschlusse eine Menge Kopien von Galeriebildern anfertigen lassen. Ich glaube, wenn man die Galerie während des Krieges nicht nach der uneroberten Festung Königstein gerettet hätte, wäre ein viel einfacheres Verfahren angewandt worden. Der Preußenkönig hat in Sachsen schauderhaft gehaust. Der Graf Brühl ist gemein behandelt worden. Wenn der Eroberer Attila Rom hat in Flammen aufgehen lassen, so ist das verständlich, aber ein König, der sich »Philosoph« nennt, der die Künste lieben will, ein Sohn des 18. Jahrhunderts!

Zu Tische beim Grafen du Buat; hinterher mit ihm geplaudert: Er hat mir mit grenzenloser Gefälligkeit alle Fragen und Bemerkungen hinsichtlich seiner Berichte beantwortet. Ein gründlich unterrichteter Mann.

Nachmittags Spaziergang mit dem Grafen de Bellegard außerhalb der Stadt. Die Umgegend ist voll Schönheit; nach allen Richtungen hin bequeme Promenadenwege.

Die Befestigungen besichtigt: Sie sind mäßig. Der Kurfürst täte gut, sie demolieren zu lassen, um seine Residenzstadt nicht ein zweites Mal den Schrecknissen einer Belagerung auszusetzen. Er hat es nicht getan, weil das Geld kosten würde.

Als die Österreicher unter dem General Maquire in Dresden eingeschlossen waren, haben sie die Friedrichsstadt, die westliche Vorstadt, mit Schanzen umgeben, von der Weißeritz bis zur Elbe. Diese Erdbefestigungen verfallen jetzt. Weiter hinaus erblickt man noch andere Reste von Erdbefestigungen, die aus dem Dreißigjährigen Kriege herrühren. Die preußischen Pioniere und ihre Artillerie haben sich bei der Belagerung von Dresden ungeschickt benommen. Darüber wurde mir mancherlei berichtet.

Ich war in der Stellung des Generals Dann bei Plauen: sie liegt parallel der preußischen Stellung. Die preußischen und österreichischen Streitkräfte haben sich überall auf den Höhen gegenübergestanden, die den Dresdner Talkessel umrahmen. Dresden ist ein strategischer Punkt ersten Ranges und auch taktisch sehr wohl haltbar. Die natürliche Beschaffenheit des Geländes seiner Umgebung hat die erleuchtetsten sächsischen Offiziere zu folgender Behauptung veranlasst: »Wenn wir eine Armee von 30 000 Mann Effektivbestand unter guter Führung hätten, so könnte Dresden gegen den König von Preußen oder die Österreicher gehalten werden, vorausgesetzt dass man es nicht gleichzeitig mit beiden Mächten zu tun hat.« Zunächst glaubte ich das nicht, weil ich der Ansicht bin, dass es nur ganz ausnahmsweise Stellungen gibt, die eine überlegene, taktisch geschulte Armee nicht entweder angreifen oder umgehen kann. In der Tat sind die Stellungen südlich um Dresden vorzüglich; sie sind gleichwertig einer Festung ... Doch zurück zur Wirklichkeit! Die Sachsen haben die 30000 Mann nicht gehabt; sie sind überhaupt keine Soldaten, und auch ihr Fürst ist keiner. Also wird sich jene Behauptung niemals erfüllen, und Sachsen kann sich vor einer Invasion (der Österreicher usw.) nur dadurch schützen, dass es sich mit Preußen eng verbündet.

Den so genannten »Großen Garten« besucht. Er liegt vor der Stadt und gehört dem Kurfürsten. Dieser Garten ist tatsächlich recht groß, aber er hat nichts besonders Merkwürdiges. Die schönsten Alleen hat der König von Preußen umschlagen lassen; er hat seinen Generalen erlaubt, die Standbilder darin als Beutestücke zu nehmen. Es standen sehr schöne darin. Im Palais und in verschiedenen kleinen verstreuten Pavillons stehen antike Bildwerke, Gruppen und Hermen, Darstellungen aus der Mythologie der Griechen und Römer. Sie sind fast alle beschädigt und im schlechtesten Zustande. Das sind Reste der Prachtentfaltung Augusts II., der sie unter großen Kosten hat aus Italien kommen lassen. Unter anderem sieht man eine Venus, die sogenannte Dresdner Venus, nach der Florentinischen eine der schönsten, die es gibt. Alle diese Werke dienen jetzt zu Studienzwecken. Die Akademie für Malerei und Skulptur, die während des Krieges daniederlag, hat sich unter der Regentschaft des Prinzen Xaver [1763-1768] wieder ein wenig erholt. Italienische Lehrer leiten dieses Institut, das 30000 Taler kostet. Das passt nicht recht zu der gegenwärtigen wirtschaftlichen Lage Sachsens. Es hätte ein paar ordentliche Regimenter nötiger als eine Kunstakademie. Die sächsische Verwaltung hat Gebrechen sonder Zahl; die Finanzen sind in Unordnung, die Armee ist schlecht und oft kaum besoldet, am Hofe Kabalen, Wirrwarr, Infamien jeder Art. Der Beste in der kurfürstlichen Familie ist noch der Prinz Xaver [1730-1806]; aber er kümmert sich um nichts mehr, lebt auf dem Lande und zöge sich am liebsten nach Frankreich zurück. Er bezieht eine kärgliche Apanage. Alle diese Einzelheiten entnehme ich einer speziellen Denkschrift.

Zum Souper beim Grafen von Sacken, dem Minister des Auswärtigen. Sehr lange mit ihm geplaudert. Er wollte mir beweisen, dass Sachsen die dritte Großmacht Deutschlands sei, dass es eine große Rolle spielen könne. Mit seinen zwei Millionen Untertanen müsste es im europäischen Gleichgewicht mehr wiegen als die meisten Königreiche. Dann entwickelte er seine Pläne für die Armee, die Landwehr, die Kavallerie. Frankreich ist doch nicht das einzige Land, wo Nichtmilitärs klüger sein wollen als die Militärs! Dieses Gespräch hat mir die Worte des Herrn du Buat bestätigt, der mir gesagt hatte: »Der Graf von Sacken ist ein Mensch ohne Einsicht, ohne Geist, ohne Begabung, möchte sich aber gern das Ansehen des Ministers einer Großmacht geben.«

6. Juni. – Ich bin dem Kurfürsten [Friedrich August III.] durch den Grafen du Buat vorgestellt worden; dann der Kurfürstin. Durch den Oberhofmarschall ist mir eine Einladung zur Hoftafel zugegangen. Ich saß zur Seite der Kurfürstin. Schönes Porzellan, mäßige Küche. Nach deutscher Sitte bedient man sich nicht selbst, sondern wartet, bis einem ein Haushofmeister eine Platte reicht. Jede Platte macht die Runde um die Tafel; dadurch dehnt sich die Mahlzeit sehr aus. Die Unterhaltung war mehr als matt. Der Kurfürst ist schüchtern; die Kurfürstin, nichts weniger als hübsch, groß, von recht netter Figur, aber ohne Haltung, ohne Schick, war gesprächiger. Sie richtete eine Menge Fragen an mich über lauter kleinliche Dinge. Nach der Tafel verbrachte man eine Viertelstunde im Saal, worauf sich der Kurfürst und die Kurfürstin in ihre Gemächer zurückzogen.

Ich habe die Gärten des Grafen Brühl besucht. Es gibt deren zwei, einen in der Stadt [die heutige Brühlsche Terrasse], den andern in der Vorstadt. Der erstere in prächtiger Lage am Elbufer. Überraschende Reste der unerhörten Prachtliebe jenes Ministers; Ruinen eines Kiosks, der seinesgleichen in ganz Europa nicht gehabt hat [gemeint ist das Belvedere, damals in Ruinen, 1814 neu erbaut auf Befehl des russischen Gouverneurs von Dresden, des Fürsten Nikolaus Reppin, durch den Hofbaumeister Christian Friedrich Schurig (1753–1831)]. Der König von Preußen hat dieses Bauwerk ohne Grund, ohne ein anderes Motiv als das kleinlichen Hasses gegen den Grafen Brühl, zerstört. Ebenso hat er im Garten alles verwüsten lassen. Statuen, Fresken, alles ist umgeworfen oder verstümmelt. Man hört hier Anekdoten, die für den König sehr entehrend sind. Beispielsweise ließ er einen der Paläste des Grafen Brühl in Brand stecken und sah den Flammen aus einem Fenster zu. Was ist abscheulicher, als wenn sich ein Genie derart erniedrigt!

Die Brühlschen Gärten vor der Stadt sind viel geräumiger, sie haben ihm dafür volle 40000 Taler gekostet. Es sind Riesengärten, die einen Vergleich mit den schönsten Pariser Gärten aushalten. Jetzt verwildern sie, weil man sie nicht erhalten kann; nach und nach schleppt man alle Überbleibsel heraus. Das ungeheure Vermögen dieses Ministers ist wunderbar schnell verschwunden. Aus seinem Nachlass, der auf mehr denn acht Millionen eingeschätzt worden ist, sind nicht einmal die Gläubiger befriedigt worden. Seine Kinder sind schuldbelastet und haben kaum zum Leben. Eine tröstende Tatsache für die Kleinen, die Armen, die Unterdrückten! Eine Tatsache, die mehr Philosophen erzeugen sollte als irgendwelche Moralpredigt!

Abends Gesellschaft bei Hofe. Ich musste hingehen. Habe den Rest der kurfürstlichen Familie kennengelernt: den Prinzen Karl, den Bruder des Kurfürsten, den präsumtiven Thronfolger, da der Kurfürst keine Kinder hat. So ganz und gar kein Fürst, ein Krüppel, und am Geiste fast ebenso schwächlich wie am Leibe. Trotz alledem möchte ihn die Kurfürstin-Mutter gern verheiraten. Die Prinzessin Amalie [1794–1870, bekannt als dramatische Autorin] schließlich, die Schwester der Kurfürstin, ist recht hübsch, vorzüglich erzogen; sie plaudert mit Würde und Anmut. Die Hofgesellschaft trübselig, die Damen durchweg hässlich, durchweg schlecht angezogen, die Herren noch schlechter gekleidet. Wer möchte glauben, dass der Dresdner Hof noch in diesem Jahrhundert der prächtigste, galanteste und liebenswürdigste Europas gewesen ist?